Regine Möbius | Michael Hametner (Hg.)

Das halbvolle Glas

Erich Loest Lesebuch

Plöttner Verlag
LEIPZIG LONDON

Bibliografische Informationen der Deutschen Nationalbibliothek:
Die Deutsche Bibliothek verzeichnet diese Publikation in der Deutschen Nationalbibliografie; detaillierte bibliografische Daten sind im Internet über www.d-nb.de abrufbar.

1. Auflage
ISBN 978-3-86211-060-5
www.ploettner-verlag.de

Umschlaggestaltung:	Plöttner Verlag unter Verwendung einer Fotografie von © Stephan Seeger
Satz:	Plöttner Verlag, *gesetzt aus der Adobe Garamond Pro 12 pt*
Druck:	www.buchfabrik-halle.de

Die Stiftungen der Sparkasse Leipzig
sind seit Jahren Mensch und Werk Erich Loest's eng verbunden. Im »Erich-Loest-Archiv« am Stiftungssitz, der »Villa Ida« in Leipzig-Gohlis, wird sein von ihm den Stiftungen übereigneter literarischer Vorlass gepflegt.
Dieses Lesebuch soll sein Leben und Werk auch den nachfolgenden Generationen nahebringen und aufzeigen, was es bedeutet, sein Gewissen über jede Ideologie zu stellen.
Wir gratulieren unserem Mäzen, Freund und Wegbegleiter Erich Loest zu seinem Geburtstag.

Dank und Anerkennung gilt den Herausgebern und dem Plöttner Verlag für ihre Initiative zu diesem Lesebuch und seine Realisierung.

Leipzig, den 24. Februar 2012

Inhalt

Wenn die Geschichte noch qualmt
Vorbemerkung der Herausgeber

Erich Loests Leben ist auf besondere Weise mit der deutschen Geschichte des 20. Jahrhunderts verbunden. Er ließ sich als Jugendlicher von der Ideologie des Nationalsozialismus verführen, war begeisterter Anhänger der Hitlerjugend und kämpfte noch aktiv als Wehrwolf bis fünf nach zwölf für den besiegten Hitlerstaat. Er hielt die DDR, als sie 1949 in sowjetischem Auftrag gegründet wurde, für das bessere Deutschland und wurde – seit 1947 SED-Mitglied – Parteijournalist in Leipzig. Als er erlebte, dass die Entstalinisierung in der DDR von der Parteiführung unter Walter Ulbricht gestoppt wurde, ging der Reformer Loest den Weg in die kritische Opposition. 1957 wurde er verhaftet und in einem politischen Verfahren zu siebeneinhalb Jahren Zuchthaus verurteilt. Trotzdem blieb Loest nach seiner Haftentlassung 1964 in der DDR, und er ließ sich darauf ein, als Schriftsteller (vor allem Krimis) zunächst nur unter Pseudonym veröffentlichen zu dürfen. 1977 legte er seinen legendären Roman über die Eiszeit-DDR *Es geht seinen Gang vor*. Die Kontroverse um diesen Roman und eine Nachauflage, aber vor allem seine Solidarität mit Schriftsteller-Kollegen, die für Wolf Biermann und Stefan Heym eingetreten waren, sowie seine öffentliche Kritik an der Zensur machten Loest für die DDR-Führung zum zweiten Mal zum Staatsfeind, was zu einer beispiellosen Überwachung durch die DDR-Staatssicherheit führte. Um einem Ausschluss aus dem Schriftstellerverband zuvorzukommen, verließ Loest 1981 die DDR mit einem 3-Jahres-Visum, kehrte nach dessen Ablauf nicht in die DDR zurück. Erst nach dem Revolutionsherbst 1989 besuchte er wieder Leipzig und nahm bald darauf in der Stadt seinen Wohnsitz.

Diese biografische Skizze zeigt, wie sehr Loests Leben von der Zeitgeschichte geschüttelt und geprägt worden ist. Dass dieser Mann als Schriftsteller zu einem *deutschen Erzähler* wurde, nimmt nicht Wunder. Immer wieder hat er Stoffe und Sujets so gewählt, dass sie den Lesern deutsche Geschichte im 20. Jahrhundert nahe bringen. Loest, dem die Rolle des Augenzeugen historisch zugefallen ist, schien darin einen schriftstellerischen Auftrag zu sehen. Von *Jungen, die übrig blieben*, in dem er 1950 über einen geschlagenen Hitleranhänger seines Alters und dessen schmerzensreichen Weg in ein anderes Leben erzählte, über *Es geht seinen Gang*, das Kultbuch vieler Leser in der DDR, bis zum Roman *Nikolaikirche*, der den Revolutionsherbst 1989 in Leipzig in der Form einer Familiengeschichte nacherleben lässt – alle diese und ein Dutzend weiterer Romane liefern jeweils Bilder von entscheidenden Drehpunkten deutscher Geschichte. Wie Loest sich als Chronist versteht, führte er seinen Lesern vor, als er den 1984 verfassten Roman *Völkerschlachtdenkmal* ein Vierteljahrhundert später um die Ereignisse der Friedlichen Revolution von 1989 erweiterte. Aus *Völkerschlachtdenkmal* wurde in der Weiterschreibung *Löwenstadt*, sicher ein Ausnahmefall in der Literatur, der jedoch Loests literarischem Selbstverständnis entspricht.

Dass Erich Loest bevorzugt Historie als Material seines Schreibens benutzt, hat aus ihm zu keinem Zeitpunkt und in keinem seiner Romane einen Illustrator von Zeitgeschichte gemacht. Loest hat die Gabe, Geschichte mit einem Blick von unten anschaulich zu erfassen. Die Literaturwissenschaft hat ihn berechtigt in die Nähe zu Hans Fallada gerückt. Immer wieder gelang es Loest, Figuren zu schaffen, die in den Strudel der Zeitgeschichte gerissen und oft gegen ihren Willen zu politischem Handeln gezwungen werden. Mit diesem Heldenbild, der für ihn so charakteristischen *kleinen Leute*, fand Loest von seinem ersten Roman an einen außerordentlich großen Leserkreis. Aber mit dem Autor sind auch seine Leser älter geworden. Hier und da werden seine Romane im Literaturunterricht in Schulen oder an Universitäten behandelt, Rundfunksender strahlen Hörspiele von ihm aus oder greifen in Formaten wie LESEZEIT auf seine Werke zurück. Das Loestsche Literaturkonzept, wonach romanhaft aufbereitete Zeitgeschichte eine Quelle des Lernens und Staunens sein kann, hat den Autor zu einem Aufklärer gemacht, dessen Werk kontinuierliche Beschäftigung verdient. Mit Blick auf die deutsche Einheit und ihre komplizierte Vorgeschichte nennt Loest Zeitgeschichte eine »Geschichte, die noch qualmt«. Deshalb haben wir uns zur Zusammenstellung dieses Lesebuchs entschlossen, in dem wir zehn seiner besten Romane in Ausschnitten vorstellen und an ihre Entstehung erinnern. Dass dies nur in Leseproben geschehen kann, liegt in der Natur der Sache eines Lesebuchs. Uns ist bewusst, wie problematisch ein solches Vorgehen ist. Ein Roman wirkt im Ganzen und entfaltet nur bei der Lektüre von der ersten bis zur letzten Seite seine Schönheit. Aber bevor Teile des großen Werks von Erich Loest ins Vergessen fallen – was zunächst am immer größer werdenden zeitlichen Abstand zur Entstehung der frühen Romane liegt -, denken wir als Herausgeber, dass wir berechtigt zur Form eines Lesebuchs greifen durften. Wir wünschen uns, dass dieses Lesebuch für neue, junge Leser zur Anregung wird, sich die Romanwelt von Erich Loest zu erobern.

Regine Möbius und Michael Hametner
im Februar 2012

Jungen, die übrig blieben

Jungen, die übrig blieben (1950)
Entstehung

Erich Loest gehörte als Angehöriger des Jahrgangs 1926 zum letzten militärischen Aufgebot, das der deutschen Wehrmacht noch den Endsieg bringen sollte. Loest kannte aus Elternhaus und Schule nichts anderes als Nazi-Ideologie. Er war Mitglied der HJ und wurde 1939 Jugendschaftsführer. 1944 stellte er den Antrag auf Mitgliedschaft in der NSDAP, in die er am 20. April ohne sein Wissen aufgenommen wurde. Im Sommer 1944 wurde Loest zur Wehrmacht eingezogen und war mit seiner Einheit an Kampfhandlungen beteiligt. Loests NS-Fanatisierung ließ ihn noch nach der militärischen Niederlage an Wehrwolf-Aktionen teilnehmen. Am 6. Mai 1945 kam er für zwei Wochen in amerikanische Kriegsgefangenschaft, arbeitete danach in der Landwirtschaft und in den Leuna-Werken, ließ sich aber bald in Leipzig nieder. 1946 bewarb er sich um eine Volontärsstelle bei der Leipziger Volkszeitung und trat 1947 in die SED ein, die sich als politische Führungselite bei der Verbreitung kommunistischer Ideologie verstand und aus der Zwangsvereinigung von KPD und SPD hervorgegangen war. Loest stieg bereits 1947 zum Kreisredakteur der Leipziger Volkszeitung auf. Sein erster Roman *Jungen, die übrig blieben* entstand in dieser Zeit. Loest nimmt in der Erzählung Bezug auf seine eigenen Kriegserfahrungen und die seiner Altersgefährten. Für den Oberschüler, der aus dem Klassenzimmer heraus noch als letztes Aufgebot in den Krieg rekrutiert wurde, folgten Erfahrungen als Soldat und schließlich der Weg der Rückkehr ins Zivilleben nach Kriegsende 1945.

Als Antikriegsroman erreichte *Jungen, die übrig blieben* nach seinem Erscheinen 1950 schnell mehrere Auflagen, wurde aber von der offiziellen Literaturkritik für seine Hauptfigur Walther Uhlig und deren Kriegsbegeisterung angegriffen.

Inhalt

Die Handlung setzt ein am 4. Juni 1944: der 17jährige Oberschüler Walther Uhlig hat für diesen Tag seine Einberufung erhalten. Im Hauptlager Zeithain bei Riesa beginnt die Ausbildung. Uhlig gehört zu den Besten im Dienst, ist aber den Vorgesetzten ein Dorn im Auge, denn er hat seinen eigenen Kopf. Er hütet sich davor, aufzufallen. Auf keinen Fall möchte er als Gruppenführer an die Front gehen, weil er realistisch einschätzt, dass damit seine Chancen abnehmen, die Heimat gesund wiederzusehen. Im Winter 1945, als die russische Rote Armee bereits deutschen Boden erreicht hat, kommt es für Uhlig und seine Gruppe zum Fronteinsatz. Im Chaos des deutschen Rückzugs, bei dem viele von Uhligs Kameraden aus Zeithain ihr Leben verlieren, wird ihm klar, dass der Zeitpunkt zur Flucht gekommen ist. Uhlig versucht sich nach Chemnitz abzusetzen, denn hier steht sein Elternhaus. Dieses ist jedoch von Bomben getroffen worden. Uhlig erfährt von einer Tante, dass seine Eltern am Leben und im benachbarten Mittenberg untergekommen sind und er begibt sich zu ihnen.

Der Krieg ist aus. Uhlig lernt schnell, für sich selbst zu sorgen. Er steigt in den Zigarettenhandel auf dem Schwarzmarkt ein und wird als Schieber in Chemnitz und Mittenberg eine große Nummer. Als ihn das Arbeitsamt im November 1945 als Hilfsarbeiter nach Leuna schicken will, kann er sich nicht entziehen, weiß sich aber schnell zu drücken. Zwar erscheint er mittlerweile zu den Tanzabenden mit Anzug und Krawatte, hat genügend Geld, um seinen Kumpels Schnaps zu spendieren, aber Inge, das Mädchen, für das er sich interessiert, macht einen Bogen um ihn. Sie will, dass er eine geregelte Arbeit aufnimmt, dort, wo Arbeiter gebraucht werden: in den Leuna-Werken. Uhlig fällt der Weg nach Leuna schwer, aber um Inge zurückzugewinnen, geht er ihn.

Auszüge aus Jungen die übrig blieben

Die 3. Abteilung der 5. Kompanie war zum ersten Mal angetreten. Leutnant Pardow hatte die zweiunddreißig Rekruten in »Linie zu einem Glied« antreten lassen, hatte sie der Größe nach aufgestellt und die ersten elf einen Schritt nach rechts, die letzten zehn Schritt nach links treten lassen.

»Unteroffizier Zing!«

»Herr Leutnant?«

»Sie übernehmen die erste Gruppe. Stellvertreter Obergefreiter Hofmann. Zwote Gruppe: Unteroffizier Köhler. Stellvertreter Obergefreiter Hafer. Dritte Gruppe: Unteroffizier Ackermann.«

»Jawohl, Herr Leutnant!«

»Stellvertreter Obergefreiter – wer ist da noch übrig? – ja, Sie Schmidt. Die Gruppen bleiben so bestehen, schreiben Sie sich die Namen auf. Wir legen nun auch die Gruppen in den Stuben zusammen, damit wir bessere Übersicht haben. Falland, Sie organisieren die Sache!«

»Jawohl, Herr Leutnant!«

»So, das wäre das.« Leutnant Pardow sprach jetzt leiser, nur zu den Ausbildern gerichtet, die ihn im Halbkreis umstanden. »Wir fangen jetzt mit der Grundausbildung an. Erst zehn Minuten Anzugsdurchsicht; dann Wendungen. Genau auf die einzelnen Zeiten achten, die Leute einzeln vornehmen. Dazu die Gruppen teilen. Zeit: Fünfundvierzig Minuten. So, anfangen, Reith und Falland zu mir!« Die Gruppenführer und Stellvertreter liefen zu ihren Leuten. Unteroffizier Köhler übergab die letzten fünf dem Obergefreiten Hafner. Er selbst wollte die Gelegenheit benutzen, seine Leute einmal kennenzulernen.

»Wenn ich vor einen von Ihnen hintrete, steht er still und nennt seinen Namen!« Köhler ging auf den Flügelmann zu, sah ihn scharf an, beobachtend, lauernd.

Zack! »Walter Uhlig.«

Köhler feixte. »Ihr Vorname interessiert beim Militär überhaupt nicht. Da können Sie Felix oder Fürchtegott oder sonst wie heißen, das ist völlig piepe. Wie heißen Sie?«

»Uhlig.«

»Unteroffizier Uhlig? Major Uhlig? General Uhlig?«

»Grenadier Uhlig.«

Köhler ließ eine drohende Pause entstehen. Dann schnauzte er wieder: »Mit wem reden Sie eigentlich? Reden Sie vielleicht mit mir, was?«

»Jawohl, Herr Unteroffizier!«

»Aha, Sie lernen das wohl langsam! Wie heißen Sie?«

»Grenadier Uhlig, Herr Unteroffizier!«

»Na also, warum nicht gleich.« Köhler kniff die Augen zusammen. Er sammelte Speichel in der Mundhöhle und feuchtete mit der Zunge den vom ewigen Brüllen trockenen Gaumen an. Es war scheußlich, seit vier Monaten, seitdem er als Rekrutenausbilder tätig war, war er ununterbrochen heiser. »Ihr Beruf?«

»Schüler.«

Köhler brüllte jetzt so laut er konnte und wurde rot vor Anstrengung: »Sie wollen mich wohl auf den Arm nehmen, was? Ich habe Sie gefragt, haben Sie das nicht gemerkt? Passen Sie auf, wenn ich Ihnen auf die Ohren trete, dass Sie rumlaufen wie'n Dackel! – Ihr Beruf?«

»Schüler, Herr Unteroffizier.«

Lässt sich nicht einschüchtern, dachte Köhler. Den Uhlig schien das Gebrüll gar nicht zu beeindrucken; und das war allerhand nach vier Tagen Kommiss. Köhler bildete sich manches darauf ein, sogar alte Obergefreite aus der Ruhe gebracht zu haben.

»Schüler? Was für Schüler?«

»Oberschüler, Herr Unteroffizier.«

»So, Oberschüler. Wie man sich anzieht, haben Sie wohl auf Ihrer Schule nicht gelernt, was? Rücken Sie mal Ihr Koppel weiter nach links!«

Köhler ließ die Augen über Uhligs Uniform streifen.

»Sie melden sich heute Mittag mit geputzten Patronentaschen bei mir!«

»Jawohl, Herr Unteroffizier!«

Mit dem werde ich Arbeit haben, dachte Köhler. Wenn sie alle so sind, werde ich mich verdammt anstrengen müssen. – Er trat einen Schritt nach rechts.

Zack! »Grenadier Guhr, Herr Unteroffizier.«

»Ziehen Sie mal Ihren Stahlhelm weiter ins Gesicht! – Brust raus! Menschenskind, Sie stehen ja da wie eine schwangere Ente im neunten Monat!«

Zack! »Grenadier Gietzel, Herr Unteroffizier.«

»Wo sind Sie her?«

»Aus Brüx.«

Köhler schrie sofort los: »Passen Sie auf, wenn ich Ihnen den Arsch aufreiße bis zur Halskrause! Ich rede mit Ihnen! Sie schlafen wohl noch? Die ganze Gruppe nach rückwärts weggetreten, marsch, marsch! Volle Deckung! Sprung auf, marsch, marsch! Nennen Sie das vielleicht marsch, marsch? Achtung!«

Köhler ging mit selbstbewussten, kraftvollen Schritten auf die Gruppe zu. Er ließ seine genagelten Stiefel mit Wucht auf das Pflaster knallen. Wieder sammelte er Speichel, um dann zu dröhnen: »Ich will Ihnen mal gleich etwas sagen, meine Herrn! Nicht dass Sie denken, dass Sie jetzt gerannt sind! Das war überhaupt nichts. Wenn ich marsch, marsch sage« – er dehnte die Wörter und gab jedem einzelnen Gewicht –, »dann heißt das, dass Sie unverzüglich mit Lichtgeschwindigkeit dem Horizont zuzustreben haben! Dann sehe ich nur noch glühende Absätze und eine riesige Staubwolke. Dann steht der Brotbeutel waagerecht. So etwas Müdes wie jetzt erlebe ich nicht ein zweites Mal!«

Leutnant Pardow ging mit seinem Stellvertreter, Oberfeldwebel Reith, und dem ebenfalls seiner Abteilung zugeteilten Feldwebel Falland von einer Gruppe zur anderen. Sie waren eben bei dem kleinen Obergefreiten Schmidt gewesen und gingen nun zur zweiten Gruppe hinüber.

»Kennen Sie den Köhler?« fragte Pardow. »Nein? Der kommt von der I. Kompanie, von Hauptmann Degen. Der Köhler hat dort aktive Offiziersbewerber ausgebildet, ist schon seit vier Monaten in Zeithain. Unheimlich zackig, große Waffenkenntnisse. Ein ausgezeichneter Rekrutenausbilder. Einer der Besten vom ganzen Bataillon…«

Zeithain, 10. Juni 44

Liebe Eltern!

Wie bekannt, bin ich seit einer Woche Soldat. Ich habe schon einiges in dieser Zeit gelernt, vor allem warten. Gestern hat man uns geimpft, nun tut mir heute die ganze rechte Seite weh. Zu essen gibt es nicht viel, aber es ist meistens nicht ganz schlecht. Nur die Bedingungen, unter denen man es zu sich nehmen muss, sind haarsträubend. Wenn es mehr zu essen gäbe, bliebe ich ganz gern hier. Dann würde ich auch noch die paar Wanzen mit in Kauf nehmen. Aber sonst macht mir die Sache ziemlich Spaß. Nur die Hitze stört ungemein.

Die Uniform ist entsetzlich. Nichts wie Flicken; ich werde mich damit niemals auf die Straße wagen können. In die Hemden, die man uns gegeben hat, kann ich einfach nicht rein. Ich habe immer noch mein Zivilhemd an, vor den anderen schüttelt es mich. Lauter Löcher und so schrecklich unsauber.

Schickt mir bitte sofort Hemden und lange (bei der Hitze!) Unterhosen. Unter den rauhen Hosen muss man die tragen. Socken haben wir gar keine bekommen, nur sechs elende Fetzen, die Fußlappen heißen. Es ist sehr übel um die Bekleidung bestellt; nach bald fünf Jahren Krieg wird eben alles langsam alle. Schickt Socken! Und Zigaretten!

Mein Obergefreiter ist ein blöder Hund: Ich muss zehnmal schreiben: »Ich bin ein unverschämter Kerl, weil, wenn mein Vorgesetzter neben mir geht, dass ich da laut scheiße.«

Herzliche Grüße! Euer Walther

Uhlig legte den Bleistift weg und widmete sich wieder seiner Zigarette, die ihm während des Schreibens ausgegangen war. Er überlegte, was er noch alles zu tun hatte: die Stiefel putzen und für Unteroffizier Zing Bier holen, weil im Glied gequatscht. Dann am Schwarzen Brett den Wehrmachtsbericht lesen, um zu sehen, wie weit die Invasion in Frankreich schon gediehen war. Und gleich vom Furier die Verpflegung für die Gruppe abholen. Nein, ging nicht, weil er dazu die Schüssel brauchte, aber nicht mit der Schlüssel Bier holen konnte. Also erst Bier holen, dann…

»Rüttel nicht so!« knurrte Gietzel, der ihm am Tisch gegenübersaß und an seinem zweiten Brief schrieb.

Jedenfalls, dachte Uhlig, jedenfalls kann ich so gegen sieben mit allem fertig sein und kann dann Skat spielen. Oder ich kann schlafen oder noch ein bisschen trainieren. Seit einer Woche war er nicht dazu gekommen, seine Muskeln, die spürbar hart wurden, zu lockern. Entweder hatte er keine Zeit gehabt oder er war zu müde gewesen. Oder beides. 11,5 Sekunden für die hundert Meter, ob er das noch schaffte?

Uhlig ging hinüber zur Kompaniebaracke. Er trug die jammervolle Uniform, die man ihm auf der Kammer gegeben hatte (»Passt! Ist für euch Spunde gut genug!«), und er trug sie so, dass man ihm schon von weitem den Rekruten ansah. Mit der Feldmütze kam er gar nicht zurecht. Er hatte vor dem Spiegel geübt und probiert, um den richtigen Sitz herauszufinden, aber er sah immer wieder wie ein elender Spund damit aus. Nur den militärischen Gruß beherrschte er so, wie er es wollte. Ein wenig zackig, aber auch salopp, sogar ein wenig »höflich« sollte er aussehen, obwohl das letztere, wie sich Uhlig im Klaren war, vom militärischen Standpunkt aus natürlich unmöglich war. Den Oberkörper um eine Idee nach vorn geneigt, bald so etwas wie eine angedeutete Verbeugung, die rechte Hand nicht zu schnell hochgenommen, den kleinen Finger etwas abgespreizt. Und dann die Hand erst ein Stück nach vorn rucken lassen, ehe sie wieder nach hinten flog. Das war das Ideal eines Grußes, wie er ihn dem alten Obergefreiten abgeguckt hatte.

Dicht vor der Kompaniebaracke hatte er Gelegenheit, sein Können zu zeigen. Es war kein Wunder, dass Feldwebel Falland schrie, dass sich die vorbeikommenden Landser scheu zur Seite drückten, kein Wunder, dass Uhlig wie ein Affe um die Ecken des Luftschutzgrabens rannte. Kein Wunder auch, dass er sich zehn Minuten zu spät zum Bierholen meldete und deshalb wieder einen Anpfiff empfing. Außerdem durfte er am Abend noch Fallands Feldbluse reinigen und das EK mit Sidol putzen. Und er kam nicht, wie er gehofft hatte, um sieben zum Skaten zurecht, sondern betrat erst um neun wieder die Baracke, müde und äußerst missgelaunt. Er wusch sich nicht an diesem Abend und tobte, dass kein Kaffee mehr da war. Ohne noch ein einziges Wort zu sagen, kroch er dann auf seinen Strohsack.

Als ihn Beck, der an diesem Abend Stubendienst hatte, fünf Minuten später wecken wollte, erwies sich das als unmöglich. Uhlig sollte unter seinem Bett den Dreck wegkehren, es kam gar nicht in Frage, dass er, Beck, das auch noch machte. Aber Uhlig reagierte weder auf Anschreien noch auf kräftiges Schütteln.

Der Grenadier Uhlig schlief.

Leutnant Pardow hatte den Ausbildungsplan für die nächsten vier Monate erhalten. Er hielt das umfangreiche Aktenstück in den Händen, blätterte Seite um Seite um und machte sich Notizen. Die zweiunddreißig Reserve-Offiziers-Bewerber seiner Abteilung würden nichts zu lachen haben. Und bei ihm schon gar nicht. Es wurde eine umfassende Ausbildung verlangt, vor allem Gefechtsausbildung nach den neuesten Erfahrungen. Zu allem noch politische Schulung.

Pardow gedachte seinen Leuten nicht mehr Ruhe zu gönnen, als unbedingt notwendig war. Er war heilfroh, alte, fronterfahrene Unteroffiziere als Ausbilder bekommen zu haben. Vor allem den Reith, dieses Kabinettstück, um den ihn alle so beneideten; daneben den Feldwebel Falland, den Unteroffizier Köhler, den Obergefreiten Schmidt. Er selbst traute sich, offen gesagt, im Gefechtsdienst nicht allzu viel zu. Ganze sieben Tage war er an der Front gewesen, ehe er verwundet worden war; und nur einem ganz glücklichen Umstand verdankte er es, dass er wenigstens noch das EK II bekommen hatte. Zusammen mit dem bronzenen Verwundetenabzeichen war es seine einzige Zier.

Die anderen Ausbilder, nun ja, das war bestenfalls Durchschnitt. Zing, Hofmann; der Hafer war sogar dumm. Ein Sonderfall war Ackemann: militärisch unbrauchbar, aber ein politischer Kopf von Format. Ackermann war bei der Partei ein großes Tier gewesen, Gauredner und Leiter irgendeiner Parteischule. Also der gegebene Mann für den NS-Führungsunterricht.

Mit diesen Ausbildern war etwas anzufangen. Er würde, das nahm Pardow sich fest vor, aus seiner Abteilung mit aller Energie und Härte eine Musterabteilung machen. Wer das Tempo nicht durchhielt, ob Ausbilder oder Mann, würde eben auf der Strecke bleiben.

Wenn das alles so klappt, dachte Pardow und warf den Ausbildungsplan auf das Bett, dann kann ich in einem halben Jahr, ja, dann kann ich spätestens zu Weihnachten Oberleutnant sein.

(…)

Die Ausbilder der dritten Abteilung waren in Leutnant Pardows Zimmer versammelt. Der Abteilungsführer hatte sie nach Dienstschluss zusammengerufen, um mit ihnen die Beurteilung zu besprechen, die von jedem Grenadier nun, nachdem die Hälfte des ersten Ausbildungsabschnittes vorbei war, angefertigt werden musste. In einer zweistündigen Debatte waren die Charakteristiken für die erste Gruppe zusammengestellt worden. Einmal um das andere waren dem Obergefreiten Schmidt die Augen vor Müdigkeit zugefallen. Tabakrauch war im Zimmer, Abgespanntheit und Ärger über den verdorbenen Abend zeichneten die Gesichter der Ausbilder. Dabei war das Ganze nur Theater, von gemeinsamer Arbeit war beinahe nichts zu spüren. In allen Fällen setzte Pardow seine Meinung durch und war nur selten zu einer Milderung, nie zu einer Änderung seines Standpunktes zu bewegen.

»Wir wollen uns nun die zwote Gruppe vornehmen.«

Pardow schob einen Schnellhefter über den Tisch zu Oberfeldwebel Reith hinüber und nahm sich eine Mappe vom Bett, das von Papieren überschwemmt war. »Zunächst Gietzel.« Pardow suchte mit angefeuchtetem Finger eine bestimmte Seite, blätterte, blickte hoch. »Ich bin der Meinung, dass wir bei Gietzel einen leicht zu erkennenden, unkomplizierten Charakter vor uns haben. Gietzel ist noch nicht achtzehn, keineswegs frühreif, vielleicht noch etwas kindlich. Mithin ist er zu formen und wird einer Beeinflussung keinen Widerstand entgegensetzen, meine ich.«

»Gietzel ist bei mir Putzer«, sagte Reith, »er ist mir besser bekannt, als mancher andere. Ich bin im Wesentlichen Ihrer Meinung, Herr Leutnant. Der Junge ist willig, offen, hilfsbereit und anständig. Vielleicht aber – wie soll ich sagen – etwas weich.«

»Das stimmt in gewisser Beziehung«, unterbrach Pardow, »aber Gietzel ist von einer Weichheit, die das Gegenteil von Halsstarrigkeit ist und nicht von Härte. Oder meinen Sie, Reith, dass er einen schwachen Willen besitzt?«

»Nein, das nicht; ich meinte das schon so, wie es Herr Leutnant sagten.«

Pardows Füllfeder glitt über das Formular. »Wie ist er im Gefechtsdienst?«

»Gut. Nicht gerade der geborene Kämpfer, gibt sich aber Mühe.«

»Ist besser als mancher andere«, warf Köhler ein, ein Gähnen unterdrückend.

»Ist sonst etwas gegen Gietzel einzuwenden? Unkameradschaftlichkeit? Unsauberkeit?«

Die Ausbilder fügten nichts hinzu, schon um das lästige und zeitraubende Verfahren abzukürzen.

Wenn Pardow mit einer derartigen Gründlichkeit weitermachte, überlegte sich Köhler, würde man kaum vor Mitternacht fertig werden. Gestern war er erst um drei ins Bett gekommen – er war bei seiner Freundin in Gohlis gewesen, schwarz, ohne Nachtzeichen natürlich – und heute schien der Schlaf wieder knapp zu werden.

Pardow füllte Spalte um Spalte des Beurteilungsbogens aus. »Politische Einstellung?« fragte er mit einem Seitenblick auf Ackermann.

»Nichts Nachteiliges bekannt.«

Pardow legte den Bogen »Grenadier Gietzel, Harry« beiseite. »Schön«, stellte er fest, »mit Gietzel wären wir also schnell fertig geworden. Der nächste Fall ist, glaube ich, schwieriger. – Uhlig!«

Feldwebel Falland zog zweifelnd die Augenbrauen hoch und wollte sprechen. Reith kam ihm zuvor: »Ich halte den Uhlig für einen der fähigsten Rekruten der Abteilung. Körperlich leistungsfähig, intelligent, gute Auffassungsgabe...«

»...aber undiszipliniert!« unterbrach Falland.

»Direkt frech«, meinte der Obergefreite Hafer, ohne allerdings mit seinem Einwurf größere Beachtung zu finden.

»Undiszipliniert ist er nicht«, sagte Köhler, »dazu ist er viel zu schlau.«

Pardow winkte ab. »Ich glaube«, betonte er, »man muss bei Uhlig von einer grundsätzlichen Undiszipliniertheit, von innerer Auflehnung sprechen. Ich bin mir allerdings noch nicht ganz sicher. Uhlig ist zu schlau, wie Sie schon sagten, Köhler, um sich offen aufzulehnen. Er weiß ganz genau, dass es ihm nur dann dreckig gehen wird. Er ist aber einer von denen, die ‚jawohl' sagen und denken, ‚du kannst mich mal'.«

»Meine Meinung, Herr Leutnant«, benutzte Falland eine kurze Pause, um einzufallen. »Der Kerl ist einfach frech. Sie brauchen sich bloß den Gruß von Uhlig anzusehen; der grüßt, als ob er Major wäre. Jetzt, wo wir den Deutschen Gruß haben, geht es noch. Aber erst die militärische Ehrenbezeigung von dem Kerl, das war einfach ein Skandal.«

»Ich glaube, Hans, du misst Nebensächlichkeiten zu viel Bedeutung bei«, sagte Reith. »Man darf...«

»Ist der Gruß etwa eine Nebensächlichkeit?« hakte Falland dazwischen.

»…man darf doch nicht verkennen, dass Uhlig bei genügender Ausbildung ein ganz hervorragender Soldat zu werden verspricht. Körperlich gewandt und ausdauernd, mutig – hast du den mal boxen sehen? – ein guter Werfer, ein ausgezeichneter Schütze…«

»Reith«, unterbrach Pardow, »wir dürfen eines nicht vergessen: Wir erziehen hier nicht in erster Linie Frontsoldaten, sondern künftige Offiziere.« Seine Stimme wurde scharf und klar, er rächte sich für die Unterlegenheit in Kampferfahrung, unter der er immer so litt. »Bei deren Auswahl muss die charakterliche Haltung, die unbedingte Unterordnung, die grundsätzliche innere Disziplin die Hauptrolle spielen. Wir brauchen keine Raufbolde, Reith, sondern Führer! Und Uhlig ist auf dem besten Wege, ein Raufbold zu werden! Dazu trägt ihre Gefechtsausbildung, bei der sie Forderung nach Eigeninitiative viel zu sehr in den Vordergrund drängen, wesentlich bei. Nicht nur bei Uhlig, auch bei den anderen. Ich habe mir vorgenommen, mich selbst mehr um den Gefechtsdienst zu kümmern, und werde hier eine Änderung herbeiführen. Wir wollen unsere Leute zuerst einmal zu Führern erziehen. Auch Uhlig. Wenn wir einen Raufbold aus ihm machen wollten, wäre es das Beste, ihn schon morgen an die Front zu schicken. Aber bei seiner Intelligenz kann, wenn wir ihn richtig behandeln, auch ein Offizier aus ihm werden. Es wäre dann, wenn wir genau festgestellt haben, dass sein seelischer Widerstand gegen den Befehl der Hinderungsgrund einer derartigen Entwicklung ist, diesen mit allen Mitteln zu brechen.« Köhler nickte beistimmend. Er sieht jetzt wie eine verschlafene, hinterhältige Bulldogge aus, dachte Reith. »Herr Leutnant«, sagte er mit ernstem Gesicht, »ich bitte zu bedenken, dass Sie dabei das Ehrgefühl, überhaupt den ganzen Persönlichkeitswert Uhligs, vernichten können.«

Pardow riss den Kopf hoch: »Rebellion hat mit Ehre überhaupt nichts zu tun, und eine Persönlichkeit mit innerer Auflehnung ist für uns nicht nur wertlos, sondern schädlich!« Pardow bekam den Stahlblick den die Abteilung hasste und fürchtete wie die Pest. Sein brutales Kinnschob sich nach vorn, und seine Stimme hämmerte: »Ich muss mich sehr wundern, Reith, dass gerade Sie eine derartige Auffassung vertreten!«

Nach einer von tödlichem Schweigen erfüllten Pause fuhr Pardow gefasster, sachlicher fort: »Wir werden mit Uhlig vorläufig noch nichts unternehmen, sondern abwarten, ob sich unsere Annahme bestätigt. Dann allerdings werde ich so durchgreifen, wie ich es für richtig halte!«

Während des heißen August 1944 zog die Abteilung Pardow an jedem Freitagnachmittag zum Russendorf. Übungszweck: Ortskampf. Das bedeutete einen Hinmarsch von vier Kilometer, zwei oder drei Stunden lang anstrengenden Dienst und vier Kilometer Rückmarsch. Und das bei glühender Hitze und unvorstellbar viel Staub.

Als am letzten Donnerstag des Monats der Spieß den Dienstplan für den nächsten Tag verlas, lag über der dritten Abteilung furchtsame Spannung; als er das Erwartete bekanntgab, unterdrückte, schwelende Wut. Steinbach und Uhlig fluchten, der kleine Krell am linken Flügel wurde weiß vor Angst.

Am Freitag trat die Abteilung um 13.30 Uhr an. Die üblichen Drillichsachen, Stahlhelm mit Tarnbezug und -netz, Gewehr, Seitengewehr, Patronentaschen, Spaten, Gasmaske, die obligatorische hölzerne Handgranate im Koppel. Dazu in jeder Gruppe das MG, eine blecherne Panzerfaust und der gefürchtete »rote Kasten«, ein MG-Kasten mit scharfer Munition. Es galt seit einigen Tagen der Bataillonsbefehl, dass keine Abteilung ohne drei Kästen Munition ausrücken durfte, die im Ernstfalle gegen feindliche Fallschirmjäger und Luftlandetruppen angewendet werden sollten. Man hatte anfangs über diesen Befehl gelacht, ihn in der Folge jedoch hundertfach verflucht. Der eine Vierteizentner schwere Ballast erregte täglich aufs neue Wut jedes Grenadiers, der ihn umherschleppen musste.

Die Abteilung rückte ab. Es war heiß zum Erbrechen. »Pardow ist noch gar nicht da,« bemerkte Gietzel leise. Sofort rief Reith, der neben der Abteilung herlief: »Gietzel, halten Sie den Mund!«

Wieder lastende Stille, ausgefüllt von dem Schlurfen viele Stiefel, unterbrochen hin und wieder durch das Knirschen von Leder, das Klappern von Metall.

»Rührt euch! Ein Lied!«

Guhr stimmte an: »Infanterie! – Drei – vier!«

Aus dreißig Kehlen stieg das Lied von der angeblich schönsten aller Waffengattungen zum Himmel. Dreißig Lippen formten mechanisch Worte, die kein Hirn mehr zu denken brauchte: »… du trägst mit Stolz den schweren Affen…«

Nach dieser Zeile stob die Abteilung auseinander. Sie wusste nicht, warum plötzlich »Schlachtflieger von links« aufgetaucht waren. Wahrscheinlich hatte man nicht laut genug gesungen oder keinen Gleichschritt gehalten, oder dem Reith war das nur so eingefallen. Unteroffiziere und Hilfsausbilder schrien durcheinander. Sie versuchten, ihre Gruppen zusammenzubringen: »Zwote Gruppe nach links!« – Erste Gruppe nach vorn, marsch, marsch!« »Volle Deckung!« Uhlig nahm das Gewehr von der Schulter, rannte, nicht zu schnell, ein paar Schritte zur Seite und ließ sich streng nach Vorschrift zu Boden fallen. Er legte den Kopf auf den Unterarm und rührte sich nicht mehr. Er dachte überhaupt nicht. Ihm war das Ganze so gewohnt und alltäglich, dass er instinktiv auf derartige »Gefechtseinlagen« reagierte. Als er irgendwelche Feuerbefehle hörte, Entfernungen und Visierstellungen, drehte er sich auf den Rücken, zog das Gewehr in die Schulter ein und hielt die Mündung in die Luft. Das tat er so lange, bis die »Schlachtflieger« vorbei waren, die Abteilung wieder antrat und den Marsch fortsetzte.

Nach dieser Unterbrechung kam die Abteilung ohne weitere Zwischenfälle bis zum Russendorf. Sicherlich lag das daran, dass Reith seine Lieblingsidee ausprobierte, in einer Stunde sieben Kilometer marschieren zu wollen. Er sah in kurzen Abständen auf die Uhr, unterhielt sich mit den Ausbildern über die zurückgelegten Wegstrecken und schrie »Schneller marschieren!« So war die Abteilung bereits beträchtlich in Schweiß, als der Gefechtsdienst begann.

Inzwischen war Leutnant Pardow mit seinem Fahrrad nachgekommen. Reith unterbrach die Einteilung, meldete, worauf Pardow die ganze Abteilung mit dem Ruf »Panzer aus Richtung Langeberge!« in die Gräben und Löcher am Eingang des Russendorfes scheuchte. Die Hilfsausbilder sprangen hinter den Auseinanderspritzenden her, verkündeten Einschläge von Granaten und waren immer dort, wo zwei oder drei zu eng zusammenlagen. Pardow, durch seine ausgedehnte Mittagsruhe erfrischt, zeigte sich ausnehmend munter und setzte besonders der zweiten Gruppe zu, die sich noch nicht kampffähig formiert hatte. Erst als Schneider, Guhr und Beck Handgranaten zu einer geballten Ladung zusammenbanden, und unter des Obergefreiten Hafer Befehl in einem Graben nach vorn schlichen, legte sich ob dieser richtigen Handlung sein Zorn. »Zusammenarbeit der einzelnen Schützen, jedoch nicht Zusammenballung«, das war es, was er immer wieder forderte.

Uhlig hatte Glück. Er war in eins der Häuser gelaufen (man hatte hier draußen ein Dorf im russischen Stil zu Übungszwecken aufgebaut) und hatte sich hinter eine Scharte gelegt. Er lag hier ruhig im Schatten, bewegungslos, gedankenlos. Draußen tobten die Ausbilder, draußen tobte die Schlacht. Nach Pardows Behauptung kamen die Panzer immer näher, die Panzerfaustschützen markierten die Abschüsse, Reith schmiss blaffende Knallkörper in die Gegend. Bis dann die Lage so verwirrt war, dass Pardow einen Abbruch des Gefechtsbildes für angebracht hielt, ehe die Abteilung seine Fiktion zu sehr ins Lächerliche zog.

Als die zweite Gruppe antrat, war Uhlig der einzige, der nicht keuchte, dessen Uniform nicht verstaubt und dreckig war und dem der salzige Schweiß nicht in kleinen Bächen unter dem Stahlhelm hervorlief.

Dann im Ortskampf jedoch wurde er schnell warm. Es machte ihm plötzlich Spaß, obwohl die Gräben furchtbar eng waren, durch die er kriechen musste. Jeden Augenblick blieb er in den Faschinen hängen. Der Sand war heiß und trocken, drang beim Kriechen in die Stiefel, unter die Uniform, in die Mündung des Karabiners.

Aber Uhlig geriet in Eifer. Er schlich sich seitlich an ein Haus heran, das Öhme und Steinbach mit Geschick verteidigten. Sie blockierten mit Handgranaten die Gräben vor dem Haus und beherrschten mit dem Karabiner das offene Gelände. Köhler schrie, schimpfte auf die MG-Schützen, die ihre Waffe ewig nicht zum Einsatz brachten, und versicherte einmal über das andere eine schwere »Spritze«, wenn das Haus nicht bald kommen würde.

Öhme und Steinbach hatten die Waffenröcke umgedreht, die Feldmütze aufgesetzt und markierten in dieser Vermummung den Feind. Sie sprangen ab und zu von einem Fenster zum anderen, warfen Handgranaten, und einmal wagte Steinbach sogar einen Ausfall, bei dem er den kleinen Krell zur Strecke brachte.

Öhme und Steinbach waren mit dieser Art des Gefechtsdienstes sehr zufrieden. Sie machten sich nicht schmutzig, taten sich nicht weh und sammelten obendrein bei den Vorgesetzten wertvolle Pluspunkte.

Es ging aber nicht so weiter. Uhlig war plötzlich da, kein Mensch außer Reith, der sein Schleichen mit Wohlgefallen beobachtet hatte, wusste woher. Uhlig schmiss Steinbach ein Holzstück in den Rücken, sprang durch ein Fenster, brüllte und markierte einen Bajonettstoß.

»Steinbach und Öhme tot!« rief Köhler. Dann ließ er die anderen der Gruppe aus ihren Löchern kommen und zur Besprechung antreten. Der Übungszweck war erreicht.

Das ist es also, was Pardow als einen Raufbold bezeichnet, dachte Reith. Stimmt, Uhlig war einer, zumindest, wenn er im Gefechtsdienst in Eifer geriet. Sonst war er ruhig und verträglich. Und den Willen und die Begeisterung eines derartigen und prächtigen Jungen wollte Pardow zerbrechen, bloß weil er sich nicht jedem Befehl eines jeden Trottels widerspruchslos beugte? Reith wusste ganz genau: Wer Uhlig imponierte, wen Uhlig als Vorbild ansah, dem ordnete er sich unter. Wehe aber, wenn einer kam, dem sich Uhlig überlegen fühlte! Wehe, wenn ihn so einer befehlen wollte! Dann bockte Uhlig, dann gab es Kampf.

Ich bin neugierig, dachte Reith, wie lange es noch dauert, bis zwischen Pardow und Uhlig der Krieg ausbricht…

Als die dritte Abteilung am Dorfausgang antrat, um ins Lager zurückzumarschieren, zog die vierte Abteilung vorbei, Leutnant Fahrenfeld, der Mann mit dem Deutschen Kreuz in Gold, bummelte lässig hinterher. »Haben heute nichts gemacht«, sagte er zu Pardow, »bei der Hitze!« Er tippte sich mit seinen Stöckchen an das Mützenschild. »Wir haben geschlafen.«

Er blieb stehen und ließ seine Abteilung weitermarschieren. Er blickte belustigt auf die verdreckten Uniformen und die abgespannten Gesichter der Rekruten. »Was habt denn ihr heute gemacht?« fragte er Uhlig, der mit zerrissenen Hosen im ersten Glied stand.

»Ortskampf, Herr Leutnant.« Die Worte hatten sich in dem trockenen Mund nicht bilden wollen und Uhlig hatte mehrmals geschluckt, ehe er endlich sprechen konnte.

»Soso«, sagte Fahrenfeld in seiner herablassenden Freundlichkeit, in der so brennend viel Hohn lag. »Ihr habt's ja auch nötig, ihr Spunde.« Dann ging er, mit seinem ewigen Stöckchen an die Stiefel schlagend, seiner Abteilung nach.

Die dritte Abteilung machte noch bösere Gesichter als schon vordem. Und das war auch der Grund, warum sie Pardow auf dem Heimmarsch von Flugzeugen, Panzern, Granatwerfern Artilleriesalven und Schiffsgeschützen eindecken ließ wie noch nie.

(...)

Langsam rückte die Uhr auf Mittag.

Es wurde aber nicht Mittag an diesem 24. Januar des Jahres 1945. Das heißt, natürlich erreichte die Sonne ihren höchsten Stand, aber es kam nicht die gewohnte Mittagspause für die Abteilung Pardow. Kein Mittag mit »Unterricht beenden!«, Antreten, Ausrichten, einigem Rennen und mit dem Marsch ins Lager. Es folgte kein Heraustreten zum Mittagessen, kein Fingernägelappell, kein Marschieren zur Küche, keine halbstündige Pause zum Ausruhen und Briefeschreiben.

Gegen elf kam ein Grenadier mit dem Fahrrad aus dem Lager herausgefahren. Er sprang vom Rad, hob den Arm zum Gruß und meldete: »Befehl von Herrn Hauptmann Knothe, Herr Oberleutnant: Sie sollen Ihre Abteilung so schnell wie möglich einrücken lassen.«

»Einrücken?«

»Jawohl Herr Oberleutnant. So schnell wie möglich.«

»Gut. Fahren Sie zurück.«

Pardow pfiff und ließ die Abteilung die Geräte aufnehmen und antreten. Er drang auf Eile, ließ die Abteilung nicht erst ausrichten und befahl: »Im Laufschritt – marsch, marsch!«

Uhlig und Krell rannten hinter der Abteilung her.

Sie trugen einen der Tische, auf denen die Waffen während der Ausbildung gelegen hatten. Die Gewehre hatten sie über den Rücken gehängt. Die Riemen schnürten ihnen während des Laufens die Brust ein.

»Ob etwas Besonderes los ist?« fragte Krell.

»Muss wohl«, meinte Uhlig.

»Vielleicht sollen wir doch heute Nachmittag noch zur Schussbahn B marschieren.«

»Ich glaube nicht«, vermutete Uhlig. »Heute Nachmittag…« Er brach ab und sagte schnell: »Halt mal!« Er setzte den Tisch nieder und hakte die Schlaufe der Gasmaskenbüchse, die sich gelöst hatte, wieder in das Koppel. Dann nahmen sie den Tisch erneut auf und rannten der Abteilung nach, die von Pardow zu eiligstem Lauf angetrieben wurde. »Kommen Sie mit den Tischen so schnell wie möglich nach!« rief er.

Pardow ließ die Abteilung vor der Baracke halten und jagte sie in die Stuben, noch ehe die Nachzügler mit den Tischen heran waren. Dann begab er sich zum Kompanieführer.

Nach einigen Minuten befahl Pardow dem Unteroffizier Zing, die Abteilung sofort wieder herauszupfeifen. Er war sehr erregt, als er vor seine Leute trat. »Kameraden«, begann er und ließ eine bedeutsame Pause folgen.

Kameraden hat er gesagt, dachte Uhlig. Jetzt wird es ernst.

»Kameraden! Wie ihr wisst, greifen die Bolschewisten im Osten mit großer Übermacht an und haben bereits deutschen

Boden betreten. Wir, unsere Abteilung und die Abteilung Brückner, sind ausersehen, sofort als Panzerjagdkommando den schwer ringenden Kameraden der Ostfront Unterstützung zuteilwerden zu lassen. Es sind drei LKW von Leipzig angefordert. Sie können in zwei Stunden hier sein. Packen Sie sofort Ihre Sachen und machen Sie sich marschbereit. Wegtreten!«

Die Abteilung stürmte wieder in die Stuben. Ein tolles Durcheinander setzte ein. Spinde wurden aufgerissen, Bündel verschnürt. Einige rannten zur Kammer, um noch Uniformstücke umzutauschen. Zwischendurch wurde das überraschende Ereignis erregt besprochen. Unteroffizier Köhler holte sich vier Mann, die nach kurzer Zeit mit Zeltplanen, Rucksäcken und Packtaschen zurückkehrten.

Uhlig hatte in wenigen Minuten seine Habseligkeiten eingepackt. Er nahm sein Gewehr und vertauschte es gegen ein neues. Auch auf der Waffenkammer ging es drunter und drüber. Kisten mit Infanteriemunition und Handgranaten wurden bereitgestellt, Verschläge mit Panzerfäusten von einem Wagen geladen. Soldaten rannten umher, Unteroffiziere verglichen lange Listen, es wurde geschrien, befohlen, widerrufen, wieder befohlen…

Nach seinem Waffentausch verließ Uhlig die einem Tollhaus gleichende Baracke. Er ging zur Küche und aß so lange Kartoffeln und Weißkraut, bis er zum Platzen voll war.

In der Stube der zweiten Gruppe gingen in seiner Abwesenheit die Wogen hoch. Krell und Pankratew konnten sich im Schimpfen nicht genug tun. Panzerjagdkommando sei das Gefährlichste, was einem überhaupt geboten werden könnte. Es sei eine ganz verdammte Geschichte, dass sie jetzt, gerade jetzt, da die Front im Osten zusammengebrochen sei, eingesetzt würden. Sie seien doch noch in der Ausbildung, und es ginge doch nicht … und außerdem … und vor allem, und jedenfalls…

Dietrich wurde das Geflenne zu dumm. »Ihr Feiglinge«, schrie er, »sonst habt ihr auf Zeithain geschimpft und habt geprotzt, wie gern ihr an die Front gehen würdet. Gerade du, Pankratew! Gestern hast du noch von deiner Begeisterung für die Einmanntorpedos erzählt. Und jetzt habt ihr die Hosen voll.«

»Ach Unsinn! Du scheinst gar nicht zu wissen, was es heißt, mit...«

»Redet nicht solchen Quatsch, natürlich weiß ich das. Aber ich rede nicht darüber.«

»Passt es etwa dir?«

»Natürlich nicht, aber...«

»Achtung!«

Hauptmann Knothe stand in der Tür. Im Augenblick war es still, dann stürzte ein ins Schwanken geratener Schemel um und polterte auf die Dielen. »Zweite Gruppe der dritten Abteilung...« begann Beck, der Stubenälteste, zu melden.

»Wie weit sind Sie?«

»Wir sind gleich fertig, Herr Hauptmann. Nur...«

»Machen Sie aber nicht solchen Krach dabei!« – Weitermachen!«

Gietzel hockte sich wieder auf sein Bett und schrieb weiter. Er teilte seinen Eltern unverzüglich das so wichtige Ereignis mit: »...und verspreche Euch, dass ich auch an der Front meine Pflicht tun und alles daran setzen werde...«

Zur selben Zeit fasste Uhlig den dritten Schlag Weißkraut mit Kartoffeln. Wer weiß, wann das wieder einmal so klappt, dachte er.

Zur selben Zeit verschenkte Beck einen großen Karton mit Äpfeln an seine Kameraden. Er konnte doch unmöglich auch sie noch an die Front mitnehmen. Und aufessen konnte er sie nicht so schnell.

Zur selben Zeit schmiss sich Gerschner eine Kiste mit Handgranaten auf den Fuß, dass er aufschrie, hinfiel und sich am Boden krümmte.

Zur selben Zeit überfuhren die sowjetischen Panzer an einer weiteren Stelle die oberschlesische Grenze.

Zur selben Zeit klaute Dittrich in der Kammer zwei nagelneue Feldblusen. In der allgemeinen Aufregung bemerkte es niemand.

Zur selben Zeit stellte Guhr fest, dass ihm seine Armbanduhr abhandengekommen war.

Zur selben Zeit hob der einäugige Oberfeldwebel Reith die Hände und ging über das Eis des schmalen Weichselnebenflusses den sowjetischen Soldaten entgegen, die am Ufer standen und die Maschinenpistolen auf ihn gerichtet hielten.

Zur selben Zeit sprach Unteroffizier Ackermann beim Kompanieführer vor. Er sei schwer herzleidend und g. v. Heimat. Er kam doch wohl für diesen Einsatz nicht in Frage? – Er kam.

Zur selben Zeit dachte Frau Uhlig, die in ihrer Wohnung in Chemnitz, Zschopauer Straße 52, saß und Strümpfe stopfte: Es ist doch gut, dass Walther noch in Zeithain ist. Wenn er jetzt im Osten stünde…

Zur selben Zeit flogen amerikanische Bomber einen Angriff auf Merseburg und beschädigten das Haus, in dem die Eltern des Grenadiers Krell wohnten, zum dritten Male.

Zur selben Zeit löffelte der Gefreite Öhme, MG-Schütze in einem in der Eifel eingesetzten Infanteriebataillon, mit sichtlichem Genuss aus einer bei einem Gegenstoß erbeuteten Büchse herrliches Corned Beef.

Zur selben Zeit rechnete sich der Furier der fünften Zeithainer Kompanie aus, dass er bei der Verteilung der Marschverpflegung bei einigem Geschick mindestens zwei Kilogramm Butter gutmachen konnte.

Zur selben Zeit wurde auf einer Wehrmachtsleitung zwischen Leipzig und Dresden ein Gespräch geführt: »Herr Oberstleutnant, die Panzerjagdkommandos können in etwa einer Stunde auf der Fahrt sein. Von unserem Ersatzbataillon in Leipzig werden einhundertundzwanzig Mann abgestellt. Dazu kommen noch achtzig Mann aus Zeithain.«

(...)

Die ganze Stadt Schwedt lag voller Militär. Trosse verstopften die Straßen, Flüchtlingstrecks quälten sich zwischen ihnen hindurch. Aus dem über die Oder flutenden Soldaten wurden neue Einheiten zusammengestellt. »Ihr geht hinein«, sagte Köhler. »Und ihr sagt alles das, was wir jetzt hier besprochen haben. Klar?«

Uhlig und Dittrich betraten das Gebäude der Ortskrankenkasse, in der die Frontleitstelle untergebracht war. Sie wurden von Zimmer zu Zimmer geschickt. Sie trafen in diesem Haus mehr Offiziere, als sie während ihres ganzen Fronteinsatzes zu sehen bekommen hatten. Ein Hauptmann erklärte sich endlich als zuständig.

Er hörte sich alles an. »Sie haben also Ihre Ausbildung noch nicht beendet?«

»Nein, Herr Hauptmann.«

Der Hauptmann schickte ein Mädel fort mit dem Auftrag, eine bestimmte Akte zu besorgen. Uhlig und Dittrich standen einstweilen an der Dampfheizung. Es wurde ihnen heiß. Die Luft war stickig und verbraucht. Dittrich wurde es bei dem langen Stehen beinahe übel. Er wagte aber nicht sich zu setzen.

Die Akte wurde nicht gefunden. Der Hauptmann sprach sehr laut und schneidend zu dem Mädel. Er stand auf und ging im Raum auf und ab. Er blieb am Fenster stehen und trommelte mit den Fingern an die Scheiben. Plötzlich war die Akte da.

»Wie sind Sie denn an die Front gekommen, wenn Sie Ihre Ausbildung noch nicht beendet hatten?«

»Das war so, Herr Hauptmann«, begann Uhlig. Er erzählte, ihre Abteilung sei in Posen gewesen, um dort eine Panzernahkampfausbildung zu erhalten. »Und dann ging es plötzlich los, und wir mussten zurück.«

»Haben Sie die Panzerkampfnahausbildung abgeschlossen?«

»Nein, Herr Hauptmann, es sollte gerade erst losgehen.«

Dittrich hat auch einmal einen guten Einfall, dachte Uhlig.

Der Hauptmann blätterte in dem Aktenstück. Er kam mehr und mehr vom Thema ab. Er stellte persönliche Fragen. Leutseligkeit nennt man so etwas, dachte Uhlig.

»Was sind Sie von Beruf?«

»Abiturient, Herr Hauptmann.«

»Und Sie?«

»Auch Abiturient, Herr Hauptmann.«

Eindruck schinden, dachte Uhlig.

Der Hauptmann interessierte sich für Alter, Heimatort, Schulausbildung, Verhältnisse der Eltern.

»Von mir sind zwei Brüder im Osten gefallen«, erwähnte Uhlig.

Dittrich wusste, dass es nicht stimmte.

Das scheint gut zu gehen, dachte Uhlig. Wir müssen noch ein bisschen auf die Tränendrüsen drücken. »Ich bin nun noch der einzige zu Hause«, log er. »Mein Vater ist auch draußen.«

Der Hauptmann ist so prima, dass man ihn eigentlich nicht beschwindeln sollte, dachte Dittrich.

»Ja, wissen Sie«, sagte der Hauptmann, »Sie werden natürlich hier an der Front dringend gebraucht. Die Front brennt an allen Enden. Aber schließlich ist der Offiziernachwuchs für uns alle ebenfalls wichtig. Ich lasse Ihnen also Papiere ausschreiben, dass Sie wieder nach Zeithain zurückkommen. Beenden Sie Ihre Ausbildung!«

»Jawohl, Herr Hauptmann.«

Es ist schade, dachte Uhlig, dass es im militärischen Jargon das Wort »danke« nicht gibt.

»Und?« fragte Köhler.

»Mensch, wir haben die Papiere für Zeithain!«

»Ihr habt vielleicht Schwein.«

»Bei dir wird das nicht klappen. Das ging nur, weil wir Offiziersbewerber sind. Es war auch bei uns nicht einfach.«

Sie beratschlagten sich. Sie gingen in eine kleine Bäckerei, ließen sich Brot geben und aßen es, auf einer Bank im Laden sitzend. Sie studierten die Marschpapiere. Die Bäckersfrau stand hinter dem Ladentisch und fragte. Dittrich unterhielt sie, Köhler und Uhlig berieten. Sie erwogen, verwarfen, erwogen. Plötzlich grinste Köhler. »Haben Sie eine Schreibmaschine?« fragte er die Bäckersfrau.

»Wir nicht. Aber da drüben bei Heilmanns ist eine. Dort in dem Hutgeschäft.«

Köhler und Uhlig gingen hinüber. Dittrich blieb zurück und aß noch Brot. »Jetzt können wir Dittrich nicht brauchen«, meinte Köhler.

Uhlig ging zuerst in den Laden. Es roch unangenehm darin, verstaubt und muffig. Sie fragten den Mann, der aus einem hinteren Zimmer kam, ob eine Schreibmaschine im Haus sei. Sie hätten eine Kleinigkeit zu schreiben. Sie gingen in das Kontor, rauchten sagenhaft gute Zigaretten, die der Huthändler anbot, und erzählten ihm, wie es an der Front aussähe.

Zur selben Zeit sah es dort nicht mehr so aus, wie sie es wussten und schilderten. Zur selben Zeit erreichten die Sowjets die Oder ein paar Kilometer nördlich von Schwedt. Und zur selben Zeit schnitten sie die achtzehn Mann der Abteilung Pardow ab, die den schmalen Zugang zum Städtchen Bahn verteidigten.

Zur selben Zeit feilte Frau Uhlig in ihrer Wohnung in Chemnitz, Zschopauer Straße 52, komplizierte Eisenteile ab, die später zu irgendeiner Waffe zusammengesetzt werden sollten.

Zur selben Zeit sah es dort nicht mehr so aus, wie neue Rekrutenabteilung, siebzehnjährige Jungen, unter der Gasmaske über die Ebene zwischen Langeberge und dem Russendorf.

Zur selben Zeit stießen amerikanische Panzer auf die Rheinbrücke von Remagen vor.

Zur selben Zeit schaufelte der Kriegsgefangene Reith auf einem Warschauer Bahnhof kalkigen Schutt in einen Bombentrichter.

Zur selben Zeit erklärte Dittrich der Bäckersfrau: »Natürlich gewinnen wir den Krieg noch. Überlegen Sie sich doch mal…«

Zur selben Zeit schmiss der Gefreite Öhme, MG-Schütze in einem an der Mosel eingesetzten Infanterieregiment, seine Waffe in ein Schützenloch und ging stiften.

Zur glichen Zeit ging der Huthändler nach vorn in den Laden. Unteroffizier Köhler spannte den auf die Namen Dittrich und Uhlig ausgeschriebenen Marschbefehl in die Schreibmaschine.

Uhlig stellte sich hinter die Glastür, die zum Laden führte. Er sah den Huthändler stehen und mit einem Kunden reden. Er hörte das Gespräch im Laden und Köhlers Tippen auf der Maschine.

Köhler änderte eine Zwei in eine Drei und schrieb unter die beiden Namen noch einen dritten: »Köhler, Uffz.« Es war noch genügend Platz dafür frei. »Das Farbband müsste etwas frischer sein«, sagte Köhler.

»Schreib doch noch mal drüber!«

Der Kunde verabschiedete sich. »Pass auf!« warnte Uhlig.

»Bin gleich fertig.«

Sie rauchten jeder noch eine von den guten Zigaretten. Sie verabschiedeten sich und gingen in die Bäckerei zurück. »Wie oft fahren eigentlich noch Züge zischen Anklam und Berlin?« fragten sie. Die Bäckersfrau wusste es nicht.

Sie verabschiedeten sich und gingen. Uhlig hatte die Marschpapiere in der Tasche. »Köhler fährt schwarz mit«, sagte er zu Dittrich.

Sie stritten sich mit Dittrich, ob das klappen würde. Dittrich meinte, er dächte nicht daran, sich um Köhlers willen selbst zu gefährden. »Brauchst du auch nicht«, beschwichtigte Köhler. »Wenn sie mich erwischen, passiert die gar nichts.«

Schweinerei von Dittrich, so etwas zu sagen, dachte Uhlig.

Ein Lastauto nahm sie bis Fürstenwalde mit. Der Fahrer sah nur flüchtig auf den Marschbefehl. Dann gab er ihn AN Uhlig zurück. Dittrich sah ihn nicht. In Fürstenwalde wurden sie von einer Wehrmachtsstreife kontrolliert. Es ging alles gut.

Wir brauchen uns gar nicht so zu beeilen, um nach Zeithain zu kommen«, meinte Dittrich. »Dort geht der Ausbildungsmist doch gleich wieder los.«

»Ich will mal richtig schlafen«, sagte Köhler. »Und baden und mich sattessen«. – Wenn wir erst in Zeithain sind, kann mir keiner mehr etwas anhaben, wusste er. Je länger wir uns herumtreiben, desto häufiger werden wir kontrolliert.

»So schnell wie möglich nach Zeithain!« sagte Uhlig.

Sie schliefen eine Nacht lang in einem Tanzsaal, der als Massenquartier hergerichtet war. Am nächsten Tag nahm sie ein LKW nach Süden mit. In der Gegend von Lübbenau liefen sie ein paar Kilometer, tranken warme Kuhmilch, aßen Bauernbrot und weißen Käse und fuhren mit einer klapprigen Kleinbahn. Sie erreichten die Hauptstrecke, stiegen mehrfach um, und in den späten Nachmittagsstunden saßen sie im Zug nach Riesa. Er war zum Brechen voll. Flüchtlinge mit Koffern, Körben, Bündeln und Kisten verstopften Gänge und Abteile. Es herrschte eine niedergedrückte und dabei unerhört gereizte Stimmung.

Es war ein eigenartiges Gefühl, wieder in Riesa zu sein, über die Elbbrücke zu gehen, den langen Spieß von der ersten Kompanie zu sehen. »Da sind wir wieder«, sage Dittrich.

»Drei Mann. Vor ein paar Wochen waren wir noch dreißig.«

(...)

»Hast du morgen etwas zu tun?« fragte Kronenthal.

»Natürlich nicht.«

»Ich hätte etwas für dich.«

Sie standen in einer Marktecke der kleinen mittelsächsischen Stadt, die nun Uhligs Heimat geworden war, Uhlig und Kronenthal, sein neuer Freund. Sie trugen kurze Hosen und karierte, am Hals offene Hemden. Sie waren einmal die Leipziger Straße hinauf- und hinuntergegangen, hatten Barthel getroffen und eine gewisse Inge, die Kronenthal kannte; ein zierliches dunkles Mädel.

»Was denn?« fragte Uhlig.

»Du könntest mal nach Frankenberg fahren.«

»Und?«

Tabak umtauschen.«

»Darüber ließe sich reden.«

Sie gingen wieder in die Leipziger Straße hinein. Es war jetzt nach fünf, und viele Leute kamen von der Arbeit oder gingen in die Geschäfte. Jungen und Mädchen standen an den Ecken oder bummelten hin und her. »'ne Menge Leute«, sagte Kronenthal. »Die meisten kennt man gar nicht. Früher hatte Mittenberg achtzehntausend Einwohner. Jetzt sind es fünfundzwanzigtausend. Siebentausend Flüchtlinge. Hübsche Mädels dabei.«

»Kaputt ist hier nichts?«

»Zwei Häuser. Als sie Chemnitz angriffen, fielen hier auch ein paar Bomben. Die meisten ins freie Feld.«

»Wie ist das nun mit Frankenberg?«

»Ja, also, du sollst in die Tabakfabrik fahren. Ich gebe die vier Pfund Mobendorfer Tabak mit. Dafür kriegst du tausend Zigaretten. Kosten hundertfünfzig Mark. Die gebe ich dir natürlich auch mit.«

»Ja. Und?«

»Du kriegst fünfzig Zigaretten ab.«

»Bisschen wenig.«

»Du spinnst wohl.«, schimpfte Kronenthal. »Du kannst das Stück für fünf Mark verkaufen. In Chemnitz sogar für sechs oder sieben. Das sind zweihundertfünfzig bis dreihundert Mark. Dafür kannst du das ruhig machen.«

»Und warum fährst du nicht selbst?«

»Bin zu faul.«

Am nächsten Morgen radelte Uhlig nach Frankenberg. Er musste in der Fabrik zwei Stunden lang warten, stritt sich mit dem Mann, der den Tabak annahm, über das Gewicht, verlangte schließlich, dass der Tabak in seiner Gegenwart nachgewogen wurde und erhielt nach einigem Hin und Her die Zigaretten.

Auf der Heimfahrt rauchte er fünf Stück.

Als Uhlig die sechste Zigarette aus der Aktentasche nahm und die fünfzig Schachteln noch einmal sah, stand sein Entschluss fest. Kronenthal würde die Zigaretten nicht wiedersehen.

Und dann ging Uhlig doch mit der vollen Aktentasche die Treppe zu Kronenthals Wohnung hoch. »Hat geklappt«, sagte er. »War bloß ein bisschen zu wenig Tabak.«

»Wieso zu wenig?«

»Das waren bloß neunhundertvierundneunzig Gramm, nicht tausend. Ich habe dabeigestanden, wie er gewogen hat...«

Das ist eine ganz beschissene Bande«, schimpfte Kronenthal. »Es waren tausendzehn Gramm. Das ist ein ganz dreckiges Mistvolk da drüben. – Zeig mal her.«

»Sondermischung.«

Sie setzten sich auf Kronenthals Bett und rauchten. »Du hättest unterwegs ruhig ein paar rauchen können«, sagte Kronenthal.

Uhlig war jetzt froh, dass er die Zigaretten doch abgeliefert hatte. Er war sogar stolz darauf.

Als Uhlig ging, hielt ihm Kronenthal drei Schachteln mit je zwanzig Zigaretten hin. »Ich dachte fünfzig«, sagte Uhlig, griff aber sofort zu.

»Hau ab.«

Walther Uhlig rauchte an diesem Abend drei Zigaretten und gab seinem Vater zwei. Am nächsten Morgen fuhr er mit dem ersten Zug nach Chemnitz. Er stellte sich zu den Leuten, die am Bahnhof standen und passte auf.

Er wurde von einer Frau angesprochen, ob er Zigaretten kaufen wolle. Er sah sich an, wie sich das Geschäft abwickelte. Zigaretten wurden eifrig gehandelt. Eine Frau probierte einen Damenhut auf. Schaulustige drängten sich.

Als Uhlig nach Zigaretten gefragt wurde, verlangte er sieben Mark. Der Mann feixte. Uhlig sprach dann einen Jungen in seinem Alter an. Er konnte acht Stück für fünfzig Mark absetzen. Bald darauf verkaufte er zwei Zigaretten für je sechs Mark fünfzig. Dann ging es Schlag auf Schlag, einmal zehn Stück, dann eine, sieben, drei, fünf, noch einmal fünf, zwei – nach kurzer Zeit hatte er fünfzig Zigaretten verkauft und dabei mehr als dreihundert Mark verdient. Sehr mit sich zufrieden und reicher als je zuvor fuhr er nach Mittenberg zurück.

Er blieb hart, als seine Mutter über die schlechte Ernährung klagte; er bleib auch hart, als er aus dem Kino kam und vor Hunger bald umfiel und ihm Finke ein Brot für achtzig Mark anbot. Er hatte die Brieftasche voll Scheine und hätte sich von dem Geld mehrmals satt essen können. Er tat es nicht.

Ein paar Tage darauf bot sich eine Gelegenheit. Eine Frau aus Uhligs Haus bot ihm Tabak an. »Guter Tabak«, sagte sie. »Richtiger Tabak. Von meinem Schwager. Aber ich brauche Geld für die Miete.«

Uhlig sah sich den Tabak an. Es war Mobendorfer Tabak, wie er gleich vermutet hatte; etwas mehr, als ein halbes Pfund.

»Wenn sie mir vielleicht vierzig Mark dafür geben könnten«, sagte die Frau. »So viel brauche ich nämlich.« Der Frau war es sichtlich peinlich, so zu schachern. Ich kann hier keine Rücksicht nehmen, dachte Uhlig. Wenn ich solche Geschäfte wie die anderen machen will, darf ich nicht weich werden. Das halbe Pfund kostete unter Freunden zweihundert Mark. Die Frau wollte vierzig. »Vierzig«, sagte er. »Gut.«

Es gab eine ganz große Sensation: das Tanzen. Das »Schwarze Roß« eröffnete wieder, im »Bürgergarten« war allabendlich Tanz, im »Casino« spielte sonnabends und sonntags Freddy Fleischer mit seinen Rhythmikern. Dann tat in der näheren Umgebung ein Dorfgasthof nach dem anderen seinen Saal auf, und im »Amtlichen Bekanntmachungsblatt der Stadt Mittenberg« zeigten die Wirte an: Feiner Ball, Treffpunkt der Tanzlustigen, Tanzabend, Großtanzabend, Sondertanzabend, Damenball, Großer Damenball, Wechseltanzabend.

Werner Kronenthal konnte bereits Foxtrott und ein wenig Tango tanzen. Er tanzte mit Inge in Kronenthals Stube auf dem kleinen Raum zwischen Schrank und Nachttisch. Aus dem Super, den Kronenthal in der SS-Schule geklaut hatte und der nun auf dem niedrigen Tisch stand, schmeichelten die Saxophone, schmetterten die Trompeten und Posaunen, hämmerten Schlagzeug und Bass. »Eins, zwo, eins, zwo. – Den Arm nicht so steif! Eins, zwo, eins, zwo. Au! Pass doch auf!«

Sie rauchten dann, und Inge erzählte, wie die einzelnen Kapellen spielten, wie die Säle aussähen, wo der meiste Betrieb sei. »Es ist bloß schade, dass fast keine Männer da sind. Immer nur mit anderen Mädels tanzen ist auf Dauer langweilig. Ihr müsst auch mit tanzen gehen. Am Sonnabend ins Casino?«

»Erst muss ich das richtig können.«

»Ich habe nichts anzuziehen«, erklärte Uhlig. »In meiner alten Uniform gehe ich nicht. Die anderen Klamotten sind verbrannt, und neue habe ich nicht…« – Wenn ich ihm damals die tausend Zigaretten nicht gegeben hätte, könnte ich mir längst Stoff gekauft haben, fiel ihm ein.

»Es gehen so viele Männer in Uniform auf den Saal«, sagte Inge. »Das macht gar nichts. Da sieht niemand hin.«

»Mir passt das nicht.«

»Mein neuer Zweireiher wird nächste Woche fertig«, erwähnte Kronenthal.

Dann kam Finke. Er setzte sich mit auf das Bett. Sie kümmerten sich jetzt nicht um Inge. Sie berieten, ob man, wenn man zu einem bestimmten Preis Leder kaufte und daraus Schuhe machen ließ, noch genug verdiente.

Uhlig beteiligte sich nur wenig an der Diskussion. Er sah Finke von der Seite an, der achtzehn Jahre alt war, sich geschmeichelt fühlte, wenn man ihn für zweiundzwanzig hielt, und als einer der bedeutendsten Schieber von Mittenberg galt. Finke war groß, dunkel, ging leicht nach vorn geneigt, und sein Gesicht verriet mehr Schläue und Brutalität als Klugheit. Er hatte nach der Volksschule zwei Jahre lang Spinner gelernt, war danach in einem Rüstungsbetrieb als Hilfsarbeiter gewesen und dann zum Arbeitsdienst gekommen. Im März 1945 von dort entlassen, hatte er in Mittenberg den Zusammenbruch miterlebt und dabei ebenso wie Kronenthal den Grundstein zu seiner jetzigen Existenz gelegt. »Man muss sehen, wie man weiterkommt«, war sein oft ausgesprochener moralischer Grundsatz, den er manchmal noch durch die Devise »Mir gibt auch keiner etwas« zu unterstreichen pflegte. »Rauchen muss sein und Fressen muss auch sein. Und was willste anziehen? Na siehste, ohne Schieben geht's eben nicht. Oder denkste, du kannst das von den paar Kröten machen, die du beim Arbeiten verdienst?«

Kronenthal war etwas jünger als Finke und eine gehörige Portion klüger. Er hatte einige Bücher im Schrank stehen und lernte in seinen Mußestunden Englisch. Wenn ihn Finke nach dem Grund seines Eifers fragte, pflegte er zu antworten: »Will mal Schlagersänger werden.« Und dass das nicht ohne englische Kenntnisse zu machen war, musste wohl eingesehen werden. Schließlich konnte man ja, um sich nicht lächerlich zu machen, zu Finke nicht sagen, dass man einmal zu studieren gedachte. Kronenthal war vorsichtiger beim Schieben, verdiente nicht so viel wie Finke, hatte aber auch nicht so große Verluste.

Uhlig betrachtete sie eingehend, seine neuen Freunde Kronenthal und Finke. Sie debattierten eifrig. »Fünfhundert kannste ruhig in das Geschäft mit dem Leder reinstecken«, sagte Finke. »Das kommt allemal wieder raus. Bisschen Mut musste schließlich haben.«

»Das ist Quatsch«, warf Kronenthal ein. »Du kriegst die Schuhe höchstens für sechshundertfünfzig los. Außerdem dauert das Anfertigen zu lange, da liegt das Kapital paar Wochen fest. Ich mache nicht mit.«

»Hört ihr endlich mal mit dem Quatsch auf?« unterbrach unvermittelt Inge Olbers. »Sonst kann ich ja gehen.«

»Bleib noch bisschen«, bat Kronenthal. »Ich gehe dann gleich mit.«

»Lass sie doch gehen«, meinte Finke. Und dann zu Kronenthal gewendet: »Also, du machst nicht mit?«

»Nein.«

»Gut, dann mache ich das für mich.«

»Und wenn ich mitmache?« Uhlig genoss die Überraschung, die sich auf Finkes Gesicht spiegelte.

»Du? Mit fünfhundert?«

Mit achthundert. Aber unter einer Bedingung: Wir verkloppen die Schuhe nicht in Mittenberg, sondern in Chemnitz. Da kriegen wir bedeutend mehr.«

»Kannst du sie oben verkloppen?«

»Klar.«

Nach drei Wochen verkaufte Uhlig die ersten vier Paar, zwei Paar vor dem Chemnitzer Hauptbahnhof, ein Paar an seinen früheren Studienrat und ein Paar an einen ehemaligen Klassenkameraden. Er verdiente dabei so viel, dass er das fünfte Paar für sich behalten konnte. Von dem Verdienst kaufte sich Uhlig das Langersehnte: einen bläulich-grauen Anzugstoff.

Uhlig ging an einem Sonntag des September zum ersten Male ins Casino. Er trug den bläulich-grauen Zweireiher, hellbraune Halbschuhe, ein mattgestreiftes Hemd und einen weinroten Schlips. Er fühlte sich in seinen neuen Klamotten recht wohl.

(...)

Am Sonnabend gingen sie seit langem mal wieder ins Casino. Die Mädels waren da und machten große Augen. Barthel und Uhlig tanzten nicht mit ihnen. Sie tranken nur Bier, weil sie wenig Geld hatten. Uhlig zauderte lange, dann kaufte er sich ein paar Zigaretten. Das bedeutete, dass er für den Rest der Woche kein Geld mehr haben würde.

Inge Olbers war auch da. Uhlig vermied, zu ihr hinzusehen. Er freute sich, dass er ihr zeigen konnte, wie gleichgültig sie ihm war.

Als Damenwahl war, kam Inge Olbers herüber und forderte Uhlig auf. Uhlig sagte nichts. Er suchte nach einem treffenden Anfang, der Inge verletzen sollt. Es fiel ihm nichts ein.

Inge sah zu ihm hoch. Sie lächelte, als sie seine Einfallslosigkeit gebührend lange genossen hatte; und dann begann sie: »Man sieht dich recht selten.«

»Das liegt an dir.«

»Wieso?«

»Erinnerst du dich nicht mehr?«

»Doch – Und du hast dich dann nicht wieder sehen lassen, als die vereinbarte Zeit herum war.«

»Schließlich hast du Schluss gemacht«, empörte sich Uhlig. »Deine Pflicht ist es dann auch, wieder...«

»Du verlangst ein bisschen viel von einer Frau.« Sie lächelte so, dass sie Recht behalten musste.

»Wir werden uns auf dem Nachhauseweg darüber unterhalten.«

Er setzte sich wieder zu Barthel. »Ich gehe dann mit Inge nach Hause«, ich will endlich mal klarkommen, was mit dem Mädel los ist.«

Er tanzte noch mehrfach mit Inge. Uhlig und Barthel meinten, die Mädels würden sich freuen, dass sich wieder einmal zwei ihrer alten Freunde um sie kümmerten.

Wenn sie saßen, sprachen sie von Espenhain. »Dort ist es doch noch schlechter als hier«, sagte Barthel. »Dort musst du in Baracken wohnen und kannst nur einmal in der Woche nach Hause.

»Aber du erhältst eine geregelte Ausbildung. Und du kannst nach achtzehn Monaten eine Prüfung machen. Dann bist du etwas.«

»Schon. Aber du hast nichts zu saufen und nichts Richtiges zu essen. Und Eigenbau musst du rauchen. Du denkst wohl, es langt dann mal für eine Ami?«

»Dafür hat es jetzt auch nicht gelangt.«

»Deshalb wolltest du ja gestern noch aufhören.«

Als die Kapelle zu spielen aufhörte, half Uhlig der Inge in den Mantel. Er freute sich, dass die anderen Mädels tuschelten und kicherten. Er tat so, als wäre es das Selbstverständlichste von der Welt, dass er Inge nach Hause brachte.

Inge hakte ein.

»Was war nun eigentlich los?« fragte Uhlig.

»Das ist eine lange Geschichte«, begann Inge. »Ich will dir gleich sagen, dass ich dich immer gern gehabt habe. Aber ich kann es nicht leiden, wenn einer nur noch für Schnaps und Zigaretten Interesse hat. Das war mir so widerlich. Kannst du das verstehen?«

»Schön.«

»Und dann war es gemein von dir, wie du immer versucht hast, deine Freunde übers Ohr zu hauen. Weißt du, wenn man immer ansehen muss, wie der Freund die anderen Freunde betrügt, muss man dann nicht glauben, dass man auch...?«

»Hör mal«, sagte Uhlig.

»Walther, du hast Krone betrogen und Barthel auch. Ich weiß doch noch, wenn du gesagt hast: ›Der Schnaps hat soundso viel gekostet.‹ Dabei habe ich genau gewusst, dass er billiger gewesen war.«

»Das haben die anderen genauso gemacht.«

»Ja, aber bei dir hat es mich besonders gestört. Schließlich warst du ja mein Freund. Bei euch war es ein richtiger Sport, den anderen zu begaunern. Ihr habt euch belogen, wenn es euch Vorteil brachte, und ihr habt euch Geld abgenommen, wo es nur ging.«

»Na ja, man musste eben...«

»Man musste gar nicht. Bloß ihr musstest, weil ihr trinken wolltet und weil ihr ohne dreißig Zigaretten am Tag nicht auskamt, und weil gute Anzüge sein mussten. Aber dass man damit einem Mädel nicht imponieren kann, zumindest mir nicht, das hast du nie gespürt. Ich habe damals mit Krone Schluss gemacht. Ich dachte, du könntest anständiger sein. Aber du wurdest noch schlechter als der. Und da habe ich dich sitzenlassen.«

»Und das hat dir gar nichts ausgemacht?«

»Das hat mir sehr leid getan, Walther. Ich hatte nur nicht den Mut, die richtigen Gründe zu sagen. Aber«, lächelte Inge, »ich habe Annelies Bescheid gesagt, was sie dir erzählen soll. Und das hat dann schließlich auch geholfen.«

»Ach so war das«, sagte Uhlig.

»Und was wird nun?«

»Barthel möchte eigentlich wieder mit Arbeiten aufhören«, erzählte Uhlig. »Er hat vorhin noch gesagt, dass wir abhauen wollen. Wieder schieben; vielleicht auch nach dem Westen. Ich weiß noch nicht genau, was ich mache.«

»Dann geht das alte Lied wieder los. Wirst du denn niemals gescheit?«

Sie standen vor Inges Haustor. Uhlig lehnte sich an die Wand, wie er immer gelehnt hatte. Inge hatte sonst dicht vor ihm gestanden; jetzt war fast ein Meter Raum zwischen ihnen.

»Ich hatte schon geglaubt«, sagte Inge, »du würdest…«

»Tut es dir sehr leid, dass es nicht wird?«

Inge sah zu Boden.

»Dann will ich mal nach Espenhain gehen«, versprach Uhlig. »Bloß dir zuliebe.«

So verließ also Walther Uhlig die Stadt Mittenberg und fuhr nach Espenhain. Er meinte eine Zeitlang, diesen Schritt aus freien Stücken getan zu haben, aber allmählich begriff er, in den vergangenen beiden Jahren kaum etwas von sich aus entscheiden zu haben; in den meisten Fällen war er gestoßen worden, manchmal zum Positiven hin, öfter aber zum Negativen. Und so war auch diesmal der Anstoß von außen gekommen, von Inge, aber Uhlig war froh, die Kraft zu besitzen, ihrem Rat zu folgen. Er wusste, er würde es schwerhaben, aber er wusste auch, dass es so wie in den Monaten nach dem Krieg nicht weitergehen konnte. Vielfältig waren die Ratschläge gewesen, denen er sich in den letzten Monaten unterworfen hatte, und nachdem Uhlig eingesehen hatte, dass er nicht Wind gewesen war, sondern das Blatt, das der Wind vor sich hertreibt, wollte er nun auch dem letzten Ratschlag noch Folge leisten, wollte arbeiten.

Er unterschrieb den Umschulungsvertrag,…

Ich war Dr. Ley

Ich war Dr. Ley (1966)
später: Die Mäuse des Dr. Ley
Entstehung

Die Entstehung der Roman-Parodie Die Mäuse des Dr. Ley (zunächst unter dem Titel: Waldemar Naß: Ich war Dr. Ley) hängt zweifellos mit Entwicklungen im Westdeutschland der 50er Jahre zusammen, wo wegen Kriegsverbrechen belastete Nazis nach kurzem Abtauchen wieder in einflussreiche Positionen in Wirtschaft und Politik vorgerückt waren. Beispiele hierfür sind Hans Globke, der unter Adenauer ab 1953 als Staatssekretär das Bundeskanzleramt leitete, oder der Bankier Hermann Josef Abs, der von 1957 bis 1967 das Amt des Vorstandssprechers der Deutschen Bank ausübte. Beide waren für den Hitler-Staat maßgeblich engagiert gewesen, was die Fortsetzung ihrer Karrieren in der Bundesrepublik nicht behinderte. Andere Alt-Nazis schrieben ihre Biographien, in denen sie sich unbelehrbar, hinsichtlich ideologischer Standpunkte oder Kriegsverbrechen zeigten. Schon Mitte der 50er Jahre hatte Loest den Plan entwickelt, auf derartige Herausforderungen mit einer Satire zu reagieren. Mit Beginn eines politischen Verfahrens gegen ihn, musste er 1957 das Projekt abbrechen, nahm es aber nach seiner Haftentlassung 1964 wieder auf.

Die erste Fassung des Roman erschien 1966 im Eulenspiegel-Verlag (dem Verlag für Humor und Satire in der DDR) unter dem Titel Waldemar Naß: Ich war Dr. Ley und erfuhr bei den zwei Nachauflagen (1971 und 1976) kleinere Bearbeitungen durch den Autor selbst. Erst 1984 erschien der Roman in der Schweiz im Olten-Verlag – wo der aus der DDR stammende Schriftsteller-Kollege Bernd Jentzsch das Projekt betreute – unter Loests Namen und dem Titel Die Mäuse des

Dr. Ley. 1992 erhielt der Roman in der Taschenbuch-Ausgabe des Steidl-Verlags den Nebentitel Eine deutsche Parabel. Loest begründete den hinzugefügten Begriff der Parabel in seinem kleinen Nachwort zu dieser Ausgabe damit, dass die Geschichte vom Doppelgänger eines hohen Nazi-Funktionärs auch Bedeutung hat für die Zeit der Friedlichen Revolution 1989 hat: »Als die DDR in Scherben fiel, nestelte so mancher das SED-Abzeichen vom Rockaufschlag und gefiel sich über Nacht als strammer Vertreter der Marktwirtschaft.«

Inhalt

Waldemar Naß, geboren 1900 beginnt, seine Memoiren niederzuschreiben. Diese Lebenserzählung des Sohnes eines kleinen Gummifabrikanten aus dem sächsischen Burgstädt setzt mit Schulzeit und Kriegsteilnahme ein. Durch Zufall gerät Naß nach Kriegsende in höhere Gesellschaft, nutzt die Gelegenheit und heiratet die nicht besonders attraktive, aber vermögende Helene Blaskowitz. Inzwischen hat Hitler in Deutschland die Macht übernommen. Helenes Bruder ist aufgefallen, dass sein Schwager dem Chef der Deutschen Arbeitsfront Dr. Robert Ley sehr ähnlich sieht. Immer wenn Dr. Ley durch übermäßigen Alkoholgenuss seine Staatshandlungen nicht ausüben kann, wird Waldemar als sein Doppelgänger eingesetzt. Die Rolle als Dr. Ley gelingt ihm perfekt. Große Verdienste erwirbt sich der falsche Ley um die »Theorie des Hausdaches«, die er mit Geschick in die NS-Ideologie einbaut. Naß rückt den Nazi-Größen immer näher und darf Ley sogar bei einem Treffen mit Hitler vertreten. Als er schließlich mit Rudolf Hess nach England fliegen soll, um hinter Hitlers Rücken Friedensverhandlungen mit dem Feind zu führen, versucht er auszusteigen. Wegen Fleischschiebereien kommt Naß ins Gefängnis und muss sich wieder darauf einlassen, den trunksüchtigen Dr. Ley zu doubeln. Bei einer Reise als Dr. Ley durch das besetzte Frankreich überschreitet Naß seine Kompetenz. Als er Spanien zum Kriegseintritt bewegen will, wird Naß verhaftet und kommt in ein Arbeitslager. In den letzten Kriegstagen wird Naß wieder als Dr. Ley gebraucht und nutzt die Gelegenheit, um das Spiel auf eigene Rechnung zu machen. Er will über den Rundfunk seinen Friedensplan verbreiten, was eine Stromsperre allerdings verhindert. Schließlich verkleidet er sich mit der Uniform eines KZ-Häftlings und geht nach Düsseldorf, wo er unbescholten ins zivile Leben zurückkehrt und seine Memoiren verfasst.

Auszüge aus Die Mäuse des Dr. Ley

In Stahlgewittern

Vor mir liegen säuberlich übereinandergeschichtete Papierbögen, die Feder ist eingetaucht und gleitet, diesen Satz festhaltend, über das Papier, da hebe ich noch einmal den Kopf und werde mir der Kühnheit meines Unterfangens bewusst. Ein Kaufmann setzt sich nieder, um Hunderte von Bögen mit Millionen von Buchstaben zu füllen zu dem Zweck, sie auf maschi-nellem Wege vervielfacht unter die Leute zu bringen. Wer bin ich? frage ich mich für einen Augenblick verzagt, und es bedarf einigen Willens, mich aus vorübergehender Lethargie herauszureißen. Ich weiß, dass meine Mittel bisweilen ungenügend sein werden – obwohl ich mich mein Leben lang in der Kunst gefälligen Formulierens geübt habe –, jedoch hoffe ich, dass der Stoff den Leser so in Atem halten wird, dass er hier und da vorkommende Rauigkeiten zu verzeihen mag.

So sitze ich also am Schreibtisch, siebenundsechzigjährig, gesundheitlich erfreulich intakt, und beginne mit meinen Memoiren. Es wird mir sauer werden, denn anstrengende Tagesarbeit wird den Löwenanteil meiner Kräfte verschlingen. Ein Kaufmann, so könnte mancher fragen, wagt es, uns mit seinem Lebensbericht zu kommen? Wäre er Marschall, Spion, Filmstar, Olympiasieger gewesen, dann sollte uns sein Leben interessieren! Aber was will ein Kaufmann?

Gemach! Nicht immer war ich in bescheidener Stellung, stolze Höhen der Wirtschaftslenkung beherrschte ich, und manche bedeutende Persönlichkeit gehörte zu meinen Gefährten. Darüber zu schreiben ist der Sinn meines Vorhabens, und es dürfte niemanden geben, der mein Leben, wenn er es an Hand dieses Buch durchwandert hat, nicht erregend und erschütternd finden wird.

Schrieb ich »dieses Buch«? Welche Kühnheit! Gerade beginne ich, den zweiten Bogen mit meiner weiträumigen Schrift zu füllen, und schon spreche ich von einem Buch. Mit Gottes Hilfe möge es gedeihen!

Die ersten klaren Bilder sind mir aus der Zeit gegenwärtig, als ich fünf Jahre alt war. Ich be-saß im oberen Geschoß unseres Hauses ein kleines Zimmer, das zu meinem Entzücken turmartig aus dem Dach vorragte; ich konnte aus dem Fenster in alte Bäume hineinschauen und über einen Teil des Ortes hinweg, und viele Stunden habe ich an diesem Fenster verbracht, träumend, ich sei ein Prinz in einem verwunschenen Schloss oder der Beherrscher des Ortes, dem es gegeben ist, Blitz und Tod über ihn zu schleudern. Oft ging ich im Park, der sich an unser Haus anschloss, spazieren, trällerte wohl ein Liedlein vor mich hin, streckte die Ärmchen zum Licht oder saß träumend im schattigen Moos. An Sonn- und Festtagen scholl durch die Parkbäume das Geläut von Glocken an mein Ohr, die die Ortsbewohner in das Haus Gottes riefen. An einen Ulmenstamm gelehnt, lauschte ich den frommen Tönen. Jede Schwingung des Erzes lehrte meine kindliche Seele die Unschuld der ländlichen Sitten, den Frieden der Einsamkeit, den Zauber der Andacht. Ach, welches Herz wäre so mißschaffen, dass es nicht erbebte, wenn die Glocken des Heimatortes erklingen; jene Glocken, die über seiner Wiege frohlockten, seinen Eintritt ins Leben und den ersten Schlag seines Herzens begleitet, die heilige Freude seines Vaters und den Schmerz und die noch unaussprechlicheren Freuden seiner Mutter rings verkündet haben! In den verzückten

Träumereien, die der Klang der Heimatglocken uns schenkt, ist alles enthalten: Religion, Familie, Vaterland, Wiege und Grab, Vergangenheit und Zukunft!

Meine Gesundheit war nicht die beste, Kinderkrankheiten plagten mich mehr als andere Al-tersgenossen. Ich wog weniger, als wünschenswert gewesen wäre, und zeigte keinen rechten Appetit. Oft besuchte ein Arzt unser Haus; er erschien gewöhnlich in der Mittagsstunde, zweifelsfrei in der Hoffnung, zu Tisch gebeten zu werden, was auch geschah, und ich besinne mich, dass er etwa zu meiner Mutter sagte: »Ich würde, gnädige Frau, es nicht wagen, Ihrer Einladung Folge zu leisten, verbände sich damit nicht der Zweck, Waldemar beim Mahle im Auge zu behalten, was einer umfassenden Allgemeindiagnose förderlich sein könnte.« Dann schlang er mit einer Gier, die einer Horde von Schakalen Ehre gemacht hätte, mich aber würdigte er keines Blickes. Dieser Herr, der auf den Namen Trobitzsch hörte, begleitete mich durch meine Kindheitstage, und wenn ich zu einem halbwegs gekräftigten Burschen heranwuchs, so danke ich es nicht zuletzt ihm.

Ihren ersten merkbaren Einschnitt erhielt meine Jugend, als ich mit zehn Jahren auf das Gymnasium der benachbarten Stadt Burgstädt geschickt wurde. Diesmal war Dr. Trobitzsch für eine Woche unser Gast, um mich sorgfältig zu beobachten; dreimal täglich konnte ich seinen Appetit bewundern. Am Ende seines Besuchs empfahl er stoffwechselanregende Medikamente und erklärte mich als durchaus imstande, die Strapazen eines auswärtigen Schulbesuchs zu ertragen. Hatte bis zu diesem Zeitpunkt vorwiegend meine Mutter meine Erziehung beaufsichtigt, so griff nun mein Vater mehr und mehr in diesen Prozess ein. Bisweilen begleitete ich ihn auf Geschäftsfahrten, besuchte ihn im Kontor, und aufmerksam lauschte ich den belehrenden Worten, mit denen er mich bedachte. Schon damals weckte mein Vater in mir Verständnis für die Schwierigkeiten und Reize des Geschäftslebens, und wenn ich später ein allseitig anerkannter Fabrikant und Kaufmann geworden bin, so danke ich das auch diesen Anregungen.

Eines Tages (ich war vierzehn Jahre alt) eröffnete mir mein Vater folgendes: »Mein Sohn, dir ist bewusst, welch verantwortungsvolle Aufgabe dich dereinst erwartet. Die Claußenhainer Gummiwarenfabrik, die dein Großvater gegründet hat, wird einmal in deine Hände gelegt werden. Dir als dem späteren Oberhaupt unserer Familie wird es zufallen, sie blühen zu lassen und dir und den Deinen ein standesgemäßes Auskommen zu sichern. Aber auch der väterliche Ernährer einer mehr als hundertköpfigen Belegschaft wirst du sein. Schon jetzt sollst du in die Fabrik eingeführt werden und den Weg kennenlernen, den der Gummi von seiner rohen Form beispielsweise bis zur Wärmflasche zurücklegt. Mein Sohn, sei dir bewusst, was deine Familie, die Angestellten und Arbeiter der Firma, die Bevölkerung von Claußenhain und Umgebung von dir erwarten!«

(…)

Als hätte ein gütiges Geschick für mich ein großes Ereignis aufsparen wollen: Am nächsten Tag brach der Weltkrieg aus! Glocken dröhnten, Fahnen hingen aus allen Fenstern, die Män-ner eilten zu den Waffen. Ich lief dem Marschzug nach, der zum Bahnhof strebte, streute Blumen über die Helden, und mir schien es, als könnte kein größeres Fest mich für die Mühen belohnen. Nur eines machte mein Herz bänglich, dass es mir nämlich nicht vergönnt war, mit den anderen hinauszuziehen. Vierzehn Jahre war ich ja erst alt, und wie man hörte, sollte der Krieg Weihnachten zu Ende sein.

Niemand wird verlangen wollen, dass mir dieses Ereignis in all seinen Zusammenhängen klargeworden wäre. Nichts wusste ich von dem Mord von Sarajevo, nichts von der Nieder-tracht des perfiden Albion, nicht, von der Tücke des Zarismus. Doch war durch die patrioti-sche Erziehung in Elternhaus und Schule so viel warmes Gefühl für Deutschland und seine Ehre in mir geweckt worden, dass die Begeisterung dieser Tage brausenden Widerhall in meiner Seele erweckte. Der Bürgermeister hielt eine Rede, die Feuerwehrkapelle ließ zündende Weisen ertönen, und die enthusiasmierte Menge brach ein über das andere Mal in Hurras für Gott, Kaiser und Vaterland aus. Endlich rollte der Zug, der unsere Reservisten zur Garnisonstadt bringen sollte, aus dem Bahnhof hinaus. Da eilte ich nach Hause, holte meine Bleisoldaten vom Boden und baute sie in langen Kolonnen auf. Blutige Schlachten ließ ich sie schlagen, und so mancher Franzmann biss ins Gras. »Warum«, fragte ich am Abend meine liebe Mutter, »darf ich nicht dabei sein?« Da strich sie mir lächelnd über die glühenden Wangen. Hätte ich gewusst, was das Schicksal noch für mich bereithielt, ich wäre in dieser Minute freudiger gewesen!

Aus den folgenden Jahren ist mir nicht viel in Erinnerung geblieben. In der Schule ging alles eintönig seinen Gang, viel zu ermüdend für meinen Sinn, der immer draußen bei unseren Feldgrauen weilte. Deshalb ist es nicht verwunderlich, wenn meine schulischen Leistungen nicht die besten waren. Erschwerend kam hinzu, dass mein Klassenlehrer mich nicht leiden konnte und alles daransetzte, mich zu Fall zu bringen. Er unterrichtete in Mathematik und Physik und legte es darauf an, mir in diesen Fächern die schlechtesten Noten zuteilwerden zu lassen. Schutzlos war ich seiner Rankküne ausgeliefert. In zwei Disziplinen ungenügende Zensuren zu erhalten bedeutete, dass ich die

Klasse wiederholen musste; auch durfte ich nicht hoffen, durch ein »Sehr gut« in anderen Fächern ein Äquivalent zu schaffen. Als die Not aufs höchste gestiegen war, bat ich meinen Vater, mir mit Rat und Tat zur Seite zu stehen. »Mein Sohn«, sprach er, »du näherst dich deinem siebzehnten Geburtstag, du bist kräftig genug, für das Vaterland die Waffe zu tragen. Von allen Seiten bedrängen Feinde unsere Grenzen, Männer unserer Familie, darunter dein Vetter Arthur, setzen ihr Leben ein, und täglich quält es mich, dass nicht auch ich den feldgrauen Rock tragen darf. Aber es muss auch Männer geben, die das Räderwerk der Wirtschaft in Gang halten, damit es der Front nicht an Waffen, Munition und Ausrüstung, beispielsweise an Gasmasken, gebricht. Nun frage ich dich also, bist du gewillt, dich freiwillig in die Schar unserer tapferen Helden einzureihen?«

»Ja, Vater!« antwortete ich ohne Zögern.

»Es hätte außerdem den Vorteil«, sprach mein Vater weiter, »dass du das Abitur geschenkt bekämest. Wie du weißt, erhalten alle, die die Schule vorzeitig verlassen, um das Ehrenkleid zu tragen, automatisch die Reife zugesprochen. Aller Ärger wäre vorbei, und ob du nun in einem halben Jahr eingezogen wirst oder dich jetzt freiwillig meldest, läuft auf dasselbe hinaus.«

An einem der nächsten Tage sprach mein Vater in Chemnitz mit einem Offizier der dortigen Garnison, der ihm bekannt war, brachte Formulare mit, die ich ausfüllte, und kurz darauf erhielt ich den Bescheid, ich dürfte als Kriegsfreiwilliger zum 11. königlich-sächsischen Artillerie-Regiment zu Fuß nach Chemnitz einrücken. Säuerlichen Gesichts übergab mir daraufhin mein Schuldirektor das Zeugnis der Reife.

(...)

Ich fühlte mich hochgestimmt. Seit fast einem Jahr schon trug ich das graue Ehrenkleid, doch immer wieder war ich durch missliche Geschicke gehindert worden, das perfide Albion durch meine rächende Hand zu züchtigen. Am liebsten hätte ich gesungen und gejubelt, und nur der schneidende Fahrtwind hielt mich davon ab, da er mich nötigte, meinen Mund mit einem Schal zu bedecken.

Als wir zum ersten Mal rasteten, hörten wir von Westen her das Donnern der Geschütze. Seitlich der Straße rief uns ein Hauptmann zusammen. »Vorn im Schlamm«, rief er über das Feld, «steht noch so manches verwaiste Geschütz, dessen Mannschaft der Heldentod dahingerafft hat. Wir werden diese Waffen aus dem Dreck ziehen und erneut gegen den Feind richten. Es lebe der Kaiser!«

Gegen Abend erreichten wir ein zerschossenes Dorf (es lag bereits in der Reichweite feindlicher Kanonen!) und sahen uns genötigt, in kalten Kellern zu nächtigen. Noch längst graute der Morgen nicht, als uns ein Unteroffizier herausrief. In langer Reihe schritten wir über dunkle Felder, stiegen in Gräben hinein, und so näherten wir uns den Feuerstellungen der Batterie, die wir übernehmen sollten.

Jedem, der den Krieg wie ich in vorderster Linie mitgemacht hat, werden derartige nächtliche Märsche in Erinnerung sein. Auch er wird den Kopf eingezogen haben, wenn schwere Koffer über ihn hinwegrauschten, auch er wird sich zu Boden geworfen haben, wenn eine Granate in der Nähe einschlug, und unvergesslich wird ihm der Anblick des von Feuergarben zuckenden, bald glühendrot, bald schwefelgelb lodernden Horizontes gewesen sein.

Nach mühseligem Marsch durch zerschossenes Gelände und enge Gräben erreichten wir die uns zugewiesene Batterie. Hier war wirklich guter Rat teuer. Zwar war ein Geschütz intakt, die meisten Pferde aber waren gefallen, viele der Kanoniere verwundet oder tot. Grau lag noch die Dämmerung über dem Land, als vor uns das Hämmern der Maschinengewehre einsetzte. Wir begannen in den Nebel hineinzuschießen. Irgendwoher war der Befehl dazu gekommen, und ich spürte mein Blut in Wallung geraten, denn nun endlich konnte ich dem Briten heimzahlen, was er durch seine schändliche Hungerblockade sowie durch die Bekämpfung des totalen U-Boot-Krieges unseren Frauen und Kindern antat. Granate auf Granate verließ das Rohr, und trotz der Winterkälte geriet ich allmählich in Schweiß. Plötzlich schien ein gellendes Bersten Himmel und Hölle zu zerreißen. Eine Riesenfaust hob mich empor und schleuderte mich auf den Lattenrost, der das Geschütz umgab; Feuer und Rauch tosten um mich, ich hörte das Schreien der Kameraden, die Welt sank um mich ins Dunkle, und ich vermeinte tiefer und tiefer zu fallen. Dann überzog mich eine schwarze Wolke.

Als ich erwachte, sah ich um mich ein Bild des Grauens. Ein Volltreffer hatte dicht neben dem Geschütz eingeschlagen. Ein Rad war zertrümmert, so dass sich unsere geliebte Waffe auf die Seite gelegt hatte. Tote und Verwundete umgaben mich, und so laut ich rief, keiner gab mir Antwort. Ich richtete mich auf, taumelte ein paar Schritte, und dabei bemerkte ich, dass mein linkes Hosenbein von Blut besudelt war. Geistesgegenwärtig Riss ich den Stoff herunter und presste ein Verbandpäckchen auf die brennende Wunde. Ich erwog zurückzugehen. Wegen dieser Wunde? schalt ich mich. Niemals! Keiner als du lebt noch an diesem Geschütz, und so wirst du es gegen den Feind richten!

Ich blickte über die Brustwehr. Da zog sich mir das Herz zusammen: Kaum hundert Meter vor mir operierte ein britischer Tank! Und dahinter rollte mindestens ein Dutzend dieser furchtbaren Eisenkästen heran!

Ich besann mich keinen Augenblick, richtete vielmehr das Geschütz, so schwer dies auch war, denn ein Rad war ja zerschossen, überzeugte mich, dass noch eine Granate im Rohr steckte, und zog ab. Mit einem letzten Blick sah ich noch, wie der Tank in die Luft flog, dann übermannte mich abermals eine tiefe Ohnmacht.

Ich weiß nicht, wie lange ich ohne Besinnung gewesen bin. Als ich erwachte, lag ich in einem Bett, die Ruhe eines Krankenzimmers und seine unverwechselbaren Gerüche umgaben mich. Plötzlich durchfuhr mich eisiger Schreck: Du bist gefangen, die Briten haben dich neben dem Geschütz gefunden, das du als letzter Überlebender verteidigt hast, nun schmachtest du hinter Stacheldraht! Aber da trat mit freundlichem Lächeln eine Krankenschwester herein und fragte mich in melodischem Sächsisch, wie ich mich fühle. Nie sind die vertrauten Klänge der Heimat lieblicher an mein Ohr gedrungen als zu dieser Stunde!

(...)

Mein Knie heilte langsam; es blieb, wie der Genter Arzt prophezeit hatte, eine geringfügige Gehstörung zurück. Zweimal besuchte mich meine Mutter und beschenkte mich mit den Freuden der Heimat, als da waren hausbackener Kuchen und gut abgehangene Schlackwurst. Langsam wurde es Herbst, und schließlich, kurz bevor ich als genesen entlassen werden soll-te, stand vor mir ein erschütterndes Ereignis: Deutschland war niedergebrochen, von Dolchen aus den eigenen Reihen gefällt. Im Felde unbesiegt, kehrten unsere Armeen über den Rhein zurück, und auch ich schied aus den grauen Kolonnen, Wehmut im Herzen, doch im Innern aufrecht. Ich wusste, wie es auch Millionen deutscher Männer klar war: Unser Vaterland konnte nicht untergehen, solange wir beharrlich an ein solches glaubten!

(...)

Der Sprung in die Geschichte

Es ist dem Chronisten gegeben, Minuten auf zahlreichen Seiten darzustellen und Jahre in karge Sätze zusammenzudrängen. So mache ich von diesem Recht Gebrauch und eile im Sauseschritt, wie Wilhelm Busch es einst formulierte, hin zu meiner nächsten Lebenszäsur und vermerke nur in Stichworten die dazwischenliegenden Daten.

Hart waren diese Jahre. Meine liebe Mutter starb, mein Vater kränkelte dahin und sah sich genötigt, mir 1929 die Verantwortung für die Firma zu übertragen, geradezu einer Zeit, da die böse Krise heranzureifen begann. Die Mitgift meiner Frau erwies sich als nicht groß genug, um die Sorgen für längere Zeit von meinem Hause fernzuhalten, und die rheinische Verwandtschaft ließ es an laufender Unterstützung in leidiger Weise mangeln.

Besonders arg erging es mir um die Jahreswende 1932 zu 1933. Wie oft stand ich damals am Fenster meines Kontors und schaute in den Park hinab, das Haupt von Sorgen umwölkt und Gram in der Brust! Tief waren wir alle damals gesunken, Hass zerriss unser Volk, und auch mit der Claußenhainer Gummiwarenfabrik stand es nicht zum Besten: Die Wirtschaftsmisere griff mit unerbittlicher Klaue nach der Lebensader dieses Unternehmens. Da fiel der Tropfen, der das Fass zum Überlaufen brachte. Meine Gefolgschaft stieß mir den Dolch in den Rücken; abgefeimte Hetzer hatten sie gegen einen unabdingbaren Lohnabbau aufgewiegelt. Mit Tränen in den Augen legte eines Tages der treue Meister Berndt die Schlüssel des Werkes vor mich auf den Tisch: Die Claußenhainer Gummiwarenfabrik hatte vorerst ihren Atem ausgehaucht. Da befand es unser greiser Reichspräsident für richtig, Adolf Hitler mit der Regierungsbildung zu beauftragen. Ich will mich jeder Einschätzung dieses Ereignisses enthalten, will weder Worte wie »Machtübernahme« noch »Rettung in letzter Stunde« gebrauchen, denn ich maße mir nicht an, Urteile über die hohe Politik zu fällen. (Dabei habe ich persönlich oft genug in dieselbe eingegriffen!) Auch will ich für Hitler nicht den Titel »Führer« verwenden, der damals im Schwange war, denn bereits er wäre ein Wertmaßstab. Ich bin und bleibe leidenschaftsloser Chronist. Doch hieße es der Wahrheit nicht die Ehre geben, verschwieg ich, dass alsbald frischer Wind zu wehen begann, der den Aufwieglern gegen die Wirtschaftsordnung das Handwerk legte. Meine Gefolgschaft erklärte sich zwar wieder zur Arbeit bereit, aber was nutzte dieser Wille, wenn es noch immer an Aufträgen mangelte?

In diesen ereignisreichen Wochen rollte eines Abends ein Personenwagen vor das Tor meiner Villa, und ihm entstieg in schmucker Uniform mein Schwager Knut. Helene und ich erfuhren alsbald, dass sich mit den jüngsten Ereignissen seine Lage grundlegend gewandelt hatte: Dr. Ley, dessen Adjutant er geworden war, hatte eine führende Stellung im Reich eingenommen; Knut selbst arbeitete in Sphären, von denen der gewöhnliche Sterbliche nur eine verschwommene Vorstellung besitzt, befehligte einen Stab von Untergebenen und hatte die Wohnung eines geflüchteten Intellektuellen bezogen. Ständig befand er sich in unmittelbarer Nähe von Dr. Ley, kannte Göring, Heß und Funk persönlich, und auch der Führer hatte ihm bereits die Hand gedrückt. In seiner wortkargen Art, die mich früher bisweilen befremdet hatte, die mir jetzt jedoch trefflich mit seiner Stellung zu harmonisieren schien, deutete Knut einige Geschehnisse der Staats- und Parteipolitik an, und ein Hauch der großen weiten Welt strich in mein vergleichsweise bescheidenes Milieu. Wahrlich, es wäre besser gewesen, ich hätte damals mit größerem Verständnis auf die Worte meines Schwagers gelauscht, dann wäre mir später manche Unbill erspart geblieben. Aber reinen Herzens hörte ich, was Knut besonders über Dr. Ley sagte. Dieser war von Hitler ausersehen, die Gewerkschaften in die Deutsche Arbeitsfront einzugliedern. Wer will mir übelnehmen. dass mir diese Begriffe damals fast böhmische Dörfer waren? »Eiserne Besen!« rief Knut, als er auf die Methoden zu sprechen kam, mit denen Dr. Ley vorzugehen gesonnen war. »Juden 'raus!« knurrte er und fügte hinzu: »Marxismus mit Stumpf und Stiel ausrotten!« Nur meiner arglosen Gemütsverfassung ist es zuzuschreiben, dass ich diese Worte als rein symbolisch empfand.

Aufs wärmste gratulierte ich Knut zu seiner Karriere. Während wir nach Einzelheiten fragten, verhielt er unversehens und äußerte: »Tatsächlich kolossale Ähnlichkeit!« Worauf er ein Foto, Dr. Ley darstellend, aus der Brieftasche zog. Ich war ernstlich betroffen. Das knappe Haar, die ebenmäßige Form des Schädels, die kräftige Nase, der Schnitt der Augen und des Mundes – man hätte uns für Zwillingsbrüder halten können. Selbst meine sonst so zurückhaltende Frau lachte herzhaft über dieses launige Spiel der Natur, das Knut wohl früher einmal erwähnt, welches ich jedoch in solcher Ausgeprägtheit nicht für möglich gehalten hatte.

Allmählich kam Knut auf den Sinn seines Besuches zu sprechen. In lobenswerter Anhäng-lichkeit an seine Familie hatte er sie im Trubel der politischen Ereignisse keineswegs vergessen. Einige freie Tage nutzend, war er zur Firma seines Vaters geeilt, um dieser mit einem Auftrag unter die Arme zu greifen; nun suchte er mich zum gleichen Zweck auf. Die Deutsche Arbeitsfront, deren Führer Dr. Ley war, benötigte Hüllen aus gummiertem Stoff, um darin ihre Fahnen vor dem Regen zu schützen. Ich sollte besagte Hüllen liefern. Dieses nun entsprach nicht völlig meinem bisherigen Fertigungsprogramm, aber eilends warf ich Zahlen aufs Papier und rechnete aus, ob aus diesem Auftrag für mich ein Nutzen entspringen könnte.

»Und wie viele benötigst du?« fragte ich.

»Sechshundert.«

Mit einer Gebärde, die jeden Zweifel ausschloss, schob ich Bleistift und Papier von mir. »Wegen solch einer Lappalie behelligst du mich? Schließlich bin ich kein Handwerker!«

»Achthundert«, gestand er zu.

»Achthundert«, rief ich aus »höre ich recht? So gering achtest du die Perspektive eurer Idee? Dreitausend, das wäre ein Wort! Und was sollte es schaden, wenn ein paar Hundert vorerst in Reserve blieben, da doch dieses Reich ein tausendjähriges ist und auch die beste Fahnenhülle nicht so lange hält?« Der Schwung, der mir eigen ist, wenn es einen Geschäftsabschluss zu tätigen gilt, riss mich fort und packte auch Knut. Endlich einigten wir uns auf zweitausenddreihundert Hüllen, und obendrein verkaufte ich ihm vierhundert Gummiwärmflaschen, die die Arbeitsfront für noch einzurichtende Sanitätsstuben eines Tages gewiss benötigen würde.

Im besten Einvernehmen trennten wir uns zu später Nacht, und nach nur wenigen Stunden Schlaf machte ich mich ans Werk, meiner Firma frischen Odem einzuhauchen. Meister Berndt entwarf eine Technologie zur Herstellung der Fahnenhüllen, durchdachte den ratio-nellsten Arbeitsablauf und suchte unter den arbeitslosen Frauen des Ortes diejenigen heraus, die bisher am fügsamsten gewesen waren. Mit ihnen begann wenige Tage später die Produktion. Der Schornstein rauchte, dumpf dröhnte der Kalander, und emsiges Treiben herrschte wieder in allen Räumen des mir so ans Herz gewachsenen Unternehmens.

Wenn ein Vergleich gestattet ist: Was die Baumwolle für Ägypten, der Weizen für Australien und die Kohle für das Ruhrgebiet, das war die Wärmflasche für die Claußenhainer Gummiwarenfabrik. War sie gängig, florierte mein Unternehmen, verstopfte sie die Lager, stagnierte das übrige. Sosehr mir der Auftrag der Arbeitsfront zunächst half, so energisch musste ich jedoch trachten, meine eigentliche Produktion wieder anzukurbeln.

In diese Zeit fiel ein Ereignis, das weitest tragende Folgen haben sollte. Schwager Knut rief aus Chemnitz an, ich sollte mich am gleichen Abend in einem Hotel dieser Stadt einfinden, die Angelegenheit sei wichtig und dulde keine Widerrede. In hoher Spannung betrat ich zur angegebenen Stunde das genannte Hotel, stutzig gemacht durch eine Reihe von Wagen vor dem Tor. Einige Uniformierte in der Halle blickten mich verwundert an. Einer hob zögernd die Hand zum Gruß. Minuten später war ich im Bilde: Dr. Ley, von Knut gesprächsweise auf seinen Doppelgänger hingewiesen, hatte den Wunsch geäußert, mich kennenzulernen.

(...)

Im Verlaufe dieses Abends wurde mancher Ulk getrieben, denn der Alkoholgenuss brachte uns in die ausgelassenste Stimmung. Zu vorgerückter Stunde zog mich einer der Herren in eine Ecke und machte mir einen Vorschlag, in den ich sogleich einwilligte. Ich wurde mit einem Manuskript versehen, das Dr. Ley bei der Einweihung einiger Arbeitsfront-Fahnen am folgenden Tag verlesen sollte. Da ich in den zurückliegenden Stunden nicht nur auf das Äußere von Dr. Ley geachtet, sondern mir auch seine Art zu sprechen eingeprägt hatte, stellte das folgende keine übergroßen Anforderungen an mich. Ich warf mich in Positur und hielt die vorgeschriebene Rede, flocht launige Zwischenbemerkungen ein und wurde am Ende mit einem Beifall bedacht, wie er stärker und ausgelassener nicht denkbar gewesen wäre. (Ich jedenfalls möchte an diesem Abend nicht zu den ruhebedürftigen Gästen dieses Hotels gezählt haben!) So zechten wir weiter, bis in den frühen Morgenstunden auch der Trinkfesteste zur Kapitulation gezwungen war. »Tadellosen Eindruck gemacht!« lobte mich Knut, als wir Arm in Arm zu unserem Zimmer hinauf schwankten.

In den Wochen darauf besann ich mich häufig auf den mit Dr. Ley verbrachten Abend. Meine Frau nörgelte zwar, ich hätte den Hanswurst für andere gemacht, aber da ich ihre Humorlosigkeit kannte, wunderte mich dieses Urteil nicht. So manches Mal dachte ich über die Einfachheit nach, mit der sich Dr. Ley und die Herren seiner Begleitung gegeben hatten: Da war nichts von Großmannssucht und Standesdünkel spürbar gewesen. Nicht einmal Wein hatten sie getrunken, sondern Bier wie der schlichte Mann von Schraubstock und Werkbank auch, allenfalls ein wenig mehr.

Diese Erinnerungen waren fast die einzigen angenehmen Gedanken, deren ich mich in dieser Zeit erfreuen konnte. Zwar sah sich die Bank durch den Auftrag der Arbeitsfront veranlasst, mir mit einem Kredit beizuspringen, aber in der Folgezeit erwies sich mein Geschäftspartner als säumiger Zahler. Längst waren die vierhundert Gummiwärmflaschen und die ersten tau-send Fahnenhüllen abgeschickt, aber noch hatte sich die Arbeitsfront mit keiner einzigen Reichsmark erkenntlich gezeigt. Bereits wollte ich einen energischen Mahnbrief schreiben, als ich mich zur rechten Zeit besann: Zu leicht konnte man in den Ruf vaterlandsloser Gesinnung geraten! Die nationalsozialistische Bewegung war jung, vieles in ihr musste gären, und warum sollte man sich einen Kunden verscherzen, der wohl etwas unseriös war, sehr bald aber der größte Auftraggeber werden könnte? Gottlob brachte dieser Sommer heiße Tage, so dass ich einen beträchtlichen Posten Bademützen absetzen konnte. Spät im Herbst begann dann das Geld von der Arbeitsfront zu tröpfeln. Wie mir Knut mitteilte, hatten erst die beschlagnahmten Vermögen der Gewerkschaften flüssiggemacht werden müssen; nun gehörte ich zu den ersten, deren Forderungen berücksichtigt wurden. Wie glücklich war Helene, als ich die rückständigen Kraftfahrzeugsteuern bezahlen und den Wagen wieder in Betrieb neh-men konnte. Wie jubelten die Kinder – zu unserem kurz nach unserer Hochzeit geborenen Stammhalter hatte sich drei Jahre später ein Mädchen gesellt – als ich sie zu einer Spazierfahrt durch die herbstbunte Natur einladen konnte. Die Grundlage unserer Existenz war wieder gesichert.

Im folgenden Frühjahr sollte ich ein weiteres Mal Gelegenheit finden, mich in der Politik zu tummeln. Undurchsichtig war wiederum der Beginn, das Telefon schrillte, Knut meldete sich aus Stettin und teilte mir mit, ich müsste mich am Chemnitzer Flughafen einfinden; er benötigte mich für zwei oder drei Tage. Seine Stimme klang aufgeregt, fast glaubte ich Besorgnis heraushören zu können. Da es nie meine Art gewesen ist, viel zu fragen, wenn an meine Hilfsbereitschaft appelliert wird, warf ich mich hinter das Steuer und lenkte meinen Wagen nach Chemnitz hinein. Der Leser wird ahnen, dass widerspruchsvolle Gedanken mich dabei bewegten. Kaum war ich vor das Flughafengebäude eingebogen, als ein Herr in der Uniform der politischen Leiter herzueilte und mich aufforderte, eine Kuriermaschine zu besteigen. Obwohl mich das Leben oft vor die absonderlichsten Aufgaben gestellt hat, war ich für den ersten Augenblick perplex. Doch rasch fasste ich mich, kletterte in die Kabine – und auf ging's in die Lüfte, einem ungewissen Geschick entgegen!

Heutzutage ist das Erlebnis eines Fluges nichts Weltbewegendes mehr. So darf ich darauf verzichten, die Häuser unter mir mit solchen aus einem Spielzeugkisten, die Fuhrwerke mit Ameisen und die Eisenbahnzüge mit Raupen zu vergleichen, denn oft genug ist derlei geschehen; auch kann ich mir den poetischen Hinweis ersparen, dass mich ein einsamer Waldsee an das blinkende Auge eines Riesen gemahnte. Erwähnt sei nur, dass ich den Flug bei bester Gesundheit überstand, obwohl wir so manches Mal in Luftlöcher hinabtaumelten. und dass ich auf dem Rollfeld zu Stettin tatenfrisch aus der Maschine sprang.

Es bedurfte auch, wie ich sogleich erfuhr, aller meiner körperlichen und geistigen Kräfte. Schwager Knut führte mich zu einem Mercedes, der mit laufendem Motor auf mich wartete, und während dieser uns in rasender Fahrt in die Stadt brachte, unterrichtete mich Knut, warum er mich in den Norden des Reiches beordert hatte. Dr. Ley sollte an diesem Tag ein Bauvorhaben einweihen und war, um es ohne Umschweife zu sagen, leider betrunken. Eine Zecherei hatte sich am Abend ungebührlich ausgedehnt, Dr. Ley war den Vorbehalten seiner Begleitung gegenüber nicht zugänglich gewesen, hatte immer mehr eines, wie mir Knut versicherte, allerdings vorzüglichen Weinbrandes zu sich genommen und lag nun mit schwerem Rausch im Bett. »Vor abends nicht munter«, stellte Knut die Diagnose. Das Weitere verstand sich von selbst: Ich sollte den Reichsorganisationsleiter vertreten!

(...)

Dachte ich aber daran, dass ich noch vor Stunden lediglich ein durchschnittlicher mittelsächsischer Fabrikant gewesen war? In mir waren Kräfte freigelegt worden, die geschlummert hatten, ungeahnte Gefühle durchfluteten mich und ließen mich so in meine Rolle hineinwachsen, dass ich gleichsam mit ihr verschmolz. Es bedurfte nur hier und da eines knappen Regiehinweises von Knut, alles Übrige schöpfte ich aus einem Brunnen, von dessen Existenz und Tiefe ich bislang nicht das Geringste geahnt hatte. Während eine Kapelle zündende Marschweisen intonierte, schritt ich die Front eines SA-Sturmes ab. Tausende jubelten mir zu, als ich ein Podium bestieg, in die Runde grüßte und zur Rede ansetzte. Bald entfernte ich mich vom ursprünglichen Text, wagte hier und da eine selbständige Formulierung, und nach kurzem schon benützte ich das Manuskript nur noch als Stütze meines Redeflusses. (Ich habe mir sagen lassen, dass es jeden wahren Volkstribun in der Geschichte ebenso fortgerissen hat!) Besonders einen Passus, der das Fronterleben des Weltkrieges pries, gestaltete ich nach eigenem Ermessen, war ich doch diesbezüglich zweifellos berufener als der biedere Kümpchen! Knut knurrte einige Male, aber das scherte mich wenig, und donnernder Beifall bewies mir am Ende, dass ich ins Schwarze der Volksseele getroffen hatte.

Wie oft erinnerte ich mich später dieses Tages, und auch heute bei der Niederschrift meiner Memoiren will es mich dünken, als sei er einer der erfülltesten meines Lebens gewesen. Umdrängt schritt ich den von Knut gedeuteten Weg; ein funkelnder Spaten war zur Hand, ich stach ihn in die fette Scholle und warf eine solche in die bereitstehende Kipplore. Wieder brandete Beifall auf, und alsbald verwandelte sich die Menge der Jubelnden in ein Heer von Arbeitenden, das wacker die Spaten schwang.

(…)

Es war nicht nur Sympathie, die uns aneinander band; etwas anderes machte mich ihm unentbehrlich und ließ ihn so manches Mal eine Hilfe bei mir suchen, die von allen Menschen des Erdenrundes nur ich ihm gewähren konnte: Es war die Leidenschaft des Reichsorganisationsleiters. (Bereits damals war es dem deutschen Volk geläufig, dass Dr. Ley dem Alkohol zugetan war, und ich begehe keine Indiskretion, wenn ich hier darauf verweise. Im Übrigen möchte ich betonen, dass meine Memoiren auch bezüglich des Dr. Ley und seines Schicksals keinerlei Wertung politischer Art darstellen und ebenso wie alles andere rein objektiv sind.) Sowohl Kümpchen als auch Schwager Knut mussten oft zum Telefon greifen und meine Nummer verlangen, wenn König Alkohol ihren Chef gefällt hatte. Hier wird man fragen: Konnte dieser Mann, der anderseits so Großes leistete, seiner Schwäche keinen Einhalt gebieten? Es gibt heutzutage nur wenige, die wie ich berufen sind, diese Frage zu beantworten. Da es sich Kümpchen angelegen sein ließ, mich häufig mit dem ROL zusammenzubringen – sollte ich mir doch jede seiner Eigentümlichkeiten einprägen können –, und da sich kaum eine Begegnung zutrug, bei der wir nicht das Glas hoben, stelle ich in meiner Person eine der besten lebenden Quellen dar. Und so erwidere ich auf diese Frage, wobei ich mir der Verantwortung gegenüber der Geschichtsschreibung bewusst bin: Nein, er konnte es nicht!

Gewöhnlich verlief der Tag des ROL wie folgt: Er erwachte zwischen neun und elf Uhr und verspürte intensives Durstgefühl. Gab ihm seine unmittelbare Umgebung keinen sichtbaren Aufschluss – etwa durch Flaschen, Neigen oder ähnliches –, welches Getränk er am Vorabend zu sich genommen hatte, so erkundigte er sich bei seinem Adjutanten. Zunächst labte er sich an dem gleichen; wenn es stark war, verdünnte er es mit Selters. Dies stellte ihn alsbald auf die Beine und versetzte ihn in die Lage, seiner Arbeit nachzugehen. Tagsüber trank er fast nur Bier, bis er gegen fünf Uhr nachmittags den kritischen Punkt erreichte. Weitertrinken oder nicht weitertrinken das war hier die Frage! Hielt ihn Dringendstes davon ab – eine Audienz beim

Führer etwa –, konnte es geschehen, dass er es im Laufe des Abends bei einigen weiteren Bieren bewenden ließ. Sonst aber übermannte die Sucht auch seinen ernstesten Widerstand und trieb ihn der Trunkenheit in die Arme. Bemerken möchte ich noch, dass Dr. Ley an einem Abend stets bei der gleichen Sorte beharrte und nur selten an zwei Abenden hintereinander dasselbe trank. Ausnahmen davon kamen lediglich bei einer Trinkserie vor, die er «Zug» nannte. Ein solcher ereignete sich alle zwei bis drei Monate und dauerte jeweils fünf bis sechs Tage. In dieser Zeit schlief der Reichsorganisationsleiter fast nicht und nahm kaum Speise zu sich, trank aber staunenswerte Mengen jeglicher Art, ohne sich um die Reihenfolge zu scheren. Bei diesen ausgedehnten Gelagen traten dann auch die schon erwähnten Mäuse auf. Dr. Ley sah sie eigenen Worten zufolge zum ersten Mal im Spätherbst 1931. Damals waren es zwei normale Exemplare von hellgrauer Färbung, die possierlich um Gläser und Flaschen herumturnten. Später vermehrten sie sich auf sieben, ihre Farbe glitt allmählich ins Gelbe. Zu der Zeit, als ich den ROL kennenlernte, schilderte er sie als kanarienfarben. Sie machten ihm meistens Spaß, bisweilen aber, besonders wenn die Trinkserie sich ihrem Ende zuneigte, ängstigte er sich vor ihnen. Als bemerkenswert bezeichnete er es, dass sie niemals Alkohol tranken; dafür rauchten sie, auf den Hinterpfoten sitzend, niedliche Zigarren.

Selbstredend war der Reichsorganisationsleiter während eines solchen »Zuges« zu keinerlei Arbeit fähig und brauchte danach einige Tage, um sich zu regenerieren. Nun darf keineswegs der Eindruck entstehen, als ob Dr. Ley in ordinärer Art Humpen auf Humpen in sich hinein-geschüttet hätte. Im Gegenteil, ich möchte seine Weise zu trinken geradezu als diszipliniert bezeichnen, wusste er doch stets dem Gelage ein Höchstmaß an

Genuss abzugewinnen. Seine Rede war, sieht man vom letzten Stadium ab, logisch und entbehrte nicht der Heiterkeit. Gern und mit Sachkenntnis verbreitete er sich über den Charakter des Getränks, dem er zusprach, und nur zweimal erlebte ich es, dass er die Kontrolle über seinen Magen verlor und gesäubert sowie ins Bett gebracht werden musste.

Unter diesen Umständen war es verständlich, dass Knut und Kümpchen sich überglücklich schätzten, auf meine Hilfe bauen zu dürfen. Nicht nur, dass hin und wieder Volksgenossen vergeblich an einen Versammlungsort geeilt wären, um Dr. Ley zu hören – Neider innerhalb der eigenen Reihen warteten nur darauf, dass das geschähe, um bei Hitler gegen ROL zu int-rigieren! Ich habe tief hinter die Kulissen geschaut, und hiermit spreche ich aus, was bisher im dunklen Schoß der Geschichte geruht hat: Der grimmigste Feind von Dr. Ley war kein anderer als der sächsische Gauleiter Martin Mutschmann!

Ich weiß, welche Verblüffung sich jetzt auf dem Gesicht eines jeden meiner Leser spiegelt. Wie oft ist um das Verhältnis zwischen diesen Männern herumgerätselt worden, aber nie wurde das Geheimnis gelüftet. Nun ist es geschehen, und ich will auch die Einzelheiten ent-hüllen: Mutschmann plante, Dr. Ley zu stürzen und sich selbst auf den Posten des Reichsorganisationsleiters zu setzen. Zwar war Mutschmann, seine Verbindung zu Goebbels ausnut-zend, zu einer leidlichen Parteistellung gelangt, doch dürstete den Ehrgeizling nach Höherem, und kein Mittel dünkte ihn zu schmutzig, sich diesen Weg zu bahnen. Kümpchen wusste wohl, welche Gefahr von dem Gespann Goebbels-Mutschmann für seinen Chef ausging, und kalkulierte wohlweislich ein, dass mit dem Herzog auch der Mantel fallen müsste. Es galt, Gegenminen zu legen, und eine der wirksamsten von ihnen war ich. Längst gingen wir nicht mehr dilettantisch zu Werke wie am ersten Tag. Der Maskenbildner eines Berliner Theaters hatte einen Abend lang unsere Köpfe studiert und uns auf Unterschiede aufmerksam gemacht. Hier wich ein Fältchen, da eine Verdickung, dort ein Farbton ab. Der Maskenbildner – in der Meinung, es handele sich um einen Fastnachtscherz – klärte uns über die Kniffe auf, wie ich mit wenigem dem ROL noch ähnlicher gemacht werden könnte. Die Utensilien dazu führte ich in Zukunft stets bei mir und lernte es bald, sie in kurzer Zeit zur Wirkung zu bringen.

Beginn des Winterhilfswerks in Löbau: Ich hielt die Rede. Kreisbauerntag in Gardelegen: Ich ließ mich vor Kürbissen fotografieren. Zweites sächsisches Marine-SA-Treffen in Lauenhain: Ich weihte sechs Kutter. Eröffnung der Reichsautobahn München-Nürnberg: Ich gab die Strecke frei. Dreiecksflug der Hitler-Jugend Gau Emsland: Ich schüttelte dem Sieger die Hand. Bewegte, prickelnde Zeit! Geflüsterte Besprechungen in Hotelzimmern, heimlich zugesteckte Zettel bei Banketten, die eiserne Ruhe meines Schwagers Knut, die mich vor Neugierigen abschirmte, hastiger Kleiderwechsel auf einer verschwiegenen Toilette – Waldemar Naß ging hinein, Roben Ley trat heraus –, dies alles lebt in meiner Erinnerung, als ob es gestern gewesen wäre.

(...)

Es war Herbst 1934, als die Reichsjugendführung einen Stab von Experten und politischen Repräsentanten zu einer Exkursion ins märkische Land bat. Dr. Ley hatte zugesagt, befand sich aber in einem «Zug», und so sah ich mich zum Einspringen genötigt. Eine Wagenkolon-ne durchquerte Berlin und tauchte in die Wälder der Umgebung ein, Dörfer und Seen flogen vorbei. Backsteintore grüßten uns und wir sie, und schließlich hielten wir in einem maleri-schen Städtchen vor einem Heim der Hitlerjugend, das es zu weihen galt. Ein Pimpf rezitierte das Trommelgedicht, das mit den Versen beginnt:

Die Trommel geht in Deutschland um,
und der sie schlägt, der führt,
und die ihm folgen, folgen stumm,
sie sind von ihm gekürt.

Mit diesem Trommler war Hitler gemeint, das versteht sich von selbst. Herbert Böhme war der Verfasser dieses Poems, das von fast allen Zeitungen des Reiches gedruckt und immerfort auf Veranstaltungen vorgetragen wurde. (Heute frage ich mich, ob vielleicht Günter Grass zu seinem Roman »Die Blechtrommel« von diesem Gedicht, wenn auch unterschwellig, angeregt worden ist?) Nach erwähnter Rezitation schmetterten Pimpfe und Maiden ein frisches Lied, ich ergriff das Wort zur Weiherede und schloss in symbolischer Handlung das Tor des Heimes auf. Nach mir sprachen Bürgermeister und Kreisleiter, wir durchmaßen die Räume, die bodenständig und schlicht waren, in denen das Holz der Kiefer, des Baumes dieser Landschaft, dominierte. Anschließend fanden sich Hausherren und Gäste, insonderheit eine Gruppe von Architekten zu einer Beratung zusammen, in der es galt, Erfahrungen für künftige Vorhaben zu sammeln.

Besonders entzündeten sich die Leidenschaften am Dach. Es zeigte durchgehende Ausbauten, verschiedene Walmungen – ich hörte diesen Ausdruck zum ersten Mal –, ein Turmaufbau wurde von manchen als heroisch, trutzig, wehrhaft, von anderen als überladen empfunden, jemand zog sich Zorn zu, als er zu bedenken gab, dass dieser Turm fast ein Sechstel der Gesamtkosten verschlungen hatte und doch zu nichts nütze war; er musste sich sagen lassen, dass die Symbole nationaler Erhebung nicht in Heller und Pfennig zu bewerten waren. Andere machten geltend, das Dachgeschoß wäre ohnehin kaum zu verwenden, und plädierten für eine flache Abdeckung mit Isolier- und Ersatzstoffen.

Ich hatte gelernt, wie vorteilhaft es ist, erst die anderen reden zu lassen. Meine Miene war wach, beherrscht, ich hörte dem Für und Wider zu und war mir klar, dass von mir als Reichsorganisationsleiter eine grundsätzliche Entscheidung erwartet wurde. Auch das Argument, die Sachlichkeit der arbeitenden Jugend mache das steile Dach für ihr Heim unmöglich, ließ ich noch vorübergehen, dann räusperte ich mich, worauf schlagartig die Stille eintrat, die dem ROL gebührte. Das Dach, so führte ich aus, sei nicht nur Wetterschutz, sondern auch Abschluss im übertragenen Sinne, sei Notwendigkeit, Schutz und Schirm, sei nichts anderes für das Haus als der Führer für das Volk. Ich erinnerte an den Krieg, glitt in mein Duell mit einem berühmten Tankkommandanten hinein, lenkte zu diesem Haus zurück. »Aus dem Boden«, rief ich, »wächst das Dach! Es wurde im deutschen Bauen aus natürlichen Gegebenheiten zu einem symbolhaften Hausteil, und nicht zuletzt verbindet die Dachdeckung, die aus der Erde, den Stein- und Schieferbrüchen oder von den Feldern der Bauern kommt, diese mit dem Boden. Das Dach wurde dem deutschen Bauen eigentümlich und vermag schon dadurch dem deutschen Haus das zu geben, was keinem anderen Volke gelingt: den Charakter des Heimes.« Aus dieser weltanschaulichen Forderung heraus formulierte ich die Notwendigkeit, die Dächer mit herkömmlichen Baustoffen zu bedecken, das steile Dach in die Landschaft einzubeziehen. »Brauchen wir übertriebene Walmungen?« rief ich aus. »Klar sei unser Sinn, klar unser Dach! Es lebe das deutsche Dach!« Unter frenetischem Beifall beendete ich so meine Ausführungen.

Es unterliegt keinem Zweifel, dass meine Rede hundertprozentig richtungweisend für den Bau der Hitlerjugendheime und nicht nur dieser war. Sie wurde in Fachzeitschriften gewürdigt, die grundlegenden Gedanken gingen in zahlreiche Bücher ein, vor allem aber wurde damit Schluss gemacht, Hitlerjugendheime mit Teerpappe zu bedecken. Dass ich mit meinen Gedanken das Richtige getroffen hatte, wurde mir durch den ROL bestätigt, der sich überaus herzlich für meine Vertretung bedankte. Irgendwann einmal hat er mir einen kostbaren Wandteller geschenkt, ich glaube, es war bei dieser Gelegenheit.

(...)

Ich beginne die letzte Phase meiner Memoiren in dem sicheren Gefühl, meine Aufgabe so gut bewältigt zu haben, wie ich es mir nie und nimmer hätte träumen lassen, als ich sie begann. In einem nur habe ich mich getäuscht: in der Zeit, die diese Arbeit beanspruchte. Längere Pausen haben sich eingeschlichen, in denen ich voll und ganz damit beschäftigt war, meine Düsseldorfer Gummiwarenfabrik zu leiten, und mit den Jahren kommt ja auch eine gewisse Behäbigkeit über den Menschen. Meine Tochter hat sich verheiratet und mich zum dreifachen glücklichen Großvater gemacht, mein Sohn steht als Juniorpartner an meiner Seite. In dieser Situation raffe ich mich auf, um meine literarische Arbeit abzuschließen. Wenn ich dann das Steuer der Düsseldorfer Gummiwarenfabrik aus den Händen gegeben und die Feder niedergelegt habe, werde ich mich in ein Häuschen in den Schweizer Bergen zurückziehen, um zusammen mit meiner treuen Helene beschauliche Jahre zu verleben. Aber noch einmal gilt es, die Kräfte anzuspannen.

Vom Himmel in die Hölle war ich gestürzt. Vergeblich versuchte ich Knut von meinen lauteren Absichten und den gewaltigen Perspektiven zu überzeugen, die meine diplomatischen

Schritte für Deutschland eröffneten; er ließ sich auf keine Diskussion ein. Der Schmerz presste mir die Kehle zusammen, als ich die Hülle wechselte.

Man brachte mich zu einem geschlossenen Wagen von der Art, wie sie in Deutschland als »Grüne Minna« bekannt ist. Ich wurde genötigt, in ein fensterloses Abteil zu steigen, das nicht einmal so viel Platz bot, die Beine zu strecken, und eine entsetzliche Fahrt begann. Am Abend hielt man gewöhnlich. im Hofe irgendeines Gefängnisses und brachte mich in eine Zelle, wo ich kärgliche Nahrung, einen Strohsack und ein paar übelriechende Decken bekam. Oft hatte ich nicht einmal die Möglichkeit, mich zu waschen, selten erfuhr ich, in welcher Stadt ich mich befand, schließlich kletterte ich mit steifen Beinen auf einen Gefängnishof, den ich schon kannte: Ich war in Wien. Drei Tage lang blieb ich im ungewissen über mein Schicksal. Dann führte man mich dem gleichen Untersuchungsrichter vor, der mich anlässlich der unglücklichen Hammelaffäre vernommen hatte. Auf seinem Tisch lagen die Akten von damals, und er lächelte, als er sie öffnete.

Niemals fiel in den nächsten Wochen ein Sterbenswörtchen über meine Mission als ROL in Frankreich und meine gewisse, allerdings gutgemeinte Überschreitung der Befugnisse. Der Untersuchungsrichter machte auch nicht die geringste Andeutung über den Umstand, dass ich für eine Reihe von Monaten seinem Einflussbereich entzogen gewesen war. Mir war klar: Der Reichsorganisationsleiter, der mich aus dem Kerker geholt hatte, weil er meiner bedurfte, schleuderte mich in denselben zurück, weil er meiner überdrüssig war. Ich war klug genug, mich damit abzufinden, denn es steht dem Sterblichen schlecht an, die Mächtigen dieser Erde herauszufordern. Zwar grollte ich im Stillen über die Ungerechtigkeit, aber ich hielt es für das klügste, sie hinunterzuschlucken.

Gemächlich ging das Justizverfahren seinen Gang. Die Akten von Trobitzsch mussten her-ausgesucht werden, mein Gedächtnis wurde durch Vorbehalte aufgefrischt, und ich muss an dieser Stelle leider Gottes sagen, dass Trobitzsch, der doch nun einmal die Hauptschuld trug, es in bedauerlicher Weise an Fairness fehlen ließ. Schließlich kam es zur Verhandlung, und ich wurde zu vier Jahren Gefängnis verknackt.

Ich kann mir von der heutigen Warte einer gesicherten Existenz aus nur schwer vorstellen, mit welcher Ruhe ich damals dieses Urteil aufnahm. Heute mäkelt man schon, wenn ein Brötchen einige Stunden alt ist, damals war ich über jeden Kanten trockenen Brotes glücklich. Heute stört mich die geringste Unregelmäßigkeit der Zimmertemperatur, damals ertrug ich Hitze und Kälte mit Selbstverständlichkeit. Gewiss kamen auch mich bittere Stunden an, aber niemals gab ich mich der Verzweiflung hin. Hocherhoben trug ich meinen kahlgeschorenen Kopf.

Bald nach meiner Verurteilung stellte man einen Transport zusammen. Zwanzig Leidensge-fährten wurden mit mir in einem Viehwagen zusammengepfercht, und über Brünn, Prag und Dresden ging die Fahrt nach Norden. Das Herz krampfte sich mir zusammen, als ich wenige Dutzend Kilometer nördlich meines Reisewegs Böhmisch-Trübau wusste, und nicht weniger schwer wurde es mir, als ich im Sächsischen die vertrauten Laute meiner Heimat vernahm.

Als wir endlich ausstiegen, schmeckte ich den Salzatem der See. »Krempin« las ich auf der Wand des Bahnhofsgebäudes, und schmerzliche Erinnerung durchzuckte mich.

Flankiert von pistolenbewaffneten Justizbeamten mit Hunden marschierten wir durch das Dorf. Dort, wo ich einst den ersten Spatenstich zur Gewinnung von Neuland getan hatte, erstreckte sich ein Straflager mit Baracken und Stacheldrahtzäunen. Ein

Gittertor tat sich auf, wir wurden abgezählt, in Listen erfasst, und von dieser Stunde an war ich nicht mehr Walde-mar Naß und schon gar nicht Dr. Ley, sondern der Häftling 3359, ein Nichts, eine Null, ein Abschaum.

Zwei Wochen brachte ich unter entsetzlichen Umständen zu, ohne eine Möglichkeit zu sehen, wie ich meine Lage verbessern konnte. Ich fand mich damit ab, dass erst eine gewisse Zeit verstreichen müsste, ehe ich mich mit den Umständen des Lagers vertraut gemacht haben konnte, um dann eine Gelegenheit auszuspüren. Denn auch in dem härtesten Lager gibt es Posten in Küche und Verwaltung, und ich traute mir zu, einen davon ebenso gut oder besser auszufüllen als jeder andere.

Ich knallte die Hacken zusammen, riss die Mütze vom Kopf und wollte meine Meldung schnarren, aber die Worte blieben mir im Halse stecken: Hinter dem Schreibtisch saß Dr. Sch., der in geheimnisvoller Mission auf der Prager Burg tätig gewesen war und wesentlichen Einfluss auf den Verlauf meiner Hilfsaktion für die notleidende Berliner Bevölkerung gehabt hatte. Er sagte: »Lass die Faxen und setz dich, altes Haus.«

Zunächst wagte ich natürlich nicht, dieser Aufforderung Folge zu leisten, sondern stand starr und steif an der Tür, wie es die Vorschrift verlangte; mein Freund musste erst um den Schreibtisch herumkommen und mich auf einen Stuhl ziehen. Dann befahl er in das Neben-zimmer hinein, er habe eine wichtige Besprechung und dürfe keinesfalls gestört werden. »Mensch«, sagte er, »ich hab´ dich erst heute in den Listen entdeckt. Wusstest du nicht, dass man mich in dieses öde Nest strafversetzt hat? Aber es ist immer noch besser, ich bin hier Lagerkommandant als Häftling.« Mein Freund steckte mir eine Frühstücksstulle zu, die ich heißhungrig verschlang, und ließ sich erzählen, auf welche Weise ich zunächst den Fängen der faschistischen Blutjustiz entronnen und dann dennoch in ihr Garn gegangen war. »Ich habe dir einiges zu danken«, sagte er, »denn du hast, was mich betrifft, im Wesentlichen dichtgehalten.«

Als ich das Zimmer verließ, war ich zum Verwaltungsleiter ernannt worden. Ich ließ mir bessere Kleidung aushändigen – die Kammer unterstand mir – und zog in den Block der Prominenten um, wo ich mit dem Oberkoch, dem Magazinverwalter und dem Kammerchef ein relativ gemütliches Zimmer bewohnte. Von da an war ich neben dem Lagerältesten der zweitwichtigste Häftling.

Was sich seit meiner Verhaftung in der Welt ereignet hatte, erfuhr ich nun nach und nach. Der Attentatsversuch vom 20. Juli war misslungen, viele meiner Mitverschworenen fanden den Tod – nur der Verschwiegenheit dieser tapferen Männer und ein wenig dem Glücke des Tüchtigen habe ich es zu verdanken, dass ich nicht mit in den Strudel gerissen wurde. Noch einmal setzte um die Jahreswende die Wehrmacht zu einer Energieleistung im Westen an, dann brachen sowjetische Armeen über den Osten des Reiches herein – das Ende des Krieges war besiegelt. In diesen Monaten der Götterdämmerung erwies es sich als vorteilhaft, dass im Unterschied zu anderen Häftlingen mein Postverkehr kaum der Beschränkung unterlag, und so konnte ich meine Stellvertreter in Claußenhain, Böhmisch-Trübau und Düsseldorf mit Hinweisen bedenken. Mein nützlichster Schachzug war, moderne Maschinen von Böhmisch-Trübau nach Düsseldorf zu verlagern. So erlitt ich bei Kriegsende keinen Totalverlust und konnte meinen rheinischen Betrieb schlagartig erweitern.

Götterdämmerung, dieses schicksalsschwangere Wort entglitt eben meinem Filzstift. Die Scheingötter des Dritten Reiches traten noch einmal ins Rampenlicht, der unerforschliche Ratschluss der Nemesis riss mich ein letztes Mal zu ihnen hinauf beziehungsweise hinunter. Am Lagerzaun stand ich und blickte zu den Wolken, die, Sinnbild der Freiheit, über das Lager zogen. Wohin, so fragte ich mich bang, trieb ich?

Es geht seinen Gang oder

Mühen in unserer Ebene

Es geht seinen Gang oder Mühen in unserer Ebene (1978)
Entstehung

Dieser Roman, der zu den wichtigsten Prosatexten gehört, die sowohl in als auch über die DDR geschrieben wurden, spielt in der Mitte der 60er Jahre.

Die Berliner Mauer stand seit 1961, die Stimmung eines Großteils der Bevölkerung war bedrückend. Loest erinnert in seinem Roman an die absurde Praxis, bei Geburtstagen nicht Auskunft über das Alter zu geben, sondern über die verbleibenden Jahre bis zum Renteneintritt. Mit dem Renteneintritt waren Reisen in den westlichen Teil Deutschlands möglich. Ohne sie war die DDR mit dem Mauerbau zu einer geschlossenen Gesellschaft geworden. Diesen Zustand und seine Folgen macht Loest zum Zentrum des Erzählens in *Es geht seinen Gang*.

Mit der durch die Mauer zementierten Abrieglung zum Westen bekamen die Medien, besonders das Fernsehen, eine weiter reichende Bedeutung. Dadurch verstärkte sich die Suggestion der westlichen Jugend- und Massenkultur. So begann sich auch die DDR-Jugend für Beatmusik zu begeistern. In der DDR entstanden Hunderte von Musikgruppen. Am 31. Oktober 1965 kam es in Leipzig zur »Leipziger Beat Demo«, gegen die mit hartem Polizeieinsatz vorgegangen wurde. Hauptanlass der Demonstration war das im Vorfeld verhängte Verbot fast aller der 58 registrierten Bands in der Messestadt.

Erich Loest war als Opfer politischer Justiz nach siebeneinhalb Jahren Haft im Zuchthaus Bautzen 1964 entlassen worden und hatte diese größte, nicht genehmigte Demonstration der Beatanhänger in der DDR intensiv verfolgt. Sie gehört zu den Schlüsselszenen seines Romans *Es geht seinen Gang*. Mit diesem Roman fixierte der Schriftsteller pointiert das bleierne Leben vieler DDR-Bürger, die keine andere Chance hatten, als sich zu arrangieren (wofür in der DDR der Ausspruch verwendet wurde: »Es geht seinen Gang!«). Wer noch Ideen äußerte, die von einem anderen Bild geprägt waren, Widersprüche und Ungereimtheiten im Staatsgebilde DDR sah, war »konterrevolutionär« oder »staatsfeindlich«.

Die Höhe der genehmigten Auflage seines Romanes konnte nicht annähernd das Interesse der Leserschaft erfüllen. Mit der politischen Brisanz des Romans hatte sich Erich Loest erneut in die Rolle der persona non grata eingeschrieben.

Inhalt

Die Hauptfigur Wolfgang Wülff, geboren im Gründungsjahr der DDR, lebt, wie so viele in Ostdeutschland zwischen Plattenbau, Fernsehen per »Westantenne« und Trabant. Er, ein Durchschnittsbürger, freundlich, intelligent und fleißig aber mit mäßigem, vielleicht auch gar keinem Ehrgeiz, ist Einzelgänger zwischen einer vom Aufbauwillen geprägten Vorkriegsgeneration und jungen, geschmeidigen Karrieristen. »Wer lange Haare trug, war ein Gammler. Wer lange Haare trug«, hört er in seinem Wohnhaus, »war arbeitsscheu und hatte Läuse.«

Ein Jahrzehnt zurück, Wülff 16jährig, demonstriert mit mehreren hundert begeisterten Jugendlichen gegen das Verbot der Beat-Gruppen. Mittendrin, zwischen Polizeiketten und Wasserwerfern, wird Wülff von einem »Diensthund« in den Allerwertesten gebissen. Bis zu diesem Tag war für den Schüler die Welt klar eingeteilt: »Der Feind stand im Westen; die Amerikaner bombardierten Vietnam (...) nun biss mich einer unserer Hunde, der eigentlich einen Ami hätte beißen sollen (...).« Empfindlich reagiert er seit jenem Tag auf jede Form von ausgeübter Macht. Unter anderem lehnte er, bereits nach seiner Schulentlassung ab, Offizier der Nationalen Volksarmee zu werden.

Später, als ein ehrgeiziger Vater seinen noch nicht einmal schulpflichtigen Sohn zwingt, schwimmen zu lernen, mehr noch: ein guter Schwimmer zu werden, mischt sich Wülff ein. Er, der gleichfalls Vater einer kleinen Tochter ist, die von seiner Frau zu wassersportlichen Höchstleistungen getrimmt wird, beschimpft den anderen lautstark mit dem Wort »Faschist«, als er sieht, wie sich dessen Kind quält.

Irgendwann ist für ihn das Maß voll, spätestens als er erlebt, wie sein Abteilungsleiter das tägliche Verbiegen und Verbeugen vor den sozialistischen Zielen mit einem Herzinfarkt bezahlt. Wolfgang Wülff lehnt eine berufliche Karriere ab – auch um den Preis seiner Ehe.

Unter diesem Vorzeichen geht alles seinen Gang: Zwei Prozesse stehen ins Haus; einer wegen Beleidigung eines Staatsbürgers, der andere endet mit Wüllffs Scheidung. Happy end? Ja und nein, denn »die Mühen der Ebene« bleiben.

Hinweis
für räumlich und zeitlich Entfernte

In der anfangs der siebziger Jahre
in der DDR verbreiteten Redewendung
»Es geht seinen Gang«
lagen gleichermaßen die Gewissheit
geschichtlichen Fortschritts
wie die Kapitulation vor der Robustheit
des Schlendrians.

Bertold Brecht gab zu bedenken,
im Ablauf der Revolution
folgten auf die Mühen der Gebirge
die Mühen der Ebenen.

Auszüge aus Es geht seinen Gang oder Mühen in unserer Ebene

Wölfchen, Wolfi, Wolf

»Bestimmt gibt´s Hemus. Oder Natalie. Wirst sehen.«

»Würdest du Bols vorsetzen?« In Juttas Stimme schwang ein vertrautes angriffslustiges Untertönchen, ich wusste, wie ich es verhallen lassen konnte: So tun, als merkte ich nicht, dass sie auf einen verletzlichen Punkt meiner Haut einen Spritze zielte. An Neukers Haus bog ich den Blick hinauf; aus Balkonkästen quollen Blütenbüschel.

Brigitte Neuker, genannt Brischidd, war nicht so schön, dass ich erschlagen gewesen wäre, mehr von dieser angenehm durchschnittlichen Hübschheit eines Drittels aller Weiblichkeit. Mit diesen Frauen ist gut umgehen, denn sie sind weder gehemmt noch eingebildet, man muss keinen Schmus machen, bis sie glauben, dass sie einem gefallen, und sie sind nicht so anstrengend wie die zwei Prozent wirklicher Schönheiten, die immerzu verlangen, dass alle Männer mit verdrehten Augen zu ihren Füßen liegen. Mittelgroß, zweiundvierziger Figur, wie es schien, Ende Zwanzig, das Haar halblang, auf der Grenze zwischen blond und brünett, im Sommer scheckig, graue Augen, die sich in der Sonne blau aufhellen, frische Haut und ein Lächeln, das immerfort aufsprang und so lange wie möglich stehen blieb, denn Brischidds Zähne waren eine Pracht, bloß wenn sie den Mund überfröhlich aufriss, sah man hier und da eine Plombe. Das registrierte ich natürlich nicht alles auf den ersten Blick, das und etliches dazu stellte ich im Lauf der Zeit fest. »Wülff«, sagte ich, als ich Brischidd die Hand gab, und »Wülff« wiederholte ich übertriebenerweise, als ich die Hand nahm, die der Mann, der einen halben Schritt hinter ihr stand, mir hinstreckte.

Das also war der Blinde. Ich begriff, dass es idiotisch wirken musste, zweimal den Namen zu nennen, wo doch ausgemacht war, dass Jutta ihren Mann mitbrachte, aber weil ich einmal drin war, in vorgefertigter Konversation, fügte ich hinzu, dass ich mich für die Einladung *herzlich* bedankte. Jutta hob warnend die Brauen, weil mein Gerede eine Spur ironisch klang; so verkniff ich mir den Satz, die Einladung bedeute für mich eine Ehre. Es gab das übliche Hickhack mit dem Blumenpapier, der Blinde stand steif und schaute sozusagen Jutta und mich an, und wenn er nicht über Juttas Scheitel gestarrt hätte, wären mir Zweifel gekommen, ob er überhaupt blind war. Denn die Augen waren äußerlich in Ordnung; wenn ich redete, richtete er sie genau auf meine Lippen. Dann ruckten seine Augen zu Jutta, nur zielten sie eben ein wenig zu hoch. Als wir am Tisch saßen, überlegte ich, ob das an Juttas Stimme liegen konnte, denn die war, das habe ich mir später zusammengetüftelt, wirklich zu hoch in einem bestimmten Sinn, nicht in der Tonlage, sondern im Anspruch, dass ihr zuzuhören sei. Das Zimmer war wie üblich in einer AWG-Wohnung, Schrankwand wie überall und Couch wie überall gegenüber, rechteckiger Tisch zum Hochkurbeln, Lampe darüber wie gewohnt, also nicht in der Zimmermitte, und auf dem Tisch stand Hemus. Wir stießen an, wieder hätte keiner gemerkt, dass Wilfried Neuker blind war, und Brischidd sagte: »Auf unsere Gäste«, und lächelte, bis sie trank, und eventuell sogar noch dabei. Natürlich hielt Jutta das Gespräch in Fluss: Ein Häppchen von der gemeinsamen Arbeit in dem Kontor, in dem sie mit Brischidd einen Industriezweig versorgte oder nicht versorgte, ein

Geschichtchen über unser liebliches Töchterchen Bianca, diesen Ausbund an Schläue, Herzigkeit und Schelmerei; Neuker erwähnte den Sohn des Hauses, der bald aus einer Disko heimkehren müsste, und sprach das Wort Disko ironisierend so, wie es in einschlägigen Kreisen unserer Stadt üblich ist. Auf den letzten Laut kommt es dabei an, das O wird hell und breiig gesprochen mit einem U-Schlenker – wer Leipziger ist, weiß, was gemeint ist. »Disgooou«, wiederholte er und fügte ein weiteres Modewort an: »Sinnlooous.« Doch Neukers wurden ernst, als sie schilderten, welchen Ärger es machte, Peter auf die EOS zu bringen. Nur zwei aus jeder Klasse hatten eine Chance, fast überall lagen Mädchen vorn, und ein Arbeiterkind war Peter schließlich nicht. Wir kannten das Lamento von anderen Eltern zur Genüge, hörten höflich zu, ich bedachte mein eigenes Problem, Fernstudium oder nicht, und nebenbei kam mir der Gedanke: Wenn Bianca im EOS-kritischen Alter war, wurde vermutlich wieder Nachwuchs für die Intelligenz gebraucht. Als dieses Thema auslief, gab mir Jutta ein Stichwort, ich streifte die Mimik, an der ich arbeitete, ich sagte wirklich Mimik, und Wilfried amüsierte sich über diesen Betriebsausdruck für die Innereien unseres exportintensiven Produkts; allerlei herkömmliche Mechanik und ein bisschen köstliche Elektronik sind darin gemixt auf ziemlich neuem Stand. Ich schilderte die Niederlage, die unsere Außenhandelsmannen erlitten hatten, denn bei einer Testfahrt über die Alpen kippte eine Tür heraus, purzelte auf eine Alpenwiese und wurde von schweizerischen Kühen angemuht, und unsere Händler und italienischen Interessenten glotzten in Mailand das prächtige Werk an, und siehe da, es war ohne Tür. Das hatte nun mit unserer Arbeit nicht das Geringste zu tun, die Tür hatten wir von einem anderen Betrieb bezogen, aber jedenfalls war der Auftrag im Eimer. Dieses Geschichtchen brachte ich hübsch hin und ärgerte mich über Jutta, die glockenhell lachte, aber als ich die Schote vor einer Woche daheim geboten hatte, war sie über ein Nicken nicht hinaus gekommen; das war wohl der Unterschied zwischen Party und trautem Heim. Ich hoffe, die Atmosphäre lockerte sich, wenn wir ein wenig Hemus im Bauch hätten, und trank fleißig; ich ließ die Augen zwischen Jutta und Brischidd hin und her gehen, so was spüren Frauen, auch wenn sie den musternden Blick nicht direkt aufnehmen, und in den nächsten fünf Minuten waren sie besonders nett, gesprächig, heiter, quick, fraulich, jung, sie lächelten und schwätzelten und stützten Köpfchen ins Händchen und schlugen Beinchen über Beinchen und nahmen die Schultern zurück, dass die Brüstchen auflebten; gar so üppig hatten´s diesbezüglich beide nicht. Ich dachte zufrieden, dass das Theater mir galt, schon wieder hatte ich ausgetrunken, und durch einen Seitenwinkel meines Hirns glitt eine Annonce, die ich Tage zuvor gelesen hatte: Modernes Ehepaar, 34/36, suchte Bekanntschaft mit Ehepaar, das Interesse hatte an Touristik, Gesellschaft, gemütlichem Heim und FKK. FKK im gemütlichen Heim sollte das wohl heißen – wenn nun diese Annonce von Neukers stammte? Aber ehe meine Gedanken sich in diesem Gestrüpp verfilzten, zog mich Neuker in ein Männergespräch über Zypernkrise und Nixons Rücktritt, die Frauen schwelgten in Schilderungen ihrer Besuche im Exquisit, ein österreichisches Kleid, oooch, und Brischidd sagte Exqui. Über die Preise verloren sie kein Wort, typisch – es war erstaunlich, fand Neuker, für wie viele Leute Geld keine Rolle spielte. Als wir dieses Thema breitzutreten begannen, rumorte Sohn Peter im Flur und wurde hereingerufen und präsentiert, es war ein Jüngelchen, das sich ruckartig vorbeugte und ein paar Brocken über die Disko nuschelte, er sagte tatsächlich »Disgooou«, aber sinnlooous wäre es nicht gewesen, bloß elende voll, aber fast nur Westhits, höchstens was aus Polen. Peter verzog sich wieder, begleitet von wohlmeinenden Ratschlägen seiner Mutter, ich dachte: Da der Junge an die Vierzehn ist, ist Brischidd glatt über Dreißig, Fünfunddreißig vielleicht, und das sah ihr keiner an. Wilfried Neuker sagte: »Moritz wird wohl nicht mehr kommen.« Brischidd ergänzte: »Ein Freund. Seinetwegen haben wir mit dem Essen gewartet. Wollen wir anfangen?« Brischidd tafelte Schinken und Fleischsalat und kalten Broiler auf, dazu brachte Wilfried Bier, und ich bewunderte, wie sicher er sich in seinen Wänden bewegte: sein Raumgefühl war ausgeprägt bis auf den Millimeter. Einmal wurde erwähnt, Neukers kennten Moritz schon lange, er sei Dispatcher und Technikchef bei der Stadtreinigung. Ich hielt mich ans Bier, solange der Vorrat reichte, dann griff ich doch wieder zum Hemus, und das war mein Fehler. Wilfried legte Platten auf, ich sah zu, wie er nach Platten und Schaltern rastete, und staunte über seine Perfektion, er spielte James Last, und dass wir nun alle ein bisschen blau waren, merkte ich daran, mit welcher Besessenheit wir das Wort Background strapazierten: Die beste Musik als Background, um diese Zeit ist Background einfach das einzig Richtige, es gibt überhaupt keinen besseren für Background als James Last, der hat erkannt, wie gefragt Background ist, welches Moos man mit Background machen kann. Wir waren so aufgekratzt, wie ich zu Anfang nie vermutet hätte, dass wir es werden könnten. Wir Männer hatten's mit dem Geld: Zu viel Geld unter den Leuten, die höchsten Sparkonten der Welt und der geringste Zinssatz, für hohe Einkommen gäbe es keine Anlagemöglichkeit. Kauftkraftabschöpfung. Eigentumswohnungen? Tjaaa, aber die anderen. Ich schöpfte Kaufkraft ab, indem ich mir selbst eingoss. Brischidd reichte Pralinen herum, Jutta kannte die Packung: Ein Kunde hatte sie freundlichst den Damen Wülff und Neuker überlassen, auf dass er in gutem Gedächtnis klebe und sein Materialwunsch auch. Ich blickte auf die Schrankwand gegenüber mit dem Radio darin, im Radio glühte ein Lämpchen. Ich dachte: Augenblicke gibt's, in denen bist du absolut glücklich, da bleibt kein Wunsch mehr nebenher. Wenn du im Steinbruch bei Ammelshain schwimmst, wenn du Jutta in den Armen hältst, jetzt. Hübsche Frau, Tochter, Wohnung, vielleicht werden Neukers unsere lieben Freunde, FKK im trauten Heim muss ja nicht sein; wenn man von mir mal absieht: Jutta hatte mehrfach erklärt, sie sei dagegen. Marikka fiel mir ein, der Jesusfreund, der mein Innenleben einst hatte aufwirbeln wollen; im Augenblick lief alles in überschaubaren Fragestellungen: Hemus oder Bier, Fußbodenbelag grün oder gelb, aber dieses Problem erledigte sich von selber: Es gab weder grünen noch gelben. Aber Hemus, Prost, ihr Lieben! Hemus, Hemus, he! Ich muss mal! Hehe, ich muss mal aufs Töpfchen! Als ich vom Klo zurückkam, sang ich frohgemut: He – mus, wir fahren nach Lodz!

Dann blickte ich wieder aufs Lämpchen und dachte: In wie vielen Zimmern glüht jetzt in der Schrankwand ein Lämpchen?

Über den Rest des Abends und den Abschied wusste ich am nächsten Tag nicht mehr viel. Filmtrübung. Aber zu großen Blödsinn dürfte ich nicht getrieben haben, denn Jutta machte mir keine Vorwürfe, und die wären andernfalls treffsicher gekommen. Jutta stoppte sofort, wenn sie auch nur merkte, dass sie eine Spur blau wurde. Sie konnte dann zwei Stunden lang vor einem halbvollen Glas sitzen, machte Spaß mit und ließ mich nicht aus den Augen. Wenn ich mit einer Frau viermal tanzte und mit anderen zweimal und mit ihr nur dreimal – am nächsten Tag bekam ich die Rechnung. Und wenn ich mit meinen Argumenten im Kreis getappt war. Ich erfuhr, wenn jemand jemanden unter dem Tisch mit dem Fuß angestoßen hatte. Nein, Jutta entging nichts.

Am nächsten Morgen schliefen wir, bis uns Bianca heraus quengelte. Jutta ging mit ihr ins Bad, und als ich endlich mit gemeinen Kopfschmerzen (Hemus-Bier-Hemus) auftauchte, war der Kaffeetisch gedeckt. Über Wilfried Neuker redeten wir: Ein Autounfall vor fünf Jahren, ein wüster Ruck, mit der Stirn war er gegen den oberen Rand der Windschutzscheibe geprallt, dabei war hinter den Augen etwas abgerissen. Ein halbes Jahr lang hatte er wie durch einen Schleier geblickt, dann war es immer dunkler um ihn geworden. Schrecklich, sagten wir, und: Es gehört Mut dazu, so weiterzuleben. Und: Für die Frau ist es auch nicht leicht. Das war alles flaches Zeug, ich schob es auf die Kopfschmerzen. »Wir haben gar nicht über seinen Beruf geredet. Ganz gut so. In Geschichte hatte ich meistens die Vier. Ich hab mir nie merken können, in welchem Jahr die Schlacht von Leipzig-Einundleipzig war.«

»Wolf!«

»Entschuldige der Hemus.« Aus irgend einem Grund fragte ich: »Kennst du den von der Müllabfuhr?«

Die Rückfrage kam eine Hundertstelsekunde zu schnell und eine Nuance zu scharf: »Nie gesehen. Wie kommst du auf den?« Ich zuckte die Schultern und träufelte Honig aufs Brötchen. Stutzig wurde ich nicht.

Nach dem Frühstück fuhr ich mit Bianca hinunter. Im Fahrstuhl krampfte sie sich immer an meiner Hand fest, ihre Augen wurden starr. Wenn ich sie fragte, behauptete sie hartnäckig, sie hätte nicht die geringste Angst vorm Fahrstuhlfahren. Aber sie fürchtete sich, dass wusste ich. Ich suchte nach Worten, mit denen ich ihr begreiflich machen konnte, welche physikalischen Gesetze im Fahrstuhl wirkten, aber es gab sie wohl nicht. Bianca war fünf. Wir bummelten an einer aus rhombischen Betonelementen zusammen gesetzten Mauer entlang auf das Hochhaus zu, auf dem sich die Zeiss-Jena-Reklame dreht, wir gingen unseren Weg zur Russischen Kirche, der die wenigen halbfertigen oder schon wieder vergammelten Flecken in unserem Viertel mied, die Baugrube für die gewaltige prognostische Gaststätte mit den Fundamenten, aus denen rostiges Moniereisen züngelt, die Planruine, und wir spazierten auch nicht hinter dem Studentenblock lang, wo immer Flaschen und Zigarettenpackungen und Plastbeutel herumliegen, die die Akademiker von morgen aus dem Fenster schmeißen. Wir kannten den saubersten Weg zwischen Kinderkarussels und Wäschestangen und Parkplätzen und um die Kaufhalle herum, und wenn wir Glück hatten, graste in der Nähe der Deutschen Bücherei ein Kaninchen. Das war dann der Osterhase, und Bianca war glücklich für den ganzen Tag. Ich erzählte vom Osterhasen und von den Eichhörnchen im Clara-Park; allmählich wurde mein Kopf klar. Ich redete von den Pferden drüben in der Tierklinik und von Kühen und dachte an Grosser, meinen Abteilungsleiter, ich schleppte ein Stück Arbeit in diesen Sonntagmorgen hinein und war darüber nicht böse. Eine Tür auf einer Alpenwiese, und Kühe muhten. Kühe muhten, Schafe machten mäh, das erzählte ich Bianca, während wir zur Russischen Kirche hinaufstiegen. Oft halten davor Busse mit Touristen; Afrikaner waren für Bianca nichts Neues, sie sah jeden Tag Studenten aus allerlei Ländern. An diesem Tag gerieten wir nicht zwischen Kameras, wir hatten die Treppe für uns und den Rundgang, und wie immer spazierten wir einmal links und einmal rechts herum, das war Ritus. Über Baumkronen hinweg schaute ich auf das Hochhaus, in dem, so sagten die Leute, ganz oben der erste Parteisekretär des Bezirks wohnte, zu dem ich gelegentlich meine Stoßseufzer hinaufschickte. Aber an diesem Morgen war die Welt für mich in Ordnung, und ich dachte friedlich: Grüß dich, großer Chef, ruhst dich aus vom Regieren? Über uns bimmelten die Glocken, ich habe nie begriffen, nach welchem System sie abgestimmt waren, die kleinen Glocken schepperten hell und aufgeregt, die große Glocke bumste unregelmäßig dazwischen. Während wir die Kirche umrundeten, sprachen wir nicht, sondern horchten auf die Glocken, Bianca wollte es so. Als wir wieder auf dem Pflaster standen, schüttelte sie altklug den Kopf: »Was soll bloß dieses Gebimmel!«

Wir hatten unseren Sonntagmorgen für uns, Bianca und ich, ich und Bianca, Vater und Tochter. Ein Querschnittsgelähmter wuchtete sein Wägelchen aus dem Tor der Orthopädischen Klinik, ein bauchiger Sprengwagen rollte über die Kreuzung. Die Bäume über uns waren zu Würfeln gestutzt. Der Querschnittsgelähmte brachte sein Wägelchen in flotte Fahrt, silberblitzend und federleicht verschwand es zur Deutschen Bücherei hin. Der Himmel im Westen war hell, niemand sah die Tonnen Dreck, die über der Stadt schwebten. Ich sagte: »Bianca, vielleicht treffen wir doch noch den Osterhasen?«

Sie sagte: »Was soll bloß dieses Gebimmel!«

Guter alter Huppel, warum bin ich so erpicht, dass du das alles verstehst, du, mein Schreibtischpartner, Kollege, Freund, Gegner im Gerangel um die Verzinkerei, mit mir im Gespann täglich für acht und eine dreiviertel Stunde? Wirst dir die Haarbüschel über den Ohren raufen und sagen: Komm zur

Sache, Bruder! Moritz, Bianca, Jutta natürlich, Steinchen für Steinchen – wie sollst du mich begreifen, wenn du nicht jede Kleinigkeit kennst? Ich möchte, dass du von mir eine *gute Meinung* hast, oder, nun gehe ich ein Schrittchen zurück, dass *du einsiehst,* warum ich nicht bin, wie du warst und wie du mich haben möchtest. Sicher findest du eine Party wie die eben erwähnte öde, nun ja, aber kannst du mir sagen, Huppel, wie eine revolutionäre Party im Jahre 75 für junge Leute auszusehen hat? Da sitzt du mir am Schreibtisch gegenüber und musterst mich traurig, spöttisch, auch wütend. Guter Huppel, könntest mein Vater sein, bist nicht mein Vater. Warum möchte ich eigentlich, dass gerade du mich begreifst?

Allmählich merke ich, dass es seine Ecken hat, Erinnerungen in die gebührende Ordnung bringen zu wollen. November 75 ist jetzt, Neukers besuchten wir zum ersten Mal im September 74, mein Gott, was ist seitdem nicht alles passiert! Huppel ist auf Achse, vor dem Fenster breitet sich unser herrliches, stolzes Werk, ausgezeichnet erst kürzlich mit einem Orden, genauer gesagt: ich sehe die Halle neun und einen Winkel der Verzinserei. Links liegt ein Stapel Zeitschriften, ich hab gesucht und werde nach der Mittagspause weitersuchen, dafür gibt es schwerlich eine Norm. Die Mimik von damals, über die ich mit Wilfried kakelte…

Doch nun zu diesem Erlebnis, mit dem ich in die Weltgeschichte eintrat, als die Welt zu mir vordrang, denn vorher gab es nichts als Mutter und das bisschen Schule. Von einem Tag auf den anderen war in unserer Klasse von nichts sonst die Rede: die Beatles, die Beatles, yeah! Bei uns stießen sich damals drei Mädchen gegenseitig an die Klassenspitze vor, eine war immer lerngieriger als die andere, sie ödeten jede Minute von ihrem Leistungsdurchschnitt: 1,2 oder 1,03 oder 1,3623, und ich wartete immerzu darauf, eine explodierte auf 0,99. Der Vierzehntbeste war ich. Die drei Mustermädchen beteten als erste alle Namen und Vornamen der Götter aus Liverpool herunter, sie gluckten in der Pause zusammen und murksten mehrstimmig an »Mister Postman« herum. Ich hatte den Sound der Beatles haarscharf im Ohr, und als die Stones kamen, genügten für mich zwei Akkorde, um die beiden zu unterscheiden. Begreifst du das, Huppel, alter Gewandhaus-Fan?

Ich war in keiner EOS, sondern in einer popligen POS im Altbauviertel, dahinter beginnt gleich ein Ältestbauviertel. Tausendvierhundert Kinder und fünfundsechzig Lehrer in vier Stockwerken, in mancher Klasse achtunddreißig Figuren, und immerzu fiel Unterricht aus. Ich hing in Geschichte und Chemie, in Russisch war ich faul wie fast alle. Ich möchte trotzdem in keiner EOS gewesen sein, wo die Streber aufeinander hocken und jeder denkt, er müsse sich den Strick nehmen, wenn er das Abitur nicht mit »sehr gut« hinlegt. Aber das ist nicht das Thema. Das Thema sind die Beatles und die Old-Kings-Combo und unser Keller und die Schlacht auf dem Leuschnerplatz.

Erst sah es aus, als hätte niemand etwas gegen die Beatles. Die Ortszeitung führte am Wochenende eine Jugendseite, da diskutiert ein Professor mit sich selbst, worüber die Jugend diskutieren solle und was dabei herauszukommen habe, und dieser Professor schrieb, The Beatles stammten aus den Slums von Liverpool und hätten sich hochgerackert; teilweise trügen ihre Songs sozialkritischen Charakter. Ein prominenter Lyriker wurde im Fernsehen interviewt, was er von den Beatles hielt, die fand er überaus schön, und die Leute vom Rundfunk überschlugen sich, so waren sie von sich begeistert, weil sie mal ein Häppchen von ihnen brachten. Das geschah 1965, ich war sechzehn und in der zehnten Klasse und so groß wie heute, 1,79, ich kann also nur bedingt auf mich herabblicken und behaupten: ganz schön doof. Ich kann höchstens zu mir hinüberblicken und feststellen: Bruder, so doof warst du gar nicht! Ich will so sagen: Diese zehn Jahre sind meine Jahre, was ich gesehen habe, hab ich gesehen, was ich gehört habe, habe ich gehört, was ich gedacht habe, habe ich gedacht, und da *möchte bitte keiner kommen* und sagen, alles wäre ganz anders gewesen.

Jetzt aber hübsch ordentlich und überschaubar: Wolfgang Wülff, geboren im Herbst 1949 in Leipzig; dazwischen liegen sechsundzwanzig Jahre, sie sind am Anfang verschwommen und immer belanglos, dann rollen die Jahre ab, die für mich die wichtigsten sind, die die Welt je erlebte, meine zehn, zwölf Lenze – was bedeutete dagegen der Dreißigjährige Krieg? Also die Beatles: Sie waren mit einem Schlag in allen Ohren und Hitparaden, alle redeten über sie und kannten sie, jede Woche produzierten sie einen frischen Hit, es war wie ein Fieber, packte uns und schüttelte uns und schmiss uns hin und machte uns anders, als wir gewesen waren. Die Beatles waren dabei, wenn ich mein Fahrrad flickte, waren Background, als ich den Aufsatz über Superman Kortschagin schrieb und Rüben verzog, ich hatte ihren Sound im Ohr beim Abtrocknen und Makkaroni-Schaufeln und natürlich abends im Bett. Morgens: Ich wurde wach und erinnerte mich allmählich, wer ich war, Wolfi Wülff, ich äugte zum Globus auf dem Schrank und begriff, dass ich in die Schule musste, war sauer und fand, dass ja auch Ferien sein könnten, und dann war noch etwas, Stille, Vakuum, ich wunderte mich und wusste schon, alles würde sich aufklären. Mit einem Schlag war es da: She love's you, yeah, yeah, yeah. Die Post ging ab.

Mit dem Yeah kamen die Hippies und mit ihnen die langen Haare, hier und da schlichen Mähnige mit trotzigen Augen durch die Straßen; staatsbewusste Kellner weigerten sich, Langhaarige zu bedienen. In unserer Schule muckerten verschämte Ansätze zur neuen Welle. Wer lange Haare trug, war ein Gammler. Wer lange Haare trug, hörte ich im Haus, war arbeitsscheu und hatte Läuse. Bauerheld, der uns Mathe und Stabü beibrachte, wetterte gegen lange Haare wie jeder maßgebliche Erwachsene. Wir saßen in unserem Keller und stellten uns vor, auch uns wallten Locken bis auf die Schultern, wir könnten unerhört Gitarre spielen und hätten einen ungeheuren Sound und könnten prachtvoll Englisch, wir kloppten auf Deckeln rum und brüllten etwas, das wie Englisch klang, und da der Keller klein war, dröhnte der Krach gewaltig, und der Sound war enorm. Der Keller gehörte Jogis Oma, sie hatte nichts dagegen, dass wir die Regale rausschmissen und die Wände und Decke weißten und Tisch und Stühle hineinstellen und Zigarettenschachteln an die Wände nagelten, nur WEST, aus dem Intershop schleppte Hoschko leere Zehnerkartons an, und wenn uns jemand ein Poster mit John Lennon geschenkt hätte, wären wir vor Glück in tausend Stücke zersprungen.

Wie alles, was dann kam, zusammengehangen hat, wussten wir natürlich nicht. Überall entstanden Gruppen, die die Beatles nachahmten und sich die Zotteln wachsen ließen und von ihren Schwestern Halsketten ausborgten. Am bekanntesten war die Old-Kings-Combo, die beatete meist in Markranstädt, und die Massen wallfahrteten hin. Einmal stand in der Zeitung, einer von den alten Königen hätte ein Kind unter Einsatz seines Lebens aus dem Kanal gezogen. Dann hieß es, die Kings wären verboten, sogar verhaftet wegen Steuerhinterziehung, und eines Morgens dräute Bauerheld, dunkle Elemente hätten für den kommenden Sonntag, zehn Uhr, eine Protestdemonstration gegen die Verhaftung der Old-Kings-

Combo auf dem Leuschnerplatz angesetzt und es sei strengstens verboten, daran teilzunehmen. Zehn Uhr am Sonntag auf dem Leuschnerplatz, wiederholte er gründlich, und wehe, wenn jemand von euch hingeht! Das predigten in diesen Tagen alle Lehrer in allen achten bis zehnten Klassen Leipzigs und den Berufsschulen und den Lehrlingswerkstätten, zehn Uhr am Sonntag auf dem Leuschnerplatz, lasst euch dort ja nicht blicken!

Wir brüteten in unserem Keller, und Jogi verkündete: Also ich bin dort! Ich sagte: Was gehen mich die Kings an, wenn sie geklaut haben, müssen sie sitzen. Hoschko brüllte, es gehe gegen die Beatles, da mache er nicht mit, und wir maßen unsere Haare, und Jogi hatte die längsten. (Nebenbei: Jeder Dreißigjährige, der auch nur ein bisschen auf sich hält, trägt sie heute länger.) Wir ließen wieder unseren Sound klingen, einmal kam Jogis Oma runter und hörte sich den Krach an und sagte, wenn Jogi nicht in einer halben Stunde Kartoffeln geholt hätte, wie seit Tagen angeordnet, mache sie den Keller für eine Woche dicht. Da schleppten wir zu dritt jede Menge Kartoffeln an und saßen wieder unter unseren Zigarettenschachteln und brüllten yeah, yeah. Etwas war im Gang, wir fühlten es. Als wir Radio Luxemburg andrehten, dachte ich für einen Augenblick: Gleich fällt dir ein Hammer auf den Kopp! Nichts fiel.

Zu Mutter sagte ich kein Wort über die Protestdemonstration, beugte aber vor: Wir hätten am Sonntagmorgen vielleicht einen Crosslauf im Rosental, Genaues wäre noch nicht bekannt. Am Sonnabend vor der letzten Stunde kreuzte Bauerheld noch einmal auf und erboste sich über die Demonstration am Sonntag zehn Uhr auf dem Leuschnerplatz, und jede Beteiligung wäre strengstens verboten und hätte schärfste schulische und andere Maßnahmen zur Folge. Ich blickte zu Jogi hin, der fummelte an seinem Kugelschreiber rum. Zu Hause maulte ich, ich müsste Sonntagmorgen zu einem Lauf, ich hätte nun langsam die Nase voll damit, immerzu schickte mich die Schule irgendwohin und ich müsste für sie Punkte einheimsen, vielleicht machte ich demnächst mal spaßeshalber den Letzten. Ich stelle den Wecker auf acht, stand auf und zog eine ganz normale Jacke und ein langweiliges Hemd und eine öde Hose an, nichts, was man heute als poppig bezeichnen könnte und wie es in den Jugendmodeläden hängt, ich kleidete mich also à la graue Maus und schnappte mein Sportzeug. Dabei dachte ich an Bauerheld und Jogi und Hoschko und versuchte herauszufinden, ob ich jemals so aufgeregt gewesen war, es lag etwas von einer wilden, riesigen Sensation in der Luft; eine Protestversammlung hatte es in Leipzig zu meinen Lebzeiten nie gegeben; ich kannte so etwas nur aus dem Fernsehen ganz woanders und stellte mir vor, wie Massen mit Plakaten aufmarschierten, auf denen stand: »Freiheit für die Kings!« Polizisten und alle Stabü-Lehrer schrieben unsere Namen auf. Ich hörte Sprechchöre: »Freiheit für die Kings!« und schrie mit, auf einmal waren die Kings unter uns und wurden auf den Schultern getragen und marschierten unserem Zug voran, auf einer riesigen Wiese lieferten sie ein irres Konzert, wer englisch konnte, und ich konnte englisch, schrie mit. Die Beatles schwebten vom Himmel, sie dankten uns, weil wir die Kings befreit hatten; niemand von uns spürte noch das geringste bisschen Angst, wir alle konnten zehn Meter weit springen wie ein Mann auf dem Mond, wir winkten mit unseren Gitarren und waren ganz einfach high. Die Stones jagten in tollen Autos heran, wir alle sangen und spielten, ich schrie zwischen den Beatles und den Stones und hatte völlig vergessen, dass ich die Stones verabscheute, und ein ungeheurer Sound hallte aus dem Himmel auf uns zurück. Es war ein heller, windstiller Morgen, die Straßen lagen ruhig wie meist am Sonntagvormittag, ich staunte über die Ruhe, denn ich hatte gedacht, die Stadt müsste kochen. Mir blieb Zeit, es war noch nicht einmal neun, ich dachte: Fährst nicht mit der Straßenbahn, beim Gehen siehst du mehr. An der nächsten Ecke standen drei Jungen, die ich nicht kannte, sie waren nicht aus unserem Viertel und warteten wohl auf jemanden, ich wusste sofort, wohin sie wollten. Jungen streunten stadtwärts, dort zwei, dort vier, andere stiegen aus einer Straßenbahn, manche begrüßten sich. Unter Bäumen parkten große grüne Lastwagen mit heruntergezogenen. Planen. Bereitschaftspolizei.

Der Leuschnerplatz ist eigentlich kein Platz, sondern ein Sammelpunkt verschiedener Straßen. Als ich dort ansockte, war es halb zehn, hier und da standen Grüppchen von Jungen. Wir lachten, als jemand auftauchte, der eine rosa Bluse mit Rüschen trug, die hatte er sicherlich von seiner Schwester geborgt. Keiner reckte ein Plakat, und ich dachte, nun müssten bald die dunklen Elemente aufkreuzen, die diese Protestkundgebung organisiert hatten, jemand hielt eine Rede, und dann würden sicherlich Polizisten und Stabü-Lehrer aus den Seitenstraßen strömen und die Rädelsführer festnehmen, und wenn mich Bauernheld ertappte, war irgendein Teufel los. Aber sicher konnte ich entwischen und wäre dann nicht auf Berichte aus dritter Hand angewiesen, ich wäre dabei gewesen und könnte in der Pause sagen: So und so und so, ich habe die riesigen Plakate gesehen mit den Köpfen der Beatles und der alten Könige, die Kronen trugen und Bärte und Haare bis zu den Knien, ich habe die Sprechchöre dröhnen hören, und zum ersten Mal in meinem Leben war richtig was los, und als alles im Gang war, konnte ich zehn Meter weit springen und englisch singen und schwebte über dem Platz und spielte auf einer Gitarre, von der Drähte zu Lautsprechern führte, die groß waren wie das Rathaus. Dann schlug es zehn, und nichts geschah. Es fällt mir heute schwer, zu schätzen, wie viele Jungen auf die Warnung ihrer Lehrer hin gekommen waren? Dreihundert? Fünfhundert? Um der Wahrheit die Ehre zu geben, es war nicht gerade die geistige Elite der Nation, die sich da versammelt hatte. Schüler der EOS waren bestimmt nicht dabei, die hatten ja was zu verlieren, die Aussicht auf einen Studienplatz vor allem. In der Masse dürften es Lehrlinge gewesen sein, auch Abgänger der achten Klasse, auch der sechsten, Schüler der neunten und zehnten Klasse, auf zwanzig Jungen kam vielleicht ein Mädchen. Man sieht solche Gestalten manchmal zusammengeballt als Fußballfans mit Tuten und Fahnen; in der Schule haben sie nichts gegolten, sie sind keinesfalls die Lieblinge ihrer Lehrmeister, da drängen sie sich zusammen, um die Wärme der Gruppe am Rand des Gewohnten und Gewünschten zu finden. Manchmal beweisen sie ihre Kraft gegenüber Parkbänken. Jetzt standen sie hier und glotzten. Nichts geschah. Wo blieben die dunklen Elemente?

Ich möchte heute noch wetten, dass wir uns nach einer Stunde aus Langeweile zerstreut hätten. Aber da sorgte ein Lautsprecherwagen der Verkehrspolizei für Abwechslung, er rollte langsam hin und her, blechern hallte es: »Bürger, Ihr Verhalten ist ungesetzlich! Sie werden aufgefordert, sofort die Straße zu räumen!« Die Jungen standen auf den Bürgersteigen, feixten, warteten. Ich verdrückte mich in die Petersstraße hinein, hörte abermals, mein Verhalten wäre ungesetzlich, und wagte mich wieder neugierig vor. Die Dinge entwickelten sich, keine Frage. Einmal sah ich einen aus einer Parallelklasse, der Name spielte keine Rolle, heute ist er Oberleutnant bei der NVA.

Jogi sah ich nicht, Hoschko auch nicht. Da erweiterte der Polizeisprecher sein Repertoire: »Sollten sie dieser Warnung nicht Folge leisten, werden polizeiliche Maßnahmen angewendet.« Das brachte Leben ins Völkchen: Wie sah derartiges aus?

Eine Minute später wurde uns ein seltenes Schauspiel geboten. Die Macht rollte über den Leuschnerplatz: Vorn ein Jeep mit Polizeioffizieren, dahinter zwei Lastwagen mit aufgesessenen Bereitschaftspolizisten, im Zentrum das Paradestück: Ein Wagen wie ein Elefant, das Fahrerhäuschen mit Sehschlitzen wie ein Panzer, obendrauf eine Kuppel mit gedrungenem Rohr: Ein Wasserwerfer. In natura habe ich so was weder vorher noch hinterher jemals gesehen. Dann wieder zwei LKW mit Polizisten und noch ein Jeep. So rollte diese Armada langsam über den Platz, die Jungen staunten, manche pfiffen, allmählich kam Schmiss in die Sache. Wer dachte jetzt noch an die Kings?

Die Streitmacht verschwand zur Ringbebauung hin, noch einmal kündigte der Polizeisprecher polizeiliche Maßnahmen an, und ich dachte, wenn sie nicht endlich ernst machten, kam ich noch zu spät zum Essen. Da rückten in breiter Front Bereitschaftspolizisten mit gezogenem Knüppel vom Ring Café heran, manche hielten Hunde an den Leinen, schöne, scharfe Schäferhunde ohne Beißkorb, und von der Tauchnitzbrücke her stieß der Wasserwerfer vor. Wir türmten in die Petersstraße hinein, ein Hausflur war gleich voll mit zehn, zwanzig Jungen, einer triefte, und wir konnten uns nicht halten vor Lachen. Inzwischen kämpfte der Wasserwerfer in der Schillerstraße, wir wagten uns wieder vor und sahen durch die Bäume hindurch, wie die Polizeikette mit den Hunden auf der Straßenkreuzung siegte. Jetzt rollten Lastwagen an, ich nehme an, dass es die waren, die ich unterwegs gesehen hatte. Angst hatte niemand von uns, einmal warnte einer: »Passt bloß auf, dass sie euch nicht fotografieren!« Da spähte ich an Häusern hinauf; dort gibt es ja nur Büros, die waren leer um diese Zeit. Nun sah ich den Wasserwerfer zum ersten Mal von vorn, er schwenkte sein Rohr, feuerte aber nicht, will sagen: spritzte nicht. Da türmten wir wieder, hinter uns hörten wir es rauschen, und plötzlich merkten wir, dass wir in eine Falle gegangen waren, denn aus einer Seitenstraße heraus rannten Bereitschaftspolizisten, sie hatten uns fast eingekesselt, ich sah heiße, rote Gesichter, eines war dicht vor mir; jetzt war ich froh, dass ich ein geübter Crossläufer war und einen explosiven Antritt hatte, ich war sofort zwei, drei Meter von den anderen weg, aber nicht so schnell, dass nicht ein Hund noch schneller gewesen wäre. Ich spürte einen spitzen, grellen Schmerz am Hintern, drehte mich halb zur Seite und trat nach dem Hund, der Polizist riss ihn zurück, ich war fort, fort, sah den aufgefächerten Bogen des Wasserstrahls über der Straße und duckte mich und lief mit langen Sätzen, und erst am Markt blieb ich keuchend stehen und besah meine zerrissene Hose, und sofort waren die Massen um mich herum, aber jetzt lachte keiner mehr, jetzt waren wir alle so wütend wie eben die Polizisten. Ich war der einzige mit einer Bisswunde, ein paar behaupteten, einen Knüppelhieb abbekommen zu haben, aber nur bei einem schwoll der Arm an. Polizisten schwärmten vor der Thomaskirche herauf, da ließen wir es nicht drauf ankommen und zerstreuten uns zum Bahnhof hin. Ich machte mich an der Oper vorbei aus der Kampfzone heraus, Schwäne schwammen mit dem gleichen stupiden Gesichtsausdruck wie immer auf dem Teich, die Sonne schien, Kinder warfen Salzstangenbruch den Enten und Spatzen vor, und Omis riefen ihnen zu, sie sollten nicht so nahe ans Wasser herangehen. Es war wie stets hier, bloß auf mich hatten eben Polizisten Jagd gemacht, mich hatte ein Hund gebissen, ich war eben Feind gewesen. Volksarmee und Volkspolizei schützten uns vor jedem denkbaren Gegner, so wusste ich es aus hunderten Quellen, ich wusste es so, wie erwiesen war, dass Streuselkuchen prima schmeckte und Wasser bei hundert Grad kochte. Auf einmal war ich Feind. Denn Bauerheld hatte verboten, am Sonntag um zehn auf den Leuschnerplatz zu gehen, und ich hatte ihm eins gehustet. Die Old-King-Combo – gleichgültig. Die Beatles – Bauerheld hatte nichts über sie gesagt; Jogi und Hoschko hatten sie in die Debatte geworfen. Die Stones, der Sound. Wer nicht für uns ist, ist gegen uns; es gibt keinen dritten Weg.

Ich schlich nach Hause. Eine aus Schwindel und Tatsachen gemischte Story bot ich: Ich wäre aus dem Rosenthal vom Crosslauf gekommen, keineswegs zum Leuschnerplatz wären wir gegangen, irgendwo hinter dem Brühl wären wir in eine Jungenshorde hineingeraten, von einem spritzenden Wasserwerfer wäre geredet worden, dann hätten uns auch schon Polizisten gejagt, und mich hätte ein Hund erwischt. Mutter tupfte dieses brennende Zeug auf die Wunde, das immer bei der Hand war, wenn ich mir das Knie aufgeschlagen oder sie selbst sich in den Finger geschnitten hatte, und klebte ein Pflaster auf und schimpfte auf die Polizei und auf mich, und auf einmal beschäftigten wir uns nur noch mit der Frage, ob der Hund Tollwut gehabt haben könnte. Als mir einfiel, dass ich ja dann in die Klinik rennen und eine Spritze bekommen müsste und der Arzt mich bestimmt fragen würde, welcher Hund mich warum gebissen hätte, setzte ich entscheidend meine Ansicht durch, Polizeihunde würden immerfort gründlichst untersucht, bei denen stünde Tollwut außerhalb jeder Debatte.

An diesem Tag hat mir das Mittagessen nicht geschmeckt, und das nicht etwa, weil ich nur auf einer Hälfte sitzen konnte.

Nachmittags latschten Jogi und Hoschko an, sie hatten dunkle Dinge gehört, sie bedrängte ich, bäuchlings auf dem Bett liegend, haarklein mit meiner blutigen Story. Sie wurden blass dabei und fragten ganz heiser dazwischen, ich ließ sie schwören, dass sie keinem verrieten, dass ich auf dem Leuschnerplatz dabei gewesen und gebissen worden war, und Jogi schimpfte auf seine Großmutter, die ihn gemeinerweise nicht zur rechten Zeit geweckt hatte. Und wenn ich aus einem Fenster heraus fotografiert worden war und Bauerheld mir das Foto zeigte und heuchlerisch fragte: »Sag mal, Wolfi, wer ist denn das hier?« Abstreiten, riet Jogi, immer abstreiten! Kann gefälscht sein, Fotomontage!

Am nächsten Morgen stob Bauerheld sofort in die Klasse. Eine konterrevolutionäre Ansammlung wäre zerschlagen worden, berichtete er, die Rädelsführer wären festgenommen und Schlagringe beschlagnahmt worden und, das wüsste er allerdings nicht hundertprozentig, danach müsste er sich noch erkundigen, sogar Pistolen. Er hoffe doch nicht, dass jemand von uns dabei gewesen wäre, oder? Dabei schaute er aus irgendeinem Grund zu Jogi hin, und Jogi lief rot an. Ich saß eisern beidbackig und malte mir aus, ich hätte mich zu Hause auf dem Boden an einem Haken gerissen. Ich hasste dieses Hundevieh und hatte die Gesichter der Polizisten nicht vergessen, aufgeheizt und rot und wütend; vielleicht hatte denen jemand eingetrichtert, jeder von uns hätte einen Schlagring in der Tasche und unsere Anführer besäßen Pistolen. Eine konterrevolutionäre Situation, wiederholte Bauerheld, aus einer neunten Klasse wären schon zwei ermittelt, und er gäbe uns eine letzte Chance, die Wahrheit zu sagen. Ich stellte mir vor, wie ich auf dem Boden meine alte Luftmatratze gesucht hatte, irgendwo musste sie doch sein, ich hatte mich rasch gedreht, und wer hatte bloß diesen verdammten Haken in die Mauer geschlagen? Haken mit Tollwut – gab es nicht.

Unsere Spitzenmädchen sangen von diesem Tag an nicht mehr She loves you, huhuhuhu; ich will nun aber auch nicht behaupten, sie hätten sich jäh russischen Volksweisen zugewandt. In unserem Keller drehten wir die Heule nur noch halb so laut und redeten von nichts anderem als dieser ungeheuren Geschichte; ich wusste schon nicht mehr: Bezog ich mein Bild vom peitschenden Wasserschweif aus der Petersstraße oder aus dem Kino? Hoschko kannte einen, der festgenommen worden war und nun in Böhlen im Gleisbau arbeitete; es hieß, die Polizei hätte ihm schon in der ersten Stunde die Haare geschnitten. Mit den langen Haaren war es aus, die Beatgruppen benannten sich um, sie hießen nicht mehr »The Shadows«, sondern »Drei lustige Gitarristen«. Von den Old Kings hörte keiner mehr etwas. Auch nicht von Schlagringen und Pistolen. Aber am dritten Tag bestellte mich Bauerheld ins Lehrerzimmer und fing scheinheilig an, er wüsste genau, dass einige aus unserer Klasse auf dem Leuschnerplatz gewesen wären, ich wüsste es auch und sollte es nun mal zugeben, niemandem würde etwas passieren, aber er wollte Klarheit haben. Da wurde ich so wütend, wie es die Polizisten auf dem Leuschnerplatz gewesen waren, und so wütend wie auf der Flucht vor den Hunden, ich dachte krampfhaft an den Haken auf dem Boden und stierte an Bauerheld vorbei und wiederholte stur: »Ich weiß nichts, ich hab nichts gehört, ich war nicht dort, ich weiß nichts.« Ich hätte gern gesagt: Ich verpfeif keinen, aber das habe ich mir nicht getraut und war deshalb hinterher auf mich so vergnatzt wie auf Bauerheld. Als ich in die Klasse zurück kam, brüllte ich sofort über alle Köpfe hinweg, was Bauerheld von mir gewollt hatte, da war Totenstille, und in der Stunde danach, es war Chemie, und die Chemielehrerin hatte mit der ganzen Sache nichts zu tun, haben wir regelrecht gestreikt, keiner meldete sich, wer aufgerufen wurde, nuschelte maulfaul etwas hin, sogar die drei Spitzenmädchen waren mit uns solidarisch.

Meine Mutter flickte die Hose. Der Köter war nicht tollwütig gewesen, nach drei Tagen machten wir das Pflaster ab und klebten ein kleineres auf, mit dem Sitzen renkte es sich ein. Da entstand neuer Wirbel, denn Bauerheld tauchte bei Jogis Oma auf und fragte, wo denn Jogi am Sonntagvormittag gewesen wäre, und Jogis Oma sagte sofort: »Nicht auf dem Leuschnerplatz, was denken Sie denn; ich beschwör´s, dass er im Bett war, er wollte hin, aber ich habe ihn nicht geweckt, und als er von allein munter wurde, war es halb elf.« Da war am nächsten Tag der Teufel los, Jogi musste vor dem Direktor antanzen, es gab ein riesiges Theater. Jogi verteidigte sich, er hätte sich den Krawall aus Neugier bloß *von Weitem* ansehen wollen, aber Bauerheld bezeichnete das als faule Ausflucht, vor der Klasse wärmte er den Quark mit dem Schlagringen und Pistolen auf, und die ganze Zeit musste Jogi sich den Krampf stehend anhören. Schließlich kriegte Bauerheld Wind von unserem Keller und kreuzte wieder bei Jogis Oma auf, aber die hatte inzwischen gemerkt, was sie in ihrer Dussligkeit angerichtet hatte, und ließ Bauerheld abfahren: Der Keller bleibt! hat sie geschrien, solange in euren Jugendklubhäusern jede halbe Jahre alle Möbel zerkloppt werden, bin ich beruhigt, wenn die Jungen in meinem Keller sind! Sie hat den Keller nicht aufgeschlossen, darüber waren wir heilfroh, sonst hätte es zusätzlich Ärger wegen der imperialistischen Zigarettenpackungen gegeben. Nach zwei Wochen erzählte Hoschko: Der ehemals Langmähnige, der in Böhlen im Gleisbau gearbeitet hatte, war wieder daheim. In unserem Keller drehten wir Radio Luxemburg eine Spur lauter, manchmal erwischten wir aus Versehen den Freiheitssender 904.

Einmal, hab ich mir vorgenommen, rächst du dich. Vor der Schlacht auf dem Leuschnerplatz war für mich die Welt sauber eingeteilt. Der Feind stand im Westen; die Amerikaner bombardierten Vietnam, Kiesinger war Faschist. Nun biss mich einer unserer Hunde, der eigentlich einen Ami hätte beißen sollen, der Bomber auf Vietnam ausklinkte. Ich schmiss kein Napalm, nach mir hatte gefälligst kein DDR-Hund zu schnappen. Also Rache. Wie?

Zwei Jahre später stand ich vor der Musterungskommission; die Armee hätte mich liebend gern für viele Jahre an ihre steingraue Brust gedrückt, es hörte sich an, als ob die NVA nur auf den herrlichen Menschen Wolfgang Wülff wartete, dem eine glänzende Laufbahn offenstand in jeglicher gewünschten Richtung. Wollte ich nicht am liebsten Offizier werden? Da fragte ich, wie lange es dauerte, bis ich General wäre, die Genossen lachten mühsam und antworteten, das hing von mir ab, General, Offizier – da wurden in meinem Gehirnklappenschrank computerflink Verbindungen geschaltet: der General, der auf dem Leuschnerplatz gesiegt hatte, der Offizier, der seiner Hundestaffel den Befehl geben durfte oder musste, die Beißkörbe abzunehmen, da war es auf einmal, als ob zwischen ihnen und mir der Strahl des Wasserwerfers rauschte. Sie boten mir Macht, und ich wollte diese Macht nicht haben. Einmal sah ich sie lachen, ich hatte nicht gehört, welchen optimistischen Witz sie aus ihrer Kiste geholt hatten. Ich fürchtete, jemals jemandem befehlen zu müssen, Beißkörbe abzunehmen: Das war in dieser Stunde mein Problem, und ich weiß genau, dass ich auch heute noch nicht mit ihm fertig bin. Damals war ich überzeugt, ich würde mich vor allem rächen wollen, heute weiß ich, dass ich als gebranntes Kind das Feuer scheute und die Streichhölzer dazu. Alter Huppel, Recke des Jahrgangs 23, ein paarmal übriggeblieben, wie du gern sagst: Wenn du das nicht begreifst, ist jede weitere Mühe für die Katz.

Die Genossen Werber spulten ihre Argumente herunter, ich redete fast nicht mehr, sie reduzierten ihren Herzenswusch auf drei Jahre, und ich grunzte: Nee, achtzehn Monate reichen mir. Und dachte an meine kleine, blasse Narbe am Hintern. Dann schwieg ich, bis ihnen die Luft ausging und sie mich aus dem Zimmer schickten.

Wenn ich in den Tagen den Genossen Bereitschaftspolizisten getroffen hätte, der seinen rassereinen, keineswegs tollwütigen Hund auf mich gehetzt hat, hätte ich ihn zu einem Bier eingeladen und gesagt: Junge, endlich sind wir quitt! Da lernte ich Werkzeugmacher im zweiten Jahr und fand es männlich und möglich, jedwede Meinungsverschiedenheit bei einem Bier zu lösen; ich glaubte, mit meinem Schluck unter Männern ließe sich aller Ärger aus der Welt schaffen. Heute weiß ich, dass das nur die Hälfte des Problems war.

Partytime

Das nächste Mal waren Brischidd und Wilfried unsere Gäste. An diesem Sonnabend standen Jutta und ich relativ zeitig auf, beim Frühstück beredeten wir den Tagesplan: Ich fuhr wie immer, wenn Jutta nichts Bombastisches angesetzt hatte – Wäsche, Großfensterputz, Demontage des Schlafzimmers – zu meiner Mutter und besorgte unterwegs einiges aus der Kaufhalle. Zwischendurch sagte Jutta: »Nichts gegen Neukers, aber du solltest mal deinen Chef einladen.«

»Grosser?«

»Mit Frau. Kann zum Kaffee sein, sonnabends. Wenn sie wollen, können sie gegen sieben wieder gehen, wenn es ihnen gefällt, tun wir so, als würden wir einen Imbiss improvisieren.«

Ich argwöhnte: wie weiland in Pumpen- und Gebläsekreise. »Anschmieren?«

»Quatsch. Das Klima verbessert sich dadurch.«

»Lädst doch auch nicht deinen Chef ein.«

Jutta erläuterte mir, ihr Chef wäre ein Stiesel, der nächstens abgelöst würde, ein gallenkranker Knacker, und Brischidd und sie machten sowieso, was sie wollen. Aber über Grosser liefe mein Fernstudium-Antrag! Und wenn ich als Diplomer im Betrieb bliebe, sagen wir als Cheftechnologe: Kontakte auf privater Ebene – da fiel es schwer, jemandem ein Bein zu stellen. Wenn sich die Frauen kannten. Beruhigend, ausgleichend. Mal unter der Hand ein Tipp. Ich sagte: »Käm ich mir blöd vor.«

Jutta blickte mich mit weiten Augen an. Ich war zu dumm, zu jung, um herausfinden zu wollen, was sie von mir in dieser Minute hielt.

Später im Trabant versuchte ich mir Brischidd vorzustellen, es gelang mir erfreulich genau, ich sah ihren Mund und hörte sie sprechen und musterte sie von der Seite, wie sie den Kopf neigte und ihr Haar fiel. Hübsch auf den ersten Blick, auch nicht langweilig auf den zweiten. Keinesfalls dumm. Sinnlich? Ich besaß kaum Anhaltspunkte. Während ich in der Kaufhalle allerhand ins Körbchen legte, auch Pralinen und natürlich Zigaretten für Mutter, hing ich dem wenig feinen, aber keineswegs unangenehmen Gedanken nach, wie es wäre, mit Brischidd ein erquickendes Spielchen anzuspinnen: heimlich treffen, mit dem Auto schnell mal aus der Stadt raus, mehr albern als lieben, abwarten, wie sich die Dinge entwickeln, immer vormarschbereit, immer rückmarschbereit. Ausgeschlossen, mahnte ich mich nach einem phantasiereichen Viertelstündchen, Wolfgang, da lässt du die Finger von, sie ist Juttas Kollegin, nahezu Freundin, der Mann ist blind, du bist doch nicht verrückt. Du bist nicht verklemmt, dass du dir bei jeder Frau, die dir über den Weg läuft, beweisen musst, ein wie scharfer Hecht du bist, du musst nicht mit Abschusszahlen peinigende Seelenrisse zukleistern; für dein Alter hast du genau so viel erlebt, wie nötig ist.

Mutter begrüßte mich wie immer: »Schon Kaffee getrunken?« Selbstverständlich hatte ich, und Mutter fuhr fort wie stets: »Da trinken wir noch mal, bevor du gehst.« Ich packte die Pralinen aus, auf die sie bestimmt gewartet hatte, denn sie aß sie gern und kaufte sich nie welche, und sie sagte natürlich: »aber das sollst du doch nicht, Wolfgang!« Die Zigaretten steckte sie gleich in die Schürzentasche. Ich erzählte von Bianca: Bisschen Durchfall am Dienstag, im Kindergarten schnappte sie schnell was auf, aber jetzt war schon wieder alles in Ordnung. Das nächste Mal brächte ich sie bestimmt mit, versprach ich, zog einen Kittel über, der aus meiner Lehrlingszeit übriggeblieben war, ging in den Keller und hackte Holz und trug Kohle hoch. Mit Franke-Oswald redete ich bisschen was an der Hoftür, er wollte das Treppenhaus streichen, wenn ihm die Verwaltung die Farbe bezahlte, aber ich warnte: »Herr Franke, sie fallen uns dabei bloß von der Leiter.« An der Küchenschranktür war ein Streifen Folie anzukleben, ich hob den Fernseher weg, damit Mutter dahinter Staub wischen konnte. Von Wilfried, dem Blinden, erzählte ich, wie fabelhaft er sich in seiner Wohnung zurechtfand; Mutter hörte voller Mitgefühl zu. Nach ihrer Arbeit fragte ich, sie stand mit sechsundfünfzig immer noch an einer Stanze, jetzt hatte ein Häuptling die Stanze an einen anderen Platz beordert, dort zog es von der Seite, sie hatte sich beim Meister beklagt, aber nichts war geschehen. Ich schlug vor, für sie einen Beschwerdebrief aufzusetzen, aber wie vorauszusehen lehnte sie ab, und ich hatte den großen Rand, die Arbeiter dürften sich nichts, aber auch gar nichts gefallen lassen, und mit zwiespältigen Gefühl dachte ich daran, wie bei uns, auch durch mich, manchmal einsame Entscheidungen getroffen wurden, weil keine Zeit war, jemanden zu fragen. Zugluft – mein Gott, was hätte Grosser dazu gesagt, wenn davon das Wohl und Wehe seiner Mimik abgehangen hätte! »Immer diese Hektik, wir kommen mit unserer Sache auch nicht aus der Hüfte raus.« Ich verdeutlichte: »Wir kommen nicht vorwärts.« Nicht aus der Hüfte rauskommen, war damals ein beliebter Ausdruck bei uns, er war eingeschleppt worden und grassierte wie eine Seuche. Wenn etwas stecken blieb – es kam nicht aus der Hüfte raus. Man hatte das Gefühl, ein Cowboy brächte den Colt nicht schnell genug aus dem Halfter; das gab der Redewendung ihren Pfiff. »Oben ist immer Hektik«, sagte ich, »davon darfst du dich nicht anstecken lassen, wozu gibt´s die Gewerkschaft? Nie vergessen: Du bist die Hauptsache, alles dreht sich um dich.« Da lachte Mutter und geriet ins Husten. Sie, eine Stanzerin, sollte die Hauptsache sein, da quiekten doch die Hühner! Arbeiter-Bauern-Staat, beharrte ich, und obendrein bist du eine Frau.

Noch war Zeit, ich ging in mein Zimmer. Ich nannte es mein Zimmer, obwohl ich anderthalb Jahre bei der Armee gewesen war und später mit Jutta in dieser Bruchbude gehaust hatte, mit der wir das Wohnungsamt ausgetrickst hatten, und nun wohnten wir seit drei Jahren im Beton. Mein Zimmer, ich hatte noch Bücher dort und den Globus, meine Dampfmaschinen und tausend Erinnerungen. Ich langte mir aus dem Regal ein Buch, das für mich einmal spitze gewesen war, die Entwicklung der Energiewirtschaft, damals hatte ich Ingenieur für Dampferzeuger werden wollen. 1917 der Ruthsspeicher für schwankenden Verbrauch, 1918 der Kohlestaubdampfdeckel, 1929 der Zonenwanderrost. Wann der Steilrohrkessel? Inzwischen hatte ich mich in den Korrosionsschutz hineingefitzt, und wer konnte sagen, worauf ich umsteigen musste, wenn wir mit der Mimik nicht aus der Hüfte rauskamen? Meine gute alte Dampfkesselzeit? Ich dachte: Wenn unsere Tochter ins entsprechende Alter kam, würde ich ihr klar machen, dass es ein Fehler war, wenn man zu genau wusste, was man werden wollte. Allenfalls ungefähr: Naturwissenschaften oder Lehrer oder im Handel oder in der Landwirtschaft – Einzelheiten ergaben sich von selbst. Ich stellte das Buch wieder ins Regal; mein Blick fiel durchs Fenster auf die gegenüberliegende Häuserwand, da war im letzten Winter noch mehr Putz abgefallen. Dort hatten zwei Schwestern gewohnt, mit einer war Hoschko gegangen; ich hatte vergeblich versucht, mich mit ihnen durch Blinkzeichen zu verständigen, Blinken erforderte Sorgfalt, und sie waren einfach zu liederlich. Wäsche trocknete an Holzrahmen vor fast jedem Küchenfenster, und ich tüftelte wieder an meiner Sanierungspinnerei für dieses Viertel; Schuppen und Zäune und Mauern hinausschmeißen, Rasen und Trockenplatz für alle, Bänke für die Rentner, Fronten abputzen und Dächer in Ordnung bringen und eine Gemeinschaftsantenne, aber wenn die nicht auch West brachte, war sie für die Katz, dann bastelte doch wieder jeder seinen eigenen hohen Draht und zerlatschte dabei das Dach, und mit einer Gemeinschaftswestantenne kam keiner durch. Jeder durfte für sich, doch alle zusammen durften nicht. Wohin mit den Autos? Und das Problem der Trockenklos auf halber Treppe. Aber hier wurde auf Verschleiß gefahren, gebaut wurde am Stadtrand mit höherer Effektivität, doch hier wohnten auch Menschen und würden bleiben, bis die letzte Diele durchbrach. Und ich war froh, dass ich nicht entscheiden musste, ob Neues gebaut oder

Altes erhalten wurde; mein Freund, der Sekretär, hatte das auf dem Buckel. Ich entsann mich: Der Verschleiß an Stadtarchitekten war erheblich. In diesem Viertel kannte ich mich aus, ich konnte mit den Leuten in jedem Haus reden, konnte mich auf jeden Kneipentisch setzen und sagen: Ich war Werkzeugmacher, jetzt bin ich Ingenieur. Werkzeugmacher ist der König aller Metallberufe, und Ingenieur ist so nahe am Arbeiter, dass jeder Arbeiter genügend Ingenieure kennt, solche und solche, er kann sich ein Bild machen. Wenn ich sagte, ich wäre Historiker oder Arzt, sähe das schon anders aus. Ich wusste, was an diesen Tischen geredet wurde, und konnte sofort mitreden: Das Fernsehprogramm von gestern, jeder berichtete ohne Umschweife, was er drüben gesehen hatte, und das auch vor einem Wildfremden. Diese Leute sahen Sport und Unterhaltung, sie verbreiteten sich über Udo Lattek und Rudi Carrell, und wenn eine ostdeutsche und eine westdeutsche Fußballmannschaft aufeinandertrafen, hielten sie auf die aus der DDR. Über Politik sprachen sie eigentlich nur, wenn wirklich etwas aus den Fugen ging, über den Sturz von Willy Brandt meinetwegen und den Kanzlerspion – wie hieß er doch gleich, selbstredend war er ein Kundschafter. Sie schimpften selten auf ihre Regierung, denn Schimpfen, das hatten sie längst eingesehen, nutzte überhaupt nichts. Sie tranken vor allem Bier und weniger Schnaps; wenn eine Frau am Tisch saß, bestellten sie ihr womöglich einen Likör. Sie kakelten über Gärten und Hunde, über Krankheiten und das Wetter. Die Politik mieden sie, nicht weil sie Angst gehabt hätten, sie könnten Ärger kriegen, sondern weil sie auf sie keinen Einfluss hatten; Israelis und Araber schossen auch ohne ihr Zutun. Die Rentner erzählten von Reisen zu ihren Kindern im Westen und schlossen mit der Feststellung, arbeiten müsste man überall, und sie wären froh gewesen, als sie wieder zu Hause waren, drüben wäre eben eine andere Welt. Musik lief im Radio aus Ost und West; beim ersten Nachrichtensatz drehte der Wirt ab. Diese Wirte wären mit mir sofort per du gewesen, sie hatten einen Riecher dafür, wer hierher gehörte, wer beleidigt war, wenn man ihn mit du anredete oder mit Sie. In diesen Kneipen wurde nie über ein Buch geredet, nie über ein Theaterstück und schon gar nicht über ein Konzert. Die Debatte, ob sie im Osten oder im Westen besser war, hatte sich totgelaufen. Immer gab es einen Fritsche-Kurt, der fremdging, einen Paulik-Hellmut, der einen Unfall gebaut hatte, einen Müller-Wolfgang, der Kasse machte. Ich wohnte jetzt im Beton, und es war müßig, sich auszumalen, wie dort die Atmosphäre in den Kneipen sein würde, denn dort gab es keine und würde nie welche geben; wir besaßen nur die Fundamente für eine riesige, irgendwann einmal hocheffektive Gaststätte.

Mutter kam herein und sagte, wir wollten nun Kaffee trinken. Mutter trank drei Tassen und rauchte zu jeder eine Zigarette, das kannte ich nicht anders. Mutter rauchte hart auf Lunge wie ein Mann und bis zu zwanzig Stück am Tag, deshalb geht ihr Husten nie ganz weg. Während wir saßen, lobte ich Jutta wegen ihres Organisationstalents im Haushalt, denn Mutter und Jutta kamen nicht besonders miteinander zurecht. Jutta war für Mutter zu oberflächlich im Urteil, was sicherlich nur daran lag, dass Jutta rasch und geübt die Dinge zueinander in Beziehung setzte. Unseren Besuch am Abend erwähnte ich und mutmaßte, ich käme vielleicht am Mittwoch oder Donnerstag wieder her, aber ich ahnte schon, dass es nichts werden würde, und Mutter vermutete es sicherlich auch. Nächste Woche gab es harte Brocken im Betrieb, sagte ich, und sie sollte in ihrer Bude auf den Tisch hauen. Mir fiel ein, dass wir Mutter lange nicht sonntags zum Mittagessen eingeladen hatten, aber nächstes Wochenende, hatte Jutta gesagt, müssten wir endlich mal wieder fortfahren, wenigstens nach Nauenhof oder ans Hermsdorfer Kreuz. »Kommst bald mal zum Mittagessen.« Mutter äußerte sich nicht dazu. Ich dachte: Rede ich das vielleicht immer, wenn ich abhaue?

Zu Hause gabelte ich einen Berg Makkaroni und fragte, was ich tun könne für den Abend. Platten garnieren war mir zu langweilig, also legte ich mich nach dem Abwasch aufs Ohr und spielte danach mit Bianca Quartett und baute ein Haus, bei dem Autos zu Biancas riesigem Staunen in den zweiten Stock hinauffahren konnten. Nebenbei hörte ich Fußballreportagen, Lok war außer Tritt und verlor auf eigenem Platz; der unverwüstliche Frenzel, lärmte der Reporter, aber ich vermisste die Gesänge auf den Rängen, das Volk dort kam wohl auch nicht mehr aus der Hüfte raus. Jutta brachte mir Kaffee, ich fand wieder mal, dass ich's gut hatte, hübsche Frau und neue Wohnung und ein quickes Kind, ich saß auf dem Teppich und baute ein Traumhaus und hatte Kaffee daneben und Torwart Frieses Glanzparaden im Ohr und dachte an das Gemunkel im Betrieb, Heine, der bei Chemie gewesen war, dürfte nicht mehr in der Oberliga spielen, weil er eine Schwester im Westen hatte. Ich hatte keine Schwester im Westen, aber mein Vater, ich war Arbeiterkind, meine Mutter war Arbeiterin, ich wohnte im Neubau, war Ingenieur. Da angelte ich mir ein Schnäpschen, weil ich vermutete, es würde mein Wohlgefühl steigern, und baute ein Haus, in dem die Autos sogar in den dritten Stock kurvten, doch kurz vor der Vollendung stürzte es zusammen. Später badete ich Bianca mit Geschrei und Gespritz und hob sie im Nachthemd vor dem Spiegel hoch, wir taten beide überzeugt, sie wäre eine Prinzessin, die zum Ball ginge, und dort wartete ein schöner Königssohn. So war sie zeitig im Bett und raus aus der Schusslinie, ich konnte das Wohnzimmer aufräumen und die Gläser polieren, und

Jutta hatte Platz im Bad für ihre kosmetischen Künste. Als ich glaubte, alles läge an seinem Platz, schaute ich mich noch einmal prüfend im Wohnzimmer um, und siehe da, es unterschied sich kaum von dem unserer Besucher: Schrankwand und gegenüber Couch, wo denn sonst, rechteckiger Tisch zum Hochkurbeln, praktisch wie kein anderer, zwei Sessel, zu mehr war nicht Platz, nur stand bei uns kein Ofen neben der Tür, denn wir genossen das zwielichtige Glück der einwegigen Fernheizung.

Jutta trat auf und setzte sich strahlend und duftend neben mich, ich bewunderte sie reinen Herzens. Das tat ich nicht nur, weil ich wusste, wie gut es ihr tat, gepriesen zu werden, ich fand sie wirklich hübsch, anziehend, sexy, ich rühmte, sie hätte die schönsten Arme der Welt, sie kämen in diesem Kleid herrlich zur Geltung, und Jutta ließ mich über den Stoff streicheln, er war weich und verführerisch glatt. Am Kragen steckten diese Kirschen aus Polen, wie sie hohe Mode waren. Ich wäre nicht böse gewesen, unsere Gäste hätten uns versetzt, wir hätten durchaus auch ohne sie mit diesem Abend etwas anzufangen gewusst, das sagte ich Jutta, wir küssten uns vorsichtig, denn Jutta beschwor mich, ihr Make-up nicht zu gefährden. Nebenher wendete ich den Gedanken, für wen Jutta sich so schön gemacht hatte, für Wilfried doch nicht. Um schöner zu sein als die Freundin? Für mich oder auch für sich? Schön sein für sich selber – mir schien, das wäre eine Idee, der nachzugehen sich lohnte, vielleicht kam man dabei der fraulichen Innenstruktur auf die Schliche. Darüber schwatzte ich ein wenig, verglich das geheimnisvolle Seelenleben einer Frau mit den Rätseln, die uns Grossers Mimik aufgab, zog mir heiteren Protest zu, wir übten uns mit Edel ein, und als es klingelte, empfanden wir das beinahe als Störung.

In der Tür stand Brischidds Lächeln. Es blieb beim Eintreten und Austauschen der Begrüßungsfloskeln, ich half Brischidd aus dem Mantel, und siehe da, auch ihre Arme waren bis zur Schulter bloß, es schien, als ob die Kolleginnen ihre Garderobe zwischen zwei Vertröstungen von Kunden bis ins Detail festgelegt hatten. Wilfried bewegte sich vorsichtig zwischen den lenkenden Händen und Worten seiner Frau, am Ellenbogen lotste ich ihn in den Sessel, dort wiederholte ich meine Gedanken über die Austauschbarkeit neuzeitlicher Wohnungen und blickte hinaus auf die Wohnscheibe gegenüber und stellte mir vor, wie dort tausend Schrankwände tausend Couchs gegenüberstanden, wie tausend Ehepaare tausend andere Ehepaare eingeladen hatten, alle aßen Fleischsalat und gefüllte Tomaten und garnierte Eihälften, bei zwei Drittel quakelte der Fernseher, später wurde Hemus getrunken oder Natalie. Jutta trug Platten herein: Schinken, Geflügelsalat, gefüllte Tomaten, Sardinen, garnierte Eihälften. Es schmeckte allen, wie es zur selben Zeit Tausenden im Oktoberviertel schmeckte, und ich hätte gern gewusst, zu welchem Prozentsatz jetzt etwas Originelles gespeist wurde, das man etwas im Urlaub kennengelernt hatte und nun nachprobierte. Ich dachte: Schade, dass ich nicht kochen konnte, sonst hätte ich meinen Gästen aber was vorgesetzt! Immerhin, mir blieb in Hinterhand meine Zither.

Als alle stöhnend beteuerten, satt zu sein, räumte Jutta ab, ich holte Natalie aus dem Kühlschrank. Wir tranken, Wilfried fragte nach unserer Mimik, ich winkte ab und merkte, dass er das Abwinken ja nicht sehen konnte, und erläuterte, die Sache träte auf der Stelle, unsere Außenhändler hofften, in Poznań, Belgrad und Hannover fette Aufträge einzuheimsen, aber die Geschichte mit der Tür auf der Alpenwiese hatte sich natürlich rumgesprochen, das war einer der seltenen Witze in unsere Branche, das tratschte jeder weiter. »Genug von der Arbeit!« rief ich und legte eine Krug-Platte auf und überlegte, wie denn das wäre, wenn wir nach einiger Zeit ins Tanzen kämen, ich ließ meinen Blick über Brischidd hingehen, über Frisur und Brauen und Wangen und Nase, Hals und Kleid Ausschnitt, Schultern, Arme, Fingernägel und Ring mit ovalem Stein und wieder die Arme hinauf, Brischidd fing meinen Blick auf und lächelte, ich dachte: Wenn du sie heute nicht küsst, dann beim nächsten Mal, wozu gab es die wunderbare Sitte des Bruderschaftskusses? Dann beschleunigte ich meine Gedanken: Müsste sich einrichten lassen, dass wir uns heute küssen. Als ich mich zu Wilfried wendete, sah ich, dass er die Augen auf meine Lippen gerichtet hatte; da war dieses Thema gleich beendet. Die Mimik, redete ich weiter, Grosser geht mit ihr ins Bett, glaubt mir das! Grosser war einstmals technischer Direktor und stürzte ab, hockte ein halbes Jahr in einem Sanatorium wegen einer gelinden Macke, jetzt witterte er eine Chance. Brischidd fragte mich: »Und mit wem gehen Sie ins Bett?« und lachte, wir lachten alle, und es war gut, dass ich nicht verleitet wurde, bierernst von unserer Produktion zu sprechen; ich erklärte jedenfalls, dass ich keine Lust hätte, mir wegen der Mimik einen Herzinfarkt einzuhandeln, wenn schon rascher Tod, dann bitte während einer Umarmung mit meiner lieben, leidenschaftlichen Frau. Jutta küsste mich demonstrativ, ich dachte: Küsserei ist gut, da wirkt es später nicht so abrupt, wenn ich Brischidd küsse. Manne Krug hatte gerade ausgehaucht, ich ließ ihn Schnulzern Platz machen, background, aber wir waren diesmal nicht so blau, dass wir immerzu dieses Partywort strapaziert hätten. Nun doch Auspuffprobleme, Brischidd deutete Beziehungen ihres Versorgungskontors zu anderen Kontoren an, und ich überlegte, wann ich am wirkungsvollsten mit meiner Zither rausrückte.

Wilfried: Ich dachte fast nicht daran, dass er blind war. Er redete über alle Themen mit und lachte mit; wir kamen aufs

Schachspielen, er erzählte, gelegentlich spiele er mit Moritz, dem Reinigungsfachmann, und ich fragte ohne Scheu: »Wie machen Sie das?« Moritz spielte auf einem normalen Brett, erläuterte Wilfried, weil er das übersichtlicher fände, er selbst auf einem Steckschach. Er hätte das ganze Spiel ganz gut im Kopf (beinahe hätte ich gesagt: Sie spielen also blind). Zur Sicherheit tastete er über die Figuren hin, beide sagten die Züge an. »Wilfried gewinnt fast immer«, verkündete Brischidd.

»Ich bewundere Ihre Energie.« Das war Jutta, ich kannte den Ton und ahnte, wohin sie steuerte, und, ehrlich gesagt, fand ich sie in dieser Stimmungslage besonders hübsch. Jutta ist hübsch und wird es bleiben, bis sie Falten um den Mund bekommt vom Ehrgeiz. Wenn sie diesen Ton anschlug, sprühte sie vor Energie, so habe ich sie später im Schwimmbad erlebt, als wir jeder an einem Händchen unseres Kindchens rissen. »Ich bewundere Ihre Tatkraft.« Juttas schöne dunkle Augen glänzten vor Respekt, und ich kam mir auf einmal scheußlich hilflos vor. Ich würde mich nicht zum Fernstudium melden, das war mir ziemlich klar, zwei Wochen blieben noch, und ich wusste, dass im nächsten und übernächsten Jahr keine Möglichkeit zur Immatrikulation bestand, denn Ingenieure und Diplomingenieure waren alles andere als knapp. Keiner drängte mehr, dass sich jemand qualifizierte, wenn ich von Jutta absah, und Jutta sagte: »Ich wünschte, alle besäßen so viel Schwung.« Huppel, das muss ich dir zugestehen: Mit dir hatte ich in dieser Beziehung nie Ärger.

»Sie meint mich«, erläuterte ich friedfertig. »Meine liebe Frau spielte darauf an, dass ich nicht danach lechze, fünf Jahre Fernstudium ans Bein zu binden, um ein paar Müde Mark mehr zu verdienen.« Prompt legte Jutta los, es ging ihr auf die Nerven, wie ich so beiläufig, ja spöttisch von der sogenannten Mimik spräche, an Grossers Besessenheit sollte ich mir gefälligst ein

Beispiel nehmen. Ich fürchtete schon, nun würde sie ihren Bruder hochjubeln, der bald Oberarzt würde und die rechte Hand eines Professors war, dann hätte ich vielleicht eingeworfen, dass er, wie er mir im Suff gebeichtet hatte, alle drei Wochen ein Stündchen Zeit fand, mit seiner Frau ins Bett zu gehen. Aber der Arztbruder wurde ausgespart, von der vielleicht letzten Chance redete Jutta, dass ich immatrikuliert würde, deshalb sollte ich mir einen Ruck geben, und Brischidd und Wilfried sollten mir ins Gewissen reden. Ich hätte weit ausholen müssen, um zu erklären, warum ich niemandem befehlen wollte, vom Leuschnerplatz hätte ich berichten müssen und von meinem Armee-Oberleutnant, der mich am Entlassungstag noch früh um neun zum Friseur geschickt hat, von meinen Zusammenstößen mit der Macht also und meiner Angst davor, Macht zu besitzen. Das hätte nicht in die immer noch halbwegs friedlich-fröhlich Atmosphäre gepasst, und so sagte ich, Ingenieure und Diplomingenieure gäbe es in manchen Branchen wie Sand am Meer, und man brauchte auch normale Ingenieure für den Popelkram. Nicht jeder wäre zum Häuptling oder Forscher geboren. Prost!

Es war still, nachdem ich mein Sprüchlein aufgesagt hatte, ein wenig zu still und auch ein paar Sekunden zu lange zu still, dann wünschte auch Wilfried: Prost! Und salbaderte Unverbindliches, dass die Führungsposten stabil besetzt sein, der Bedarf an mittleren Kadern sei gedeckt, Genies würden allerdings immer noch gesucht. »Na«, lärmte ich bemüht munter, »dafür wird aus unserem Töchterchen bestimmt ein As«, und bot Schnurren, wie sie für gewöhnlich Jutta auftischte und die dartaten, wie superschlau unsere Bianca war, aber es klang wohl alles überdreht und vielleicht sogar höhnisch und wirkte aufgesetzt als Abwehrreaktion und Gegenangriff. Jutta jedenfalls verzog keine Miene und rauchte gierig. Wilfried knurrte fröhlich, da müsste uns ja nicht bange sein, wer die Brötchen buk, wenn wir in Rente gingen. O ja, fiel ich ihm ins Wort, in unserer Tochter steckt eine zukünftige Gaby Seifert oder Gisela May, oder ging sie dereinst in den diplomatischen Dienst? Mit zwei Jahren hatte sie schon sagen können: »Hälloh Fans!« Jetzt mit knapp fünf zählt sie bis zweiundsiebzig. Ein künftiger Einstein, Einsteinin, ein Einsteinchen, immerhin: Auch ein Nullkommafünfsteinchen war allerhand. Aufgekratzt durch meine Kalauer lärmte ich, jetzt begönne der künstlerische Teil, nun sei der verdiente Volkskünstler Wolfgang Wülff auf seiner echt arzgebirgischen Konzertzither zu hören. Jutta sagte: »Wenn die Leute nun immer so in den Tag hineingelebt hätten!«

»Jetzt ist aber nicht immer.«

»Nach dem Krieg!« rief sie, »was da die Leute geschuftet haben!«

»Sicherlich übertreiben manche. Stehen sie doch prima da! Und wenn, sie haben rangeklotzt, damit es ihren Kindern später besser geht und ihnen auch, wir sind die Kinder, jetzt geht's uns besser.« Ich wusste, dass ich pausenlos weitersprechen musste, denn bei diesem Stand des Themas hatte Jutta Argumente bei der Hand: der Kraftakt ihres Vaters, der seine Pumpen- und Gebläsefabrik mit sagenhafter Energie aus den Trümmern gewühlt hatte und dem es zu danken war, dass wir in diesen Sesseln und auf dieser Couch vor unserer Schrankwand über den kaputten Auspuff unseres Trabbis jammern konnten. Ich dachte, dass ich mich besser auf keine Debatte über die Jahre nach dem Krieg einlassen sollte, denn meine Zeit beginnt mit den Beatles und der Schlacht auf dem Leuschnerplatz, mit Walter-Ulbricht-hat-gesagt und Störfreimachung und Vietnamkrieg und Sechstagekrieg und Fußballweltmeisterschaft in England. Chruschtschow, glaube ich, und sein Mais, waren damals schon vom Fenster weg. Alles vorher geht bei mir heillos durcheinander, Liebknecht im Disput mit Thomas Müntzer, Kamerad Spartakus auf den Barrikaden vor Madrid, rote Matrosen, weiße Matrosen, unsere blauen Jungs, der Panthersprung nach Acapulco, unser kleiner Trompeter, da rede ich besser nicht mit. Das alles bot ich Brischidd und Wilfried in flüssiger Rede, während Jutta stumm rauchend dabeisaß, und ich war nicht sicher, in welchem Maß unsere Gäste spürten, dass ihnen ein Familienzwist ersten Ranges vorgeführt wurde. »Aber«, triumphierte ich, »das was ich weiß: der erste Kokshochofen wurde 1735 gebaut, 1824 setzte Jongh seinen Abhitzdampfkessel in Betrieb. 1883 floss zum ersten Mal Benzol aus Kokereien, 1810 arbeitete in London das erste Gaswerk. Na?«

»Hör auf.« Das war Jutta. Ich hätte eine Weile so weiter schwafeln können.

»Schön, ihr wisst nun, auf welchem Gebiet ich ein Genie bin.«

Da fragte Jutta behutsam, und ich argwöhnte, ihre Sanftheit sollte mich prügeln: »Herr Neuker, woran arbeiten sie zur Zeit?«

Unser Gast machte jaaa und hmmm. Einem Auftrag seines Instituts zufolge untersuche er das Auf und Ab der sächsischen Wirtschaft nach 1820, zurzeit habe er das Schwanken der Wollpreise unter der Lupe, man fände verblüffendes Material bei Engels. Auf eigene Faust aber schlüge er sich mit den Bombardierungen Hamburgs und Kassels herum, mit dem Phänomen des Feuersturms, der dann später Dresden verwüstet hatte. Ich dachte: Das soll nun ′ne Party sein! Wer musste immerzu die Leute auf Tiefgang bringen? Brischidd ergänzte: »Letzte Woche hatte es Ärger gegeben.« Wilfried erläuterte, er stünde mit einem Verlag in Verbindung. »Die Lektoren möchten, dass ich die Bombardierung Vietnams einbeziehe. Aber das sprengt meinen

Rahmen.« Huppel, du hättest natürlich begriffen, dass in diesem Problem Wilfrieds Leben aufging. Alter Dialektiker, du mit deinem missratenen Theaterstück am Bein – aber ich hörte das Wort Ärger und zog Parallelen zu meinem kleinen Verdruss mit der Mimik, doch Wilfrieds Ärger war umfassend wie der Grossers, war tiefbohrend, an die Nieren gehend, dass er einen Mann kaputtmachen konnte.

»Das schlimmste ist schon vorbei.« Brischidd versuchte ein Lächeln.

Wilfried tastete nach seinem Glas. »Ich möchte keine Propagandabroschüre schreiben, die man ein halbes Jahr später wegschmeißen kann.«

Ich argwöhnte, dass Jutta einen Helden vor sich sah, der *Entweder-Oder* auf seine Fahne geschrieben hatte, siegte oder mit wehender Flagge unterging. Moritz wurde zitiert, der Wilfried Mut gemacht hatte, und Jutta salbaderte, wofür ich ihr liebend gerne einen Löffel Senf in den Wein gerührt hätte: »Wenn man Sie so hört, Herr Neuker, muss man Ihnen durchaus recht geben.«

Leichthin warf ich ein: »Idioten gibt´s immer.«

Wilfried holte für meinen Geschmack viel zu weit aus, um mir klarzumachen, dass er mit seinen Widersachern im Ziel durchaus einer Meinung sei, aber nicht im Detail, und in dem steckt hier der Teufel. »Idioten sind´s deshalb nicht.« Ich fand, dass es einer schwer hatte, der nicht wenigstens insgeheim für sich die Leute, mit denen er zusammenstieß, als Idioten einstufen konnte. Ich hatte schon manchmal gedacht: In unserer Werkleitung sitzen Verrückte. Das hatte mir das Atmen leicht gemacht. Armer Bursche, dachte ich, blind und auch noch gerecht. Da sagte Wilfried: »Schließlich gibt es zwischen dem Verlag und mir keine antagonistischen Widersprüche.«

Mir fiel augenblicklich mein Hund auf dem Leuschnerplatz ein, denn das war auch – deine Worte, Huppel! – kein antagonistischer Hund gewesen, sondern mein Freund und Helfer, er hatte mich gebissen, um mich auf den richtigen Weg zu bringen, vom Beat aufs Weltjugendlied, von langen auf kurze Haare, von der Rüschenbluse aufs Blauhemd. Ich hatte beizeiten eins von den eigenen Leuten ins Kreuz gekriegt und dachte, sagte es aber nicht: Ein Biss in den Hintern bleibt keinem erspart, je eher du ihn abkriegst, desto besser ist es, das bewahrt dich vor duseliger Spinnerei. Auch du, Wilfried Neuker, wirst diese Erfahrung nicht umgehen, bloß: Je älter du bis dahin wirst, desto härter trifft's dich.

Während ich diesen Gedanken zu Ende spann, während Jutta besonders Versöhnliches und Flaches quasselte, brachte ich meine Zither herbei, ein Instrument einfachster Bauart für 27,50 Mark, es lag bei Juttas Bruder in Dresden rum, dort wollte das Ding keiner haben, und ich dachte: Irgendwann kannst du damit bisschen Fez machen. Ein Zettel liegt unter den Saiten mit einem Zickzackmuster, danach muss man die Saiten anreißen, und schon entsteht Musik. Vier Stücke umfasst mein Repertoire, »In einem kühlen Grunde«, »Kleine Möwen, fliegen nach Helgoland«, »Auf die Barg, da ist's halt lustig«, so wie die arzgebirgische Nationalhymne: »'s is Feieromd«. Ich schwafelte von Dominantseptakkord, Kontrapunkt, strahlendem C-Dur, von Reicherkerznmaa und Hamit, schwor, dass ich meine bodenständige Heimatkunst niemals würde kommerzialisieren lassen, und als ich von Wilfried gefragt wurde, ob ich denn aus dem Erzgebirge stamme, musste ich verneinen, aber ich besitze eine Tante in Olbernhau. Träumerisch riss ich ein paar Saiten an und behauptete, Jutta wollte mir demnächst Hosenträger mit Edelweiß und Enzian besticken, die würde ich zu meinem Volkskunstauftritt tragen. Brischidd fragte, wo es im Erzgebirge denn Edelweiß und Enzian gäbe, und ich wich aus, auf das Herz des Volkskünstlers käme es an, und mein Herz sei rein. Da oben im Arzgebierge sei die Luft sauber, klar flösse das Wasser, ein herrlicher Menschenschlag wüchse dort heran. Arzgebirg, wie bist du schie! »In einem kühlen Gruhunde«, spielte ich und summte und sang, Brischidd fiel ein, und siehe da, ihr gelang die zweite Stimme. Da strich ich mit dem Hinterteil einer leeren Kugelschreibermine kräftiger über die Basssaiten, bei der kleinen Möwe hatte ich wie immer Textlücken. Wenn ich von meiner Zickzacklinie aufblickte, sah ich, das sich Wilfried diebisch amüsierte, und als wir uns über »weil da drum mei Heisel stieht« zur arzgebirgischen Hymne durchgearbeitet hatten, war ich geradezu ein bisschen ergriffen. Jutta sang die erste, Brischidd die zweite Stimme, »das Tagwerk ist vollbracht, ´s geht alles seiner Hamit zu, ganz leise schleiheicht die Nacht« –da tut es mir weh, wenn ich mal eine falsche Saite greife, aber diesmal kam ich fehlerfrei über die Runden, wir klatschten uns Beifall zu, ich wischte mir die Augenwinkel und log, mein Repertoire sei unglaublich reich, stundenlang könnte ich weiterspielen, aber wir wollten es für heute genug sein lassen.

Pause .Trinken. Rauchen. Da fragte Wilfried: »Was für Augen haben Sie eigentlich?«

Brischidd quickte: »Raten lassen!« und fügte hinzu, sie hätte Wilfried nur sehr Allgemeines über mein Äußeres verraten, Größe, Haarfarbe zum Beispiel, Wilfried wäre großartig darin, sich ein Bild von anderen Menschen zu machen, und Wilfried dämpfte: Gar so lange kannte er mich ja noch nicht. Er rekapitulierte: »Ihre Größe: gegen eins achtzig?«

»Eins neunundsiebzig.«

»Schlank?«

»Jaja.«

Brischidd drängte auf Präzision: »Wie schlank?«

»Fünfundsiebzig Kilo?«

»Zweiundachtzig.«

»Er hat ziemlich starke Knochen«, verkündete meine Frau. »Als ich ihn heiratete, entdeckte ich Speck an den Hüften. Den hab ich ihm schnell abgewöhnt!« Die Damen kicherten, Wilfried fuhr fort: »Die Haare, Brischidd sagte: Irgend so was in der Mitte. Nicht richtig blond, nicht richtig braun. Locken – ach nein, keine Locken.«

»Mittelblond«, gab ich zu, »fahlblond, ganz unauffällig.«

Brischidd ließ der Erfolg ihres Mannes nicht ruhen. Es sei wirklich erstaunlich, frohlockte sie, was Wilfried auf diesem Gebiet leiste, eine Hausbewohnerin habe er unlängst bis in die *Nuance* des Lippenstifts hinein exakt beschrieben. »Und Herrn Wülffs Augen?«

»Keine starken Brauen«, mutmaßte Wilfried, »und die Augenfarbe, graublau?«

»Grau-grün-gelb steht im DPA«, ergänzte ich, da ich auf einmal nicht mehr viel Spaß an diesem Spiel hatte. Jetzt war Jutta nicht zu halten: »Wenn man von der Haar- und Augenfarbe absieht – Udo-Jürgens-Verschnitt.«

Unbändiges Halloh beim Ehepaar Neuker, das war aber mal was! Ich wusste schon, da kannte ich meine Jutta, dass sie nicht die Quelle dieses Ausdrucks angeben würde; so hatte mich mein Kollege Huppel, der verkannte Dichter, mal eingestuft, ich hatte es Jutta hinterbracht.

»Die Nase ist wie bei Udo!« bestätigte Brischidd. Das tat mir leidlich wohl, meine Nase ist wirklich nicht von Pappe, vielleicht ist sie das markanteste an meinem Gesicht überhaupt.

»Bisschen gewölbt, stark im Ansatz.« Wilfried hatte es nun leicht, weiterzuraten.

»Die Nase wirkte energischer als das Kinn.« Diese Behauptung stammte von Jutta – schwang da nicht Anzüglichkeit mit? Nun fand ich, es wäre Zeit, das Spielchen abzubiegen, wie leicht glitt es ins Unerfreuliche ab. Ich dränge auf Austrinken und einhelliges Lob für Wilfrieds Charakterisierungskönnen, noch einmal streunte unser Gerede ins Unverbindliche. Palaver: Nett bei euch. Unser Herr Goldsohn ist froh, wenn wir mal nicht zu Hause sind, der geht bestimmt nicht vom Fernseher weg, der schluckt sogar das Wort zum Sonntag. Unsere Bianca. Exquisit. Fressquisit. Weiß man wirklich nicht, was aus den Kindern mal wird. Wenn man bei Wein bleibt. Partygewäsch, und als Neukers abspulten, wie nett und fröhlich es gewesen wäre, dass sie nun aber gehen müssten, war es nach eins. Verabschiedung im engen Flur; als Wilfried in die Jacke fuhr, stieß er mit dem Arm gegen den Spiegel. Das nächste Mal bei uns, war *wirklich* nett, hoffentlich sind wir euch nicht zu lange auf den Wecker – dann stand ich mit Brischidd und Wilfried draußen und knöpfte den Fahrstuhl herauf, im Sinken blickte ich Brischidd immerfort an, sie blickte mich an, wir redeten unausgesetzt dabei. Uns blieben die wenigen Schritte bis zur Haustür, ich schloss auf und streckte Brischidd die Hand hin, ihr Mund war vor mir, ich senkte den Kopf ganz wenig. Unsere Münde passten sofort aufeinander. Im nächsten Augenblick waren wir wieder auseinander und redeten beinahe gleichzeitig. Ich nahm die Hand, die Wilfried mir hinsteckte, seine Stimme klang wie immer, ich hätte gern gewusst, ob er einen sechsten Sinn besaß, und unbehaglich fühlte ich mich auch. Brischidd lächelte; als sie und ihr Mann die Treppe hinuntergegangen waren, winkte sie mir noch zu, kameradschaftlich, nicht zu vertrauensvoll, ungefähr so, wie ich am Morgen gedacht hatte: vormarschbereit, rückmarschbreit.

Glossar

AWG	Arbeiterwohnungsbaugenossenschaft
EOS	Erweiterte Oberschule
BGL	Betriebsgewerkschaftsleitung
GST	Gesellschaft für Sport und Technik
ABF	Arbeiter- und Bauern-Fakultät
DSF	Gesellschaft für Deutsch-Sowjetische Freundschaft
WPO	Wohnungsparteiorganisation der SED

Swallow, mein wackerer Mustang

Swallow, mein wackerer Mustang (1980)
Entstehung

Nach seinem 1977 erschienenen Gegenwarts-Roman *Es geht seinen Gang oder Mühen in unserer Ebene* sah sich Loest schnell wieder Kritik durch die SED-Literaturaufsicht ausgesetzt. Lange Zeit verwehrte man ihm eine zweite Auflage (zu ihr kam es erst 1979 im Greifenverlag Rudolstadt). Um sich neue Angriffe zu ersparen, wandte sich Loest für ein neues Romanprojekt der Biografie von Karl May zu. Karl May war 1842 unweit von Loests Geburtsstadt Mittweida in Ernstthal geboren und wie Loest ein sächsischer Schriftsteller. Unverfänglich war es nicht, in der DDR eine Romanbiografie über den offiziell geschmähten Karl May zu verfassen. Mays Romane wurden bis zu diesem Zeitpunkt in der DDR nicht veröffentlicht. Hierbei spielten verschiedene Gründe eine Rolle. Zum einen hielt man den Autor in der DDR nicht grundlos für literarisch minderwertig und historisch fehlerhaft, zum anderen warf man seinen Darstellungen von der kulturellen Begegnung der Europäer mit den Indianern und anderen Völkern Rassismus und Nationalismus vor. Entscheidend aber dürfte gewesen sein, dass man in der DDR mit Karl-May-Büchern der Annäherung an die Schönheit und Abenteuerkraft amerikanischer Landschaften und ihrer Ureinwohner keinen Vorschub leisten wollte. Weil aber die Popularität von Karl May und seiner Romane (die als westdeutsche Ausgaben unter den Lesern in der DDR kursierten) jenseits der Schundschmähungen eine Tatsache war, konnte die Veröffentlichung des Loest-Romans über Karl May nicht verhindert werden. Zumal Loest in seiner Roman-Biografie auch den zwielichtigen Charakter von Karl May deutlich werden ließ und die Person des Abenteuerschriftstellers, der wegen Hochstapelei und

Betrugs sieben Jahre seines Lebens in Haft verbrachte, durchaus kritisch sah.

Der Roman wurde ein großer Erfolg bei den Lesern (er erschien bereits im selben Jahr als Lizenzausgabe im westdeutschen Verlag Hoffmann und Campe). Trotzdem verließ Loest am 20. März 1981 mit einem Drei-Jahres-Visum die DDR. Die Überwachung durch die Staatssicherheit als Antwort auf Loests Eintreten gegen die Zensur in der DDR und ein drohendes Ausschlussverfahren aus dem DDR-Schriftstellerverband ließen ihn diesen Weg gehen.

Inhalt

Karl May sitzt wegen Betrugs und Diebstahls wieder im Gefängnis. Als Rückfalltäter ist er 1870 zu vier Jahren Zuchthaus verurteilt worden, die er in Waldheim absitzt. Der Gefängnisgeistliche Kochta rät ihm, seine Phantasiegeschichten doch besser aufzuschreiben, als sie den Mitgefangenen zu erzählen und sich dabei immer tiefer in seine Traumwelten zu verirren. Schreiben wäre die geeignete Therapie für May, um die reale von der phantasierten Welt zu trennen. Über Mays Vater, der als Weber in Ernstthal lebt, kommt die erste Geschichte aus dem Gefängnis heraus in die Hand des Dresdner Verlegers Münchmeyer. May setzt das Schreiben in seiner Zelle fort. Aus der Haft entlassen, besucht er den Verleger in Dresden, der ihm weitere Aufträge gibt und May als Redakteur seiner Zeitschriften anstellt. Noch kann May keinen großen finanziellen Gewinn aus seiner Arbeit ziehen. Seine Pläne, in Dresden einen bürgerlichen Hausstand mit seiner ehrgeizigen Braut und späteren Frau Emma Pollmer zu führen, erfüllen sich lange nicht. Erst als ab 1892 die ersten gebundenen Romane im Verlag Fehsenfeld in Freiburg im Breisgau erscheinen, ändert sich Mays Situation als Schriftsteller. Aus den Zeitschriftenveröffentlichungen entstehen sechs Orientromane, bald folgt der Winnetou-Zyklus. May wird von den Lesern gefeiert, macht Reisen durch Deutschland und sieht sich auf dem Gipfel seines Ruhms als Volksschriftsteller. May trennt sich von seiner Frau Emma und heiratet Klara, die er nach dem Tod ihres Mannes als Sekretärin angestellt hatte. Seine zehn letzten Lebensjahre führt er Prozesse, um sich gegen die Aufdeckung seiner Autorschaft an den frühen Zeitschriftenromanen, seines Vorstrafenregisters und die Bezeichnung als Verbrecher zu wehren – von denen er den letzten gewinnt. Seine Auflagen sind inzwischen auf ein Viertel abgesunken. Kurz nach seinem siebzigsten Geburtstag stirbt Karl May.

Noch einmal wird an diesem Abend die Zellentür aufgeschlossen, der Katechet Kochta tritt ein, der katholische Hilfsgeistliche der Anstalt. May springt auf und meldet, die Zelle dreineunzehn sei belegt mit dem Züchtling vierhundertzwei.

Der Katechet weist auf den Schemel, er selbst setzt sich auf die Pritsche. »Sie waren im Karzer.« Kochta verschweigt, dass er beim Direktor vorstellig geworden ist und gebeten hat, May einen Teil der Strafe zu erlassen. Typhus, Cholera; Beinbruch, dafür kennen die Ärzte Symptome; aber was ist das mit May? Die Lüge, warum lügen wir? Aus Angst, oder weil wir einem anderen nicht wehtun wollen? Kochta mustert Mays Stirn, die Augen, die hin und her huschen, die Lippen sind breitgezogen zu einem wartenden, argwöhnischen Lächeln. »Sie müssen sich nicht ängstigen, May, Ihre Karzer Strafe ist verbüßt. Aber warum haben Sie Ihre Kameraden so belogen?«

»Ich habe eine Geschichte erzählt.«

Kochta horcht auf. »Eine Legende? Aber eine Legende muss einen edlen Kern haben. Sie muss den bessern, der sie hört.«

Das wartende, rückzugsbereite Lächeln ist aus Mays Gesicht gewichen. Kochta ist ein schwerknochiger Mann, nicht eigentlich alt, aber alles andere als jung, man meint, er habe schon vor zehn Jahren schon so ausgesehen und würde in zehn Jahren nicht anders wirken; immer habe er Anzüge getragen aus schwarzem Tuch, das an den Ellenbogen seifig wurde und nie zerschliss. Von Kochta strahlt Ruhe aus, diesem Mann muss man nicht sofort antworten wie dem Vater, einem Polizisten, dem Zuchthausdirektor. »Nützen«, sagt

May, »ich wollte so gern den Armen helfen. Ich wollte stehlen für sie.«

»Du täuscht dich. Du hast für dich gestohlen. Beim Krämer Reimann in Wiederau.« Mays Augen flackern wieder, Spannung kehrt in die Mundwinkel zurück. Beim Krämer Reimann, das wissen beide, hat sich May als Geheimpolizist Leutnant von Wolframsdorf ausgegeben, der nach Falschgeld fahndet. Einen Zehntalerschein hat May als gefälscht und eine Uhr als gestohlen bezeichnet und beschlagnahmt, den Krämer hat er ins Gasthaus geführt, wo ihn angeblich Gendarmen abholen und nach Rochlitz eskortieren sollten. Durch eine Hintertür ist May mit Geld und Uhr verschwunden. »Du wolltest mehr scheinen, als du bist. Warst hoffärtig und eitel.«

»Ich wollte…«

»Was wolltest du?«

»Ins Gebirge hinauf.« Wälder, kreisrunde Kessel mit Felsenrändern und einem schmalen Eingang, der von Gebüsch verwuchert war und den nur wenige Verschworene kannten. Im Kessel eine sanfte Wiese, ragende Bäume, ein Quell. Dort konnten Männer vom Pferd steigen und sich um ein Feuer scharen, Männer konnten ein Männergespräch führen. Keine Gefahr, dass Feinde lauschten.

»Ins Gebirge?«

May zieht den Blick hoch; Kochtas Augen warten. Da ist er wieder aufgetaucht, dieser Jugendtraum vom bewunderungswürdigen Bandit Bellini, gemischt mit der Phantasterei vom Ulanenoffizier in einem lothringischen Schloss inmitten von Wäldern.

»Sie sind zerstreut, May. Dabei haben Sie's gut, soweit man's im Zuchthaus gut haben kann. Sie liegen in einer Einzelzelle, zur Arbeit sind Sie mit anderen zusammen. Die Arbeit ist leicht, nicht wahr? Sie sollten die Zeit bei uns nützen, um zu sich zu kommen. Ihre verworrenen Träume – schütteln Sie sie ab! Lesen Sie! Ich werde beim Direktor für sie bitten.«

Eine Woche später hält May Bücher und Journale in den Händen. Von Mungo Park liest er, der den Lauf des Niger erforschen wollte, des unheimlichen schwarzen Flusses. Ein Besessener war Mungo Park, halb verrückt gewiss, als er auszog, arabisch verkleidet, sich mit Krankheiten herumschlug und den unsäglichen Strapazen eines Wüstenmarsches, der immerfort von Tod bedroht war und doch den Niger fand und ihm folgte über Stromschnellen hinunter, geschunden, ohne Aussicht auf Lohn. Hoffnung hat ihn getrieben, nicht auf Ruhm und Geld, sondern auf Lohn aus der eigenen Brust. In diesen Tagen sitzt May schweigsam über den Tabakblättern, die anderen fragen, hänseln, wollen Geschichten herauslocken. Aber er reitet und leidet mit Mungo Park, da kann er vergessen, was der Katechet Kochta zum Leben erweckt hat, die Dämonen Leutnant von Wolframsdorf und Plantagenbesitzer Albin Wadenbach und Doktor der Medizin Heilig. May fröstelt, während seine Hände Tabakblätter rollen, während er an der Seite von Park aus dem Uferdschungel des Niger zu einem Zeltlager der Tuaregs hinüberspäht. Sein Gefährte wird vom Fieber geschüttelt, Schweiß bricht ihm aus, während sie durch Sümpfe zurückschleichen. May rettet ihm das Leben, denn ein Krokodil schnellt aus dem Morast, will Mungo Park packen, aber May reißt die Büchse hoch und fällt das Tier durch einen Schuss ins Auge. Hätte er es um einen einzigen Zoll verfehlt, lebte Park nicht mehr.

»He, May!«

May fährt zusammen, die anderen lachen. Prott zählt May vor, wie wenig er in den letzten beiden Stunden geschafft habe. Wenn er krank sei, solle er sich zum Feldscher melden und die anderen nicht mit seinem Anteil belasten. Wenn er ihnen wenigstens eine Geschichte erzählte, eine dieser tollen Geschichten aus seinem Leben! May trinkt Wasser aus einem Krug und befeuchtet die Stirn. Es ist schwül, dumpfig im Arbeitsraum hinter den Mauern des Zuchthauses Waldheim. Er ist nicht in Afrika, nicht Mungo Park spricht mit ihm, er hat ihm nicht das Leben gerettet. Prott schmeißt einen frischen Ballen hin und befiehlt, die Blätter zu lösen, aber vorsichtig gefälligst! Und eine Geschichte, he! Wie ist das weitergegangen in Böhmen, hat er nun eine Räuberbande befehligt oder nicht?

May will alle Kraft in die Hände zwingen, damit das Hirn Ruhe hat vor dem Teufel Prott und seinen Hilfsteufeln, vor den Dämonen, der ihn getrieben hat, eine geborgte Uhr als Eigentum auszugeben. Der Vater steht auf seinem Feldherrenhügel über dem Städtchen Ernstthal, ist dem Webstuhl entronnen, befehligt die sächsische Armee in der Schlacht von Kesselsdorf, und Karl steht frierend in der dünnen Jacke mit den längst zu kurzen Ärmeln und presst einen Knüppel an die Schulter, der ein Gewehr sein soll. In einer Höhe verbirgt sich Karl, wärmt sich an einem spärlichen Feuer, weiß, dass ihn die Gendarmen suchen, ihn, den Dieb, der ein Räuberhauptmann werden will. Die Dämonen dringen in die Höhle ein, aus beiden Pistolen feuert May.

Prott packt als erster zu, aber er kann den Fallenden nicht halten, die Hand rutscht von der Schulter ab, May schlägt die Augen halb auf und lässt die Lider sofort wieder sinken; da fassen sie ihn unter den Achseln und tragen ihn hinaus und den Gang entlang und legen ihn auf die Pritsche in seiner Zelle. Ein Wachtmeister beugt sich über den Züchtling 402, lauscht auf den gleichmäßigen Atem, fragt Prott: »Der arbeitet wohl nicht gern?«

»Das ist es nicht. Der ist bisschen verrückt. Manchmal bildet er sich ein, er wäre in Böhmen.« Prott hat nicht das ausgedrückt, was er meint, er sucht nach genaueren Worten und fügt hinzu: »Der kann seine Gedanken wegschicken. Die sind wirklich in Böhmen oder sonst wo, und dabei sitzt er hier und wickelt Zigarren.«

Später steht Kochta vor Mays Pritsche und legt die Hand auf Mays Stirn. Fieber hat er, nicht beängstigend hoch, der Atem geht ruhig. Die Zigarrenmacher haben ihm berichtet, wie 402 stumm gesessen und auf keine Frage geantwortet hat. Fieber von der Seele her, vermutete Kochta, ob es das gibt? Es ist nur gut, dass niemand den Feldscher geholt hat, der hätte womöglich geglaubt, ein Wasserguss könne den vermeintlichen Simulanten am ehesten auf die Beine bringen. »May«, bittet Kochta, »nun hören Sie doch und sehen Sie mich an! Ich weiß, dass Sie mich hören! Sie flüchten vor mir, hab ich das verdient?«

Lider zuckten, May schlägt die Augen auf, nimmt ein Lächeln wahr, sieht Lippen sich bewegen. Kochta befiehlt nicht, schreit nicht, er setzt sich auf den Rand der Pritsche zum Züchtling 402 und legt wieder die Hand auf dessen Stirn und mutmaßt, das Fieber komme von der Seele, vom Herzen her, vom Gehirn vielleicht, die Gedanken fiebern, nicht eigentlich der Körper. »Vielleicht tun Ihnen die Bücher nicht gut? Sie sollten in der Bibel lesen, die großartigen Gleichnisse vom Herrn. Oder ruhige, schöne Gedichte. Was haben Sie gelesen?«

»Über Mungo Park.«

»Wer ist das?«

May richtet sich halb auf, während er mit fahrigen Worten berichtet; der Katechet drückt ihn zurück und fragt: »Wem bringt er Gutes?«

»Er bringt Wissen.«

»Wissen über einen Fluss, über ein Stück der Erde. Der Herr will, dass der Mensch sich die Erde untertan mache. Deinem Park könnten Missionare folgen. Du hast Recht, dich an ihm aufzurichten. Aber tust du es nicht auch wegen der Gefahr?« Die Gefahr, überlegt Kochta, vielleicht hat die Gefahr diesen Mann gelockt zu stehlen, vielleicht suchte er einen Feind, um sich selbst zu beweisen, dass er mutig war, und er sah keinen anderen Gegner als die Gendarmen? Ein Rätsel ist er, ein Mensch immerhin, der sucht, und wer sollte ihm finden helfen, wenn nicht der Herr?

»May, ehe du schläfst, wollen wir beten.«

Der Wärter schließt hinter Kochta ab. May ist allein, Dunkelheit breitet sich in der Zelle aus, die letzten Geräusche im Haus ersterben. An ein Gespräch erinnert er sich, das sie vor Wochen während der Arbeit geführt haben: Kann man sich im Zuchthaus heimisch fühlen? Nach vier Jahren, haben manche gesagt, wenn du vergessen hast, was Frauen und Schnaps und ein durchsonnter Wald und der Geruch eines reifen Roggenfeldes für Glück sind. Zwei Jahre, sieben Monate und siebzehn Tage ist er gefangen. Erst in der Untersuchungshaft in Mittweida bis zum Prozess, an einen Wärter gefesselt marschiert er über Ringethal und Hermsdorf, sah den Turm der Burg Kriebstein über der Zschopau im Mittagslicht, tauchte ein in die dämmrige Kühle des Zuchthauses Waldheim. Ein Heim im Wald, dieses Wort ist bitterster Hohn. Aber Ruhe findet er allmählich vor den Dämonen, er muss sie besiegen, bis er entlassen wird in einem Jahr, vier Monaten und dreizehn Tagen. Schreiben wollte er – ob er diese Dämonen aus sich herausschreiben kann? Vielleicht, wenn er sich in Waldheim geboren fühlt. Vielleicht schon nach nicht einmal drei Jahren. Er sehnt sich nach den Tagen, da er durch Sachsen und Böhmen streunte. Vielleicht, wenn er sich nach Abenden wie diesem, wenn seine Gedanken nahe sind und nicht in lothringischen Wäldern, nicht durch afrikanische Wüsten irren.

Tags darauf ist das Fieber abgeklungen, May beugt sich blass und stumm über seine Tabaksblätter. Von Politik ist die Rede, von Nationalliberalen und Konservativen und der Reichspartei und dem einen Mann der Sozialdemokraten im Reichstag. May hört kaum zu. So hat der Vater geredet, wenn er vom Bier nach Hause kam, so klug und so dumm und so aufgeregt und so eitel. Hoffnung braucht May, und Hoffnung kommt für ihn nicht aus der Bibel. Einmal, dessen entsinnt er sich, brach er in eine erträumte Ferne auf. Als die Not zu Hause am größten war, verschwand er eines Morgens und ließ einen Zettel zurück, auf dem stand, er sei unterwegs, um von spanischen Räubern Hilfe zu erbitten. Er kam nicht über Zwickau hinaus.

Am Abend bringt Kochta die Bibel, bringt auch Papier und Tinte und Feder. »Schreib deine Gedanken auf. Wenn du das vermagst, kannst du dich von bösen Vorstellungen befreien.« Für einen Augenblick wird Kochta von der Idee gestreift, dieses Papier den Flammen zu übergeben und so die Worte auszulöschen. Hexerei wäre das, er schiebt den Gedanken von sich.

May blättert, als er allein ist, in der Bibel, legt sie beiseite, nimmt einen Bogen und fährt mit der Hand glättend über ihn hin. Über einen Ritt durch die Prärie will er fabeln, in der Wildnis wird sein Bericht beginnen, auf einem Grashügel, mit einem Blick in die Unendlichkeit. Er schreibt diesen Satz: Swallow, mein wackerer Mustang, spitze die kleinen Ohren.« Er liest ihn wieder, richtet den Blick auf die Zellenwand, denkt an den nächsten Satz, schreibt ihn und streicht ihn durch. An diesem Abend füllt er zwei Bögen.

Swallow, mein wackerer Mustang, spitze die kleinen Ohren – diesen Satz sagt er sich am nächsten Morgen immer wieder in Gedanken vor, er findet ihn träumerisch, hoffnungsvoll; Kraft fühlt er in ihm, die auf ihn zurückkommt. Denn er selbst ist es, der über Präriegras sprengt, er dröselt keine Fäden auf, mit denen Tabakblätter gebündelt sind. Swallow, mein wackerer Mustang.

»Na, May?« Prott hat durch einen Kalfaktor erfahren, dass Kochta mit Tinte und Papier zu 402 unterwegs war. May hat geschrieben – hat er seine Kameraden angeschwärzt, ist er unter die verdammten Spitzel gegangen? »Na, Karle, hast die Bibel abgeschrieben gestern?«

In dieser Woche bedeckt May zwanzig Bögen mit Wörtern. Aus den Prärien und Wüsten zwingt er seine Gedanken zu dem zurück, das er aus eigener Anschauung kennt, rasch gelingt ihm der Gedankensprung: Das da ist wirklich geschehen, ich habe es selbst erlebt. Eine Landschaft stellt sich vor wie von Ernstthal ins Gebirge hinauf; ein Waldbauer tyrannisiert die Armen des Ortes, den redlichen Grunert vor allem, der ihm einst ein Mädchen weggeschnappt hat, dessen Gehöft abbrannte, dessen Frau nun krank ist und der in einer Hütte haust, die dem Waldbauern gehört. Den Waldbauern lässt May denken: »Fühlen? Was das nur eigentlich für dummes Zeug ist! Wenn ich den Hund prügle, ja, so fühlt er die Schläge; aber etwas anderes? Albernheiten!« Durch seinen Schwager Ebert wird Grunert zum Wildern verleitet, aber der Waldbauer hat an der Eisenhöhle längst eine Falle gestellt. An die Höhle nördlich von Ernstthal denkt May beim Schreiben, in der er sich einst verbarg. Grunert und Ebert werden überwältigt, voller Rachegelüste kehrt Ebert zurück. Aber Grunert ist endgültig geläutert. Da brennt das Gut des Waldbauern ab – Versicherungsschwindel! Die Gendarmen schleppen den Waldbauern ins Gefängnis, aber Grunert hat seinen Schwager in der Nähe der Brandstelle gesehen! Seiner Frau bekennt er, dass er ihren Bruder anzeigen muss, »und wenn er zehntausendmal dein Bruder ist und wenn er uns zehntausendmal so viel Gutes getan hat; denn ich hätt′ den Waldbauern sonst auf dem Gewissen all′ mein Lebtag!« Auch beim Pfarrer hat sich Grunert Rat geholt, nun führt er eine atemberaubende Wende des Prozesses herbei. Kaum ist der Waldbauer entlastet, als auch der Pfarrer und Ebert auftreten, denn der Pfarrer hat indessen Ebert zu tätiger Reue bewogen. Erschüttert von so viel Edelsinn bricht endlich auch im Waldbauern die Kruste, er bekennt aus freien Stücken, dass er vor fünfzehn Jahren aus Rachegelüsten Grunerts Haus angezündet hat, nun soll ihn die gerechte Strafe endlich treffen. Der arme Grunert mit seiner Familie aber möge in dieser Zeit seine Güter verwalten.

Kochta liest. »Eine Legende aus unseren Tagen. Löblich. Ich werde sie dem Herrn Direktor zeigen. Er dürfte sehen, dass Sie sich auf gutem Weg befinden.«

»Und wird«, tastet May vor, »der Herr Direktor auch merken, wie ich zu der Strafe stehe, die über mich verhängt worden ist? Dass ich ihre nützliche Wirkung …«

Anderntags legt Kochta seinem Direktor die Erzählung auf den Tisch. Der Direktor zieht die Brauen hoch: Der schwächliche Schwätzer? Sieh an! Er drückt den Zwicker fest, liest und lacht. Einfältiger Schund ist das, entscheidet er nach zwei Seiten, aber natürlich ist es besser, wenn 402 seine abstruse Phantasie am Papier abreagiert, als dass er die übrigen Sträflinge rebellisch macht. »Und Sie versprechen sich etwas davon?«

»Beruhigung, Ausgleich, vielleicht Heilung.«

Das klingt dem Direktor nun ein wenig übertrieben, aber so kennt er seinen Katecheten, gütig bis zur Selbstaufopferung.

»Vielleicht müsste May sich gedruckt sehen.«

Der Direktor lacht, dass die Schnurrbartspitzen zittern. Das ist nun wieder sein Katechet, wie er leibt und lebt. Vielleicht wird er noch das Geschreibsel an einen Verleger vermitteln? Dies hier ist ein Zuchthaus, 402 ist ein Hochstapler, seine Arbeitsleistung lässt zu wünschen übrig, die Reden, die er führt, könnten sich ungünstig auf das Anstaltsklima auswirken. »Ein Hochstapler, Herr Kochta!«

»May schreibt das Schlechte aus sich heraus.«

Der Direktor entsinnt sich, dass er zu May gesagt hat: Dumm sind Sie nicht, aus Ihnen könnte noch etwas werden, Platz ist für jeden im Reich. An einen, der billige Geschichten schreibt, hat er dabei allerdings nicht gedacht.

»Auf Ihre Verantwortung, Kochta! Bekommt er Besuch?«

»Seinen Vater.«

»Der Kerl kann ihm meinethalben sein Gestümper mitgeben.«

Ein Druckmittel gegen 402, sinnt der Direktor. Es ist immer gut, wenn ein Züchtling etwas besitzt, das man ihm wegnehmen kann.

(...)

Druck lastet, er misst ihn dem Wind zu, dem Regen. Aber schließlich reißt Frühlingshimmel auf, die Höhen um Dresden begrünen sich, weiß schimmern die Obstgärten. An den Sonntagen beobachtet er von früh an, wie Scharen hinausziehen, Familien, Gruppen von Arbeitern, womöglich von aufrührerischen Elementen organisiert, wie in den Zeitungen zu lesen ist. Unter dem Vorwand, Luft zu atmen nach einer Woche in der Fabrik, singen sie auf Waldwiesen und in Wirtsgärten umstürzlerische Lieder; auch werden sozialistische Ansprachen gehalten. Die Sonne scheint aufs Papier, aber sie erfreut ihn nicht. Licht, überlegt er, wann war in seinem Inneren wahrhaftig Licht? An manchen Tagen der Wanderschaft in Böhmen. Als er in Waldheim zu schreiben begann. Wenn Kochta zu ihm sprach.

Der Briefträger liefert Pakete mit Manuskripten zurück. May überliest und wundert sich: Das hat er geschrieben? Vor einem halben Jahr erst? Ein Verleger bemängelte den weitschweifigen Stil und stellt in Aussicht, das Manuskript abermals zu prüfen, wenn es auf die Hälfte zusammengestrichen worden sei. Das Kürzen missrät. Wie gelingt das anderen Schriftstellern? Er hat nie mit anderen Schriftstellern gesprochen. Eine Geschichte von Balduin Möllhausen legte er ratlos weg. Seit er aus Waldheim entlassen worden ist, hat er kaum Zeit zum Lesen gefunden; die Erinnerung an Lektüre in Kindheitstagen ist verblasst. Handlungsstränge mag er in Überfülle zu schaffen, die Technik dazu braucht er niemandem abzulauschen. Schreibt etwa Wilhelm Blumenhagen straffer? Das Unvermögen, aus Vergleichen Schlüsse zu ziehen, quält, da gibt er auf. Trost ist bei der Hand: Sein Publikum wächst. Sollte er von den zehn Seiten einer Nacht am nächsten Morgen fünf tilgen? Er wird sich nicht selbst die Finger abhacken.

Da bringt ein Gerichtsbote eine Vorladung, ein Herr Assessor Haase wünsche ihn zu sprechen. Hat Vogt ihn verklagt des Wechsels wegen? Aber Haase, ein agiler Mann Ende der Zwanzig. Fragt: »Herr May, waren sie je in Neuölsnitz?«

»Ja«, antwortete er überrascht, »im Gasthof, es ist noch nicht lange her.«

Der Assessor eröffnet, die Anzeige liegt vor wegen Amtsanmaßung. Von Beruf Volksschullehrer, hm, und was tue er jetzt? Redakteur? Warum habe er dann in Neuölsnitz behauptet, er sei Beamter und stehe noch über dem Staatsanwalt?

»Nie habe ich das gesagt!«

Der Assessor geht über den Einwand hinweg, mit diesem Detail wird es sich später befassen. Was Gendarm Oswald aus

Ölsnitz ermittelt hat, klingt hanebüchen, die Zeugen gelten als unbescholten und sind in keiner Weise Partei. »Herr May, sind Sie vorbestraft?«

»Als Journalist geht man oft Dingen nach, die die Leser interessieren. Vielleicht habe ich angegeben, ich arbeite für ein Dresdner Blatt. Herr Radelli, bei dem ich als Redakteur tätig bin…«

»Nochmals: Sind Sie vorbestraft?«

Jetzt antwortet er der Wahrheit gemäß, der Assessor lässt sich jede Strafe zweimal nennen. Eben noch hat er gemeint, möglich werde durch einen übereifrigen Gendarmen eine Aufschneiderei aufgebauscht, plötzlich gewinnt die Affäre Gewicht. »Happig. Also nun packen Sie mal aus, May!«

Er will sich diesen Ton verbitten, aber sein Selbstgefühl reicht dazu nicht.

»Sie haben behauptet, Sie stünden über dem Staatsanwalt?«

Das Gespräch dreht sich im Kreis, da ruft der Assessor einen Protokollanten herein, nach zehn Minuten sind Mays Vorstrafen auf königlich-sächsischem Kanzleipapier fixiert. »Haben Sie geäußert, dass sie anordnen werden, die Leiche zu exhumieren?«

»Vielleicht habe ich gesagt, es *wäre gut*, sie zu exhumieren.« Der Assessor begreift diesen Fall so: Bei den Vorstrafen der Beschuldigten geht es nicht an, die Sache auf die leichte Schulter zu nehmen, das könnte einem Assessor übel angekreidet werden. Übertriebene Schärfe wird weit seltener gerügt als zu große Milde, überdies fordern die Winkelzüge des Delinquenten konsequentes Zupacken heraus. Ein Redakteur, der gelernt hat, den Leuten das Wort im Mund umzudrehen, soll sich nicht einbilden, hier käme er mit windigen Methoden durch. Ein Schulmeisterlein, davongelaufen zu obskuren Journalen. Schon wie er sich ausdrückt: schwülstig, verblasen. Eine geschmacklose Krawatte, protziger Ring, Talmi alles. An die Vierzig ist May, da wird er schwerlich sein Leben ändern. Hochstapler im Rückfall. »Und sie haben behauptet, es liege in Ihrer Macht, die Exhumierung anzuordnen?«

»Das keinesfalls!«

Haase möchte nicht zu viel von Fakten preisgeben, die Gendarm Oswald ermittelt hat, so wechselt er die Taktik: »Jetzt schildern Sie erst einmal den Vorgang!«

May versucht, sich zu langsamen Reden zu zwingen. Er ging also nach Neuölsnitz, um dem Großvater seiner Braut zu beweisen, dass er sich um ihn kümmere. Und er habe nach seiner Rückkehr gesagt: Die Leute da reden dies und das, aber dabei gewesen ist keiner, also lassen Sie die Sache ruhen. »Herr Assessor«, er glaubt Grund unter den Füßen zu spüren, »es ist ja auch nichts daraufhin erfolgt!«

»Und Sie haben nicht behauptet, Sie würden zehn Ärzte beauftragen, herauszufinden, ob Emil Pollmer der Schädel eingeschlagen worden sei?«

»Nie im Leben!«

»Wirt und Gäste hatten den Eindruck, Sie wollten eine regelrechte Vernehmung mit ihnen abhalten.«

»Ich weiß doch gar nicht, was eine Vernehmung ist.« Dieser Satz ist heraus, ehe May nachgedacht hat.

»Gerade einer wie Sie!« Nun geht Haase das Protokoll des Gendarmen Wort für Wort durch. May variiert die Antworten: Das könne sich unmöglich so abgespielt haben, das sei bestimmt anders gewesen, darauf besinne er sich nicht. Am Schluss verkündet der Assessor: »In Chemnitz wird man weiter befinden.«

May rafft sich auf: »Ich habe nichts zu befürchten.«

Aber nachts liegt er schlaflos, und drei Tage später schreibt er ans Gericht. Den vom Gendarm Oswald geknüpften Knoten müht er sich zu harmlos erscheinenden Fäden aufzudröseln. Einem alten Mann wollte er helfen, was kann er dafür, dass Dörfler a priori einen gebildet wirkenden Menschen als Respektperson betrachten? Sollte das geehrte Gericht nicht nachprüfen, inwieweit die Herren Zeugen dem Fusel zugesprochen hatten? Missverständnis, Lüge, Verdrehung, unwahre Behauptung – er weiß, dass er nicht im winzigsten Punkt eine Verschuldung gestehen darf. Er hat ehrenhaft gehandelt, davon gibt's keine Abweichung. Der Brief endet so:

»Infolge meiner am 11ten dieses Monats erfolgten Befragung gestattete ich mir die sehr gehorsame Bitte, beifolgende Defension nebst der angeführten Beilage am betreffenden Protokolle gütigst anschließen resp. nachsenden zu wollen. Die Gewissenhaftigkeit, mit welcher ich sowohl mich vor jeder Ungesetzlichkeit fernzuhalten strebe und auch über mein und das Wohl der Meinigen zu wachen habe, gebietet mir, den gegebenen Fall so sorgfältig wie möglich zu behandeln. Ich bin mir nicht der geringsten Schuld bewusst, und wenn meine Eingabe auch vielleicht nichts wesentlich Neues bringt, so dürfte sie doch die betreffenden Begebenheiten in durchaus wahrer Darstellung etwas ausführlicher beleuchten, als es in dem erwähnten Protokoll möglich war. – Sollte mein ganz devotest ausgesprochener Wunsch nicht zu einer Fehlbitte werden, was ich bei der allgemein anerkannten Humanität des sächsischen Richterstandes als sicher annehmen darf, so erlaube ich mir, ehrerbietigst Dank zu sagen und zeichne mit schuldiger Hochachtung und Ergebenheit

Ihr Karl May.«

In den nächsten Tagen versucht er, seine Angst durch schreiben abzutöten, es scheitert. Und wenn es gelänge, seinen Verleger zur Aussage zu bewegen, er habe ihn beauftragt, sich in Neuölsnitz umzuhören? Aber Radelli ist hölzern, kränklich und zu alt für ein derartiges Spiel. Münchmeyer – aber was würde der als Gegenleistung fordern?

Haase bestellt ihn wieder in sein Büro. Behörden aus Chemnitz und Stollberg haben in Ernstthal herumgehorcht und Bedenkliches an den Tag gebracht. »Herr May, es ist recherchiert worden, Sie seien Sozialdemokrat.«

»Nie im Leben!« Gegen diesen Vorwurf vermag er aufzutrumpfen, dennoch erschrickt er bis aufs Blut. Wenn auch durch widrige Umstände in seinem Leben keineswegs wünschenswert verlaufen sei – das doch nie! In allen Schriften habe er die Ehrfurcht vor Gott und dem Herrscherhaus befördern wollen!

»Sozialdemokraten haben bei zwei Attentaten dem Kaiser nach dem Leben getrachtet!«

»Verabscheuungswürdige Verbrechen!«

»Herr May, Sie stammen aus einer der am übelsten beleumdeten Gegenden des Reiches, Sie wissen, zu welchem Wahlkreis Ernstthal gehört? Und wie heißt Ihr Reichstagsabgeordneter?«

»Bebel. Aber ich habe ihn nie gewählt!« Eifernd zählt er auf: Bei dieser Wahl saß er im Zuchthaus, bei jener war er nicht wahlberechtigt, später wohnte er in Dresden.

»Wenigstens etwas Gute haben Ihre Strafen für Sie gehabt.«

In Haases Lachen kann May nicht einstimmen. »Ich darf darauf hinweisen, dass ich streng monarchistisch erzogen worden bin, mein Vater…«

Jetzt, da es um Politik, gar um Gesinnung geht, muss nicht mehr Haase seinem Gegenüber dessen Verfehlung nachweisen, jetzt hat May sich von einem Verdacht zu reinigen. Seit Bismarck das Sozialistengesetz erlassen hat, weiß sich jeder Vertreter der Staatsmacht zum Bewahren und Hüten göttlicher Ordnung erhoben. Sozialdemokratie, das ist der innere Feind, der dem äußerem die Hand reicht. Nie fühlt sich Haase sendungsbewusster, als wenn er Sozialdemokratie wittert, nie wird er so sarkastisch, als wenn er ihr habhaft wird. Für ihn liegt der Fall einfach: Falls May ein eingefleischter Rotor ist, wird er bockig werden und sich dadurch verraten, wenn er es nicht ist, wird ihn diese Taktik weichklopfen.

»Gerade mit meinen Geographischen Predigten habe ich die Berg- und Hüttenarbeit meiner Heimat aufrichten und zum Wahren erheben wollen!« May steigert sich ins Pathetische, die Haarwelle über der Stirn gerät ins Wippen. »Schön, Herr May, da beweisen Sie mal!«

Und May schreibt an das Gericht:

»Die Angabe, ich sei Sozialdemokrat, enthält geradezu Unwahrheit. Ich gehöre zu den entschiedensten Gegnern dieser unglückseligen Richtung, wie meine Verwandten und Bekannten wohl beweisen können. Ich habe nie eine sozialdemokratische Versammlung besucht und nie ein Wort zugunsten des Demokratismus gesprochen oder geschrieben. Ich kann aus meinem wissenschaftlichen und belletristischen Werken den Beweis ziehen, dass ich auf dem festen Boden des göttlichen und staatlichen Gesetzes stehe, und namentlich sind meine viel gelesenen Geschichten aus dem Erzgebirge nur geschrieben, um Frömmigkeit und Patriotismus zu verbreiten.«

Er sucht in seinen Mappen und findet das Gedicht, das er über den Sachsenkönig geschrieben hat, es wird, hofft er, jedem Ehrabschneider den Mund stopfen. Wieder endet er seinen Brief mit untertänigsten Bitten und Beschwörungen.

Sächsische Justizmühlen mahlen trefflich fein. May wechselt die Wohnung – was braucht er zwei Zimmer und Küche, da er wieder allein ist. Die Justizboten finden ihn dennoch. Als sich der Sommer neigt, kündigt er bei Radelli und verkriecht sich bei den Eltern im Ensthal. Doßt trifft ihn auf der Straße, legt die Hand auf den Säbelknauf. »Der Herr Redakteur! Wieder mal frische Luft schnappen?« Die Furcht fährt May so in die Glieder, dass er keine Erwiderung findet. Doßt lacht ihm hinterher: So sind sie, die Strolche, die Ganoven – ein Tschako, und schon kacken sie sich in die Hosen. Das wird er herumerzählen, wie May bleich geworden ist wie eine Stallwand. Warum kommt er nach Ernstthal, gerade jetzt?

Wie soll einer schreiben unter diesen Umständen! Dabei hatte sich einiges mit soliden Journalen gut angelassen, auch katholische Zeitschriften in Süddeutschland sind darunter. Aus Begleitbriefen sei hervorgegangen, man halte May für einen Katholiken; er hat dem nicht widersprochen. Jetzt bringt er an manchem Abend nur drei Seiten fertig. Am nächsten Tag hütet er sich, sie durchzulesen; er fürchtet, sie wegzuwerfen. Er schreibt einen Satz, aber in sein Hirn hämmert Assessor Haase einen anderen. Auf dem Papier lässt er einen Pascher durch den Schnee stapfen, aber in seiner Vorstellung schreit Prott durch den Brodem der Zigarrenwicklerei: Habt ihr gehört, der Spinner ist wieder da! Er zwingt sich zum nüchternen Überlegen: Wie es auch kommen mag, zu Zuchthaus kann ihn kein Gericht der Welt verurteilen. Amtsanmaßung, wenn überhaupt – aber zu Gefängnis womöglich doch.

Radelli schreibt aus Dresden: »Lieber Herr May, unsere immer aufrichtigen Beziehungen zwingen mich, Ihnen nicht zu verhehlen, dass der logische Fluss Ihrer eingesandten Erzählung zu wünschen übrig lässt. Wenn sie bitte den Dialog auf Seite 13 mit der Konstellation auf Seite 27 vergleichen wollten, entginge Ihnen ein eklatanter Widerspruch nicht. Ich sende Ihnen Ihre Erzählung mit der Bitte zurück, sorgfältigst…« May ist gezwungen, noch einmal zu lesen, was er vor einem Vierteljahr erdacht hat. Ändern, wie soll er ändern, und was? Er schickt die Geschichte, wie sie ist, an ein Journal in Stuttgart.

Der Winter fällt mit aller Wucht ein. Selten kauft er eine Zeitung, was er liest, erschreckt ihn: In Chemnitz rumort die Sozialdemokratie trotz des Verbots, Arbeiter rufen in einer bürgerlichen Versammlung: »Hoch Most!« So heißt der Führer der Sozialdemokraten in dieser Stadt, er sitzt im Gefängnis. May will von diesen Umtrieben so wenig wie möglich hören und wissen, aber am Küchentisch, im Gespräch mit einem ehemaligen Schulkameraden an einer Ecke hört er doch, dass überall sozialdemokratische Arbeiter auf die Straße gesetzt werden. Der und jener wolle in Chemnitz ein Tabakwarengeschäft gründen, aber ein Polizist stand den ganzen Tag davor und inspizierte die Taschen der Kunden, ob darin keine Flugblätter versteckt wären, da ging das Geschäft ein. Most wird aus dem Gefängnis entlassen, aber er ist ein gebrochener Mann: In einer Versammlung kann er nur zehn Minuten lang reden, dann muss ein anderer das Referat fortsetzten. »Den haben sie fertig gemacht«, hört May. Sein Nacken versteift sich, seine Hände werden kalt. Im Gefängnis fertig gemacht – ihm muss man die Methoden nicht schildern.

Einem ist es gar nicht recht, dass May sich wieder in Ernstthal eingenistet hat: dem Ratswachtmeister Doßt. Das kriminelle Gesindel hat nicht abgenommen, und nun muss er auch noch auf rote Umtriebe achten, die aus Chemnitz und aus Glauchau herüberdringen. In Wittgensdorf haben sich Arbeiter und Bürgersöhne verprügelt, Vahlteich, Reichstagsabgeordneter der SPD, soll in einer Kneipe gesprochen und Schriften verteilt haben. Ein Sparverein wurde gegründet – wer maskiert sich da? Und nun ist auch noch May in der Stadt, der Zuchthäusler. Wer

Geschichten schreibt, verfasst vielleicht auch Flugblätter. Doßt hat Hinweise bekommen: Im Rümpfwald hat Bebel im Mondschein auf einer Waldwiese zu einer Rotte sozialistischer Drahtzieher gesprochen. Könnte nicht May den Plan dazu ausgeheckt haben, May, den man einstmals aus der Eisenhöhle herausziehen musste? Doßt schreibt nach Chemnitz, Politische Wühltätigkeit sei May leider nicht nachzuweisen, aber er werde ein wachsames Auge auf ihn haben. Doßt denkt: Nach Waldheim mit dem Pack, mit May zuerst!

Am Weihnachtsabend hört May eine Predigt über das himmlische Kind, das Gnade und Erlösung über die Welt gebracht habe. Er steht an einer Säule in der Pfarrkirche; zwischen gebeugten Köpfen hindurch, über Bankreihen hinweg betrachtet er das Profil von Emma Pollmer. Ihr Großvater ist nicht zur Christmette gekommen, er liegt im Bett, seinen Laden hat er seit dem Herbst kaum mehr geöffnet. Am zweiten Weihnachtsfeiertag sind Emma und Karl bei Schönes zum Stollenessen eingeladen, die Stimmung bleibt gedrückt. Wie schon oft gerät das Gespräch auf Geister und Geisterbeschwörung – ob die Toten, vorausgesetzt, man werde ihrer habhaft, vorausschauen können? Wenn man den Ehering der Großmutter an einem ihrer Haare über einen Bogen mit Buchstaben pendeln lassen könnte – aber man hat keines ihrer Haare über der Erde behalten. Die Großmutter war die gütigste Frau und eine wunderbare Geschichtenerzählerin, aber überfordert man nicht ihren Geist, wenn man ihn fragt, wie das Amtsgericht Stollberg über jene Stunde im Gasthof von Neuölsnitz urteilen werde? Emma meint, keiner der Anwesenden dürfte allzustark hoffen, der beschworene Geist erscheine, das würde Geister nur verwirren. Fest hoffen müssten alle, zuversichtlich hoffen. Aber wäre dem Karl ausreichende Mäßigung überhaupt zuzutrauen? Aufs Medium kommt das Gespräch: Es muss dem Verstorbenen nahgestanden haben, aber es gibt auch Ausnahmen, es soll sensibel sein, doch keinesfalls nervös. Feinfühlig, behutsam sei Emma, versichert Frau Schöne; habe man nicht kürzlich den Geist ihrer Mutter bewogen, sich vor dem Fenster zu zeigen? Ein schimmernder weißer Fleck habe sich bewegt, ein Gesicht fast, und dieses Gesicht habe genickt.

Emma fragt: »Glaubst du an Geister, Karl?«

»Die Großmutter hat viel von ihnen gehalten. Gewisse Kräfte gibt es sicherlich.« Und wie war das in Waldheim, als er meinte, er müsse Dämonen aus sich heraustreiben? Da ist er überzeugt gewesen, böse Geister hätten ihn in der Gewalt. Selbst Kochta hat diese Ansicht nicht entschieden zurückgewiesen, und mancher Pfarrer in den Gebirgsdörfern lässt unter der Hand gewisse Möglichkeiten offen. »Ich bin heut Abend nicht in der echten Stimmung.« Noch hat das Gericht nicht gesprochen, alles, was dahin geschehen kann, erscheint unwesentlich. Auch diese Unterhaltung, diese dunkle Weihnacht, dieses kalte Silvester.

(...)

Winnetou, der rote Gentleman

Wieder ein Beginn, zum wievielten Mal? Ein junger Deutscher gerät nach Amerika und sogleich in dessen wildesten Teil, ein Sachse, ein Greenhorn. Es schreibt sich flott, wenn das Auge auf Strecken Vorgeschriebenes blicken kann, wenn Zukunft nicht im Dunkel liegt und nicht gänzlich wandelbar ist. Aus diesem Häkchen, das sich früh biegt, wird baldigst Old Shatterhand werden; es ist, als ob die alte Schmetterhand vergnügt auf seinen skurrilen und unbedarften Beginn herabblickte. Aber erst diese Einleitung: Ein Loblied des roten Mannes stimmt May an und ein Klagelied auf die unmöglich aufzuhaltende Vernichtung der indianischen Stämme. »Was hätte diese Rasse leisten können, wenn man ihr Zeit und Raum gegönnt hätte, ihre inneren und äußeren Kräfte und Begabungen zu entwickeln? Welche eigenartigen Kulturformen werden der Menschheit durch den Untergang dieser Nation verloren gehen?« Seine Stimmung beim Schreiben ist vorbereitet durch zwei Jahrzehnte Vorübung, der Satz von Swallow, dem wackeren Mustang, bildete sich schon in Waldheim. Einmal sagte er zum Fabrikanten Plöhn: »Jetzt bringe ich die Ernte ein.« Manchmal wenn er durch den Garten geht, ertappt er sich bei einem Lächeln, für das es keinen unmittelbaren Grund gibt.

Dieser junge Mann beginnt als Hauslehrer in den Vereinigten Staaten und erweist sich als blutiger Anfänger. »Ein Greenhorn ist ein Mensch, welcher nicht von seinem Stuhl aufsteht, wenn eine Lady sich auf denselben setzen will; Welcher den Herrn des Hauses grüßt, ehe er der Mistress und Miss seine Verbeugung gemacht hat; welcher beim Laden des Gewehres die Patronen verkehrt in den Lauf schiebt oder erst den Pfropfen, dann die Kugel und zuletzt das Pulver in den Vorderlader stößt. Ein Greenhorn spricht entweder gar kein oder ein sehr reines und geziertes Englisch; ihm ist das Yankee-Englisch oder gar das Hinterwäldler-Idiom ein Gräuel; es will ihm nicht in den Kopf und noch viel weniger über die Zunge. Ein Greenhorn hält ein Racoon für ein Opossum und eine leidliche hübsche Mulattin für eine Quadroone. Ein Greenhorn raucht Zigaretten und verabscheut den tabaksaftspeienden Sir. Ein Greenhorn läuft, wenn er von Paddy eine Ohrfeige erhalten hat…«

Er überlegt: Wann endlich war ich kein Greenhorn mehr, als ich mich von Münchmeyer löste, oder schon, als ich »Die Liebe der Ulanen« schrieb? Als Greenhorn tölpelte ich in Neuölsnitz; war ich eins, als ich Emma heiratete? Die letzte Frage quält, er müsste unendlich viele Erinnerungen auslöschen können, das weiß er; wenigstens in der letzten Zeit passte sich Emma halbwegs ein; Fehsenfelds taten ja ganz närrisch mit ihr. Also weiter: »Ein Greenhorn notiert sich achthundert Indianerausdrücke, und wenn er dem ersten Roten begegnet, so bemerkt er, dass er diese Notizen im letzten Kuvert nach Hause geschickt hat. Ein Greenhorn kauft Schießpulver, und wenn er den ersten Schuss tun will, erkennt er, dass man ihm gemahlene Holzkohle gegeben hat. Ein Greenhorn ist eben ein Greenhorn – und ein solches Greenhorn war damals auch ich.«

Freilich ist dieses Ich bärenstark. Es begegnet dem Büchsenmacher Henry, der an der fünfundzwanzigschüssigen Wunderbüchse feilt und ihm den »Bärentöter« überlässt. Schießen kann das Ich wie der Teufel, und schon geht es hinaus in die Prärie: Der berühmte Westmann Sam Hawkens nimmt ihn an die Hand, neben ihnen reiten Dick Stone und Will Parker, schon schlägt das Ich, ein kenntnisreicher Landvermesser, die Faust gegen die Schläfe eines Widersachers, und der Ruf bricht hervor: »Man sollte euch wahrhaftig Shatterhand nennen!« Da, eine Indianerspur! Jung Shatterhand erlegt den ersten Büffel und einen Grizzly-Bären. Dies fließt dem »Hausschatz«-Autor ein: »Dann ritt White mit seinem Scout weiter, und wir blieben noch ein Weilchen liegen, um uns über religiöse Dinge zu unterhalten. Hawkens war nämlich ein frommer Mensch, wenn er dies auch gegen andere nicht zu Tage treten ließ.«

Ein weiteres Abenteuer, eine frische Figur, nach achtzig Seiten erweist sich Shatterhand sogar Sam Hawkens überlegen. May findet, er habe noch nie so mühelos fabuliert. Fehsenfeld schickt Zeitungsausschnitte mit Rezensionen, in ihnen wird durchweg gelobt. In einem Brief: »Ich bin keineswegs überrascht, Sie schon nach so kurzer Zeit, die Auflagenhöhe betreffend, an der Spitze meiner Autoren zu wissen. Darf ich fragen, wie der Winnetou-Band gedeiht?«

Nach der hundertsten Seite tritt der Titelheld auf: »Der jüngere war genauso gekleidet wie sein Vater, nur das sein Anzug zierlicher gefertigt worden war. Seine Mokassins waren mit Stachelschweinsborsten und die Nähte seiner Leggins und des Jagdrockes mit feinen, roten Nähten geschmückt. Auch er trug den Medizinbeutel am Halse und das Columet dazu. Seine Bewaffnung bestand wie bei seinem Vater aus einem Messer und einem Doppelgewehre. Auch er trug den Kopf unbedeckt und hatte das Haar zu einem Schopfe aufgewunden, aber ohne es mit einer Feder zu schmücken. Es war so lang, dass es dann doch reich und schwer auf den Rücken niederfiel. Gewiss hätte ihn manche Dame um dieses herrliche, blauschimmernde, schwarze Haar beneidet. Sein Gesicht war fast noch edler als dasjenige seines Vaters und die Farbe desselben, ein mattes Hellbraun mit einem leisen Bronzehauch. Er stand, wie ich jetzt erriet und später dann erfuhr, mit mir im gleichen Alter und machte gleich heut, wo ich ihn zum ersten Mal erblickte, einen tiefen Eindruck auf mich.«

Alles könnte so harmonisch sein. Schreiben, und dann in den Garten hinunter, wieder schreiben, auch einmal nachts bis zwei, wenn die Feder locker ist. Aber nicht jede Nacht, und nicht mit dem Druck im Nacken: Wenn du nicht lieferst, hast du kein Geld. Er härtete den Satz: Alles *ist* schön, *alles ist* gut geworden. Manchmal brennen die Augen, nun ja.

Während der erste Winnetou-Band noch nicht beendet ist, montiert er aus Bruchstücken am zweiten. Einen jungen Mann betraut er mit einer Abschrift, dass weiß Emma, sie kennt auch die Höhe des Honorars. Da der junge Mann heiratet, da auch seine Frau beim Abschreiben hilft, erhöht May den Lohn von hundert Mark auf hundertfünfzig. Er bittet Fehsenfels um Überweisung, das tut der Verleger und erwähnt es in einem Privatbrief an das Ehepaar May, den öffnet Emma. Sie rennt ins Arbeitszimmer und schimpft, Karl habe sie hintergangen, hundert Mark seien wohl nicht genug, habe die Frau ihm etwa schöne Augen gemacht? Hinter ihrem Rücken miese Geschäfte, aber von Orientreise schwafeln! Sie sei kleinlich? Wodurch denn, wenn nicht durch Hungerleiderei! Endlich sei Geld da, und schon werde es mit beiden Händen rausgeworfen. Sie greift sich an den Kopf: Wie kämen denn plötzlich *sie* dazu, großzügig zu sein?

Bei jedem Streit spürt er Schmerz von Arm zur Brust. Längst ist nicht alles gut, Ernstthal ist nicht tot. Über Neureiche wird gelacht, in der Spanne zwischen Verschwendungssucht und Knickerei ist schwer zu lavieren. Er möchte sagen: Emma, schau bitte an, im letzten Monat habe ich an die dreitausend Mark verdient, in diesem Monat körnert es wahrscheinlich sogar ein bisschen stärker, und wie alles ausschaut, werden sich die Einkünfte steigern! Ich bin zu Lesungen nach Hessen, Schlesien, Böhmen und München geladen; wenn ich wollte, könnte ich allabendlich einen Vortrag halten und dafür zwanzig oder dreißig Mark kassieren und Bücher signieren – selbst wenn ich keine Zeile mehr schreibe, könnten wir zehn Jahre von diesen sechs Romanen leben! Und da zerstreiten wir uns über fünfzig Mark?

Der Arm schmerzt, die Schulter ist wie gelähmt. Ein klärendes Gespräch kann er sich ausdenken, zu führen versteht er es nicht; zu heftig biegen Emmas Gedanken aus und streunen und springen, und wenn er ihnen folgt, gerät er selbst ins Holpern. Aber du hast! Du musst doch zugeben! Wenn ich nicht damals, aber du, immer du! Schlag auf Schlag geht das, dem ist er nicht gewachsen.

Er schreibt seinem Verleger: »Ich habe Ihnen mitgeteilt, dass ich arme Verwandte unterstütze, was meine Frau nicht will. Ich bin also gezwungen, zuweilen eine Einnahme oder Ausgabe vor ihr geheim zu halten. Wie oft zum Beispiel kaufe ich teure Bücher, deren Preis ich meiner Frau auf das Viertel oder Fünftel angeben muss, damit sie nicht zankt! Da muss man eine Reserve haben, und ich habe Sie deshalb um Diskretion gebeten. Sie aber sind nicht verschwiegen gewesen. Das hat mir über Weihnachten hinaus Zank, Verdruss und schlechte Zeit gemacht. Meine Frau hat nun einmal kein Verständnis für das Schriftstellerleben und Schriftstellernoblesse. Und jetzt richten Sie wieder einen Brief an sie, in welchem Sie ihr mein ganzes Soll und Haben mitteilen, so dass ich pecuniärer Beziehung geradezu auf lange Zeit hinaus ihr Sklave wäre, wenn das Hausmädchen nicht so gnädig gewesen wäre, den Brief mir statt meiner Frau zu geben! Meine Frau leidet keine Not; dafür sorge ich schon; aber ich leide geistig resp. intellectuelle Not, wenn Sie mich durch falsche Mittelungen an meine Frau zum Leibeigenen des Pfennigs machen. Dann geht eben die Begeisterung zur Arbeit flöten.«

Nun Winnetou. Eine Debatte entspinnt sich, wem die Steppe gehört, den Indianern oder denen, die eine Eisenbahn darüber hinziehen wollen; Intschu tschuna argumentiert gegen die Surveyors, die Landvermesser. Wem gehören die Büffel? Hat etwa jemand den Indianern das Land abgekauft? Am Ende ruft er: »Geht ihr, so sind wir Brüder; geht ihr nicht, so wird das Kriegsbeil ausgegraben zwischen uns und euch. Ich bin Intschu tschuna, der Häuptling aller Apatschen. Ich habe gesprochen. Howgh!«

Shatterhand steht dabei, hörend, lernend. Unvermittelt widerfährt ihm ein Erlebnis tiefgreifender Art. Ein alter Weißer ist mit den Indianerhäuptlingen gekommen, ein Deutscher, die Apatschen nennen ihn Klekih-petra. Er war ein Freigeist, gesteht er aus heiterem Himmel dem blauäugigen Hünen, Demagoge, Aufwiegler, der Gott für abgesetzt erklärte, ein Revolutionär von 1848. May entsinnt sich, was Fehsenfeld über die vaterländische Mission dieser Schriften gesagt hat: mit eigenen ältesten Wünschen stimmen die Vorstellungen des Verlegers überein, mit dem Traum von Ardistan und Dschinnistan. Gebeugt ist Klekih-petra, zerknirscht bekennt er: »Dann kam die Zeit der Revolution. Wer keinen Gott anerkennt, dem ist auch kein König, keine Obrigkeit heilig. Ich trat öffentlich als Führer der Unzufriedenen auf; sie tranken mir die Worte förmlich von den Lippen, das berauschende Gift, welches ich freilich für heilsame Arznei hielt; sie stürmten in Scharen zusammen und griffen zu den Waffen. Wie viele, viele fielen im Kampfe! Ich war ihr Mörder, und nicht etwa der Mörder dieser allein. Andere starben später hinter Kerkermauern.« Dieser Anführer entkam und wurde von den Hinterbliebenen seiner Gesinnungsgenossen verborgen. »Sie waren arm, aber zufrieden gewesen; die Tochter hatte sich erst vor Jahren verheiratet gehabt. Ihr Mann hörte einer meiner Reden und wurde durch dieselbe verführt. Er nahm seinen Schwiegervater mit auf die nächste Versammlung, und das Gift wirkte auch auf diesen. Ich hatte diese vier braven Menschen um ihr Lebensglück gebracht. Der junge Mann fiel auf dem Schlachtfelde, Welches kein Feld der Ehre war, und der alte Vater wurde zu mehrjähriger Zuchthausstrafe verurteilt. Dies erzählten mir die Frauen, die mich, der ich an ihrem Unglück schuld war, gerettet hatten. Sie nannten meinen Namen als den des Verführers. Das war der Keulenschlag, der mich nicht äußerlich, sondern innerlich traf.«

Neuölsnitz, erinnerte er sich, die Kneipe mit den Sozialisten; irgendwann verwende ich auch mal das Erlebnis. Aber jetzt würde es abseits führen; weiter also mit der Beichte der Klekih-petra: Von inneren Qualen gepeinigt, steifte er durch viele Länder, ein deutscher Pfarrer in Kansas endlich stellte nach unendlichen Zweifeln den Seelenfrieden wieder her. »Er tauchte in die Wildnis ein, traf die Apatschen, deren Berater und Lehrer er wurde.« Nun lässt May ihn über den roten Mann sagen: »Sein Schicksal war beschlossen; ich konnte ihn nicht retten; aber etwas zu tun, das war mir möglich: ihm den Tod zu erleichtern und auf seine letzten Stunden den Glanz der Liebe, der Versöhnung fallen zu lassen.«

Eine große Zeit – so redete Waldheims Direktor. Kochta: Und zürnen Sie denen nicht, die Sie strafen. Ein gerader Weg, bestätigt er sich, ich habe mich nicht von Demagogen verführen lassen, von Gotteslästerern. Dieser Gedanke schafft Behagen, er kann sich eingebettet fühlen, er bleibt treu, gerecht, ist eins mit Gott, mit Sachsens Königshaus und dem Kaiser; niemals bedeutete es mehr, Deutscher zu sein. Niemand braucht zu wissen, dass er aus dem zwielichtigen Ernstthal stammt, aber wenn es einer erführe, könnte er entgegenhalten: Ich habe mich am eigenen Schopf aus dem bebelschen Sumpf gezogen und bin nicht zum Aufwiegler im roten Chemnitz geworden. Nicht aufdringlich auf den Leser einwirken, nun nicht gerade diese beiden in der Prärie die deutsche Hymne anstimmen lassen, aber hier ein Gedanke an die Heimat und dort, an das Beständige, an Gott.

Er spaziert über die Elbbrücke von der Neuseite auf den Stadtkern zu, auf die Hofkirche, die Oper, auf das Denkmal mit dem Sachsenkönig zu Ross. Seinen Stock lässt er auf Granit klingen, es geht sich gut so, sicher in einem straffsitzenden Anzug, graukariert wie der des Mr. Lindsay, der Stoff aus England importiert. Sein Stock trägt einen silbernen Knauf, die Perle in der Krawattennadel ist echt. Der Stock klickt bei jedem vierten

Schritt auf, Schwung, der Turm der Hofkirche schiebt sich höher, Schwung, Schritt und Schwung. Vielleicht wird das Wettiner Fries am Schloss einst fortgeführt, vielleicht wird als einer der treuen Diener des jetzigen Königs zu seinen Füßen auch der Reiseschriftsteller Dr. Karl May mosaikiert werden, dessen Vater auf Dresden zog, um seinem König gegen Anführer beizustehen, der den Demagogen die Stirn bot, von ihnen verleumdet wurde, weil er ein Gedicht auf den Sachsenkönig schrieb, und als Dichter der deutschen Jungend überall im Reich Verheerung fand. Eine Buchhandlung, im Schaufenster: »Durchs wilde Kurdistan«. Sechs Exemplare seines Romans sind auf einem Tisch gestapelt, drei stehen in einem Regal. Von Andrees Handatlas ist eine erweiterte Auflage erschienen, die Karten Nordamerikas haben sich wenig verändert, der weiße Fleck innerhalb der arabischen Halbinsel ist noch immer riesengroß. Kurdistan, der Kaukasus, vielleicht wird er in einem Roman noch einmal dorthin zurückkehren.

Aber zunächst weiter mit Winnetou, dem roten Gentleman: Streit bricht auf, ein Landvermesser will Winnetou zwingen, Feuerwasser zu trinken, der junge Häuptling weist den Fusel zurück, da schüttet der Landvermesser ihm einen Becher davon ins Gesicht; Winnetou schlägt ihn nieder. Ehe Old Shatterhand eingreifen kann, reist der Surveyor Rattler die Büchse hoch und schießt auf Winnetou, der greise Klekih-petra wirft sich der Kugel in den Weg, so opfert er sein Leben für seinen Schützling wie der Rappe Rih für Kara Ben Nemsi, und sterbend haucht er Old Shatterhand zu: »Bleiben Sie bei ihm – ihm treu – mein Werk fortführen –!« Das gelobt Shatterhand in die brechenden Augen des geläuterten Revolutionärs hinein; Winnetou bietet er an: »Ich will euer Freund, euer Bruder sein; ich gehe mit euch!« Aber der Häuptling spuckt ihm ins Gesicht und zischt: »Räudiger

Hund, Länderdieb für Geld! Stinkender Coyote! Wage es, uns zu folgen, so zermalme ich dich!« Das Ich vergilt diesen Schimpf nicht, erschüttert reitet er in die Prärie hinaus; es muss allein sein mit vielen widerstreitenden Gedanken und Empfindungen.

»Hühnlichen, siebzehn Briefe!«

Sie zu lesen dauert anderthalb Stunden, sie zu beantworten könnte einen Tag kosten. Ein Brief von einem Kaufmann aus Bremerhaven, der sich auf einen Geschäftsfreund aus Kairo beruft, enthält in Fragen gekleidete Hinweise auf Handelswege in Arabien – war es, als Sie diese Länder bereisten, wie heute?

Klara Plöhn erbittet frische Manuskripte zum Lesen. Seit einiger Zeit duzen sich die beiden Frauen, die Männer verhalten sich steifer. Frau Plöhn fragt: »Und wenn ich deinem Mann etwas von der Korrespondenz abnähme? Ich könnte ja so tun, als stammten die Briefe von dir?«

»Willst du wirklich?« Da sticht etwas; wie lange ist es her, dass Karl sie gebeten hat, Briefe zu beantworten? Da hätte sie gern einen Grund, dass sie da krank gewesen wäre oder das Karl sie besonders knausrig behandelt hätte, oder sie zogen gerade um, sie wechselten ja so viele Male die Wohnung. Für einzelne Zeiten ließen sich gewiss Argumente finden, nicht für alle Jahre, so muss sie mit den Schultern zucken: »Spaß wird's dir auf die Dauer nicht machen.« Augen treffen sich, suchen nach Eifersucht oder dem Argwohn, hier werde sich unziemlich eingemischt und ein Platz besetzt, der nicht zustehe, wenn auch ein seit langem leerer. »Karl wird bestimmt froh darüber sein.«

Frau Plöhn sortiert schlechte Handschriften und Briefe mit vielen orthographischen Fehlern aus. Sie wirft die wenigen Briefe fort, in denen etwa hämisch gefragt wird, ob Herr May hundertfünfzig oder älter sei, denn diese Zeit braucht es wohl, um so unendliche Abenteuer zu bestehen. Sie antwortete freundlich und höflich Studienräten und Buchläden, Pfarrern und Kaufleuten, am Ende legte sie die Antworten Emma vor, die ihren Namen daruntersetzte. Emma: »Was dir alles so einfällt!« Sonderlich locker klingt das Lachen nicht. Beschämt fühlt sie sich, dass nun ein Platz besetzt wird, der leer stand und den sie nicht wollte. Ob sie nun triumphiert, die Plöhn? Ob sie weiß, wie Karl gebettelt hat, Emma möge ihm helfen, auch um ihm näher zu sein? Danach kann Emma nicht fragen, ihren Mann nicht und schon gar nicht die Plöhn, das lässt Phantasien sich blähen: Drängt sich die Plöhn absichtlich zwischen Karl und mich? Kommt sie sich nun großartig vor und mir überlegen? Und ist das Karl vielleicht sogar recht?

May hat Klara Plöhns Hilfe halb und halb abgewehrt: Wie sollte er sie vergelten? Aber es wärmt, endlich jemanden zu haben, der Nebenverrichtungen abnimmt; mit neuen Büchern und Auflagen werden weitere Briefe kommen. Zu Emma ist er bewusst rücksichtsvoll, aus nichtigen Anlässen richtet er das Wort an sie, sie soll sich nicht beiseitegeschoben fühlen, in keinem Nebensatz soll mitschwingen: Ist dir endlich klar, dass du versagt hast?

An jedem zweiten Nachmittag richtete sich Klara Plöhn im Esszimmer ein, sortiert, schreibt, faltet. Wenn er neben ihr steht, blickt sie lächelnd zu ihm auf.

Weiter mit Winnetou, dem roten Gentleman: Der Mörder Rattler soll bestraft werden, ausführlich wird darüber debattiert, Old Shatterhand weist den kichernden Hawkens zurecht: »Sam, die Sache ist keine solche, über welche man Witze reißen soll!« Einmal eröffnet Shatterhand seinem Gefährten, dass er dereinst über seine Abenteuer Bücher schreiben und der Lehrer seiner Leser werden wolle. Auf seinem ersten Kundschafterritt erweist er sich als findiger Spurenleser, Sam staunt und ist des Lobes voll. In der Prärie treffen sie auf Kiowa-Krieger, Sam weiß, dass diese sich mit den Apatschen im Kriegszustand befinden. Old Shatterhand raucht mit den Kiowas die Friedenspfeife, dabei erfährt er, dass sie, aufgestachelt durch weiße Händler, bei den Apatschen Pferde stehlen wollten, ertappt wurden und vier ihrer Krieger verloren. Da entwirft Sam einen Plan, dem Shatterhand begeistert zustimmt: Wie wäre es, sie arrangierten, dass Intschu tschuna und Winnetou in die Gefangenschaft der Kiowas gerieten, dann könnten sie sie befreien und sich ihrer Dankbarkeit versichern? Die Fäden kreuzen und verwirren sich, eines immerdar ist klar und strahlendhell, der Charakter des Ich; wenn das Ich einen Fehler begeht, dann aus Unkenntnis, und sogar in seinen Schwächen bleibt es sympathisch.

Fehsenfeld reist ein weiteres Mal nach Dresden, die ersten hundertachtzig Seiten hat er gelesen und lobt überschwänglich: Wie aus einem Guss! Erfahrung zahle sich nun reichlichst aus. Über den Fortgang der Handlung spintisieren sie; der Verleger gibt zu bedenken, dass der Autor seinem Ich bislang alles leicht hat gelingen lassen, sogar einen Grizzlybären bezwang Shatterhand mit einem Messer – wäre es für die Spannung nicht förderlich, den Helden einmal abgrundtief fallen zu lassen und für eine längere Spannung in fast ausweglose Lebensgefahr zubringen?

Ja, antwortete May, gut, ja. Für diesen Besuch und dieses Gespräch hätte er sich bessere Stimmung und Spannkraft gewünscht. Die Augen schmerzen; wenn er aufsteht, schwindelt ihn, eine rasche Drehung bringt ihn aus dem Gleichgewicht, dass seine Hand nach einem Halt zuckt. Fehsenfeld spricht über das Auftauchen des Kiowa-Häuptlings Tanguas, eines Erzschurken – vielleicht sollte sein Charakter anfangs für eine Strecke im Dunkeln bleiben? Großartig die Beschreibung der Prärie mit ihren Gebüschinseln, das haftet im Gedächtnis wie ein Gemälde! Damit er sich verständlich mache: Die ersten hundert Seiten hätten einen Maßstab gesetzt, der gehalten werden sollte.

Ja, natürlich mühe er sich. Einen Gedanken möchte er rasch verscheuchen: Mit Münchmeyer war alles leichter.

»Es wäre schön könnten wir dieses Jahr noch die drei Winnetou-Bände herausbringen.« Ein um Entschuldigung bittendes Schmunzeln: »Ich habe tausend Mark mitgebracht, bar. Ich schätze Ihre Gattin sehr, Herr May.« Fehsenfeld zitiert Äußerungen seiner Frau über Frau May, die sich mit seiner Hochachtung decken. Eine kleine Schwäche habe schließlich jedermann, und sei Verschwendungssucht ein nicht weit übleres Laster? May erinnert sich an die Zeit, als Emma allerlei windiges Volk anschleppte; über Verschwendung und Leichtsinn könnte er einiges beisteuern.

»Ein paar Leutchen in Freiburg haben die schönen Augen Ihrer Gattin nicht vergessen, Herr May!«

Dass immer noch einmal ein Mann Emma nachblickt, weiß er, und es tut ihm gut. Ein wenig fülliger ist sie geworden, aber das mindert ihren Reiz nicht. Er beendet das Thema mit der Binsenweisheit, man könnte nicht alles haben.

Dieser Tangua – Fehsenfeld lässt nicht locker. Nach dessen Eintritt in die Handlung gäbe es allerlei Planen und Klügeln durch die Herren Shatterland und Hawkens, dort wäre mehr Aktion vonnöten. Der große Kampf stehe bevor, gelungen sei durchaus, dass Shatterland ihm erregt entgegensähe, das passt zu seiner nicht gänzlich überwundenen Rolle als Greenhorn. Fehsenfeld liest vor, was er als treffliche Wendung bezeichnet: »Um mein Leben handelte es sich weniger; das würde ich schon verteidigen; aber Intschu tschuna un Winnetou! Ich hatte der letzten Tage so viel an Winnetou gedacht, dass er mir innerlich immer näher getreten war; er war mir wert geworden, ohne dass es seiner Gegenwart oder gar seiner Freundschaft dazu bedurft hatte, gewiss ein eigenartiger seelischer Vorgang, wenn auch nicht gerade ein psychologisches Rätsel! Und sonderbar! Ich habe später von Winnetou erfahren, dass er damals ebenso oft an mich gedacht hat, wie ich an ihn!« Das eröffne eine Dimension, die über das Übliche des Abenteuerromans hinausgehe; Seelenfreundschaft und geheimnisvolle Gedankenkraft sei angedeutet, das finde man häufig in der zeitgenössischen Belletristik.

Spät nachmittags sitzt Richard Plöhn dabei. Fehsenfeld hat Badenser Wein mitgebracht, die Herren trinken und rauchen und reden quer durch Politik und Erwerbsleben, von Aktien, Zinsen und Balkanpolitik. Wenn das Gespräch auf Literarisches kommt, hält sich Plöhn zurück. Rätselhaft ist ihm Herr May immer noch, er kennt niemanden, dessen Wesen so fugenreich zusammengesetzt wäre. Jetzt, einem Verleger gegenüber, klingt sogar die Stimme anders als im familiären Verkehr, als wolle er sich selbst seines Schwunges versichern, und als bedeute das eine Anstrengung. Von seiner Frau weiß Plöhn, wie die Laune Mays von einer Minute zur anderen umschlagen kann. Wenn er gereizt ist, klingt seine Stimme krähend heiser, seine Finger trommeln; er behauptet, jemand, Emma natürlich, habe etwas von seinem Schreibtisch weggenommen, den Leimtopf, die Schere, eine Zeitschrift. In solch einer Situation liest sie ihm einen Brief vor: Gymnasiasten haben in Bad Tölz einen Marl-May-Klub gegründet, der Vorsitzende nenne sich Old Shatterhand, der Schriftführer Hadschi Halef Omar, sie tauschen seine Bücher untereinander aus. Das heitert ihn sofort auf, er bittet, doch gleich und sehr herzlich zu antworten, und ermuntert macht er sich an die Arbeit. Jetzt, im Gespräch mit Fehsenfeld, hat May ein Bein über das andere geschlagen und lässt die Fußspitzen wippen. »Habe mich seit Jahren intensiv mit Frankreich beschäftigt. Natürlich ist der Franzose ein guter Infanterist, aber er braucht ein Genie an der Spitze. Im Kolonialdienst ist der Engländer zäher.« Die Inder, Chinesen – May hält Urteile parat. In der Aussprache französischer Namen ist er sattelfest, das kann Plöhn beurteilen, mit dem Englischen hapert es. Einmal wollte Plöhn ihn verbessern, da hat May geantwortet, in den USA habe er sich zu stark dem Slang angepasst, als dass sein Insel-Englisch nicht gelitten haben sollte. Und erst das Kauderwelsch in Ägypten und Persien!

Er ist immer auf dem Sprung, findet Plöhn. Sonst hätte er die Gefahr auf seinen Reisen nicht gemeistert. Natürlich könnte er jetzt weniger aufreibend leben, hier lauert kein Gegner hinter jedem Busch. Wie er eben mit Fehsenfeld eine Vortragsreise plant, jeden Abend in einer anderen Stadt quer durch Thüringen und Franken. »Bitte nur erste Hotels, und dass ich am Bahnhof abgeholt werde. Und Nachrichten an die örtliche Presse.«

»Ihre Energie möchte ich haben«, sagt Plöhn. Dr. Mickel, der May unlängst behandelt hat, ließ durchblicken, mit Herz und Blutdruck stehe es jetzt nicht zum Besten. Die Muskulatur sei keineswegs so straff, dass man vermuten könnte, May sei zu einem strapaziösen Ritt durch die Wüste fähig. »Mich wundert, dass sie hier in Dresden nicht reiten. Kommen sie nicht aus der Gewöhnung?«

May lacht dieses Baritonlachen, von dem Frau Mickel gesagt hat, es klinge wie bei einem Rittergutsbesitzer oder Kapitän oder Offizier, wie bei einem großen, breitschultrigen Mann, der es gewöhnt ist, dass ihm Frauenherzen zuflögen. »Das erste Pferd, das ich zwischen die Schenkel nehme, tut mir heute schon leid!«

Fehsenfeld lacht, Plöhn lacht. Sie haben aneinander Gefallen gefunden, jeder schätzt den anderen als besonnen im Wesen und im Urteil, in diese raschlebige Zeit passen und fähig, Wind zu nutzen, ohne dass er einem die Segel zerreißt. Plöhn baut seine Firma aus, Fehsenfeld erweitert den Verlag, sie haben verwandte Probleme mit Krediten und Aufstockungen des Kapitals, mit Absicherung zugunsten der Familie und zeitweiligem, keinesfalls risikoreichem Einsatz des Privatvermögens für die Firma. Pleitensicher, sagt Plöhn, vor allem und immer pleitensicher!

Am nächsten Morgen ist Mays Kopf schwer, er führt den Druck stärker auf die Zigaretten als auf den Wein zurück. Bei einem Spaziergang versucht Fehsenfeld, seinen Autor auf eine Schwäche hinzuweisen: Manchmal werde dem Leser etwas berichtet, was er schon wisse. Da habe Old Shatterhand ein Abenteuer bestanden, der Leser erlebt es mit. Shatterhand kehre zu seinen Gefährten zurück, nun werde es ihnen ausführlich berichtet. Zwar gebe das Gelegenheit, die drolligen Aussprüche Sams an den Mann zu bringen, dennoch liegt hier Gefahr zu Wiederholung und Weitschweifigkeit. May mag dieses Thema zu dieser Stunde durchaus nicht, vielleicht ist es ihm überhaupt zuwider; er ist es nicht gewöhnt. Das hieße ja, entgegnet er, alles, was er vorher geschrieben hat, wieder und wieder durchzulesen, fünfzig und achtzig Seiten zurückzublättern – müssten ja nicht Schwung und Unmittelbarkeit leiden? Und es schade wohl nicht, wenn der Leser hier und da an eine vergangene Passage erinnert werde.

Fehsenfeld drängt nicht nach, er bezeichnet wider besseres Wissen seinen Rat als womöglich geschmäcklerisch.

Einvernehmen bleibt, Fehsenfeld scheidet als der gewogene Verleger, als der er gekommen ist. Auf dem Rückweg vom Bahnhof überlegt May, ob er nun zwei Freunde gefunden habe, Fehsenfeld und Plöhn. Daheim steckt er die tausend Mark in einen Umschlag und verstaut sie im Kachelofen; es wird dauern bis wieder geheizt wird.

(…)

Er hat geglaubt, nichts anderes als rascher Sieg wäre denkbar. Fünfzehn Schritte wird er tun müssen, bis er an dem Platz stehen kann, der dem Zeugen zugedacht ist. Bei jedem wird er allein sein; warum hat er keinen Rechtsbeistand mitgebracht? Hier ist Berlin, Lebius wohnt in dieser Stadt, die in der letzten Nacht auf alle Sinne gedrückt hat. Erinnerungen an den Durst der Waldheimer Zigarrenwicklerei überfiel ihn, im Hof würden Kübel geleert, im Halbtraum schlug Emma mit Töpfen gegeneinander. Die Gerichtssäle seiner versunkenen Zeit waren Stuben gegen diese Halle. Es kostete Energie, bis er sich halbwegs an dem Gedanken aufgerichtet hat: Ich stehe nicht als Angeklagter hier, ich klage Lebius an!

Der Mann, der auf den Richterstuhl niederächzt, scheint fast so alt zu sein wie er, das ermöglicht Zuversicht: Kein Schnösel wird leichtfertig mit Wahrheiten umspringen. May blickt nicht zur Seite, wo sich ein tuschelndes Trüppchen hereinschiebt, Lebius mit seinen Kumpanen. Jedes Mal, wenn er mit diesem Mann gesprochen hat, endete es mit Drohung, Beschimpfungen oder halbherzigen Versprechen, denen neue Verleumdungen folgten. Jetzt wird er reinen Tisch machen. Lebius hat ihn als geborenen Verbrecher bezeichnet, vor dieser Infamie muss ihn jedes Gerücht schützen.

Amtsgerichtsrat Scheffel eröffnet die Sitzung des Schöffengerichts Charlottenburg. Er blickte auf allerlei Leute im Saal, einige sind wohl Presseberichterstatter. Zuwider ist das dem Richter, Raunen und Lachen bringen ihn aus dem Konzept. Am liebsten sind ihm Prozesse mit einem geständigen Angeklagten und wenigen braven Zeugen, die nichts durcheinanderbringen. Der Angeklagte führt drei Rechtsanwälte ins Feld, schon das verdirbt dem Richter die Stimmung. Geborener Verbrecher, das klingt übel, selbst wenn es in einem Privatbrief steht; er wird dem Lebius eine Geldstrafe aufbrummen. Dieser Aufwand – hoffentlich bringt er in einer Stunde alles hinter sich. »Ich eröffne…«

Stenographenblocks werden aufgeklappt. In Journalistenkreisen ging das Gerede, im jahrelangen Gezänk um May würde ein spektakulärer Punkt gesetzt, Lebius und seine Anwälte würden den Spieß umdrehen. Dieses weißhaarige Männlein ist also Karl May, Old Shatterhand aus Dresden, allein über diesen Kontrast könnte man seitenlang glossieren. Angeklagt ist ein Journalist wegen eines allerdings happigen Ausdrucks. Da erwachen in den Reportern Gefühle der Solidarität: Wie leicht rutscht einem ein schiefes Wort aus der Feder!

Die Anklage wird verlesen; hat der Kläger etwas hinzuzufügen? Vor einer Woche noch hat May Klara gegenüber getrumpft, zwei Stunden lang zu sprechen und alles aufzuzählen, was Lebius ihm angetan habe. Die Erinnerung daran verwundert. Junge Männer starren ihn an, Kritzeln. Er möchte, dass Lebius rasch seine Strafe bekomme und er in eine Droschke steigen könne, zum »Adlon« fahren, hinter abgedunkelten Gardinen. Nein, er möchte nichts ergänzen. Selbst dieser Satz strengt an.

Nicht Lebius spricht, sondern einer seiner Anwälte. Den Paragraphen 193 des Strafgesetzbuches bemüht er, der einem Angeklagten zubilligt, aufzuführen, was zur Warnung seiner Interessenten geeignet sei. »Wir sind in der Lage, dem Gericht eine Fülle von Unterlagen zu überreichen, die die Äußerung, der Schriftsteller Karl May sei ein geborener Verbrecher, auf das entschiedenste bekräftigen.« Eine Mappe trägt der Verteidiger nach vorn, Amtsgerichtrat Wessel betrachtet sie unmutig. Von Urteilen aus nebelhafter Zeit hört May, aus Polizeiakten wird zitiert. Der Verteidiger deklamiert: »Ein geborener Verbrecher? Dieser Satz meines Mandanten, Hohes Gericht, ist keine Verleumdung, denn von frühester Jugend an reiht sich Verbrechen an Verbrechen! Nicht nur, dass…«

May will protestieren, aber mit welchen Worten denn nur, jetzt müsste ein Rechtskundiger eine Bresche schlagen. Wenn es Paragraphen gibt, die einen Verleumder zu schützen scheinen, muss es erst recht welche geben, mit denen man ihnen begegnen kann. Der Verteidiger: »Dieser Mann hat jahrelang von Diebereien gelebt, zuletzt hat er gar eine Räuberbande gegründet. Mit ihr überfiel er Marktfrauen und raubte ihnen den schmalen Erlös. Seine Bande war der Schrecken der Wälder um Glauchau, Militär musste zusammengezogen werden. Dieser pathologische Verbrecher…«

Der Richter blätterte in den Schriftsätzen, die ihm die Verteidiger übergeben haben. Lebius und seine Anwälte haben sich weidlich in Hohnstein-Ernstthal umgetan. Über die Raubüberfälle hat ein Bruder des angeblich beteiligten Krügel ausgesagt, er könnte sich genau an dessen Schilderung erinnern. Krügel ist tot, über Militäreinsatz sind keine Beweise angeführt, vielleicht beruht das meiste auf Kneipenklatsch? Manches dagegen hat Hand und Fuß: Aus dem Urteil von Mittweida zitiert der Verteidiger ganze Passagen. Der Kläger May verschwimmt vor Wessels Blick unten auf seiner Bank. Einmal hört der Amtsgerichtrat eine dünne, vor Erregung und Schwäche zitternde Stimme: »Das ist ja alles nicht wahr!« May ist aufgesprungen, der Richter winkte ihm zu, er möge sich setzen. May sieht dieses Winken und den grämlichen Gesichtsausdruck des Richters, so blickt ihn der Zuchthausdirektor von Waldheim an, verächtlich. Hört denn das niemals auf? Er sinkt zurück, hebt noch einmal schlaff die Hand. Freilich hat er ein Räuber werden *wollen* in dieser Zeit schrecklicher Not, für seine Eltern und Geschwister wollte er Hilfe aus Spanien holen – aber wer hier verstünde das schon, und Träume waren es, nicht Taten. Kein Wort, das hier gesagt wird, ist wahr, noch nicht einmal mit den Träumen stimmt es überein.

Nach einer Stunde endet der Verteidiger, die Journalisten flüstern sich zu: Tolles Material, egal, wie der Prozess ausläuft! Der Amtsrichter fragt May, ob er etwas hinzuzufügen habe, der hält an einer Lehne fest, vielleicht würde er stürzen, müsste er an den Richtertisch treten. »Ich war niemals ein Räuber, nie habe ich Marktfrauen überfallen. Alles das ist nicht wahr!« Der Richter wartet, die Journalisten warten, aber May ist schon am Ende. Der Richter schiebt Papier hin und her und verkündet eine Pause.

Die Sonne steigt, es ist stickig geworden im Saal. Amtsgerichtsrat Wessel hat sich mit den Schöffen beraten und setzt zur Urteilsbegründung an: Wenn auch durchaus Bedenkliches über das frühe Leben des Klägers angeführt worden wäre, so habe doch kein Beweis für die Behauptung, er sei ein geborener Verbrecher, erbracht werden können, deshalb verurteile das Gericht den Angeklagten Lebius…

Da springt der Verteidiger auf: »Protest! Ich habe ja noch gar nicht plädiert!«

Wessels Mund gerät ins Mümmeln. Mit einer Buße von fünfzehn Mark hat er dieses Debakel aus der Welt schaffen wollen, eine Bagatellstrafe hätte im Grunde beiden Seiten Recht gegeben, salomonisch hat er urteilen wollen. Das bedeutet schon Rückzug: »Ich habe Ihre letzten Worte als Plädoyer aufgefasst.« Wessel gibt mit einer Handbewegung zu verstehen, dass er die Urteilsbegründung abbricht, ihm sind Grundsätze der Strafprozessordnung durcheinandergeraten – warum hat er sich nicht endlich pensionieren lassen? »Also, plädieren Sie!« Um ein Haar hätte er hinzugefügt: Aber machen Sie's kurz.

Der Verteidiger weitet aus: Es sei erwiesen, dass May auch als Schriftsteller seine Leser betrogen habe, keine einzige der behaupteten Reisen sei nachweisbar, May sei bis zum heutigen Tage ein literarischer Dieb und Hochstapler. Aus einer Fülle von Gründen könne es nur ein Urteil geben: Freispruch! Noch einmal zieht sich das Gericht zurück, dann verkündet Wessel mürrisch, selbst am Ende seiner Kraft: Freispruch. Die Journalisten stürzen aus dem Saal.

(…)

Zum zweiten Prozess in Berlin-Charlottenburg erscheint Bernstein an Mays Seite. Diesmal steht ein wohlvorbereiteter Richter dem Verfahren vor, der ohne Schablone leitet, Ausfälle der Lebiusfront abblockt und einem Dichter Phantasie auch im Darstellen seines Lebens und seiner Persönlichkeit zugesteht. »Und in Herrn May haben wir einen Dichter vor uns.« Bernstein kann auf Krügels Dementi verweisen; einen uralten Pastor, den Lebius in Hohenstein-Ernstthal aufgetrieben hat und hier mit Schauergeschichten präsentieren will, überführt er der Gedächtnisschwäche. Es ist ein langer Tag in Charlottenburg, aber er wird vorübergehen. Der Mann, der sich im ersten Prozess überrollen ließ und nun im Ruhestand lebt, Wessel, tappt in den Zeugenstand und beruft sich auf sein schlechtes Gedächtnis. Bernstein legt die Hand auf den Arm des Mandanten, als Frau Emma Pollmer aufgerufen wird. Ein Spuk taucht auf, eine Tote spricht Worte, die ihn nicht erreichen. Auch sie hat sich in Aussagen und Gegenaussagen verschlissen, ihr Auftritt ist ohne Wert. May blickt verwundert in ihr Gesicht, als sie ihn im Hinaustappen mit trüben Augen sucht und nicht findet, als sie stehenbleibt und vom Richter gemahnt werden muss: Ihre Aussage ist beendet, Frau Pollmer! Klara hat ihr nun endgültig die Rente entzogen. Tot wäre sie auch sonst für ihn. Wie ist das: Wie wenig lebt er selbst noch? Bernstein tröstet: Gleich liegt alles hinter uns. Der Anwalt überlegt: Wenn ich aufgliedern müsste, was seit zehn Jahren hin und her prozessiert worden ist, hätte ich montagelang zu tun. Aktenberge – nun werden sie eine Maus gebären. Diesen Wust kann kein menschliches Hirn behalten und gliedern. Der Historiker, der einmal Mays Leben aufzeichnen sollte, tut mir in diesem Punkt jetzt schon leid.

Ein langer Tag mit Pausen. Der Landgerichtsdirektor fordert die Plädoyers, Bernstein kann auf jede Schärfe verzichten. Am Ende wird Lebius wegen Verleumdung zu 100 Mark Strafe und zwanzig Tagen Haft verurteilt. Bernstein führt May hinaus. »Herr May, wir haben auf der ganzen Linie gesiegt.«

»Nach zehn Jahren.«

Sechs Tage später ist Weihnacht. Am Morgen bringt Schmid einen Baumkuchen und eine Flasche Pfälzer Wein. Er verbreitet Zuversicht nach bestem Wissen: Nun sei unter jede Verleumdung ein Schlussstrich gezogen, die Presse sei zu May zurückgeschwenkt, der Stimmungsschwung werde sich auf den Absatz auswirken. »Mir schwebt eine Verlagsgründung vor. Das gibt's bisher nicht in Deutschland: Ein Verlag, der ausschließlich die Bücher eines Schriftstellers herausbringt.« Er lacht: »Das hat noch nicht einmal Goethe geschafft.« Bei Fehsenfeld habe er vorgefühlt, der zeige sich nicht abgeneigt, seinen Anteil einzubringen; wenn er, Schmid, recht sähe, wäre das vor allem eine Geldfrage.

May will Faktoren zueinander in Beziehung bringen, aber wie viele Bücher hat er bei Fehsenfeld unter Vertrag? Und was liegt noch bei Pustet? Und dieser Verleger in Leipzig. Das Verschwimmt. Wenn Schmid es klären will, bitte. Wäre das Triumph, endlicher Sieg?

Schmid lässt sich Manuskripte zeigen – wie, das auch noch? Also entschieden weiter über die bisherigen dreiunddreißig Bände hinaus, wer weiß, was die Münchmeyer-Romae hergeben. Und ist es nicht universal, dieses Werk, kann sich nicht jeder herausschneiden, was ihm beliebt? Wer eine kampfbereite Jugend wünscht mit kernigen Helden und deutsches Wesen erhöhen will, wird die eine Komponente betonen, wer Völkerfreundschaft und Religionsgleichheit sucht, die andere. Kenntnis fremder Länder und Bräuche, staatserhaltende Gesinnung, Liebe zu den Armen, Gottesfurcht, Heimattreue, mystische Tiefe gar – jeder wird die Gewichte für sich zurechtrücken. »Herr May, diese Sibiriennovelle, wo wurde sie zuerst gedruckt, oder hat sie Vorläufer?« Das Urbarmachen eines wüsten Feldes, das Wegräumen von Geröll. Auch das denkt Schmid: Wenn ein Verleger es geschickt anfängt, ist mit diesen Büchern Geld zu scheffeln. Vielleicht auf Jahrzehnte hinaus, wenn man die Texte den wechselnden Bedürfnissen nach stutzt. Mays Kopf schmerzt nach einem halbstündigen Gespräch, er bittet: Andermal, nächste Woche. Dieser Winter, klagt er zu Klara, diese Dunkelheit, Kälte. »Ob ich noch einmal erlebe, wie die Rosen blühen?«

»Deine geliebten Rosen. In zwei Monaten bist du siebzig, in zehn Jahren achtzig, in zwanzig…«

Sein mühevolles Lachen endet in einem Husten.

»Noch zwanzig Mal Rosen, Karl!«

FROSCHKONZERT

FROSCHKONZERT (1987)
Entstehung

Bereits im Winter 1983/84 erklärte Erich Loest, der seit fast drei Jahren im niedersächsischen Osnabrück wohnte, dass er sich »nicht wieder unter die Zensur der DDR beugen« wolle. Westdeutsche Rundfunkanstalten und Reisemagazine schickten den Journalisten Loest zu dieser Zeit mit Reportageaufträgen um die halbe Welt.

Sein kurz vorher erschienener Roman *Völkerschlachtdenkmal* stieß bei Lesern, Zuhörern und dem Feuilleton auf positive Resonanz. Auch wenn er bei seinen Lesungen bemerkte, »dass nicht jede Pointe begriffen wurde.« Leipzig, so glaubte er, habe er »endgültig verloren«. Aber war er wirklich angekommen, war er neuer Bundesdeutscher oder doch eher noch deutschdeutscher Leipziger?

»Durchs Wiehengebirge nordöstlich von Osnabrück streifte ich, wanderte durch die Gründe des Teutoburger Waldes und dachte dabei, was ich auf mich genommen hatte.« Erich Loest in *Der Zorn des Schafes*, Seite 272, Linden-Verlag, Künzelsau, 1990. Diese geschichtsträchtige, von Loest erwanderte Landschaft, wurde zum Hintergrund einer neuen Romanidee. Ereignisse und Zwischenfälle in seinem nun westlichen Umfeld ließen Szenen, Erzählstränge und Figuren in ihm entstehen. Erstmals war es die bundesdeutsche Wirklichkeit, die im Roman *Froschkonzert* auf komödiantische Weise illustriert wurde. Fast märchenhaft, der Name des Romans, in dem sich abermals Geschichte und Gegenwart miteinander verknüpften. Eitelkeit und Ehrgeiz, Vertrauensbruch und Klatschsucht leuchten in den Begebenheiten einer nur scheinbaren Kleinstadtidylle auf.

Mit dem Roman *Froschkonzert* zeigte Erich Loest wieder seine Brillanz als Chronist politischer Alltagsrangeleien, in der auch West-Ost-Geschäfte und ein verschluckter Frosch zwei nicht unerhebliche Rollen spielen.

Inhalt

Der Roman beginnt mit einem Vor-Spruch. Von Konflikten und Banalitäten, Triumphen und Blamagen, aber auch Genüssen und Schmerzen innerhalb eines Sportvereins, eines Lehrerkollegiums, einer Kirchgemeinde und anderer gesellschaftlicher Säulen ist in ihm die Rede. Lokalbezogen, aber nicht weniger konzentriert, erleben wir sie auch in der Kleinstadt Hermeskirchen hinter den sieben Bergen, genauer: hinter den Bergen und Erhebungen des Teutoburger Waldes. Bereits auf den ersten Seiten ahnt man das übliche Parteiengerangel. Oberstadtdirektor Wutte hat »eine Kläranlage zum Super-Discount-Billigpreis« bei der ostdeutschen Konkurrenz erhandelt. Nun wird, dank Ostdumping, nicht mehr lange stinkender Schaum und grautrübes Wasser das Reinlichkeitsempfinden der Hermeskirchner trüben. Doch bald schon gibt es Probleme mit dem Bau-Trupp aus der DDR. Nicht etwa aus Gründen politischer Unzuverlässigkeit. Sie alle sind im Vorfeld gründlich geprüft worden und werden in H. durch fein abgestimmte Bespitzelung überwacht. Den schweren Lastzügen des Magdeburger Baubetriebs hält die historische Hermannsbrücke der Stadt nicht stand. Sie bricht. Der deutsch-deutsche Streit ist vorprogrammiert. Die DDR-Genossen lenken ein. Schließlich geht es für sie nicht nur um einen Devisenauftrag, sondern um – natürlich streng geheim – eine strategische Marschstraße. Denn sollte man aus dem Osten irgendwann in Richtung

Nordsee marschieren wollen oder müssen, dürfe der Sieg des Sozialismus nicht am Zustand der Straßen scheitern.

Der Bloßstellung eines ganz anderen Vorgangs verdankt der Roman seinen Titel. In einem Leserbrief des Lokalblattes wird behauptet, eine Lehrerin – es geht um die Referendarin Kohlbrand – »verleitet Schüler zur Tierquälerei«. Selbige wird befragt und ist geständig. Ihr Schüler Reinhold Vogelsang – vermutlich in sie verknallt – bietet ihr eine Wette an: Sie spendiert zehn Mark, er schluckt einen Frosch. Reinhold schluckt und die Erschrockene zahlt. Die Gaudi ist groß und spricht sich rum. Der Eklat scheint vorprogrammiert. Da wackelt in letzter Minute der Schüler ein wenig an der Wahrheit. Er hätte nicht geschluckt, sondern den Frosch in die Jacke gleiten lassen. Und dann? Dann sei er davongehüpft.

Auszüge aus FROSCHKONZERT

Das Malheur auf der Brücke

Dumperfahrer Wittkowski, Herbert, saß breitbeinig, die Fäuste auf den Schenkeln, das Gesäß gequetscht, auf dem vorderen Drittel des Stuhls, wobei der Rücken gegen die Lehne drückte. Als seine Sitzmuskeln fühllos wurden, schob er den Schwerpunkt zurück und legte die Unterarme auf die Tischplatte. Alle zehn Minuten nahm er abwechselnd eine der beiden Positionen ein, ohne sich dessen bewusst zu sein, und brachte so die Parteiversammlung hinter sich.

Friedliche, aber nimmermehr ideologische Koexistenz, das hatte Strobel ihnen schon in Bayern eingetrichtert. »Konvergenz, Genossen«, beschwor Strobel gerade, »ist etwas, beziehungsweise soll sein – aber Konvergenz gibt es nicht, klar! Sozialismus und Kapitalismus: Feuer und Wasser – ist noch milde ausgedrückt. Ich hab da ein ganz einfaches Beispiel: Der Schützenverein von Hermeskirchen hat uns einen Brief geschickt, hat uns sozusagen eingeladen.« Strobel hob mit spitzen Fingern einen Bogen und schwenkte ihn mit säuerlicher Miene. »Sollten Schützen unter uns sein, wären sie willkommen. Ich frage ernsthaft, Genossen, hat jemand von euch jemals ein Gewehr in der Hand gehabt?«

Alle feixten, auch Wittkowski, das war so einer von Strobels Späßen.

»Ich frage nochmals, Genossen, hat einer von euch schon mal gehört, dass es Kimme und Korn gibt? Also antworte ich, wenn ich überhaupt antworte, dass wir leider keine Schützen mitgebracht haben. Und was, wenn sich ein Schwimmverein an uns wendet?«

»Ich bin wasserscheu!« Grinsen um den Tisch.

Wittkowski schaute zur Uhr: In einer Dreiviertelstunde begann seine Schicht. Ihm gegenüber hing die »Tafel der Besten«, als Dumperfahrer hielt er einen guten zweiten Platz. Hinter einem, der zum ersten Mal im KA war. Wenn zusammengerechnet wurde, würde er gegen den satte Punkte im Kraftstoffverbrauch aufholen. Der jokkelte immer volle Pulle, kannte Tonnenkilometer und weiter nichts. Und stand am Ende doof da. Da machte Wittkowski, Herbert, seinen Schnitt, wie in Bayern auch.

»Genossen, Punkt Verschiedenes. War einer hier und wollte uns Frostkost anbieten. Das Zeug ist nicht übel, aber teuer, und die Portionen sind was für Stubenhocker. Herbert, einer wie du haut drei Packungen hinter und fragt sich dann, was es als Hauptgericht gibt. Also kochen wir selber wie bisher. Seid ihr mit dem Brot zufrieden, den Brötchen?«

Murmeln, Nicken. Strobel hätte gern über die Fitnessbrötchen als Kennzeichen gnadenlosen kapitalistischen Konkurrenzdrucks geredet, aber die Zeit wurde knapp für die Nachtschicht. »Gut, bleiben wir bei diesem Bäcker. Fragen?«

Am Vortag war ein Monteur nach Magdeburg gefahren, um ein Ersatzteil zu holen – wenn das allen bekannt gewesen wäre, hätte er Post mitnehmen können. Strobel verteidigte den Monteur und sich: Die Sache wäre von einer Stunde zur anderen entschieden worden. Trotzdem: Dank für den Hinweis, das nächste Mal würde operativ entschieden werden.

»Ich hatte meinen Brief nämlich gerade fertig«, rief einer, »nun gammelt der drei Tage rum.«

»Dadurch wird deine Frau noch schärfer!«

Gelächter.

Wittkowski war als erster an der Tür. Er brauchte bloß die Stiefel anzuziehen, den Schal umzubinden, den Helm vom Haken zu nehmen. Kontrollgriffe: Stullen, Thermosflasche, Zigaretten, Feuerzeug. Wittkowski stapfte zur Grube, sah den Greifer des Baggers durchs Scheinwerferlicht schwenken. Zehn Minuten wartete er, bis der Dumper, auf dem er ablösen sollte, leer und scheppernd über die Brücke preschte. »Wie viele Touren?« fragte er und hörte: neunzehn. Konnte seinen zweiten Platz nicht gefährden. Wenn der Kumpel auf dem Bagger spurte, waren achtzehn Touren drin, und nachts gab´s Zusatzpunkte. Wittkowski schwang sich auf den Sitz, zwei Finger legte er an den Helmrand, der Baggerfahrer grüßte zurück: Das hieß: Auf eine lange Nacht, auf gute Zusammenarbeit, ich mach dir deine Punkte nicht streitig, du vermiest mir meine Prämie nicht, auf geht´s, Kumpel! Hinter Wittkowski öffnete sich das Greifermaul, Erde und Steine krachten auf den Stahlboden. Wittkowski steckte sich eine HB an, die gönnte er sich während der Nachtschicht und mal am Sonntag, da geizte er nicht wie manche, die Ostlullen rüberschleppten. Er brachte genug heim, damit die Frau im Intershop einkaufen konnte. Strumpfhosen und Kaffee, Rollgurte für´n Trabbi. Man durfte nicht wie blöd auf jede Westmark starren, das hatte er sich schon in Bayern abgewöhnt.

Das Hupsignal vom Bagger, sein Laderaum war voll, also ab. Langsam fuhr er an, kurvte ein. Vorsicht auf der Brücke, das predigte Strobel jeden Tag. Die Spur bis zum Weg war festgefahren, es hatte seit Tagen nicht geregnet. Vielleicht doch zwanzig Touren in dieser Nacht?

Hinter der Brücke legte er Tempo zu; wenn etwas herauszuholen war, dann hier. Als er rückwärts an die Halde drückte, sackte der Dumper seitlich weg, kam aber, nachdem er abgekippt hatte, rasch wieder fort. Runter, in einer Kurve sah er die Lichter von Hermeskirchen, einmal war er mit zwei Kumpeln dort gewesen, jeder hatte zwei Bier vom Fass getrunken, war natürlich Wahnsinn bei den Preisen, und sie hatten Waschpulver gekauft, Zehnkilokartons, war billiger als im Intershop. So gesehen, hatten sie das Geld für die Biere wieder reingeholt.

Nach der vierten Tour musste er warten, weil der Bagger vorrückte – ausgerechnet, als er an der Reihe war. Durch so was konnte der Rhythmus durcheinanderkommen. Dann hatte er vielleicht beim nächsten Mal drei Dumper vor sich. Und ehe sich das wieder gedehnt hatte. Er stieg ab, machte Kniebeugen. Trank einen Becher Kaffee. Wusste genau, dass er nichts ändern konnte. Durch so was ließ sich Strobel nicht bewegen, einen Erschwernispunkt zuzulegen. Wittkowski blickte in den sternenlosen Nachthimmel, da knatterte wieder der Hubschrauber das Tal herauf, die mussten doch´n Klaps haben. Oder hatten Radar drin. Am Tag flogen sie manchmal jede Stunde drüber. Sprit spielte wohl bei denen keine Rolle. Wenn er da an die letzte Reservistenübung dachte. Während seiner aktiven Zeit vor fünfzehn Jahren hatten sie schnell mal ´nen Eimer Diesel über den Panzer gekippt beim Reinigen. War vorbei. Zehn Kilometer war er gefahren in den vier Wochen, höchstens. Damit wollten sie nun einen Panzerfahrer nicht aus der Übung kommen lassen.

Die sechste Tour, die achte, nach der neunten rasselte er an einem Kumpel vorbei, weil der hinter einem Baum hockte. Wittkowski ließ anfeuernd die Hupe jaulen. Im Rückspiegel sah er, als er zur zehnten Tour startete, einen Wurzelballen spinnenfingrig oben auf der Ladung, der würde hoffentlich nicht ins Rutschen kommen.

Das Gefühl, das ihn auf der Brücke überkam, schilderte er in den nächsten Stunden und Tagen immer wieder, auch vor seinem Kombinatsdirektor in Magdeburg und den Genossen von der Staatssicherheit. Es war ein Rucken, als ob die Hinterräder durchdrehten, aber sie behielten Bodenhaftung; da hatte er Gas gegeben. Später schwächte er ab: Ein wenig, ganz sachte habe er Gas gegeben, nicht etwa mit einem Prall auf die Brücke gedrückt. Auf, wie sich später herausstellte, den Mittelpfeiler. Ein Rucken also, ein warnendes Gefühl durch den Körper, das vom Genick seinen Anfang nahm. Die Hinterräder hatten nicht durchgedreht, das hatten die Spuren bewiesen, dann war sein Dumper im Bruchteil einer Sekunde vom Mittelpfeiler weggekommen, war steil aufwärts geschossen, und unter ihm war die Fahrbahn weggesackt, gerissen.

Wittkowski brachte sein Fahrzeug zehn Meter hinter der Brücke zum Halten, kletterte herunter und ging zurück. Die Brückenmitte war um einen guten Meter eingesunken. Wenn jetzt ein anderer Dumper … Wittkowski tat etwas, für das er später belobigt wurde: Er stellte seinen Wagen quer, die Scheinwerfer aufgeblendet, zwängte sich durch Gestrüpp zum Bach hinunter, stapfte, stieß gegen Steine, wobei ihm das Wasser bis zum Knie schwappte, glitschte, kroch am jenseitigen Hang durch Gebüsch und Brennnesseln hinauf und kam zurecht, mit ausgestreckten Händen den nachfolgenden Kollegen zu stoppen. Der schaltete seinen Motor aus; in die plötzliche Stille hinein sagte Wittkowski: »Die Brücke ist im Eimer.«

»Du meine Fresse.«

Das dachten beide gleichzeitig: Ohne Brücke kein Abtransport der Aushubmassen, andere würden jetzt die Brücke reparieren, die Dumperfahrer kehrten heim nach Magdeburg – aus war´s mit der Auslösung in DM, dem Einkauf im Intershop.

Nichts mehr mit Fitnessbrötchen, mit HB, da konnte einer wirklich gleich in die Luft gehen. »Wir müssen Strobel wecken«, sagte Wittkowski. Er rannte los. Nach zwanzig Metern fiel ihm ein, dass es nun auf ein paar Minuten nicht ankam.

Die Baracke lag dunkel, Schnarchen drang durch die Wände. Wittkowski öffnete eine Tür, sagte leise: »Genosse Strobel?«, hörte Atmen, Rascheln, eine Nachttischlampe wurde angeknipst, Wittkowski sah wirres Haar und eine aufgeschlagene Zeitschrift auf dem Boden, nackte Mädchen umschlangen sich. »Du, die Brücke, du musst mitkommen. Die ist nämlich erledigt.«

»Wer war´s?« fragte Strobel noch im Halbschlaf.

»Ich.«

Strobel schnaufte. Er fuhr in die Unterhosen, wobei er dachte: Jetzt am besten gar nichts sagen, Herbert nicht anscheißen, nicht in Schutz nehmen. Eiskalt bleiben. Er zog sich ohne Hast an, trank einen Schluck Selters. Wittkowski wartete vor der Baracke, stumm, den Helm unterm Arm. Vielleicht würde er bald den Kopf unter dem Arm tragen, dachte Strobel, bildlich gesprochen. Wenn einer den Kopf hinhalten musste, darüber war er sich klar, dann nicht er selber. Schade um Wittkowski. Lieber jeder andere. Strobel hielt sich für ehrlich, geradlinig, immer für seine Leute da. Natürlich nicht, wenn´s um den eigenen Arsch ging. Er dachte grimmig: Bloß keinen Schmus jetzt.

Erst als es hell wurde, sah er, dass der Mittelpfeiler fast bis zum Fundament hinunter gerissen war und der Aufprall Steinbrocken von einem halben Meter Durchmesser herausgepresst hatte. Unter dem nächsten Dumper wäre alles zusammengekracht; so gesehen, war es noch glimpflich abgegangen. Jetzt also Umweg fahren; er wusste auf Anhieb nicht, wie. Über die Hermannshöhe auf keinen Fall. Auf dem Baugelände war kaum Platz, und er konnte den Dreck ja nicht einem Bauern auf die Wiese pfeffern. Anrufen in Magdeburg, sowieso. Sobald dort jemand an die Strippe ging. Er schickte seine Leute nicht von sich aus über die Hermannshöhe, nee.

Wittkowski stellte Warnhüte an beide Brückenauffahrten, dann steuerte er seinen Dumper fast bis Hermeskirchen hinunter und auf dem anderen Bachufer wieder hinauf, ehe er ihn neben der Baracke abstellte. Der Koch schlug Eier in die Pfanne, briet Würstchen und mageren Speck. Aus dem VW des Bäckermeisters Vogelsang, der seinen Rundkurs zu Hotels, Imbissstuben und Kantinen hier begann, wurden zusätzlich Hörnchen und Butterkuchenstücke erbeten. Kaffee dampfte, und Wittkowski schilderte dieses Wahnsinnsgefühl, als sich die Räder durchzudrehen schienen und doch hafteten. »Da musst du zehn Jahre auf dem Bock sitzen, bis du so was mitkriegst!«

Alle nickten, alle kauten.

Zum ersten Mal kam Strobel kurz nach sieben nach Magdeburg durch, aber da war die Kollegin Habersatt nicht an ihrem Schreibtisch. »Die Brücke ist kaputt!« brüllte Strobel, »richten Sie´s aus! Nein, kein Personenschaden! *Die Arbeit steht!*«

Operativ, dachte Strobel, jetzt musste operativ gehandelt werden. Wozu war er Bauleiter. Verantwortung, Wendigkeit, Findigkeit. Eben immer und immer wieder: Verantwortung. Es gab jetzt mehrere Möglichkeiten, etwas falsch zu machen. Die Bau-Union Magdeburg, die Stadt Hermeskirchen, die Genossen von der Sicherheit, alle guten Dinge waren auch in diesem Fall drei. Gut – naja. Die Habersatt würde sich rausreden: War nicht vor Ort. Da steckte Strobel, der Bauleiter. Der mehrfache Aktivist, einmal als Held der Arbeit vorgeschlagen, Träger des Ordens »Banner der Arbeit«, allerdings im Kollektiv.

Also die Frühschicht: Strobel hielt eine rasche Beratung ab. Wohin mit dem Aushub? Gleich neben der Grube auf Halde schütten. Damit konnte man zwei Tage hinbringen. Zwei Dumper genügten. »Genossen, es kann sein, dass morgen sieben oder neun Mann nach Hause fahren. Aus der Traum. Muss noch bisschen telefonieren. Alles klar?«

Seine Männer nickten. Nichts war klar.

Bei der Stadtverwaltung von Hermeskirchen nahm noch nicht einmal jemand den Hörer ab, und dabei war es schon nach acht. Dann meldete sich Magdeburg, nicht die Kollegin Habersatt, sondern einer aus der Finanzabteilung. Strobel berichtete verknappt. Nein, einen Umweg würde er nicht fahren lassen, neiiiiin! Das hatte mit Kostenfragen überhaupt nichts zu tun. Womit es zu tun hatte, sprach er am Telefon natürlich nicht aus. Würde er auch der Habersatt nicht auf die Nase binden.

Strobel legte auf, im selben Augenblick brach ihm der Schweiß aus. Wenn er in Magdeburg wäre, würde er sofort die Firma informieren: »Genossen, ich hab ein Problem.« Keine Habersatt, keinen Wutte. Aber er klemmte in Hermeskirchen, von hier aus die Stasi anzurufen würde ihn seine Funktion kosten. Hatte er nun bei der Baustelleneinweihung deutlich genug Wutte gegenüber geäußert, dass er die Brücke für schwachbrüstig hielt, ein Nadelöhr, einen Gefahrenpunkt? Vor allem: unter Zeugen? Hatte die Habersatt, und sie war ja schließlich vor ihm hier gewesen. Bedingungen ausgehandelt...

Das Telefon klingelte: Kollegin Habersatt, endlich. »Was ist denn bei euch los?« Das klang angriffslustig, kratzbürstig. Wer die Havarie herbeigeführt habe – das spiele nicht die geringste Rolle, antwortete Strobel fest und nannte den Namen Wittkowski, Herbert, keineswegs. Er habe beizeiten...

»Und es gibt keinen anderen Weg zwischen Grube und Kippe?«

Keinen, Strobel ahnte, dass die Habersatt nicht wusste, dass die Hermannshöhe tabu war. »Ich rufe Wutte noch an, abends oder heute Nacht komme ich nach Magdeburg.«

Gut so, lobte sie, sie werde für acht Uhr am nächsten Morgen einen Krisenstab einberufen. »Krisenstab« fand er affig. Andererseits beeindruckte es vielleicht manche, Wutte womöglich. Wie hatten sie damals in der FDJ gesungen: Unser Lied die Ländergrenzen überfliegt, Frechheit siegt, Frechheit siegt. Kurz vor zehn endlich hörte sich eine Dame im Rathaus höflich und, wie es schien, sogar interessiert an, was Strobel vorbrachte. Die Brücke schwer beschädigt, so! Nein, der Herr Oberstadtdirektor weile ganztägig bei der Landesregierung. Sie werde versuchen, ihn dort zu erreichen. Während Strobel bat, so schnell wie möglich informiert zu werden, wenn Herr Wutte den bösen Sachverhalt erfahren habe, sah er durchs Fenster, dass sich nahe der Brücke ein Häufchen von Leuten angesammelt hatte, fast oder ausschließlich Männer. Einen kannte er, der trug einen Parka wie vor ein paar Tagen, als er von der Hangkante herunter spioniert hatte. Der BND in Zugstärke? Also den Helm vom Haken und hinunter. Die Leute zeigten sich gegenseitig die eingesunkene Fahrbahn, jemand war in die Knie gegangen, um genau zu erkennen, wie schlimm dem Mittelpfeiler zugesetzt worden war, und da fotografierte auch schon einer. So rief Strobel als erstes, das sei hier strengstens verboten, und musste leider registrieren, dass sich niemand davon beeindrucken ließ. Ein Bärtiger richtete die Linse sogar auf ihn; Strobel hielt instinktiv die gespreizten Finger vors Gesicht.

»Uffhärn!« brüllte er, »sofurd mid dem Fodografieren uffhärn!«

Jemand lachte.

»Mein Name ist Sawadski«, und Sawadski fügte an, er sei Mitarbeiter des einflussreichsten örtlichen Presse-Organs. Man habe sich schon einmal über Bier unterhalten. Dabei streckte er Strobel eine Visitenkarte hin und setzte etwas von demokratischer Informationspflicht hinzu. »Die Leser der ,Hermeskirchener Nachrichten´ haben ein Recht zu erfahren, in welcher Weise…«

Auf der anderen Seite schwankte ein LKW heran, hoch und breit und weißblau. Vor der Brücke verlangsamte er sein Tempo, hielt vor dem Hütchen, drückte zurück und wendete schwerfällig, wobei Strobel lesen konnte, was weiß auf die blaue Seitenwand geschrieben stand: »Balkan-Konserv«. Ein Kühlwagen aus Sofia im Hermannstal. Der wollte doch nicht etwa seinen Leuten Weintrauben und Paprika liefern, das hätte er doch…

»Mein Name ist Stapelmann«, sprach der Herr im Parka und lüftete sein Hütchen. Sawadski fand das Hütchen albern und die Geste erst recht. Im Moment fungiere er, Stapelmann, als Mitglied der Historischen Gesellschaft.

»Und sonst?« rief Strobel angriffslustig.

»Sonst?« fragte Stapelmann zurück und gab widerwillig Auskunft. Strobel blickte ungläubig und rief etwas von Baustellenbereich, Sicherheit, und er verbiete das Fotografieren strikt und abermals. Er sei nicht in seiner sogenannten Demokratischen Republik, musste er aus dem Chor der Geschichtsfreunde vernehmen, auch von Unrechtsstaat, Mauer und Stacheldraht war die barsche Rede. Man wäre hier nicht in Bautzen! Sawadski bannte Strobel und Stapelmann gemeinsam auf ein Foto, dann die malade Brücke, Strobel und im Hintergrund den Bagger, dazu sprang er auf die Brüstung, die die Brücke einfasste, wohlweislich am ungefährdeten Ende. Trotz aller Aufregung knipste er sparsam, um ein Stück Film in Reserve zu halten, falls es zu Weiterungen kommen sollte. Aber der aufgeregte Zoni drehte sich mit wegwerfender Handbewegung um und eilte zu seiner Baracke zurück. Kopfschüttelnd rief Stapelmann, wobei er resignierend die Arme breitete: »Unser liebes, ehemals so schönes Hermannstal!«

Als Strobel wieder an seinem Schreibtisch saß und wie gehetzt zur Zigarette griff, als er da zur Brücke hinunterblickte, gewahrte er die letzten Wanderer weiter oben kurz vor dem Waldrand. Historische Gesellschaft – möglich. Er würde es in seinem Bericht an jene bewusste Dienststelle anführen. Und der LKW von »Balkan-Konserv«? Ob er nun Wutte erreichte oder nicht, noch am Abend fuhr er nach Magdeburg. Wittkowski nahm er mit. Für den war hier Sense. Wenn Wuttke Sperenzien machen und Wittkowski ans Leder wollte – der Mann war zur Berichterstattung nach Magdeburg zurückbeordert worden. Konnte nicht dafür, der Herbert. Unter dem nächsten wäre die Brücke zusammengekracht. Umsichtig, kaltblütig, der Herbert. Kam nun eben ein anderer zu Strumpfhosen und Jakobs Krönung. Trotzdem schade um Herbert.

Oder war es vielleicht ganz gut, wenn er Wittkowski langsam auf die Idee brachte, allerlei verbockt zu haben? Wenn das zu Hause besser wirkte, sogar *verlangt* wurde? Abwarten, mahnte sich Strobel, er musste nach allen Seiten offen bleiben, bis er in Magdeburg mit *diesem* und jenem gesprochen hatte. Wittkowski war zu schnell gefahren. Hatte er nicht jeden Tag seinen Leuten eingeschärft: Fahrt langsam über die Brücke? Langsaaam! Am besten: Wittkowski blieb hier. Vorläufig. Oder?

Stapelmann schritt schneller, als einige seiner Begleiter konnten oder wollten, so musste er an den Demonstrationspunkten warten, bis alle aufgeschlossen hatten. Wieder nahmen vorwiegend Pensionäre teil, das oft geklagte Lied. Jemand hatte seinen Enkel mitgebracht, der war das einzige Kind. Dazu Sawadski. Mehr als zehn Prozent Arbeitslose hatte Hermeskirchen – wo waren sie? Darüber wäre zu schreiben, fand Stapelmann, nicht nur larmoyante Artikel, dass Arbeitslosigkeit seelisch kaputtmache! Bildung angeboten, vielleicht Freiwillige interessiert für eine umfangreiche Grabung?

»Meine Damen und Herren!« Stapelmann wies auf eine Gestrüpp überwucherte Kuhle am Hang, »hier hat Anfang unseres Jahrhunderts Justus Heinrich Bracke gegraben, er selbst schwang die Hacke, begeisterte Gymnasiasten halfen ihm. In der zweiten Woche – so wurden damals Ferien genutzt, meine Damen und Herren! – stieß Bracke eines schönen Morgens auf einen Scherben. Als er ihn entstaubt hatte, las er diese Inschrift: ›Salute te‹ Bracke! Yours sincerly Augustus!«

Das erhoffte Gelächter fiel dünn aus. Der Scherz gehörte zum ehernen Bestand der Hermeskirchener Arminiusforschung und sollte wohl nicht überstrapaziert werden.

»Auch hier fand Bracke nicht das Erhoffte. Erdreich war abgerutscht – konnte es nicht sein, dass Germanen ihre Beute hatten tarnen wollen? Wie wir heute wissen, wagten sich die Römer nicht wieder über den Rhein. Aber wussten das die Chatten, Brukterer, Cherusker, die Bataver, ein kühnes Reitervolk? Konnte nicht im Frühjahr eine Strafexpedition vorpreschen, und war es dann nicht besser, man stand mit leeren Händen und Hütten da? Eine Idee von etlichen, die Bracke verfolgte.«

»Sagen Sie bitte, Herr Stapelmann, wie viele mutmaßliche Schlachtenorte gibt es?«

»Siebenhundert«, Stapelmann schmunzelte. »Überall zwischen Xanten und Merseburg haben sich Historiker und Heimatforscher ans Werk gemacht. Man darf darüber lächeln, aber man sollte diesen Patrioten, und das waren sie allesamt, auch die nötige Anerkennung nicht versagen.«

Sawadski hörte nur mit halbem Ohr hin. Dass er auf die schwer angeschlagene Hermannsbrücke gestoßen war, schien ihm wichtiger als Stapelmanns gewohntes Salbadern. Sofort zurück in die Redaktion, dem Chefredakteur die Meldung auf den Tisch geschmettert, Entscheidung erbeten? Auf die Lokalseite oder in den vorderen Teil? Im Rathaus angerufen, die Meinung der Pressestelle – die sicherlich wie gewöhnlich weder diese noch überhaupt eine Ahnung hatte! – eingeholt, oder sofort beim Oberstadtdirektor nachgefragt? Da stand er nun vor einer Weggabel, der bekannte Journalist Saw. – so versuchte er zu formulieren –, Altertum oder Moderne, Solidität oder Sensationsjournalismus, Feuilleton der FAZ oder BILD – was war der passende Stil? »Römerforscher vor geborstenen Pfeilern«. Dumper der DDR hatten Heimatgut misshandelt – in Sawadski schnellte die Schlagzeile auf: »Das Dumping der Dumper«. Auf das heutige Ereignis passte sie nicht ganz, aber er würde sie verwenden, und wenn er einen Artikel einzig und allein hinbiegen musste, damit er zu seinem Knüller kam. Diese Headline verschenkte er nicht, und wenn sich die Chefredaktion auf den Kopf stellte. »Das Dumping der Dumper«, *Saw.* stand unter dem Artikel, den druckte endlich einmal eine Überregionale ab in Frankfurt oder München: elegant, knallhart.

»Eine Abschweifung, Herr Doktor, wenn Sie gestatten. Geschah es in diesem Tal, dass einer Ihrer Schüler einen Frosch verschluckte?«

Jemand lachte. Stapelmann wusste nicht, ob es höhnisch oder albern geklungen hatte. »Ich glaube schon«, er blickte den

Fragenden fest an. Das war einer von Schulmännern und, wie Stapelmann gelesen hatte, von Polizeivernehmern meist mit Erfolg praktizierte Methode, jemanden zum Weiterreden zu bringen. Aber der Herr drehte sich zur Seite und blickte belustigt umher – wie ein Pennäler, der einen Streich auskostete, fand Stapelmann. Also fragte er nach: »Ist das für Sie in irgend einer Weise wichtig?«

»Nein, nein, gar nicht.«

Stapelmann gab sich zufrieden. »Nun, wir Pädagogen sind nie vor Überraschungen sicher.« Stapelmann war in der Folge von einem ganzen Trüppchen umrahmt, als er das Tal hinaufschritt. Ein Ehepaar kannte er gut, Eisenbahnbeamter war der Mann gewesen, seine Söhne hatten bei ihm im Unterricht gesessen, gute Lateiner beide. Zwischen Ems und Lippe, so hieß es bei Tacitus über den Schwerpunkt der Schlacht, und aus den Schriften des Plinius war es nicht anders herauszulesen. Der Osning, ein anderes Wort für den Teutoburger Wald, dunkel, raunend: Damit tat die Eisenbahnergattin kund, dass sie mithalten konnte. »Die Bäume dröhnten in der Luft« – wer hatte so übersetzt? Der Bahnmann in Ruhe hatte Bracke noch gekannt, dessen Sarg waren Hunderte gefolgt. Zwischen Ems und Lippe – Stapelmann erzählte, er stütze sich auf eigene Marschberechnungen. Und vor allem: Warum nur suchten alle nach *einem* Lager für *drei* Legionen, wo die Truppen doch bei den damaligen miserablen Wegen *hintereinander* marschiert waren und nur eine einzige Straße halbwegs diese Bezeichnung verdiente, die Salzstraße hier übers Gebirge?

Wieder machte Stapelmann halt, wartete. Die Senke vor ihnen – und jetzt sah er, dass Sawadski mitschrieb – verdiene höchste Aufmerksamkeit. Britische Luftbilder aus dem letzten Krieg, die ihm leider erst im vergangenen Jahr unter die Augen gekommen seien, hätten ihn stutzig gemacht: Da sei ein Rechteck zu erkennen, irgendetwas liege tief im Boden, zumindest sei hier Erde bewegt worden. Warum nicht Wall und Graben der Römer, das letzte Marschlager des Varus vor der Vernichtung? In Kürze wisse man mehr, ein Fliegerklub – nun, allzu viel wolle er nicht verraten, um nicht übertriebene Vorstellungen zu wecken. Dort am Bach die westliche Begrenzung, in das Gebüsch drüben einschneidend die nördliche, schwächer erkennbar am Hang die östliche. Man möge sich vorstellen: Mit der Vorhut war der Vermessungstrupp marschiert; mitten in der Wiese dürfte die groma gestanden haben, das Instrument, mit dem die Achsen festgelegt wurden. Da die via praetoria, die Haupt-, da die via principalis, die Querstraße. Vorn die porta praetoria, hinten die porta decumana. Rom im Kleinen. Man möge sich ausmalen, wie die Legionäre Mann an Mann die Erde von außen nach innen schippten, so gleichzeitig Graben und Wall schaffend. Die Schilde hatten sie zusammengesetzt, Schwert und Speer blieben immer in der Nähe. Da auf der Höhe ein eingreifbereiter Reitertrupp! Germanische Hilfswillige! Hin und her schritten die Centurionen mit ihren Rebstöcken und den querstehenden Helmbüschen, die Arbeit ihrer Kohorten anleitend und überwachend. Stapelmanns Stimme klang beschwörend, die Vokale ließ er klingen wie im Italienischen. Dort das Feldherrnzelt, davor wartend ein tribunus laticlavius, bereit, Befehle unverzüglich weiterzugeben. Im Walde wurden junge Bäume geschlagen als Zeltstangen und für die Palisaden. Sich vorzustellen, ein Legionär habe seine Schwertscheide verloren, oder gar: Um einen Kameraden, der sie alle wegen einer Nachlässigkeit um ihren Sold gebracht hatte, zu ärgern und zu strafen, hatten sie seinen Brustpanzer im Wall verbuddelt, dort lag er nun seit fast zweitausend Jahren!

»Da wühlen Sie doch mal los wie Bracke!« rief einer aufmunternd.

Stapelmann gab zu bedenken: Einmal sei der Boden, wie jeder sehe, landwirtschaftlich genutzt, zum anderen müsse man tiefer als zwei Meter hinunter, mit Proben hier und da sei wenig getan. Flächengrabung! Und was da an Erdreich zu bewegen sei. Nein, die Zeit sozusagen privaten Buddelns sei vorbei; wenn der Staat nicht mitzöge – sechsstellig –, wäre nichts gewonnen. Als Stapelmann sekundenlang schwieg, hörte man aus dem Tal herauf Quietschen und Poltern: Der Bagger der DDR-Bauleute war am Werk. Wer weiß, was die noch alles verwüsteten, klagte jemand, andere nickten: Fortschritt habe seinen Preis.

»Achtzehntausend Legionäre, dazu stellen Sie sich bitte den Tross vor, Maultierkolonnen, Wagen, Frauen, Sklaven. Mitziehende Handwerker. Die Marschsäule einer Legion konnte sich auf zehn Kilometer strecken! Also marschierte eine Legion los, erreichte das Lager, zog am nächsten Morgen weiter, wobei sie eine Nachhut zurückließ. Die zweite Legion machte sich auf den Marsch, da griffen die Germanen an, von dort herunter, bitte!« Stapelmann wies den Hang hinauf, Blicke folgten ihm, da stand ein Mann an der Hangkante, die Arme in die Hüften gestützt, gelb behelmt. »Wie ein Späher der Germanen damals«, versuchte Stapelmann zu scherzen. »Jetzt sind es die Ostgermanen, die das Hermannstal mit ihren Teufelsmaschinen bedrohen.« Stapelmann winkte hinauf, der Mann winkte nicht zurück.

»Und es ist keine Aussicht für eine Grabung«, fragte Sawadski, »auch nicht an einer Seite?«

»Bis zum Jahr zweitausend und neun ist es nicht mehr lange hin«, probierte jemand.

»Die Detmolder damals…«

»Ernst von Bandel hat auf eigene Kosten das Denkmal…«

»Müsste eben heute ein Mäzen…«

»…anstelle einer Fußballmannschaft…«

»Wenn wir einen Zigarettenkönig…«

»Meine Damen und Herren«, der Schulmann lachte, »das alles doch nicht in unserem Hermeskirchen!«

»In zweiundzwanzig Jahren!«

»Da haben Sie natürlich Recht. Dieses Datum wird der Hermannsforschung enormen Auftrieb verleihen. Vielleicht sind bis dahin auch wieder Mittel vorhanden. Ein zweites Wirtschaftswunder!«

»Eine neue Wende!«

»Vorwärts oder rückwärts?«

Damit war´s der politischen Anspielungen genug, meinten alle, was sollte ihnen der leidige moderne Parteikram auf des Arminius Spuren. Nun schien es regnen zu wollen, da legten sie alle einen Schritt zu. Im Gasthof Dörenberg war ein Raum für sie reserviert, damit Gelegenheit war, Gesehenes und Gehörtes zu vertiefen. Der Käsekuchen dort war bekannt für seine kalorienarme Lockerheit. Selbstgebacken. Und drei Sorten Bier vom Fass.

Von der Telefonzelle neben der Theke aus erreichte Sawadski einen der beiden stellvertretenden Chefredakteure. Die Hermannsbrücke schwerstens beschädigt. War ein Ding! Er hatte Fotos gemacht. Sofort zurück in die Redaktion! Taxi genehmigt? Platz für Foto und zwanzig Zeilen beziehungsweise für großzügige Bildunterschrift werde freigehalten. Lokales oder Erste, man werde sehen.

»In Ordnung!« rief der wichtige Mann und legte auf. Sawadski dachte: Ob diese Pfeife das schöne alte deutsche Wort »Danke« aus ihrem Wortschatz gestrichen hat? Eines war Saw. nicht zu nehmen: »Das Dumping der Dumper«. Und wenn er es in seiner Brust sterben ließ im höhnischen Wissen: Die

»Hermeskirchener Nachrichten« jedenfalls bekamen diese Perle nicht?!

Derweil referierte Stapelmann über die Grabungsstätte »Haus am Kleinen Hafentor« von Xanten. Zwischendurch sann er: Noch zweiundzwanzig Jahre bis zum Jubiläum. Was ließ sich daraus machen?

Schülerkrach, Pausenkrach, die Referendarin Kohlbrand behielt von der Turnhallentreppe aus den Hof im Auge, die Ecken in den Augenwinkeln, während sie eine entschiedene Antwort gab: *Natürlich* war »Iphigenie« behandelt worden, vor einem Vierteljahr und nicht nur beiläufig. Sie hatte folglich ein Recht gehabt, danach zu fragen. Immer wieder dieses Schülergemaule: Was nicht eine Stunde vorher durchgehechelt worden war, wiedergekäut bis zum Erbrechen, durfte in einer Arbeit nicht abgefragt werden, da wurden Schüleraugen blöd, Schülermünder töricht: Ham wir nie gehabt! Nie von gehört, ehrlich nich, in echt! Nun musste sie auch noch zum Direktor. Zwei Mädchengesichter vor ihr, verzerrt in Gekränktheit, Empörung: Nie nie nie hatten sie irgendwas von »Iphigenie« vernommen, was hieß hier »auf Tauris«. Durchs Kontrollblickfeld der Angelika Kohlbrand schlich Reinhold Vogelsang, der Froschfresser, vermied es, ihrem Blick zu begegnen. Wahrscheinlich musste sie in einer Sache, die nichts mit der Meuchelei zu tun hatte, auf ihn zugehen, und wenn sie ihn Bücher von einem Zimmer ins andere schleppen ließ. Die Lehrerin als Vertraute, als große Schwester, die nicht nur nichts nachtrug, sondern zu verstehen gab: Nie war etwas gewesen.

»Ich werde nachschauen«, ihre Stimme klang unangemessen laut, sie merkte es selber, »ich kann euch auf den Tag sagen, wann wir dieses Drama behandelt haben.« Als ob es auf das Datum ankäme. Wie hieß es doch am Ende: »Nicht um zu…«, da fehlte ihr ein Wort, »um zu vergeben bin ich da«, so sprach Iphigenie am kahlen Strand. Oder: »um zu lieben«?

Die Schulglocke machte bingbangbong, die gekränkten Gesichter verschwanden, Abiturienten drückten Kippen aus, gummikauende Kiefer drängten vorbei, Unterklässler balgten sich durch die Tür. Nochmal bingbangbong, das hieß, dass nun alle auf ihren Plätzen zu sein hatten, jetzt müssten Lehrer über die Korridore schreiten, gesammelt, unterrichtsbereit, total motiviert. Wenn in allen Klassen der Bundesrepublik Deutschland pro Schulstunde nur drei Minuten ungenutzt blieben, hieß das, dass jedes Jahr dreimillionenfünfhunderttausend Stunden Unterricht vergeudet wurden, eine Strecke, sechsmal vom Mond zur Erde und zurück, oder anders ausgedrückt: hundertsechsundsiebzigtausend Güterwagen von je... Die Referendarin starrte irritiert auf den Hof, der nun leer war.

Die Schulsekretärin wies lächelnd auf die offene Tür zum Zimmer des Direktors. Angelika Kohlbrand wusste nicht genau, ob das Stil sein sollte – hier fand jederzeit jedermann Zutritt, nichts geschah heimlich, kein Wort musste die Öffentlichkeit scheuen? Der Direktor zeigte auf einen Sessel, vertiefte sich wieder ins Schriftliche, runzelte die Stirn, seufzte, schüttelte den Kopf, ganz besorgter Schulmann, Verantwortungsträger. Mit einem Ruck verstaute er alles, schloss eine Mappe. »Jaaa, Fräulein Kohlbrand.« Er legte die Unterarme auf den Tisch. »Ich hab mir alles noch einmal durch den Kopf gehen lassen. Und mich umgehört. Die Stimmung ist nicht gut, gar nicht. War die Kriminalpolizei bei Ihnen?«

»Bei mir? Warum...«

»Sagen Sie es mir bitte sofort, wenn jemand auftauchen sollte. Oder von der Staatsanwaltschaft. Ich hoffe nicht, dass jemand Sie anzeigt, schon angezeigt hat. Aber wie die Dinge nun einmal liegen, in unserer ein wenig aufgeregten, um nicht zu sagen: nervösen Stadt – Sie verstehen mich?«

»Eigentlich…«

»Ich bin ja nicht nur Schulmann.«

Sie dachte: Fehlte bloß noch: *schlichter* Schulmann.

»Sondern trage auch politische Verantwortung. Ich möchte keiner demokratischen Kraft in Hermeskirchen das Geringste unterstellen!« Er dachte: Wer hat mir gesagt, dass sie mit unserem Stadtgrünen verlobt ist? Oder wer hat das dementiert? »Wie die Dinge leider liegen, muss ich Sie um einen schriftlichen Bericht bitten. Besser so. Alle Einzelheiten. Namen der Kinder, die notfalls bezeugen können. Ich weiß«, er hob die Hände, »Kinder dürfen keine Zeugen sein, wir wollen auch nicht hochnotpeinlich, ganz und gar nicht! Art des Frosches. Ein Laubfrosch?«

»Er war mehr braun.«

»So. Aber Reinhold Vogelsang wird es doch wissen?«

»Man könnte einen Kollegen von der Biologie fragen.«

Es klang nicht im Geringsten sarkastisch: »Vielleicht, dass wir ein Fachgutachten eines Biologen beilegen. Eines Diplombiologen.«

Stapelmann wendete den Kopf zur Tür, als überlege er, ob er sie nicht in diesem Fall schließen sollte. »Ich weiß nicht, ob ich nicht doch prophylaktisch ein Disziplinarverfahren anstrengen sollte. Sie müssen nicht so entsetzt schauen. Könnte sogar zu Ihrem Besten ausschlagen. Ich meine, wenn doch eine Anzeige erfolgt. Mit unseren selbsternannten Naturrettern ist nicht zu spaßen. Wir könnten vor aller Öffentlichkeit sagen: Bitte, wir haben die Sache nicht auf sich beruhen lassen, haben nichts aus falsch verstandener Kollegialität unter den Tisch gekehrt. Mein Gott, jetzt schauen Sie ja wirklich, als stürzte die Welt ein!«

»Weil Sie erst gesagt haben…« Sie legte die Hände in den Schoß, als ließe sie von nun an alles über sich ergehen. War ja Wahnsinn. Glaubte ihr ja keiner. Jetzt guckte er, als wollte er schmeicheln: Nur keine Bange, Sie merken überhaupt nicht, wenn Sie geköpft werden, unser Beil ist von bester Qualität, echt Solingen, und fix geht das!

»Na fein! Ihren famosen Schüler knöpfe ich mir nochmal vor, damit er sich auf seine Heldentat nicht etwa noch etwas einbildet.«

»Ich hab ihn schon…«

»Ein Wort des Direktors hat oftmals Wunder gewirkt. Der Sohn vom obersten Bäckermeister? Dürfte nicht gerade eine Reklame sein für so ein Geschäft. Wo ja immer alles appetitlich und so weiter.« Stapelmann erläuterte noch, wie der Bericht auszusehen habe, auf drei Seiten lasse sich allerhand sagen. Mit einem Ruck fand sich das gewohnte Lächeln wieder; Angelika Kohlbrand fragte sich verwundert, wo er es in den letzten Minuten abgelegt gehabt hatte. »Sagen wir, bis Ende der Woche? Und Sie unternehmen abgesehen davon gar nichts.«

Sie dachte: Was denn auch? »Aber nicht nur wegen dieser leidigen Geschichte habe ich Sie rufen lassen.« Stapelmann rieb sich die Hände, als gäbe es zwischen ihnen etwas zu zermalmen. »In zweiundzwanzig Jahren feiern wir den zweitausendsten Jahrestag der Schlacht im Teutoburger Wald.«

Sie hätte am liebsten gesagt: Wie die Zeit vergeht.

»Ich wüsste gern, was unsere jungen Menschen über diese Schlacht und ihre Bedeutung wissen. Sie haben ja meinen Vortrag über Bracke gehört, Fräulein Kohlbrand. Eine Umfrage, ein Aufsatz, ich versuche, über das Historische hinauszugreifen. Ein Experiment in Ihrer Klasse; vielleicht, dass man unvorbereitet – was meinen Sie?«

»Da würden wir kaum etwas zu hören bekommen.«

»Ja, sicherlich. Eine Vorbereitungsstunde. Oder eine Wanderung durchs Hermannstal, an Ort und Stelle.«

Sie fürchtete, gleich würde er wieder vom Frosch reden, der dort sein junges Leben hatte lassen müssen.

»Wir denken beide darüber nach.«

Eine Handbewegung, ein Abschiedswort, dann stand sie auf dem Korridor. Im anderen Flügel wurde gesungen, Choral oder Kanon. Sie verstand: »Wer schaffen will, muss fröhlich sein«; vielleicht eine Eigenkomposition der Musiktante, die hatte die Kirchen weit umher mit ihren Melodien verseucht: »Jesus hat das Lachen nicht verboten«, schrummschrumm, Gitarre und Schlagzeug. Wer schaffen wollte, musste nicht nur fröhlich sein, sondern auch einen Bericht liefern, nur zu Ihrem Besten, Fräulein Kohlbrand – hatte Stapi nicht beim ersten Gespräch behauptet: Ich stehe voll hinter Ihnen? Da kippte einer um, da steckte was dahinter, kam allerhand nach, also auf zum alternativen Politiker, zum Mann mit dem frischen Durchblick, nicht in den Stadtfilz verstrickt, sondern…

Die restlichen beiden Stunden brachte sie mit Ach und Krach hinter sich, verkrakelte sich an der Tafel, musste an sich halten, dass sie niemanden anschrie. Sich vorzustellen: Noch zweiunddreißig Jahre bis zur Rente. Aber vielleicht gab es bis dahin überhaupt keine Kinder mehr, außer ein paar Türkchen, und die waren lammbrav, die Mädchen wenigstens. Sie ver-zehrte Reibekuchen und Apfelkompott an der Hohen Straße. Zwei Kollegen hörten ihr stumm zu, als sie von des Direktors Begehren erzählte, waren nicht zu bewegen, ihn ein Arschloch zu nennen. Selber Arschlöcher. Ein Kerl starrte herüber; dieser Zeitungsmensch? Egon würde ihr beistehen; vielleicht warf sie sich ihm doch noch an die Brust?

Bis zum Abend war ein Teil ihres Zornes verraucht. Egon v. Loden schnipselte in Zeitungen herum: Er vervollkommnete sein

Archiv. Die Alpen würden in spätestens zehn Jahren ken-tern, begann er zu erklären, Schlammlawinen würden sich den Inn hinabwälzen und sowohl Innsbruck als auch Autobahn und Flugplatz begraben. Während sie berichtete, schnipselte und klebte, lochte und heftete er weiter, dann befand er: »Stapelmann. Jetzt verrät er sich. Aalglatt, man muss Salz an den Händen haben, um ihn zu packen. Seit zwölf Jahren mit seiner Partei ganz vorne, überall die Finger drin, im Volksbildungsausschuss, im Kulturausschuss und natürlich bei den Historikern. Hochstapelmann! Wäre nicht schlecht, ich redete ihn in der Ratssitzung mal so an.«

»Dich hat er als ›grünen Grafen‹ bezeichnet.«

»Wenn´s nicht so teuer wäre, hätte ich das ›von‹ längst streichen lassen.«

»Dein Name klingt wenigstens noch bodenständig. Loden, der Stoff der Bauern und Jäger. Stell dir vor, du hießest von Tüll oder von Damast oder von Brüsseler Spitze. Meinst du, dass sie mich von der Schule schmeißen?«

»Das verspreche ich dir: Da würden wir ein Fass aufmachen!«

»Vorher nicht?«

»Du musst begreifen, dass es nicht gegen dich geht, sondern gegen Stapelmann.«

»Was geht – geht was?«

»Ach ja, ach ja.« Endlich räumte v. Loden Schere und Locher beiseite, strich ihr seufzend über den Arm, legte die Hand auf ihre Schulter, wollte sie anscheinend dort liegenlassen und nahm sie dann doch wieder herunter. »Mädchen, es werden Pläne geschmiedet, es wird getuschelt. Du verstehst?«

»Nein.«

»Nicht, dass man damit Stapelmanns Partei stürzen könnte. Wir stehen ja in einem vertrackten Verhältnis zu den Konservativen. Wenn sie an der Macht bleiben mit dem Schwänzchen der Fünfeinhalbprozentler – also mal so rum: Wir müssen die Pünktchendemokraten unter fünf Prozent drücken, aber niemals unter drei. Wenn sie vier Prozent bekommen und dadurch Stimmen unwirksam machen, steigt unser Pegel, vorausgesetzt, wir schaffen acht. Also soll Stapelmanns Truppe eher noch einen Punkt zulegen. Wenn wir Stapelmann und Wutte nur ganz leicht schwächen, schwächen wir uns mit. Klarer Fall?«

»Also soll er mich von der Schule schmeißen, indem er den Volkszorn der öffentlichen Meinung…«

»Soll er nicht, Angi!« Jetzt werde erst einmal Tee gebrüht, oder sollte er ihr eine Suppe wär-men? Er habe am Vortag gekocht, indisch oder bangladeschisch, alles irrsinnig ungeschält. Also? Dann wenigstens Tee. Und Hafergebäck, unverzichtbar für die pünktliche Verdauung.

»Einen Strohhalm gibt es.« Und sie schilderte, was Stapelmann über eine zu erwägende Arminius-Umfrage geäußert hatte – beauftragte man jemanden mit derartigen Vorhaben, wenn man ihn feuern wollte?

»Angi, falls sie Anstalten machen, dich von der Penne ...«

Sie beschloss, nicht mehr zuzuhören. Sie sollte den Verweis schlucken, das drang zu ihr durch. Jesus hatte das Lachen nicht verboten – wirklich nicht? Etwas aus dem Haferplätzchen klemmte sich zwischen zwei ihrer Zähne, Stroh oder kerngesundes indisches Holz. Sie würde polken müssen, versuchte es mit der Zunge. Immer noch besser, als dass es ihr den Darm aufriss.

»Es gibt nur einen, der die Sache richtig hochziehen will, Müller-Mahrenburg.«

Das hörte sie nun doch.

»Da staunst du? Es sickert eben so manches durch. Mahrenburg hat ein handfestes Interesse, dass Stapelmann und Wutte einbrechen.«

Sie erwischte das Stück Stroh mit der Zungenspitze und hätte es am liebsten ausgespuckt.

»Es wird ja leider erzählt, wir seien verlobt.«

»Bloß, weil wir vor unendlichen Jahren einmal zusammen in Büsum waren. Armer kleiner grüner arbeitsloser Laubfrosch.« Was war doch der Mensch, dachte sie, für ein mieses Geschöpf: Immer brauchte er einen, dem es noch schlechter ging. »Und bei der Alpenkatastrophe: Wie wird es deiner Heimat ergehen?«

Sie hörte Füllsel wie: Heimat, ehäm, du meinst natürlich die meiner Vorfahren, tja. »Das Grab des alten Bogumil, als ich das letzte Mal da war, das ist nun schon wieder fünfzehn Jahre her, also: Krain wird es natürlich erwischen, schwer sogar. Bogumils Grabstein lehnte an der Friedhofsmauer, das Grab war nicht mehr zu finden. Hab ich dir eigentlich einmal Fotos gezeigt?«

Sie kannte diese Geschichte: Bogumil, der Ururgroßvater, hatte als Schafhirt und Analphabet einen Wollhandel begonnen, war aufgestiegen zum Fabrikanten, hatte in wilder Spekulation die Konkurrenz verdrängt, war zum Wollkönig von Oberkrain explodiert, hatte die k. u. k. Armee mit *Loden*stoffen versorgt und war schließlich seiner Verdienste wegen – niemand hatte sich seinen komplizierten Namen merken können und wollen – in Wien zum Baron v. Loden geadelt worden. Auch später hatte er nicht mehr schreiben können als seinen Namen. Sie fragte: »Wie hatte er gleich geheißen?«

»Bogumil Proshyvalomierski.«

»Dass du dir das merken kannst!«

»Die Stimme des Blutes!«

»Du solltest seinen Grabstein retten.«

»Die Scherereien, die die Jugos machen. Und was das kostet.« Seine Stimme bekam einen träumerischen Klang. »Ach, der Bogumil. Meine Großmutter erzählte oft, was für ein Bär er gewesen sei. Zwei Meter fünf noch im Alter. Einen Schaffellmantel trug er, bis zu den Knöcheln, darunter eine gestickte Weste wie heute noch die Bauern in Slowenien. Als Junge hat er gegen die Türken gekämpft, war Kurier bei den bosnischen Partisanen. Durch die Linien geschlüpft, listig, er kannte jeden Ziegenpfad. Sein Lagerfeuer war nicht größer als eine Hand und brannte stundenlang.«

»Durchs Land der Skipetaren!«

»Nun wirst du unernst, Angi. Das liegt weiter südlich. Damals zogen sich die Türken zurück. Als Bogumil zehn war, hat er, als Bäuerin verkleidet, Quark durch die Linien getragen, drin waren Patronen.«

»Und da es Quark vom Schwein war, den die Türken verabscheuen, schlüpfte er ohne Schwierigkeiten durch. Später wurde er leider an einen Harem verkauft und qualifizierte sich dort zur Bauchtänzerin. Wie ich deine blöden Bogumilgeschichten verachte!«

»Vielleicht hat meine Großmutter ein wenig übertrieben. Hab ich dir eigentlich erzählt, wie Andreas Hofer nach Krain kam und Bogumil …«

Da trommelte sie mit den Fäusten auf seine Schultern und schrie: »Verdammter Lügner! In Österreich wurden nach neunzehnhundertachtzehn alle Adelstitel abgeschafft. Wieso deiner nicht, nicht bei deinem Vater?«

»Weil mein Vater in Böhmen wohnte, also in der Tschechoslowakei.«

»Schuft!« Sie ließ von ihm ab. »Übelriechender schlagfertiger balkanischer Schuft! Aber ich packe dich doch!«

Er lachte.

Nach einer Weile trollte sie sich. Es war diesig in den Straßen, das Pflaster von einem Film überzogen. Ein guter Tag? Zu dreiviertel mies, mindestens. »Disziplinarverfahren zu Ihrem Besten« – da lachten doch die Hühner, quakten alle Frösche, wieherte jedes Kalb. Als Trostpflaster eine Aufgabe, ein Experiment in ihrer Klasse; nicht an einen bemoosten alten Schulbock war es vergeben worden, sondern an sie, die Azubi, die Azubiene, Azubisse. Wie schnitt man das in Papier? Ein Papierstapi; schon einmal hatte sie sich an seinem Kopf versucht, irgendwo müsste das Produkt zu finden sein. Stirnglatze, steile Augenbrauen, aufgerissene Augen, als gäbe es immer noch Staunenswertes in dieser erhaltungswürdigen Welt. Zwei Hände, eine großherzig geöffnet, die andere grapschte – wonach?

Hin und wieder fragte sie jemand, wie und wann sie auf dieses Hobby gekommen sei. Sie war sieben gewesen, im Schaufenster eines Tabakgeschäfts hatte ein weißes, krauses Gebilde gestanden, und sie hatte sofort gewusst: eine Zauberin. Sie kannte Zauberinnen aus dem Fernsehen und den Märchenbüchern, hier hielt eine weiße Hand einen weißen Stab, unter ihm hüpften Blümchen aus weißem Gras, sie sah, wie sie herausgelockt wurden, sich sehnten, sich zum Stab hinaufrecken zu dürfen; eine Fee gab den Schneeglöckchen und Märzbechern ein Zeichen, nun sei es so weit auch für Krokusse und Narzissen, und da hinten freute sich schon die erste Tulpe. Da hatte sie die Ladentürklinke niedergedrückt und war eingetreten und hatte gesagt: Guten Tag, da ist eine Zauberin, haben Sie noch mehr? Hinter dem Ladentisch hatten Mann und Frau gestanden, hatten sich angeblickt und gelächelt, und dann hatte die Frau sie mit ins Zimmerchen nebenan genommen, dort hatte sie ihr eine Kutsche gezeigt, Schneewittchen und die sieben Zwerge hatte Angelika sofort erkannt. Sie hatte vermutet, diese Frau sei selbst eine Zauberin, hatte natürlich nicht danach gefragt. Denn dann wäre die Frau vermutlich sofort verschwunden, sie selbst hätte wieder auf der Straße gestanden, und da wäre dann kein Tabakladen mehr gewesen – man kannte das ja. Ob sie eine Cola wünsche oder Schokolade, da hatte sie stumm den Kopf geschüttelt. Schere und Papier auf dem Tisch hatte sie sachte berührt, nicht aber das Hexenhaus, nicht die Brücke über den Fluss mit dem Schiff darunter, obwohl die sicherlich am ehesten einem Streicheln standgehalten hätten. Das sei eine Brücke über den Rhein, hatte die Frau gesagt. Und ob sie – wie sie denn heiße? – selbst einmal mit der Schere probieren wolle? Da hatte die kleine Angelika wieder den Kopf geschüttelt und war hinausgegangen, fast unhörbar hatte sie »Auf Wiedersehen« gesagt, damit ja nichts zertönt und zerweht würde.

In den nächsten Wochen hatte sie keine Schere sehen können, ohne an die Zauberin denken zu müssen. Ihrer Mutti hatte sie den Laden zeigen wollen, aber da, wo sie ihn vermutete, war er nicht, und sie fand ihn niemals wieder. Es war schon möglich, dass er für eine einzige Stunde hingezaubert worden war; ihre Mutti stritt das keineswegs ab. Als sie selbst versuchte, die Zauberin und den Stab und die Zauberblumen zu schneiden, zitterten ihr die Hände. Aber die Schere flog nicht davon, das Papier loderte nicht auf, die Blumen sprangen nicht zum Fenster hinaus. Nachts in den Träumen sangen die Tulpen, geigten die Narzissen, und die Schneeglöckchen tanzten dazu. Seitdem waren Schneeglöckchen ihre Lieblingsblumen.

Eine lange Geschichte, eine schöne Geschichte – ein paarmal schon hatte ihr jemand geraten, sie aufzuschreiben. Ein hübsches, niedliches Büchlein mit aufklappbaren Scherenschnitten. Wenn ich Kinder habe, beschloss sie wieder einmal, werde ich ihnen zu jedem Geburtstag ein Zauberbuch schenken. Franziska, Fritjof, das Luischen würden umstellt sein von den liebsten Geschöpfen, würden sanfte Menschen werden, ohne Angst, ohne Bösartigkeit, wenn man auch rechtzeitig bedenken musste, dass die antiautoritäre Erziehung zu katastrophalen…

Als sie vor ihrer Haustür den Schlüssel suchte und nicht gleich fand, sackten die Träume zusammen. Oben dachte sie: Ich werde Stapelmann und seine blöden Römer schneiden, Jesus, der das Lachen nicht verboten hat, und Varus in den Wolken. Jawohl, sie würde sich am Papier austoben. Eine anderthalb Meter lange Komposition, ihr bisher größtes Werk. Sie selbst in der Mitten, die Augen niedergeschlagen, die Hände auf der Tischplatte oder im Schoß. Runtergeklappte Lider konnte sie gut. Irgendwo die Adlung weit am Rande. Das Müllerchen suchte sie unter seine Fittiche zu nehmen – oder spannte es wenigstens einen Regenschirm auf? Wie und wo der Frosch? Stapelmann mit den widersprüchlichen Händen, Egon natürlich, auch er war ausprobiert, als sie sich an der Bogumilschwindelei versucht hatte.

Sie zeichnete vor, schnitt, bog, schuf einen Müller-Mahrenburg mit Regenschirm. Mit einem Mal dachte sie: Schererei – was sie machte, war eine Schererei. Ein großartiges Wort, nicht überbietbar in seiner Doppeldeutigkeit, sie stellte sich eine Ausstellung vor mit einem Plakat: »Scherereien von Angelika Kohlbrand« oder einfach: »Angis Scherereien«. Nicht in der Schulaula, sondern in der Stadthalle. Warum war da noch keiner drauf gekommen? Das Einfachste war das Schwierigste. Fehlte noch, dass jetzt einer irgendwo kongenial…

Sie musste es Egon erzählen. Und MM. Und diesem Zeitungsfatzke. Natürlich reichte ihr Oeuvre – sie freute sich über das Wort – nicht für die Stadthalle oder wenigstens das Foyer füllende Ausstellung, aber wenn dieser Begriff einmal in der Zeitung gestanden hatte, war er dann rechtlich geschützt? Als Patent anmelden? Quatsch. Also vielleicht doch in der Aula mit der Froschgeschichte beginnen? Oder mit Varus und dem Hermännchen?

Sie schaltete das Radio ein und hörte Musik, Nachrichten und einen Kommentar über die Geschichte französischer Geheimdienste. Sie zeichnete die Silhouette Hermeskirchens nach einer Postkarte, so würde der Hintergrund der Komposition aussehen: »Schererei Nr. I«. Die Hauptperson musste verloren in der Mitte sitzen wie Jesus auf diesem Abendmahlsbild. Ehe der Hahn dreimal kräht, wird mich einer … Wer würde sich als erster aus dem Staub machen und sie in die Pfanne hauen? Stapi, der Schleimer, suchte schon die Hintertür. Wie schnitt man eine Hintertür; Stapi schielte hin, streckte schon den Fuß? Und Egon, der ihr Verbündeter sein müsste aus zwei Gründen?

Eine Pfanne, sie darin wie im Fegefeuer, umtanzt von örtlichen Teufeln? Die Pfanne wie ein Froschmaul?

Schnipsel auf dem Fußboden, Leim an den Fingern, im Radio schickte sich einer an, das Auseinanderbrechen der Beatles ergreifend zu dokumentieren, als sei dadurch eine Generation in Verzweiflung gestürzt worden. John Lennon nagelte sich selbst ans Kreuz oder irgendeine Sülze dieser Art. Yeah, yeah. Ein guter Tag nun doch? Sich vorzustellen, eines Tages würde sie im Radio hören, am Soundsovielten gebar die Künstlerin Kohlbrand den Begriff »Schererei« und setzte damit einen Meilenstein, gab den Startschuss für eine Epoche, die, der, das?

Also ins Bett. Die Schnipsel wegkehren? It´s a hard day´s night, freilich, indeed, sowieso.

Wenigstens die Finger waschen.

Sie hatte sich hundemüde gefühlt und gemeint sofort einschlafen zu können. Aber die Papiergeister waren zu munter, sie marschierten aus der Schulaula hinaus, Varus vorneweg, und Stapi versuchte vergeblich, ihn am Schlafittchen zu packen. Was genau war ein Schlafittchen? War ja alles schon vorgekommen, vorgeschrieben, Zauberlehrling, oder war das im »Faust«? Die Geister, die ich rief…, schon hüpfte Homunculus aus der Flasche, die Spottgeburt aus Dreck und … Sie würden aufräumen in Hermeskirchen, ihre guten Geisterchen, der Frosch mit Franziska, Fritjof und dem süßen Luischen zusammen würden allen Türkenkindern ein großartiges Türkenkinderheim schenken, die Türkenkinder würden alle deutschen Kinder zu einem Sommerfest laden mit Kebab und Fritten, es würde Radwege regnen und dann würde Varus Stapi an die Hand nehmen und sagen: Pass auf, jetzt zeig ich dir was, und in einem stillen Tal, grüß dich tausendmal, würde er stochern, dann kamen die Zonis und gruben, gruben, und was lag da im Lehm, ein Schwert von irgendeiner Linken, was soll dein heitres, es war das Varusschwert, und weil der Lehm ausgezeichnet war, fanden Kriminologen noch vertrocknete Überreste von römischer Milz dran, ein wenig Dickdarm, darmus dickerus…

Da war es ihr zu dumm, sie stand auf und lüftete, ging aufs Klo. Eine Tablette? Besser keine Tablette. Wahrscheinlich hatte sie auch keine da.

Mutti hätte … Sie dachte: Wie werde ich einmal enden? Unter Brücken?

Strobel breitete Papiere vor sich aus, wobei er sich kaum vorstellen konnte, dass er sie brauchen würde: Pläne des Klärwerks, den Personalbogen von Wittkowski, Herbert, Zahlen über ausgehobenes Erdreich, Transportkilometer, Kraftstoffverbrauch. Papier schuf immer den Eindruck von Gewissenhaftigkeit. Die Genossin Habersatt hatte er schon begrüßt und dabei gemurmelt, alles sei ein gewaltiger Mist. Drei Minuten vor Beginn der Beratung erschien der Werkdirektor, schnaufend vom Treppensteigen, hinter ihm sein Assistent, den Strobel nicht mochte, arschglatt in seinen Augen, intrigant und aufstiegsgeil, so einer brachte es noch zum Minister. Dann der Justitiar.

»Unseren Pechvogel habt ihr nicht mitgebracht?« fragte der Werkdirektor, während er Stro-bel die Hand drückte. Habersatt antwortete förmlich, das habe niemand für nötig erachtet.

Stühlerücken, schon wurde Strobel werkleiterseitig das Wort erteilt. Genossen … – und Strobel schilderte, was dem erfahrenen Dumperfahrer Wittkowski nächtens passiert war; wer weiß, ob jeder andere die Brücke nicht panisch vollends zerrammelt und sein Fahrzeug zu Klump gefahren hätte. Der Auftrag, der ihm, Strobel, erteilt worden sei, besagte, dass über die Hermannsbrücke zu fahren sei. Er habe Oberstadtdirektor Wutte gegenüber und auch bei der Genossin Habersatt Bedenken angemeldet, ob die Brücke den Dauerbetrieb aushalten werde, aber … Und jetzt tat er etwas, das er vor einer Minute noch nicht vorgehabt hatte, er maß sich selber schwache Teilschuld zu: Er habe *vielleicht* nicht dringend genug Bedenken vorgebracht und vor allem nicht schriftlich. Aber er sei nun mal kein Statiker, auch kein Taktiker. Immer geradeaus. Das wär´s fürs erste, ja.

Die Gesichter blieben undurchschaubar. Noch zeichneten sich keine Fronten ab. Wieder hob der Werkdirektor die Hand, diesmal wies er auf Frau Habersatt. Es sei anerkennenswert, begann sie, dass Genosse Strobel nicht versuche, den Genossen Wittkowski zum Sündenbock zu stempeln, doch sehe sie die Lage als so komplex an, dass es auch nicht angehe, ihn von jeder Untersuchung auszunehmen. Sie selber habe eine kaufmännische Ausbildung und sei brückenmäßig absolut inkompetent. Vielleicht solle man für die Zukunft daraus die Lehre ableiten, bei Westverhandlungen einen diesbezüglichen Fachmann hinzuzuziehen. Leitungsseitig! Das wolle sie als Anregung ganz einfach in den Raum stellen. Wie die Verträge von ihr begriffen würden, lag die Verantwortung beim KA-Partner. Umwege seien möglich, wenn auch teuer, und es gehe ja nicht nur um Kraftstoffeinsatz, sondern auch um Löhne und Fahrzeugbelastung. Man müsse in jedem Fall neu berechnen. Nach Nennung der Eckdaten brauche sie dazu nicht länger als zwei Stunden. Sie bedankte sich für die Aufmerksamkeit.

Nach abermaligem Handzeichen des Werkleiters sprach der Justitiar. Die Verhandlungsgrundlage sei nicht eindeutig, man könne die Gegenseite schwerlich in die Ecke drängen. Deshalb rate er zu Flexibilität. Der Gewinnrahmen biete in jedem Fall die Möglichkeit, rentabel zu bleiben. Verhandeln, aber die Arbeit nicht zum Erliegen bringen. Terminlich mit Abstrichen drohen.

Strobel wartete darauf, dass der Justitiar anbot, selbst die Verhandlungen in Hermeskirchen zu führen. War er überhaupt KA-Kader? Während Frau Habersatt abermals redete, stieg in Strobel leise Furcht auf: Und wenn sie nicht nur Wittkowski in die Wüste schickten, sondern auch ihn? Der eine war so wenig schuld wie der andere, aber auch Pechvögel waren unbrauchbar. Warteten genügend andere auf so ´nen Posten. Wenn er merkte, dass sie ihn abhalftern wollten, wenn er zum letzten Mal drüben war und das genau wusste – ob er dann seine Klamotten griff und nach Hermeskirchen hineinstiefelte? Sofort zu Wutte, die Sache weit oben anbinden und sagen: Bin politischer Flüchtling, wenn ich zurückkomme, schicken sie mich als Saboteur nach Bautzen, fünf Jahre oder zehn, Herr Oberstadtdirektor, so bitte ich um Anerkennung als Flüchtling, um C-Schein und Arbeitslosengeld? Irgendwie kam er schon durch, notfalls als Taxifahrer. Oder baute er die Kläranlage für Wutte weiter? Kannte ja alles besser als jeder andere. Frau und Kinder würden Antrag auf Familienzusammenführung stellen, zwei, drei Jahre zog sich so was hin. Wenn die wüssten, was ich mir jetzt ausmale, dachte Strobel, dieser Assistent vor allem, der Aktentaschenträger, diese Pfeife. Andere hatten luschig verhandelt, liederliche Verträge unterschrieben. Sollte doch die Habersatt…

»Genossen«, war nun vom Werkleiter zu hören, »in Bayern haben wir beste Arbeit geleistet, sonst hätte ich den Auftrag von Hermeskirchen nicht gekriegt. Was ich jetzt sage, bleibt in diesem Raum. Es gibt ein Vortasten aus Belgien, da stehen wir am Anfang. Irgendwelche Schatten kann ich jetzt nicht brauchen. Wenn ihr in Hermeskirchen fertig seid – ich sage ganz vorsichtig: Ostende. Fast an der Nordsee, na? Ich stelle das mal sachte in den Raum. Dass das klar ist: Das Wort Ostende habt ihr von mir nie gehört. Kenne ich selber nicht.«

Sein Feixen wurde prompt erwidert, alle wollten ausdrücken, dass sie die Spielregeln kannten, erfahrene KA-Hasen waren.

»Ich sehe zwei Schwerpunkte. Einmal den Umweg, zum anderen die Brücke. Im ersten Fall müssen wir sofort handeln. Telex an den Oberstadtdirektor: Er muss zuzahlen. Den Kostenrahmen stecken Genossin Habersatt und Genosse Strobel ab, der wird dann justitiariell untermauert. Bis dahin wird die Arbeit auf kleiner Flamme weitergeführt. So, dass wir sofort aufholen können. Die Brücke – wir brauchen sie ja dann nicht mehr. In diesem Fall verhandeln wir von der Position des langen Atems aus.«

Er schaute von einem zum andern, sein Lächeln wurde kräftig zurückgegeben. Was geht uns die Brücke an, dachten alle, sollen die Bundis sehen, wie sie mit ihrem Gemäuer zu Rande kommen. Gute Arbeit für gutes Geld, meine Hand für mein Produkt, vertragstreu. Die Bau-Union Magdeburg, Werk III, Träger des Banners der Arbeit, Anwärter auf den Karl-Marx-Orden, ließ sich nicht lumpen.

»Noch Fragen, Genossen?«

»Ich werde mit dem Genossen Strobel beraten«, schlug Frau Habersatt vor. Ob der Justitiar in zwei Stunden hinzukommen könne? Papier raschelte, Stühle wurden gerückt. Ließ sich alles besser an als befürchtet, fand Strobel. Seine Felle schwammen nicht den Hermannsbach hinunter. Er sah Annoncen vor sich: Drei junge Damen suchten Nebenverdienst in exklusiven Räumen, da wurden keine plärrenden Kinder zum Spielen auf den Hof geschickt. Blieb auch dort die Kostenfrage. Da muss ich nun mal durch, dachte er, während er den Korridor entlangging und am Fahrstuhl wartete, aber ein richtiger Puff mit gewölbten Hauben über den Fenstern und einer Negerin drin war es eben doch nicht, und Asiatinnen waren ja angeblich irgendwo auch dabei, Thaimädchen. Würde Herbert mitmachen? Vielleicht war's zu zweit billiger. Wie bei der Bundesbahn, rosarot. Rosarotes Wochenende mit drei jungen Damen in exklusiven…

»Hast ja gar nicht gedrückt.« Frau Habersatt legte den Finger auf die Ruftaste des Fahrstuhls.

»War in Gedanken beim Umweg.«

Darüber redeten sie in der nächsten Stunde, über Pläne gebeugt, auf Taschenrechner tippend. Also fast bis Oberdorf hinauf, vor dem Gasthof abgebogen, steil hinunter. Umweg exakt 2,850 km. Zeitverlust. Die Oberdorfer würden sich über den

Krach freuen. Mit sechs Mark Zuschlag für jede Fuhre kämen sie hin. Strobel versuchte auszurechnen, was herausspränge, wenn er zehn Prozent an Fahrten hinzumogelte, endlich tat, was er nie gewagt hatte: etwas auf die Seite brachte, abstaubte. Für sich und Wittkowski. Einen Kumpel dabei, zu zweit rein in den Puff, knallhart fragen: Preise, Leistung. Hatte man ja gelesen: Plötzlich wollten die für ´ne Pulle Sekt dreihundert Mark, und sonst war nichts gewesen. Da zogen sie beide ganz langsam die Pfoten aus den Taschen: Bauarbeiterpfoten. Also, ihr Puppen...

»Verhandlungsbasis: achtvierzig. Höchstens bis sieben runtergehen. Mal sehen, wie dringend der Baufortschritt für die ist. Man müsste wissen, wie´s in dieser Stadt aussieht, politisch. Wie Wutte abgesichert ist.«

Da war dieser Reporter, vielleicht wäre von dem was zu erfahren. »Uns ist ja jeder Kontakt verboten«, sagte Strobel. »Müsste nicht unbedingt die DKP sein, falls es in Hermeskirchen überhaupt eine gibt.«

»Warum soll´s denn keine geben?« fragte sie kämpferisch.

Strobel wusste, warum er sie nicht leiden konnte: Man redete in aller Ruhe so hin, plötzlich reagierte sie tausendprozentig. Wer hatte ihm denn erzählt, dass er ihr – halbblau – einen Kuss gegeben hatte, und dann war sie ihm stracks an die Hose gegangen? »Ich meine ja bloß«, fügte er an, »könnte auch jemand von der Friedensbewegung sein.«

»Du hast deine Vorschriften.«

»Bloß – du hast gesagt, dass es besser wäre, wenn wir wüssten, wie´s politisch in Hermeskir-chen aussieht.«

»Natürlich nur, wenn wir dafür einen Auftrag haben.«

Ihr Mund wurde schmal. »Du legst im Rathaus unsere Beschlüsse vor. Wenn du nicht weiterkommst, muss ich eben nochmal rüber.«

Sollte die Zicke doch sehen... »Jeder hat seinen Auftrag.« Dazu nickte er verbissen. Die Habersatt war ja auch nicht mit der Aussicht auf Ostende herausgerückt. Dünen, Strandpromenade. Er dort mit Wittkowski. Kurschatten. »Achtvierzig«, bestätigte er und erschrak, weil es im Kopf zu rechnen begann: Was, wenn er von jeder Fuhre zwanzig Pfennige in die eigene...

Da war es Mittwochmittag, die Sirenen heulten auf zur Probe-Entwarnung. Seine Frau würde spät aus der Kaufhalle kommen, vielleicht holte er sie ab. Aber vorher war noch etwas zu erledigen. In der nächsten Telefonzelle wählte er eine Nummer, die er sich hatte einprägen müssen. Ja bitte? fragte eine Männerstimme, da nannte er seinen Namen und fügte an, er wäre nur an diesem Nachmittag in Magdeburg und hätte gern ein Gespräch geführt. Er möge am Apparat bleiben; nach einer Minute meldete sich eine andere Stimme: Ja bitte? Da sagte er abermals sein Sprüchlein auf.

»Genosse, wo sind Sie jetzt? Gut. In zwanzig Minuten hält ein dunkelgrüner Wartburg bei Ihnen, der Fahrer heißt Berg. Bitte steigen Sie ein.«

»Geht klar.«

Strobel schlenderte auf und ab. Und wenn es nicht wichtig war, was er mitzuteilen hatte: Rückhalt gab es doch. Wenn ihn sein Betrieb aus Hermeskirchen abziehen wollte, konnte er abblocken: Moment mal, da haben andere mitzureden, Organe. Da würde die Habersatt sofort die Gusche halten.

Sein Blick blieb an einem Handwagen hängen, der vor einem Laden stand, darauf Säcke getürmt, rundherum an den Seiten Flaschen hineingesteckt, eine alte Frau daneben, Rentnerin. Über dem Geschäft ein Schild: »Sekundärrohstoffe«. Die Abkürzung dafür: Sero. Die Frau hatte also gesammelt, nun wartete sie und wartete, vielleicht hatte der Laden geschlossen, da hing wohl ein Schild: Komme gleich wieder. Da stand die Frau, die das Gelumpe abnehmen sollte, unterdessen beim Fleischer an. Gab's drüben alles nicht, die wussten mit dem Müll nicht, wohin. Hier verdiente die Rentnerin zwanzig Mark oder dreißig. Umgerechnet fünf Mark West. Dafür bückte sich drüben keiner. Dauernd diese Umrechnerei: Hier kriegte er ein Fischbrötchen für fünfunddreißig Pfennige, im Westen kostete es einsdreißig. Mal fünf machte … Schon das: Wenn er hier war, war »drüben« der Westen. Wenn er in Hermeskirchen war, hieß »drüben« Magdeburg. Mal hier, mal dort, musste einen ja verrückt machen.

Die Frau rührte sich nicht, blickte nicht aufs Ladenschild, nicht auf die Tür. Ganz hübscher Zuschuss hier zur Rente: dreißig Mark; drüben waren dreißig Mark ein Klacks. Die Vergleicherei machte einen fertig. Konnte einer noch so abgebrüht sein wollen, im Kopf rechnete es doch: mal fünf, durch fünf. Drüben 'ne Tasse Kaffee für zwei Mark waren eben nicht zehn Ost, verdammich, und wenn es im Schädel trotzdem so abschnurrte. Sero – wusste drüben keiner. ABM – verstand hier kein Schwein. Musste er im Parteilehrjahr mal klarmachen, praktische Beispiele waren immer am besten: Zwei Staaten, da biss die Maus keinen Faden ab. Sero, einfach vernünftig.

Ein dunkelgrüner Wartburg hielt, der Fahrer kurbelte das Fenster herunter. Strobel beugte sich vor, fragte: »Heißen Sie Berg?«

Der Kerl nickte nicht, sah ihn nicht an, antwortete nicht, befahl: »Steigen Sie hinten ein.« Keine Bitte, kein Lächeln.

So sind diese Rindviecher, befand Strobel. Beim MfS, und da denken sie schon, sie sind 'ne Klasse für sich, und jeder soll vermuten, sie frühstücken jeden Tag mit Mischa Wolf persönlich. Er fragte nicht, wohin es gehe, um dem Blödmann nicht die Möglichkeit zu geben, die Frage zu ignorieren oder blasiert zu antworten: Hab meinen Auftrag. War ihm schon mal so ergangen. Bengel, gerade zwanzig. Gefreiter höchstens, aber eingebildet wie tausend Generale.

Er lehnte sich zurück, legte den Kopf ans Seitenpolster. So, war er belehrt worden, konnte man ihn von außen am wenigsten erkennen. Der Kerl gab in den Kurven an, jagte geil von der Kreuzung. Wie der wohl vor seiner Puppe protzte: Darf dir ja nichts erzählen, aber gestern … Und dann irgendwas, was er im Krimi gesehen hatte. Strobel kannte den Hintereingang der MfS-Bezirksbehörde, hier war wieder gebaut worden. Neues Tor, neue Garagen.

»Sie melden sich dort drüben.«

Strobel ging auf eine Tür zu.

»Strobel«, sagte er zu der Frau, die hinter einem Tisch saß und ihn anglotzte. Zivilistin. Weiter hinten im Gang stand ein Posten in Uniform, die MPi umgehängt. Die Frau zuckte noch nicht einmal mit einer Wimper, drückte Tasten.

»Der Genosse Strobel.« Dann: »Sie werden abgeholt, Genosse. Bitte nehmen Sie Platz.«

Den Mann, der nach ein paar Minuten aus dem Fahrstuhl trat, kannte er nicht. Im Fahrstuhl schwiegen sie, grinsten sich an, als sich ihre Augen trafen. Der Mann roch nach süßlichem Tabak. Auf seinem Schreibtisch lehnten in einem Ständer sechs Pfeifen.

»Ich heiße Berg«, eröffnete er das Gespräch, nachdem sie saßen. Er fragte, was Strobel wünsche, Kaffee, Tee, Saft, zu rauchen? Ins Telefon sagte er: »Kaffee unds Übliche.« Strobel zog eine Schachtel HB aus der Tasche und bot an, Berg griff lächelnd zu. Strobel dachte: Hier heißen wohl heute alle Berg.

»Ich bin über Ihren Auftrag informiert«, sagte Berg II.

»Was ist los?«

Ein paar Dinge seien ihm aufgefallen: Immerzu Hubschrauber, ein Kerl im Parka, der behauptete, er sei Vorsitzender einer Historischen Gesellschaft. Und schließlich der bulgarische Kühlwagen.

»Der Reihe nach.« Berg II nahm Schreibblock und Kugelschreiber. »Jede Kleinigkeit kann wichtig sein.«

Die Hubschrauber: ohne Kennzeichen, immer vom selben Typ, manchmal lärmte einer sechsmal am Tag das Tal herauf.

»Den fotografieren Sie. Überhaupt, wir sollten Ihnen – haben Sie diesbezüglich etwas auf dem Kasten?«

Er habe vor Jahren eine Kamera besessen, antwortete Strobel, und irgendwann verloren.

»Kriegen Sie von uns. Und nun der Mann im Parka.«

Der hatte also von der Hangkante heruntergeglotzt. Mit seinen angeblichen Historikern war er prompt in dem Moment aufgetaucht, als die Brücke in die Knie gegangen war. Und dann der bulgarische Laster, hatte über die Brücke gewollt. Nein, sie wurden nicht auf diese Weise versorgt.

»Seltsam.« Berg II stieß die Fingerspitzen sacht gegeneinander. »Darauf achten, wann er wieder auftaucht. Und die Nummer merken.«

»Am besten ebenfalls fotografieren.«

»Nein«, sagte Berg II nach einigem Nachdenken, »den Bulgaren fotografieren Sie besser nicht. Wenn Sie die Aufnahmen bringen, reden wir über die Vergütung. Nicht, dass Sie sonst was vermuten. Fünfzig Mark vielleicht, oder hundert.«

Strobel schaute Berg an. Der schien auf eine Frage zu warten, das gehörte wohl zu den Spielchen hier, würzte grauen Schreibtischalltag.

»West, wohlgemerkt«, ergänzte Berg schließlich. »Dafür fotografieren Sie den Hubschrauber; mit dem Filmmaterial brauchen Sie nicht geizig zu sein. Hundert Aufnahmen, immer erwischen Sie ihn ja sowieso nicht, klar?«

»Klar.«

Eine Frau in Zivil brachte Kaffee in einer Thermosflasche, Selters, Tassen und Gläser. Strobel hatte schon nicht mehr daran gedacht. Während die Frau im Zimmer war, sprach Berg nicht, schaute sie nicht an und bedankte sich nicht. Strobel blickte auf die Uhr. Es wäre ihm recht gewesen, wären sie nun bald zum Schluss gekommen. Seine Jungen waren sicherlich aus der Schule zurück.

»Noch was. Wenn Sie mal hier sind, oder Sie werden krank – wen würden Sie als Ihren Vertreter vorschlagen?«

Strobel tat so, als dächte er nach. »Jaaa, wenn ich überlege: vielleicht Wittkowski. Hat zwar gerade einen schweren Stand, weil er die Brücke…«

»Wir überprüfen unabhängig davon.« Das war der Ton beinahe von Berg I, fand Strobel. Der Stil der Firma: Wir haben den Rundblick, den Durchblick, und du steckst im Mauseloch.

»Erzählen Sie mal was über Wittkowski.«

Strobel tat es.

Hermeskirchener Nächte sind lang

Reinhold Vogelsang malte Männchen, Männer, Krieger mit Helm, Schwert, Lanze: Asterix, Obelix und die Römer. Schade, dass es keine Hefte über Germanen gab. Hätte er abmalen können. Aber er sollte ja schreiben.

Er würde einen tollen Aufsatz hinschmeißen, Fräun Kohlbrand würde ihn vor die Klasse rufen, Fräun Kohlbrand würde sagen: Das ist der beste Aufsatz, den ich im Leben in der Hand gehabt habe. Reini, ich danke dir. Ich werde ihn dem Direktor zeigen. Reinhold Vogel sang in der Aula vor der ganzen Schule. Fräun Kohlbrand würde sagen: Damit ist die Sache mit dem Frosch vergessen, Reini. Ich bin dir überhaupt nicht mehr böse, soll die doofe Zeitung über uns beide und den Frosch schreiben, was sie will. Und sie würde ihn zu sich einladen, da wären sie dann allein, Fräun Kohlbrand und er. Er würde Ananastorte anschleppen. Dann würden sie sitzen und reden.

»Hermann hatte das beste Pferd von allen. Stolz sprengte er seinen Männern voran. Da fing es an zu regnen.«

Reinhold las seine Sätze wieder und wieder. War ein toller Anfang. Er stellte sich vor, wie er vor der Klasse stand und diese Sätze deklamierte. »Erst sagten die Römer soll es doch regnen. Aber dann wurden ihre Lederpanzer immer schwerer. Der Schlamm reichte ihnen bis an die Waden da stürmten die Germanen den Berg herunter.«

Aber besser war es, sich vorzustellen, Fräun Kohlbrand trug diese Bluse wie ein einziges Mal in der Klasse; als das Licht von der Seite hindurchschien, hatte er ihren BH und die Träger gesehen. Durchsichtig, als sie vor dem Fenster gestanden hatte. Reinhold trug nur eine Turnhose, da war es leicht, hineinzufassen, zu streicheln. Er lauschte hinunter in den Laden, hörte Stimmen, auch die seiner Mutter. Die konnte heraufkommen wegen irgendwas. Sonst vielleicht. Die konnte ihn rufen wegen irgendwas. Fräun Kohlbrand in ihrem Zimmer, die Gardinen zugezogen. Sie blickte ihn an. Einmal hatte er geträumt, er würde auf ihrem Schoß sitzen, die Beine breit. Da war er munter geworden. Wie das wohl weitergegangen wäre.

Er holte den Band »Lexikon der Sexualität« aus dem Regal. Sein liebstes Foto: Brustwarzen, ein Mund, Arme, ein Knie.

Fräun Kohlbrand. »Brust, speziell: Die beiden Brustdrüsen der geschlechtsreifen Frau. Die Brüste gehören zu den Geschlechtsorganen der Frau. Busen: Eine als vornehm geltende Bezeichnung für die Brüste der Frau. Genaugenommen ist Busen das Tal zwischen den Brüsten.« Hm. »Arschficken. Bei dem das Glied in den After eingeführt wird. Analverkehr.«

Unten wurden Türen geschlagen, seine Mutter rief. Auf dem Hof wurde ein Motor angelassen, vielleicht fuhr Vater gerade fort. Reinhold brachte das Lexikon zurück an seinen Platz, zog die Jeans an, hatte Mühe dabei, sich nicht weh zu tun. Ging hinunter, schnitt Ananastorte ab, aß zwei Stück. Nach einer Weile ging er wieder hinauf, las, was er geschrieben hatte. Wäre natürlich prima, er würde Asterix und Obelix mit in die Geschichte nehmen. War andrerseits auch Quatsch. Mit Mutti konnte er über den Aufsatz reden, Papa hatte ihm eine gescheuert, als der dämliche Brief in der Zeitung gestanden hatte. Zum ersten Mal überhaupt. Und rumgebrüllt: Was die Leute reden würden, der Sohn des Innungsvorsitzenden, da müsse es ja in der Backstube schön zugehen, da hüpften wohl auch überall Frösche rum, Ratten und alles… Da war Reinhold über den Hof auf die Straße gerannt, sonst hätte er wahrscheinlich noch eine eingefangen.

Er würde den besten Aufsatz schreiben und wieder King sein. Nachdem er den Frosch geschluckt hatte, war er kein King gewesen, höchstens bisschen, aber nach dem Leserbrief jede Menge. Er nahm ein Asterix-Heft, schaute, überlegte, schrieb: »Auf einem Hengst den er den Römern abgeluchst hatte, ritt Hermann, das Schwert quer auf dem Sattel bei der heutigen ESSO-Tankstelle nach links. Manchmal hielt er die Hand über die Augen und spähte. Und dann bekam er Hunger. Aber dort, wo heute die Bäckerei Vogelsang steht, wo es schon bis auf die

Straße nach leckeren Backwaren duftet.« Würden alle feixen wie verrückt. Er ging in die Küche hinunter, legte das Heft auf den Tisch und schaute in den Laden. Nur eine Kundin und das Ladenmädchen. »Mutti! Kommst mal?«

Er las vor: »Wo es schon bis auf die Straße hinaus nach leckeren Backwaren duftet. Geht das?«

Sie lachte. »Die Meister Vogelsang und seine tüchtige Frau jeden Tag knusperfrisch…«

Reinhold legte den Arm um die Taille seiner Mutter, presste den Kopf gegen ihren Bauch und prustete.

»Wo erst letzten Monat Meister Vogelsang die Fitnessbrötchen erfunden hat.«

»Muttiiii!« Nach Kreischen und Zappeln: »Mutti, ich hab mir überlegt: Wenn wir damals nicht gewonnen hätten, wären wir heute Italiener.«

»Und dein Vater hätte keine Bäckerei, sondern ′ne Pizzabude. Und du hießest nicht Reinhold, sondern…«

»Rinaldo Rinaldini!«

»Aber übertreib nicht in deinem Aufsatz, hörst du? Hast was gutzumachen bei Fräulein Kohlbrand.«

Reinhold brummte, stemmte die Arme auf. »Jaaa. Sag mal, wie alt war denn der Hermann.«

»Du, ich muss wieder in den Laden.«

Reinhold überlegte: Wenn Hermann damals zweiundzwanzig war, wäre er vor genau zweitausend Jahren geboren worden. Könnte man auch feiern. Da müsste sein Vater nicht bloß Fitnessbrötchen erfinden, mit Hermannsbrötchen könnte er ebenfalls schweres Geld machen.

Zwiebelmuster

Zwiebelmuster (1985)
Entstehung

Noch in guter Erinnerung, fast gegenwärtig, war dem 1981 in die Bundesrepublik ausgereisten Schriftsteller Erich Loest all das, was aus Parteiwillkür und Machtanspruch der Funktionäre, aus Treueprivilegien und Stillhaltegewohnheiten viele angepasster Bürger zum ideologischen Mäntelchen gewebt worden war, bestickt mit der Utopie, eines Tages das kapitalistische System überholen zu können. Dafür wurde reglementiert und diszipliniert, gespitzelt und die Realität mit ideologischem Wortschwall verklärt und verkleistert. Die Herrschaftsstrukturen des real existierenden Sozialismus sowjetischer Prägung hatten unglaublich viele Verzweigungen und reichten, Krakenarmen gleich, in nahezu alle Organisationen und Bereiche.

Davon hatte sich Erich Loest 1981 nun auch räumlich distanzieren können und thematisierte in Folge pointiert die Konflikte zwischen Individuen der nun verlassenen Stadt Leipzig, der Stadt, die für ihn »unerschöpflich« war und den jeweils zuständigen Staatskollektiven.

Bereits in der DDR hatte Erich Loest nach seiner Haftentlassung der gewünschten sozialistischen, deutschen Weltanschauungsliteratur eine Absage erteilt. Im Westen angekommen, konnte er auf SED-Treue, geübte Staatsraison und die damit verbundenen Privilegien mit ironischer Distanz blicken und in einer amüsant zu lesenden Sprache ins Bild setzen. Egal, ob es dabei um die krampfhaften und gelegentlich sehr unlustig angegangenen Versuche ging, sich durch eine systemkonforme Literatur »nach oben« zu schreiben oder um die mit vorsichtiger Freundlichkeit und vorauseilendem Gehorsam ausgestatteten Funktionäre – ausführlich nachzulesen in der Loestschen Autobiographie Durch die Erde ein Riss. Im Roman nun, in der Mischung aus Fiktion und Realität, entlarvte Erich Loest, ohne sie zu denunzieren, Befehlende und Befehlsempfänger, Verlagszensoren und sich in ihre Gunst Einschreibende mit Schwejkschem Augenzwinkern.

Der Roman Zwiebelmuster erschien bei Hoffmann und Campe und drei Jahre später im Deutschen Taschenbuch Verlag.

Inhalt

Hans-Georg Haas, Leipziger Schriftsteller, ist fixiert auf die Vorstellung, über seine Literatur und seine wohl weiße Weste, Reisekader zu werden. Als zuverlässiger SED-Genosse stehen die Chancen dafür nicht schlecht. Das würde bedeuten, zu Studienzwecken in eines der Länder zu reisen, die zur sogenannten großen weiten Welt gehörten. Algerien hatte er ins Visier genommen. Offiziell vorgeschlagen wurde plötzlich Griechenland. Diese Kehrtwende kam unerwartet. »Sofort sackte alle Heiterkeit zusammen und machte dem bitteren Gefühl Platz, dass er nun eigentlich einen Vortrag über das Innenleben eines Schriftstellers halten müsste, dass es Antriebe gäbe, dunkle Wünsche, dass man Literatur nicht schreiben könne, wenn man sie von äußerlichen, banal materiellen Möglichkeiten abhängig mache.«

Eigentlich ansonsten zufrieden mit seinem Status, fehlt ihm eben nur noch der Ritterschlag zum »Reisekader«. Tapfer spielte er störende Zwischenfälle runter. Auch der holländische Freund seiner Tochter dürfte da nicht der Fliegendreck auf der weißen Weste sein, ebenso nicht die unangenehmen Erinnerungen an zwei von ihm geschriebene Artikel vor Jahrzehnten. Der Inhalt dieser war eher unbedeutend, kritisierte aber einen Genossen, der gedanklich in die Irre gegangen schien, jedenfalls nach Parteidoktrin der fünfziger Jahre. Für den von Haas Attackierten bedeutete das den steilen Abstieg, genauer, den freien Fall mit den Stationen: Versetzung in die Provinz, »Bewährung« in der Produktion und »Wiedergutmachungsangebot« der Stasi. Diese Ablehnung kompensiert Haas mit immer größerem Alkoholkonsum. Kurz vor seinem Tod kontaktiert jener noch einmal mit einem nebulösen Vierzeiler Hans-Georg Haas.

Am Ende bekommt Haas den Auftrag, ein Buch über die Geschichte des Meißner Porzellans zu schreiben. Und Meißen ist ganz in seiner Nähe.

Haas dachte: Mein Gott, wie alt war ich damals. Wie jung. Ich glaubte den Stein der Weisen zu besitzen. »Diese Binsenweisheit muss endlich einmal ausgesprochen werden.« Haas, der endliche Aussprecher. »Man muss unmissverständlich« – Haas, der Scharfrichter, von niemandem als sich selbst dazu ernannt.

Er räumte zusammen und ging in die Küche, sagte, er habe die Suche aufgegeben. Alles konnte man nun wirklich nicht aufheben. Und Kloßner hatte sich ja nicht wieder gemeldet.

Jetzt erst erzählte sie von ihrem Gespräch mit Schnippchen. »Seltsam, wie wenig substantiell mir inzwischen alles vorkommt. Er will in Berlin mit jemandem darüber reden, vielleicht sogar im Büro von Kurt Hager. Aber dort wird doch gar nicht gebremst! An der Koordination liegt es, nicht am bösen Willen eines einzelnen.«

»Schaden kann es jedenfalls nicht.«

»Bist ja sehr genügsam!« War es nicht so, dass sich Schnippchen gern mit einem Fluidum des Geheimnisvollen umgab? Hatte überall die Finger drin, zog Fäden, durfte über seine vielgestaltigen Missionen natürlich nicht sprechen – gefiel sich Dr. Heinrich Schnippchen in der Rolle als Einfädler, diplomatischer Tausendsassa? »Wirklich eigenartig«, gestand sie aber-mals, »dass ich erst nach ein paar Stunden auf die Idee komme, mich selber zu fragen: Was hat er eigentlich gesagt?«

Haas spottete: Hatte die Gegenwart des schönen Heinrich lähmend auf das Urteilsvermögen der Genossin Haas gewirkt?

Nach dem Abendbrot kamen sie auf Griechenland. Er hatte sich Bücher besorgt und über den Putsch der Obristen gelesen,

Patakos hieß der übelste, dessen Geheimdienst trug den klingenden Namen ASPHALIA. Die Amerikaner hatten den Putsch vermutlich nicht ausgelöst, aber verhindert schon gar nicht, und als die Militärs einmal im Sattel saßen, hatten die Amerikaner nichts getan, um sie zum Absteigen zu bringen. Feld für eine spannende Handlung. Vielleicht so: Ein junger Mann wird aus dem Gefängnis entlassen. Oder flieht. Geht in den Untergrund, schließt sich einer Widerstandsgruppe an. Die andere Ebene: der CIA in Griechenland, getarnt als Handelsgesellschaft. Die Königsebene.

Kläre Haas versuchte herauszufinden, wie sehr das, was ihr Mann da tat, ihn wirklich interessierte. Bücher dieser Art hatten sie beide kaum gelesen. Absolut klar, dass Hans-Georg sich nie auf diese Pfade begeben hätte, bestünde nicht so die Aussicht auf eine Auslandsreise. Beim Griechenlandprojekt würde sie selbst draußen bleiben, deshalb hoffte sie immer noch, die Schiffsreise ließe sich verwirklichen – machte sie das allergisch gegen den neuen Stoff? Fand sie den Handlungsstrang, den er jetzt zu knüpfen versuchte, deshalb dünn? Der Griechenlandaufenthalt würde für ihn vier, vielleicht acht Wochen dauern, und zum ersten Mal fragte sie sich, ob sich Hans-Georg vielleicht auch auf andere Frauen freute, wenigstens auf eine andere Frau. Sie waren seit siebenundzwanzig Jahren verheiratet, seit zehn Jahren hatte sie nie Anlass gehabt, ihm zu misstrauen. Vorher eine ziemlich läppische Geschichte – sie hatte lange nicht mehr daran gedacht. Manchmal war er allein in Gransow gewesen, aber sie hatte sich nie vorgestellt, eine Frau käme dorthin. Jetzt das verwirrende Glück einer langersehnten Reise, es würde verjüngend wirken, Energien freisetzen, vielleicht stürmte er durch Türen, von deren Existenz er gar nichts gewusst hatte, und das gehörte dazu: Mit anderem Himmel, anderer Luft, mit den Weinen und Speisen, den Kunstschätzen des neuen Landes würde er auch ein Mädchen, eine Frau aufnehmen, es anders als brüchig empfinden. Wenn es so war, passte der landläufige Ausdruck vom Ehebruch nicht, wann passte der schon. Dann war sie selber vier, vielleicht acht Wochen allein in dieser Wohnung, aber es wäre natürlich etwas völlig anderes, einen Mann in dieser Zeit mit hierherzunehmen, wen denn auch. Oder zu einem anderen zu gehen und bei ihm zu bleiben. Zu wem denn auch.

»Oder ich pfeif auf dieses Projekt, ich liefere ein dummes Exposé, ein Anfangskapitel, zieh die Sache in die Länge, bis keiner mehr so richtig daran denkt. Und kümmere mich um exakte Geschichte vor Ort.«

Sie ging zu ihm hin, kniete vor seinem Sessel und legte den Kopf auf seinen Bauch. Sie spürte die Wölbung und dachte, dass ihr sein Bauch noch nie zuwider gewesen war, optisch nicht und nicht bei der Berührung. Sie sagte: »Gehen wir bald ins Bett?«

Sie kniete aber noch eine halbe Stunde danach vor ihm, er streichelte ihr Haar, hin und wieder redeten sie etwas. »Ich kann mir nicht helfen«, sagte sie, »ich bin fest davon überzeugt, dass es mit der Schiffsreise etwas wird. Ich seh den Felsen von Gibraltar ganz genau. Jeden Affen darauf einzeln.« Der Druck ihres Kopfes und ihrer Hände erregte ihn, jetzt wäre es für ihn an der Zeit gewesen, ins Bett zu gehen, ohne Gedanken an Aufräumen oder ähnliches dazwischenkommen zu lassen, er kannte das: Seine Anspannung wich dann wieder, und es fiel ihm schwer, sie zurückzurufen. Oder so: Es war dann eine andere Spannung, eine neue Erregung. Und um jede war es schade, wenn sie ungenutzt blieb. Vielleicht gar nicht erst unter die Dusche, so warm war der Tag nicht gewesen. Sich auf den Geruch ihres Körpers einstellen, ihn erwarten. »Also komm jetzt!«

Später, als ihr Atem wieder flach geworden war, sagte er: »Wenn es nicht gleich etwas wird mit der Reise, fahr ich noch ein paar Tage nach Gransow. Mal die Arbeit vorantreiben, einen Ruck machen.«

Ihr fiel ein, dass sie sicher gewesen war, er hätte niemals eine Frau dorthin mitgenommen, dorthin bestellt. Einen Augenblick lang hätte sie gern gefragt, ob sie damit recht gehabt hat-te. Aber derlei war zwischen Ihnen niemals ein Thema gewesen. Sie dachte: Wie gut. Nichts zerreden.

Also dieser Griechenlandstoff – Hans-Georg Haas zog Linien zwischen Namen, die er aus Romanen und Zeitungsartikeln zusammengesucht hatte. Nikos Luovaris, er sprach sich den Namen vor, sollte der Held heißen, ein junger Mann. Dhimos, sein Freund, älter, erfahren im politischen Kampf. Die Geheimdienstleute von der ASPHALIA haben ihn gefesselt an eine Mauer gestellt und über seinen Kopf hinweg geschossen, zum Spaß, da ist er wahnsinnig geworden. Oder ein Seemann hat es Nikos so erzählt, und Nikos weiß nicht: Ist es eine Provokation, soll seine Reaktion getestet werden? Soll er zugeben, dass er Dhimos kennt? Haas hatte getippt: »Der Seemann hat ihm eine Falle stellen wollen, er wird nicht diesen Kellner aufsuchen, wird sich nicht ins Ausland schleusen lassen und kein Wort von dem verraten, was der Seemann über den Tod von Dhimos gelogen hat. Der Seemann ist ein Provokateur.«

Ganz anders hatte er sich an den Algerienstoff herangetastet, da hatte er ein theoretisches Ziel, wollte eine abgebrochene Revolution deutlich machen. Sah Parallelen von den Bauernkriegen an mit der Gestalt Luthers, der als Reformer begonnen hatte, aber die Revolution lief auf Sand, und wohin sollte dann ein Reformer? Münzer unterlag bei Frankenhausen, Luther wurde feist in Wittenberg. Oder die Revolution der Sowjetunion, versteint irgendwann. Oder die in der DDR. Darüber hatte er nachgedacht, es freilich nicht formuliert. Im Algerienstoff hatte er danach gesucht, wo sich die Revolutionäre von einst gegenseitig in den Kerker steckten.

Er brühte sich Tee auf, das tat er gewöhnlich gegen elf, der Tee gab Schwung bis Mittag. Noch war die Post nicht da, vergeblich schaute er im Hausflur im Kasten nach. Also diesmal nicht theoretisieren, sondern Personen erschaffen und agieren lassen: »Gegen Mitternacht, als sich der Gastraum leert, zahlt er und tritt auf die Straße. Dabei hofft er, dass diese Taverne keinen Hinterausgang hat, und wirft sich vor, das nicht eher nachgeprüft zu haben. Eine halbe Stunde später tritt Zannos aus der Tür, er hat die Jacke lose über die Schultern gehängt, denn es ist noch immer warm. Nikos steigt nach ihm auf eine Straßenbahn und setzt sich ihm gegenüber. Zannos lächelt oder lächelt nicht, Nikos kennt sich in diesem Gesicht nicht aus, aber jetzt weiß er, dass dieser Mann eine beneidenswerte Zähigkeit…«

Haas drehte den Bogen hoch, las, das sollte in Athen spielen – wie war das mit diesem Wort: Taverne? Hieß das so in Griechenland oder Italien oder Spanien? Das war es wieder, so ein Wort musste sich wie selbstverständlich einfinden, er müsste in einem griechischen Fischerdorf vor einer Hafenkneipe sitzen, den Block vor sich, müsste schreiben, der Wirt müsste ein Glas vor ihn hinstellen, womit? Segel draußen, Wind, der von Afrika herüberstrich. Alles würde sich fügen, wäre er nur einmal in Afrika an Land gegangen.

Also Martha anrufen. Martha war überall gewesen, nun, überall doch nicht. Rentnerin seit gut zehn Jahren, gesund, quirlig. Ihre Schwester in Württemberg besaß eine Fabrik und einen Haufen Geld, und jedes Jahr, seit Martha reisen durfte, hatte sie vier Wochen lang Westeuropa abgeklappert, mit dem Bundespass nach Italien, Paris, Brüssel, London, Stockholm. Sie hatte keine Ansichtskarten in die DDR geschrieben und hinterher nur wenigen Freunden erzählt, wo sie gewesen war, denn natürlich war es verboten, sich drüben einen Pass ausstellen zu lassen, und mit dem DDR-Pass kam keiner weit. Also Martha anrufen: Hallo, was machen die Kirschen? Ja, wir kommen am Wochenende bestimmt. Du, sag mal – nein, in Griechenland war Martha nie gewesen. Sie zählte auch die südlichen Länder nicht auf, die sie besucht hatte, das tat man nicht am Telefon. Taverne – mal im Lexikon nachschauen. Ristorante – nee, das war etwas anderes und italienisch. Martha lachte, er stellte sich vor, wie sie dabei den Kopf in den Nacken legte. So schmetterte Martha gern, demonstrativ, früher hatte er einmal gedacht, sie habe vor langer Zeit das Wort »kapriziös« missverstanden, und niemand habe sie aufgeklärt. Martha, die Weltdame aus Reudnitz. Also schön, wir holen dir die Kirschen vom Baum.

Er ging wieder zum Postkasten, beim Hinaufsteigen wendete er die Umschläge: Bankbeleg, vom Verband in Berlin – doch nicht wegen der Reise? –, von einer Bibliothek in Thüringen, vermutlich Einladung zu einer Lesung. Herbert Kloßner. Diesen Brief schlitzte er zuerst auf, noch stehend las er:

Testament

für H.-G. H.

Von mir bleibt eine leere Wodkaflasche –
verstreut, vergessen alles, was ich einst verlor.
Man stecke sie in eine Aktentasche
und stelle sie ans Brandenburger Tor.

H. K.

Keine Anrede, kein Gruß. Ein Spinner, dachte er entschlossen, ein Kranker, der vom Bett aus seine Pfeile verschießt. War makaber.

Und warum an ihn? Ihre Begegnung lag fünfundzwanzig Jahre zurück, die Hälfte eines Berufslebens, ein Vierteljahrhundert. Haas las wieder, fühlte sich unbehaglich. Die letzten beiden Wörter zielten ins Politische: das Brandenburger Tor, also die Mauer, die deutsche Teilung. Ein Mann, der vielleicht politisch und beruflich gescheitert war und nach Schuldigen suchte. Er sollte, meinte Haas, dieses Geschreibsel als Kuriosum betrachten. Dennoch las er es wieder. Es hatte Rhythmus, drängte auf den Schlussbegriff zu, der wirkte wie eine Explosion. Nun, wie ein Explosiönchen. Haas zwang sich abzuwiegeln: Da platzte ein Luftballon.

Der nächste Brief: nichts vom Genossen Schreiber über die geplante Reise, sondern eine Einladung zu einer Diskussion, die der Kulturbund in Dresden über südamerikanische Lyrik veranstaltete; er würde natürlich nicht hinfahren. Er las noch einmal Kloßners Verse und war neugierig, was Kläre dazu sagen würde. Er hoffte auf ihren praktischen Verstand.

Also wieder der Roman. Nikos ist auf einer Insel gefangen, wird entlassen, es ist nicht gravierend, was ihm vorzuwerfen ist. Politisch natürlich, vielleicht mehr Verdacht als Straftat. »Immer wird vier Uhr mit der Arbeit begonnen. Da glänzt der Himmel noch weich und, dunkelt nach dem Zenit zu; manchmal verdichtet sich der Nebel im Westen zu einer Wolkenbank, die Kühle verspricht, aber in dieser Jahreszeit niemals hält. Die Sonne schlägt die Wolken gegen das Meer, zwei Stunden später ist es schon so heiß, dass alle Häftlinge überzeugt sind, der heißeste Tag dieses Jahres stünde bevor. Gegen sieben ordnet der Brigadier die erste Pause an und bittet um Erlaubnis, zwei Mann in die Baracke am Rand des Hanges schicken zu dürfen. Die beiden Häftlinge schleppen eine Kanne...«

Was werden sie trinken auf einer griechischen Gefängnisinsel? Essigwasser. Aber vielleicht ist Essig dort teurer als Wein? Wein nun doch nicht. Also Wasser.

So leicht fiel es nicht, das Testament aus dem Bewusstsein zu drängen, er las es wieder. Für H.-G. H., für Hans-Georg Haas, auf ihn gezielt, als trage er Schuld, dass da nichts bliebe als eine leere Wodkaflasche. »Verstreut, vergessen alles, was ich einst verlor« – da war etwas verloren worden, nun sollte es obendrein verstreut und vergessen sein. Oder bewusste dreifache Negierung? »Man stecke sie in eine Aktentasche und stelle sie ans Brandenburger Tor.« Da wollte ihn einer aus dem Dunkel heraus verantwortlich machen – Haas ärgerte sich; dass er dem Inhalt wohl doch Bedeutung beimaß.

Also endlich weitergeschrieben. »Sie nehmen ihre Werkzeuge wieder auf und zerschlagen Steine und karren Kies und planieren, sie teilen ihre Bewegungen ein und hoffen auf Wolken und Wind, und, in der zweiten Pause trinken sie den Rest des Essigwassers« – oder des verdünnten billigen Weins? Aber Wein für Häftlinge in einem Buch für DDR-Leser, um Gottes willen. »Da brennt die Sonne wie an jedem Tag, Schweiß läuft ihnen in die Augen, der Posten knöpft das Hemd bis zum Hosenbund auf.«

Das schriebe sich leichter in Gransow, wenn es Sommer wäre. Oder eben in Athen mit Blick über das Häusermeer. Aber es war Herbst in Leipzig. Kurz vor zwölf, er könnte spazieren gehen und dabei ein wenig einkaufen, Flaschen wegbringen. Aber es war windig, er sah, wie hinter einem Dach eine Rauchfahne zerstob, sie wurde aus dem Schornstein gerissen, dass sie sich überschlug, auffächerte, in Streifen davonflog. Und da soll er über mittelmeerische Hitze schreiben, über Durst, er, der eben Tee trank. »…eine leere Wodkaflasche« – es war zu früh, Wodka oder Korn in den Tee zu tun.

Gegen ein Uhr wärmte er sich Eintopf auf, dabei hörte er Nachrichten des Deutschlandfunks aus Köln, auf den das Radio seit Jahren eingestellt war. Der Mittagskommentar – er kannte Namen und Stimmen. Während er löffelte, rief seine Frau an – das war die Zeit, da sie sich am wenigsten störten, Gelegenheit, ein paar gute Worte zu sagen, fühlen zu lassen, dass man aneinander dachte, auch wenn der Trubel über einem zusammenschlug, natürlich nur auf ihrer Seite. Ja, es sei ziemlich verquer gegangen den Vormittag über, der höchste Krankenstand seit uralten Zeiten, Streichung eines fest zugesagten Warenpostens, sie würde in Berlin ein Fass aufmachen. »Und bei dir?«

»Hab gut gearbeitet«, er überlegte, ob er Kloßners Testament erwähnen sollte. Er hätte es dann vorlesen und kommentieren müssen – das würde mehr Zeit kosten, als die Sache Gewicht hatte. Schuhe seien abzuholen, sie habe versäumt, es ihm zu sagen. Der Bon läge bei den Notizzetteln. Auf keinen Fall vergessen, denn Ausgabe sei neuerdings nur alle zwei Wochen. Bei ihr könne es später werden, sie brauche ein paar Leute an einem Tisch, und das war erst nach Feierabend möglich.

Nach dem Essen schlief er eine Stunde. Als er das nächste Mal von seinem Manuskript aufschaute, waren die Dächer nass. »Mittagshitze liegt über der Stadt, als Nikos im Bus nach Posidhonia sitzt, als er sich klarmacht: Wenn der Seemann ein Provokateur ist, dann ist er selbst in die Falle hineingetappt, ist es gleichgültig, ob jemand von der ASPHALIA weiß, warum er jetzt die Schwester von Dhimos sucht, da braucht er sich nicht erst zu diesem Kellner durchzufragen; es genügt, wenn der Seemann aussagt. Andere werden bestätigen…«

Gegen vier brühte er sich einen Kaffee. Dazu einen Weinbrand – er hätte ihn gern getrunken, wenn er nicht noch hinausgemusst hätte. Man konnte nicht alles haben, beziehungsweise: Strafe musste sein. Er brachte ein Netz leerer Bierflaschen zum Konsum um die Ecke und schlug einen Bogen durch ein Parkstück. Auf einer kleinen Brücke, die über einen Graben mit fast stehendem, faulig riechendem Wasser führte, kam ihm die Idee, einen Roman im Roman zu schreiben, wie ein Schriftsteller, also er, sich, um Reisen zu erzwingen, an einem exotischen Stoff versuchte, die Nikos-Geschichte in die Haas-Geschichte verpackt, und am Ende scheiterten beide. Das wäre literarisch reizvoll und natürlich bei keinem DDR-Verlag unterzubringen, da brauchte das Ministerium gar nicht erst einzugreifen, so etwas strandete schon auf jedem Verlagstisch.

In der Reparatur-Annahmestelle suchte eine abgehetzte, sich um Freundlichkeit bemühende ältere Frau eine halbe Stunde lang vergeblich nach seinen Schuhen. »Eichndlich«, sagte sie, »eichendlich mißtn se da sein.« Vielleicht falsch eingeordnet. Ob die Reparatur besonders schwierig gewesen sei? Falls etwa die Brandsohle hätte ersetzt werden müssen, könnte es schon sein, dass dieses Paar nicht mit zurückgekommen sei. Sie werde am nächsten Tag in der Werkstatt anrufen, und wenn der Herr am Nachmittag noch einmal vorbeikommen könnte, wäre vielleicht schon etwas geklärt. Er möge dort an der Seitentür viermal klopfen, das sei das Erkennungssignal, sonst ließen sie niemanden ein. Und wenn die Schuhe tatsächlich verschwunden seien, woran sie nicht glaube, gäbe es selbstverständlich Ersatz.

Da bedankte sich Haas, diese Frau konnte ja nichts dafür. Auf dem Rückweg kaufte er ein, was das Netz fasste, Bier, Waschpulver, Senf, Öl, Toilettenpapier. Daheim überlegte er, ob er einen Weinbrand trinken sollte oder gleich ein Bier. Im Allgemeinen galt der Grundsatz: Kein Bier vor fünf, jetzt war es halb sechs, da konnte er auch noch bis zum Abendbrot warten. Also doch einen Weinbrand. Er schlug den Atlas auf und ließ seinen Blick über Griechenlands Inselwelt gleiten. Da das strittige Gebiet zwischen Griechenland und der Türkei, es ging um Erdöl. Da die Gefängnisinsel. Da entlang wird das Schiff fahren, das Nikos in die Halbfreiheit bringt. Er schlägt sich nach München durch. Nach München, hoffte Haas, werden sie mich wenigstens fahren lassen, wenn es schon mit Griechenland nicht klappt.

Zu dieser frühen Abendstunde, im Gefühl, seine Arbeit getan zu haben, las es sich gut im Manuskript. Hier und da eine Kürzung. »Der Hauptmann erhebt sich mit einem Ruck, Nikos' Blick schreckt hoch, er steht sofort auf, hört Paragraphen und steife Formulierungen, dass er auf Grund eines Gnadenerweises vorzeitig zu entlassen sei, dass er seinen Aufenthaltsort nur mit Zustimmung...«

Kurz vor sieben klappte Haas das Manuskript zu. An der Seite des Schreibtischs, auf anderen Briefen, lag das Testament des Herbert Kloßner. »...und stelle sie ans Brandenburger Tor.« Er sah das Bauwerk vor sich, eingebettet in die Sicherungsanlagen, davor eine kleine Aktentasche. Natürlich um des Reimes willen: das Wort »Wodkaflasche« war eher dagewesen. Diese Sache mit Kloßner würde weitergehen, dessen war er sicher. Erst die Karte, dann das Telefonat mit Kloßners Frau, der Hinweis auf den Artikel, nun das Testament. Vielleicht sollte er Marion zu Kloßners Frau schicken. Marion konnte nicht wegen Fehlern aus der Vergangenheit zu irgendetwas verpflichtet werden. Marion würde berichten, dann blieb ihm Zeit für eine Entscheidung, falls überhaupt eine gefällt werden musste. Was gingen Marion die Querelen der fünfziger und sechziger Jahre an. Ein Mensch ohne Narben. Vielleicht brachte sie einen nüchternen Blick mit: Seid ihr denn alle verrückt?

Schon daran, wie seine Frau aufschloss, merkte er, wie erschöpft sie war. Er ging ihr in den Korridor entgegen und half ihr aus dem Mantel. Natürlich sagte sie, sie hätte keinen Hunger, da zählte er auf, was er anbieten konnte: Nudelsüppchen, Büchsenfisch aus Cuxhaven, Tee mit viel Zucker und Milch – er habe gelesen, die

Briten würden Wind und Regen auf ihrer Insel nur mit Hilfe dieses Tranks aushalten. Um sie abzulenken, kommentierte er die britische Weisheit, während er zwischen Zimmer und Küche hin und her ging. Er legte eine Schallplatte auf, Mendelssohn-Bartholdy. Und was sei noch losgewesen im Kaufhaus?

Kontingentkürzung bei Lampen, Auslegwaren und Kosmetika, das letztere ohne jeden ersichtlichen Grund auch bei Warenarten, die reichlich vorhanden waren: In Berlin saßen mindestens zwei Idioten, die gegeneinander arbeiteten. Sie hatte einen Gegenplan ersonnen, Herlett würde am nächsten Tag nach Berlin fahren und nacheinander auf zwei Tische hauen. Wenn diese Idioten mit ihren idiotischen Vorstellungen durchkamen, rutschte das sorgsam ertüftelte Rentabilitätsgebäude in ein schwarzes Loch.

»Herlett wird das alles deichseln«, in seiner Stimme klang Überzeugung. Er fand, jetzt sei die richtige Zeit für Kloßners Testament, er holte es vom Schreibtisch und las es ihr vor.

»Lies noch mal.« Als er das getan hatte, sagte sie: »Das ist noch nicht mal ein schlechter Scherz, das ist überhaupt keiner. Der Mann steigert sich.«

»Er will mich einschüchtern.«

»Du *musst* diese Artikel ausgraben. Vielleicht in der Deutschen Bücherei.«

»Versuchen muss man´s. Obwohl es dort in der Registratur schlimme Lücken gibt.« Und er trug ihr die Idee vor, Marion auf die Fährte des seltsamen Mannes zu setzen.

»Und du fürchtest nicht, dass Marion ihren Vater bei dieser Gelegenheit ein wenig zu gut kennenlernen könnte?«

Ein verblüffender Gedanke, fand Haas.

Die Direktorin hatte gehofft, Herlett würde gleich nach Arbeitsbeginn Bericht erstatten können, aber zunächst war eine

Panne zu beheben, die außer ihr niemand zu meistern verstand: Drei Rolltreppen bewegten sich nicht, ein Monteur war zu einer Reserveübung eingezogen, der andere krank. So musste sie den Direktor eines HO-Kaufhauses anrufen und ihn um brüderliche Hilfe bitten. Während sie den Hörer in der Hand hielt, tauchte Herlett im Türrahmen auf und winkte ihr zu, nahm wohl an, er könne rasch noch etwas anderes erledigen, und kam erst eine halbe Stunde später wieder, ein wenig außer Atem. Seine Unterlagen waren übersichtlich, sie konnte sich nicht vorstellen, dass sie in dieser Form während der Sitzung oder gar während der Bahnfahrt entstanden waren, da steckte nächtliche Heimarbeit drin. Die Kürzungen von Kosmetika hatte Herlett bravourös vom Tisch gefegt, war aber bei den Lampen keinen Schritt vorangekommen. Die Sowjetunion hatte überraschend den gut Teil einer DDR-Monatsproduktion bestellt, kleinere Lieferungen gingen nach Belgien, folglich musste der Binnenmarkt seine Ansprüche herabsetzen. Eine Umverteilung des Restes war ohne Sinn. Immerhin, im Lager steckte ein Bestand schwer verkäuflicher Ware, um nicht zu sagen Ladenhüter, die würde man jetzt nach vorn stellen. In der Sowjetunion, wusste Kläre Haas, konnte man auch die hässlichste Lampe verhökern, warum also nicht aus der Lagermasse abzweigen und exportieren – aber diesen verwerflichen Gedanken behielt sie für sich.

»Sehr ordentlich«, lobte Kläre Haas. Mit dem Auswechseln von Arbeitskräften möge er noch warten. »Hätte schlimmer kommen können.« Herlett nickte.

»Zwei Dinge noch«, sagte er und breitete den »Eulenspiegel« aus, das satirische Blatt der Hauptstadt. Herlett hatte einen Leserbrief angestrichen, und die Direktorin las:

»Bei meinem Einkaufsbummel durch das Konsumwarenhaus in der Turn- und Sportfeststadt Leipzig war ich gegen

17.30 Uhr in der Rundfunk- und Fernsehabteilung angelangt, als die bekannte Fanfare der DDR-Radrundfahrt ertönte. Ich dachte mir: Da kannst du dir ja mal ansehen, wer heute gewonnen hat. Ähnliche Gedanken schienen etwa zehn weitere Kunden zu bewegen. Mitten in die einführenden Bemerkungen des Moderators tönte eine Stimme aus dem Hintergrund: ›Was ist denn hier los? Das ist doch kein Fernsehraum!‹ Eine junge Verkäuferin schaltete mit den Worten: ›Sollen die doch zu Hause gucken!‹ kurz entschlossen alle Fernsehgeräte ab oder auf das 2. Programm um – bis auf eines, bei dem sie nur den Ton wegdrehte. So hatten die interessierten Kunden, unter anderem auch ich, wenigstens die Gelegenheit, die Etappenankunft als Stummfilm zu erleben.«

»Ist doch unglaublich«, sagte sie. »Und wer war das?«

»Drei Verkäuferinnen kommen in Frage, und alle drei streiten es ab.«

»Was mag denn bloß in dem Mädchen vorgegangen sein! Diese Bösartigkeit aus heiterem Himmel. Dieses Mädchen muss seinen Beruf und dieses Haus und die Kunden geradezu hassen.«

»Oder der Freund ist ihr weggelaufen, und der interessierte sich für Radsport.«

»Lass das Detektivspielen und rede mit allen dreien. Frag sie nach dem Klima in dieser Abteilung.«

»Und dann: Ein Ingenieur bewirbt sich. Er hat gehört, dass es bei uns mit dem Kundendienst für Küchengroßgeräte hapert. Er will die Geräte ausfahren, anschließen, probelaufen lassen.«

»Noch in Arbeit?«

»Ja, in Schkeuditz. Da will er wohl weg.«

Sie ließ sich den Personalbogen reichen und las: Wolfgang Wülff, geboren 1949, Fachschulingenieur in ungekündigter Stellung, verheiratet, Vater von drei Kindern. »Da kriegen wir sofort Ärger mit dem Amt für Arbeit. Genau wie mit den Fensterputzern.« Da hatten sich doch zwei Lehrer, einer für Geschichte, einer für Mathematik und Sport, als Fensterputzer beworben, und einer war sogar Genosse.

»Da ist noch etwas«, er setzte sich zurecht. »Gestern in Berlin hat mich Böhmer zu sich geholt. Erst hat er rumgedruckst, weil noch zwei Leute im Zimmer waren, und dann ist er mit mir auf den Gang. Du, ich muss dich bitten, das für dich zu behalten. Ich hab nämlich Böhmer auch versprechen müssen…«

»Gut. Und?«

»Er hat mich gefragt, ob es stimmt, dass du kündigen willst.«

Böhmer war der Mann für Personalfragen unter dem stellvertretenden Minister, und wenn der so was fragte, hatte das Gewicht. Sie überlegte, wie aus einem tastenden Gespräch, das sie mit einem Kollegen aus Greifswald über dieses Thema geführt hatte, etwas nach Berlin gedrungen sein konnte – oder über die Seereederei? »Und was hast du gesagt?«

»Dass ich keine Ahnung hätte. Aber für ein paar Monate möchtest du verreisen, hat Böhmer angefügt, und was du machen würdest, wenn das nicht genehmigt werden könnte.«

»Und du?«

»Dass ich keine Ahnung hätte.«

»Am liebsten möchte ich Böhmer sofort anrufen.«

Herlett hob beschwörend die Hände. »Vielleicht denkt jemand, du wendest die Kündigung als Druckmittel an.«

Dieser sanftmütige Kollege aus Greifswald ein Klatschmaul? Dass die Seereederei zur Sicherheit bei ihrer übergeordneten Dienststelle angefragt hatte?

»Ich dachte, es ist besser, ich sag´s dir.«

»War Böhmer besorgt? Ärgerlich?«

»Eigentlich tat er ganz sachlich. Besorgt – ja, schon. Einmal«, Herlett atmete tief ein und stieß die Luft aus, »das ist noch gar nicht lange her, hast du *zu mir* gesagt, du würdest unter bestimmten Umständen kündigen.«

»Iiiich?«

»Hier in diesem Zimmer.«

»Aber das kann doch nicht sein!«

Du hast das natürlich überhaupt nicht ernst gemeint. Du kamst von der Bezirksleitung – vielleicht erinnerst du dich? Die Seereederei hatte angerufen, ob du das Visum hättest. Und du hast im Spaß gesagt, unsere Leute in Berlin würden es noch dahin bringen, dass du kündigst. Vielleicht hast du auch woanders so geredet? Und das ist weitergetratscht worden?«

»Was man alles so daherredet, was?«

»Also ich«, rief Herlett, während er aufstand, »also ich hatte es in meinem Herzen verschlossen. Ehrenwort!«

»Daran zweifelt keiner.« Sie musste über die dramatische Formulierung lächeln.

Vor der Mittagspause, in einer ruhigen Minute, rief sie zu Hause an. Mit Kopp, dem Lektor, habe Hans-Georg telefoniert, der sei natürlich überrascht gewesen, dass nun Griechenland der Schauplatz des reißerischen Unterfangens sein sollte. Kopp habe einen Besuch für die nächste Zeit in Leipzig angekündigt, er hätte privat hier zu tun und wollte in die Dichterwerkstatt schauen. Von den Rolltreppen berichtete sie und von dieser seltsamen Geschichte:

»Böhmer fragt nicht ohne Grund, auf Gequatsche reagiert er nicht so. Und wie findest du's, dass er hinter meinem Rücken Herlett aushorchen will?«

»Zu mir hast du auch mal von Kündigung geredet.«

»Herlett meint« – was war denn bloß mit ihr los? Quasselte sie Dinge, die sie nicht ernst meinte, wollte sie Reaktionen testen, und das schlimmste: Nach ein paar Tagen wusste sie es nicht mehr?

»Wirklich, Kläre, du hast zu mir gesagt: Wenn es denen nicht passt, könnte ich ja auch kündigen.«

»Könnte!«

»Andere berücksichtigen deine stilistischen Feinheiten wohl nicht so.«

»Wenn doch endlich etwas entschieden wäre.«

»Wem sagst du das.« Zwei Seiten habe er geschrieben. Nein, Post sei noch keine da, er schaue gleich ein zweites Mal nach. Also: in diesem Sinne.

Sie stellte sich ans Fenster, unten lärmten Straßenbahnen und Autos, gingen Menschen, es war wie immer, Bewegung, die sie nicht berührte. Zum ersten Mal seit Jahren machte sie sich mit dem Gedanken vertraut, wie es denn wäre, zöge sie sich aus dem Beruf zurück.

Vielleicht, wenn sie fünfzig wurde, also in zwei Jahren. Doppelte Feier, Blumen, Reden. Dann das große Ausspannen, Reisen mit Hans-Georg, wozu die Zeit nie gereicht hatte, die Reise aller Reisen, die dem hiesigen Normalmenschen möglich war: Mittelasien und Baikal, Samarkand und Alma Ata. Einen Sommer über in Gransow. Hans-Georg zur Hand gehen bei Recherchen, tippen, ihm Kleinkram abnehmen. Eine hilfreiche, sich nicht in den Vordergrund drängende Schriftstellerfrau sein. Nach ein paar Jahren die Enkel. Ein Wort fiel ihr ein: Lebensabend. So nun natürlich nicht, es würde eine weitere Phase sein, wichtig wie die jetzige. Gerede über Selbstverwirklichung und derlei Modisches war nicht am Platz. Sie war sich fast immer selbst genug gewesen und würde es auch dann sein. Manche Schriftsteller *bestanden darauf*, dass ihre Frauen sie nach Schottland oder Kanada begleiteten. Und setzten sich durch.

An diesem Tag hatte sie noch mit ihrer Sekretärin einen Streit, weil sie in einer Ablage nicht das fand, was sie suchte, dann stellte sich heraus, dass sie es selbst zur Personalabteilung weitergeleitet hatte. »Elke«, sagte sie schuldbewusst, »was ist bloß mit mir heute los? Elke, nimmst du mir das auch nicht übel?« Das war ein zu gewichtiger Ton bei einer kleinen Panne. Sie ging zu Fuß nach Hause, aber das brachte keine Erleichterung, es war zu laut in den Straßen, und die Luft stockte unter einer niedrigen Wolkendecke. Sie wollte sich aufs Sofa legen; als es dreimal wie wild klingelte, sprang sie zur Tür und riss sie auf, ohne zu wissen, was sie erwartete, ein Telegramm von der Seereederei vielleicht.

Torsten stand in der Tür.

»Du kannst einen vielleicht erschrecken!«

»Wollte ich nicht, Mütterchen. Drei Tage Sonderurlaub für den verdienten Regimentsfotografen.« Er stellte die Aktentasche ab und nahm seine Mutter in die Arme, und sie dachte wie jedes Mal: Ist er schon wieder gewachsen? Haas trat in den Flur und legte seinem Sohn die Hand auf die Schulter und sagte übliche Sätze von Überraschung. »Sonderurlaub?«

Torsten verschwand in seinem Zimmer, rumorte im Bad, und als er ins Wohnzimmer trat, schauten Schlafanzughosen unter dem Bademantel hervor; diesen Kontrast zu Uniform und Stiefeln genoss er bei jedem Urlaub. Ob er etwas zu essen wolle, hatte seine Mutter durch die Badtür gerufen – nein, später vielleicht. Haas fragte: »Sonderurlaub wofür?« und Torsten antwortete fröhlich, das sei eine lange Geschichte, sie habe mit dieser Feldübung begonnen – habe er sie nicht auf einer Postkarte angekündigt? Nein? Dann habe er es vorgehabt, wer weiß, was dazwischengekommen war. Drei Tage nicht aus den Klamotten, nicht mal Zelte, Dreck und Nässe, und das bei der Kälte – na! Links angelehnt die Freunde, rechts eine Truppe aus der

ČSSR. Am ersten Tag Panzer auf Eisenbahnwaggons verladen, üble Schufterei. Nachts entladen, eingraben, fünf Kilometer vor, wieder eingraben, und was machte unterdessen der Regimentsknipser? Saß in einem Kübelwagen, hatte den Hintern warm, lauerte auf Motive für die berühmte Regimentschronik. Ein Lkw schief im Graben, wurde von einer Zugmaschine rausgezerrt – so Zeug. Kanone vor Sonnenuntergang, Feldwebel mit Fernglas. Und das alles, ohne sich die Stiefel dreckig zu machen.

Haas fragte, ob seine Kameraden nicht neidisch seien auf diesen Druckposten, und Torsten antwortete, natürlich seien sie das, und er hielte es für ihr gutes Recht. Noch während der Grundausbildung war gefragt worden, wer etwas von Fotografie verstünde, da hatte er die Hand gehoben: Fotograf mit Facharbeiterprüfung – ein Offizier hatte ihn in ein reich ausge-stattetes Fotolabor geführt, das war einmal eingerichtet worden, als Geldmittel für die kulturellen Aktivitäten geflossen waren, hier hatten die Soldaten an Feierabenden einem kulturvollen Hobby frönen sollen. Der Offizier war versetzt worden, das Labor lag verwaist, nun hatte es einen neuen Herrn, den Genossen Soldaten Torsten Haas. »Also, ich fotografier still vor mich hin, da kommt der Befehl: Sofort nach Magdeburg ins Interhotel! Dachte, was da sein könnte. Großaufnahmen von ´nem General machen vielleicht, fürs Familienalbum!«

Haas schaute seine Frau an, sie zwinkerte aus den Augenwinkeln heraus. Sie kannte ihren Jungen, der hinzu mogelte, wenn es für eine Pointe passte; er neigte in liebenswerter Weise zum Flunkern. Bei Gelegenheit war Marion mit geballten Fäusten über ihn hergefallen, hatte ihn einen Lügner geschimpft, einen verflixten Münchhausen, da hatte er sich fröhlich verteidigt: Es sei die Wahrheit, die ganze Wahrheit und kein Fünkchen dazu!

»Ich fuhr also vor dem Interhotel vor. Wurde vorgefahren, da stand ein Feldwebel, wartete schon auf mich, der führte mich zu einem Leutnant, der zu einem Major.«

»Der zu einem General«, ergänzte Haas.

»Der Major sagte, ich sollte am Abend das Buffet fotografieren, die Manöverleitung würde sich kameradschaftlich zusammenfinden, große Drushba, jede Menge Völkerverständigung, und die Politabteilung brauchte Abzüge für sich und die Genossen aus Böhmen und der Sowjetunion Zur Erinnerung. Ich hoffte, da würden ein paar Schinkenröllchen und vielleicht etwas Geflügelsalat für den Genossen Fotografen abfallen, ich hielt mich beim Mittagessen zurück, Steak mit Mischgemüse, der Major und zwei Leutnants neben mir, Politniks, und sie redeten in einem fort, dass sie in der Küche aufpassen müssten, dass nichts abgezweigt würde, aber sie dürften nicht rein wegen der Hygiene. Von Berlin war das Zeug gekommen, Sonderversorgung A von einer Hauptverwaltung, in ´nem Kühlwagen rangefahren, aber sie würden den Bullen in der Küche auf die Finger hauen, wenn ein einziger Hummerschwanz fehle. Sonderverpflegung A, da waren der Major und die Leutnants aufgeregt, als wären sie an ´nem ungeheuren militärischen Geheimnis dran. Den Kognak habe der Major auf sein Zimmer bringen lassen, Whisky und Gin auch, der Sekt sei natürlich im Kühlraum, aber gezählt Flasche für Flasche, und wenn die bloß ´ne Pulle umtauschten, sei der Teufel los. Die zieh ich alle zur Reserve ein! rief der Major, und die Leutnants lachten. Dann haben sie gesagt, ich hätte frei, hab mich auf die Betten gehauen und gepennt, hab ferngesehen und bin runter, mal schnüffeln. Da traf ich einen der Leutnants, der war aufgeregt: Geht alles seinen Gang!, und wenn ich ein Bier trinken wollte, sollte ich bloß meine Zimmernummer angeben. Da ließ ich mir Eis mit Früchten bringen, kostete mich nischt, und Mokka und Pfirsich mit Schlagsahne, da stand der Major hinter mir, ich hoch, weil ich dachte, er will was Bestimmtes. Da merk ich, was er für ′ne Fahne hat, er hatte wohl auf seinem Zimmer schon bisschen probiert. Und ob ich wirklich Berufsfotograf sei, und da sagte ich ihm, ich hätte die Facharbeiterprüfung glänzend bestanden und käme auf die Hochschule. Sechs Generäle, sagte er, neun Oberstleutnants, Majore, zusammen über dreißig, und es müsste laufen wie am Schnürchen. Die Hummer, die Hummer, dann haute er wieder ab, ′n Etappenmajor für Logistik, wie das wohlklingend heißt, für Nachschub von Hummer und Sekt.«

»Nun übertreib nicht«, sagte Haas.

»Iiich? Vater, unsere Berufe unterscheidet eines, du kannst dir Zeug ausdenken, und keiner kann nachweisen, ob du denen die Hucke vollschwindelst. Aber ich! Ich lege Beweise vor! Hummer in Farbe! Hast du überhaupt mal Hummer gesehen? Die kamen aus Flensburg, wir haben am nächsten Tag die Kisten gestapelt, der Fahrer und ich, als wir die Spuren beseitigten. Hummer aus Flensburg, zwölf Stück. Vom Klassenfeind.« Er ging in sein Zimmer und kam mit großformatigen Fotos zurück, die Hummer leuchteten krebsrot, weiß die Eiswürfel, gelb die Zitronenstücke. Nein, die Eltern Haas bekannten, Hummer nur aus dem Fernsehen oder aus Kochbüchern zu kennen, und ihr Sohn tröstete: Gewiss würden sie in Algerien Riesendinger verspeisen, und übrigens sei es gar nicht einfach, mit ihnen umzugehen. Ein russischer General hatte es vorgemacht, zum Besteck gehörten spezielle spitze Gabeln und sogar ein ganz gewöhnlicher Nussknacker. Nein, kein geschnitzter aus dem Erzgebirge – blöde Frage übrigens. Das da, nicht unbedingt zu erkennen, seien Krabbencocktails. Da die beiden Spanferkel, die von Ordonnanzen zerlegt wurden, da durften noch nicht mal die Generäle dran schnippeln. Da der Kessel mit Hühnersuppe, Klößchen drin, Pilze, Spargelstückchen. Röllchen, Häppchen, Ananas, Salate, Krokettchen, Pastetchen...« Die haben gefressen. Und gedrängelt am Buffet, als hätten sie drei Tage lang nichts gekriegt.«

»Zeig die Bilder möglichst niemandem«, mahnte Haas. »Vor allem deinen Kumpeln nicht.«

Jetzt alberte Torsten nicht mehr, eine Minute lang waren die drei stumm, schauten die Fotos an, und schließlich zitierte Haas: »Im Feldquartier, auf hartem Stein, streck ich die müden Glieder – dass Generäle spartanisch leben, hab ich natürlich nie angenommen – aber so?«

Durch eine Wand abgeteilt sei ein kleines Buffet aufgebaut gewesen für die Ordonnanzen und für ihn, den Fotografen, berichtete Torsten weiter, ohne Hummer und Ferkel, aber auch üppig genug. Zwölf Sorten Käse, alle von drüben. Pastetentöpfe aus Belgien.

»Nun übertreib nicht«, sagte diesmal Kläre Haas.

»Du denkst doch nicht, dass die Generäle in Westdeutschland...«

Kläre Haas wusste, was Marion jetzt einwerfen würde: Aber wolltet ihr nicht eine gerechte Welt aufbauen?

»Das beste Foto ist natürlich das.« Es steckte in einem Beutel für sich, Torsten legte es beinahe feierlich auf den Tisch, und Kläre und Hans-Georg Haas sahen sofort: Da hielt sich ein Mann an einem Pfosten fest, er hatte die Uniformjacke aufgeknöpft, Haare hingen ihm in die Stirn, das Gesicht gerötet, und da troff es aus seinem Mund, war im Fallen von schlauer Fotoapparatur festgehalten worden, Schleim und Brocken, verwischt, trübten den Blick auf eine Ordensschnalle, vier Reihen waren das, die untere etwas kürzer, da war noch Platz, vielleicht kam nach diesem Manöver noch eine Auszeichnung hinzu für Bewahrung brüderlicher Waffenfreundschaft, darüber zwei Sterne, fünfzackig. Da erbrach sich ein General, da kotzte ein General, vielleicht war er auch bloß Oberstleutnant und wollte noch General werden.

»Der Befehlshaber der tschechoslowakischen Streitkräfte im westböhmischen Militärbezirk«, sagte Torsten, »der Mann an der Nahtstelle zwischen Ost und West, der Hüter der Böhmerwaldfront. Der Garant für unverbrüchliche…«

»Für dieses Foto können sie dich einsperren«, stellte Haas fest. »Am liebsten möchte ich es in den Ofen stecken.«

Kläre Haas sagte: »Torsten, du bist verrückt. Als du das aufgenommen hast, hat denn das keiner gemerkt?«

»Das war um eins oder um zwei. Natürlich waren auch die Ordonnanzen wenigstens halbblau. Der einzige Nüchterne außer mir war der Major, der das Fressen leitete. Dem hab ich am Ende noch geholfen, einen Karton Sekt in ein Privatauto vor dem Hotel zu tragen. Mir hat er eine Flasche Whisky geschenkt. Bring ich euch das nächste Mal mit.«

»Du bist wirklich verrückt«, wiederholte Kläre Haas.

»Eine Sauferei wie beim letzten Kegelklub«, sagte Torsten. »Vielleicht gibt es überhaupt nur Kegelklubs. Ob Politbüro oder Bundesregierung – da ist immer einer, der zuerst besoffen ist, einer erzählt zuerst schweinische Witze, einer fragt zuerst, wo´s denn hier Mädchen gibt, einer schmeißt zuerst das Glas um, einer kotzt zuerst.«

»Kannst dir alles vermasseln«, mahnte Haas, »alles.«

Was er eben erfahren hatte, war so selbstverständlich wie banal. Wer an der Krippe saß fraß. Du sollst dem Ochsen, der da drischet. Er selber hatte sein Auto in der Werkstatt der Bezirksleitung reparieren lassen. Weiter oben waren eben die Spesen größer.

Das Gespräch ging weiter in kleinen Schritten. Was es doch für ein gutes Gefühl sei, in den vertrauten Wänden zu sitzen, er,

Torsten, habe sich Vaters Arbeitszimmer kleiner vorgestellt – lag das an der Enge der Kasernenstuben? Der Schreibtisch, Mahagoni, grünes Leder darauf, goldgeprägt, hoffentlich wirklich aus England stammend und über hundert Jahre alt, vor zehn Jahren von einem unerwarteten Honorar gekauft, heute würde man so was viel schwerer auftreiben können – Torsten erwog, Vater hinter diesem Schreibtisch zu fotografieren, einen Morgen lang, still wartend, bis Vater nicht mehr daran dachte, dass eine Linse auf ihn gerichtet war. Hundert Aufnahmen, drei auswählen, besser noch: eine, die war dann gültig. »Wenn du mal richtig berühmt bist…« Wenn Vater das Meißen-Buch schrieb, wenn es exportiert würde wie Meißner Porzellan. Ein weiteres Thema: Die Personalstärke der Volksarmee, die Sorge der Bundeswehr, bei den zu erwartenden schwachen Jahrgängen die Sollstärke zu halten – auf einmal sagte Torsten: »Warum exportieren wir nicht einfach eine Division? Zum Beispiel meine?«

Eine Division, das war ein Gedankenspiel, das Hans-Georg Haas reizte: Während der Leipziger Messe trafen sich Handelsleute und Generäle, unter äußerster Geheimhaltung wurde beraten. Zwanzigtausend Mann sollten in den Dienst der Bundesrepublik treten, auf wie lange, was wurde dafür gezahlt? Bares natürlich, sodann lieferte die Bundesregierung einige zehntausend Volkswagen, sie baute eine Fabrik für Taschenrechner in Plauen, für Jeans in Magdeburg.

»Weihnachtsbäume aus Plast«, schlug Kläre Haas vor, »Alu-Fahrräder, Lego-Spielzeug – für mein Kaufhaus muss auch was abfallen.«

»Das ist nicht die Hauptsache, Genossin«, Hans-Georg Haas gab sich kämpferisch, als säße er am Verhandlungstisch im Politbüro. »Genossen, der Schwerpunkt ist die ideologisch-politische Arbeit innerhalb dieser Division, ist der glasklare Standpunkt der Genossen, die diesen Klassenauftrag…«

»Also ich als Regimentsfotograf – ich spioniere wie verrückt, liefere jede Menge Unterlagen…«

»Genosse Fotograf«, Hans-Georg Haas blieb mit gespieltem Ernst bei dieser Linie, »ich rufe dich zur Ordnung! Die DDR liefert nur das Beste, auch diese Division muss das Gütezeichen tragen und eine der zuverlässigsten Divisionen der Bundeswehr sein. Also kein Trojanisches Pferd, wenn du weißt, was ich meine. Sie muss absolut einsatzfähig im Sinne der Bundeswehr sein, muss treu zum Atlantischen Bündnis stehen. Es ist klar, dass diese ideologische Umstellung nur die dialektischsten Denker schaffen.«

Jetzt lachte Kläre Haas aus vollem Hals. Ein krauses Spiel, mit Drehungen um hundertachtzig Grad, aus weiß wurde schwarz, darin war Torsten noch besser als sein Vater, und sie bedauerte nicht, dass ihr die Fähigkeit zum Mitspinnen fehlte. Torsten legte eben die Hände an die Nähte seines Schlafanzuges und schnarrte: »Jawohl, Genosse Politbüromitglied! Kampfauftrag begriffen! Ich diene der Deutschen Demokratischen Republik, indem ich dem Klassenfeind diene!«

»Sitzen Sie bequem, Genosse. Was werden Sie tun, wenn sowjetische Panzer vor Ihrer Stellung auftauchen?«

»Ich werde sie bis zum letzten Blutstropfen fotografieren.«

»Im Prinzip sehr gut, Genosse. Und dann?«

»Dann werde ich die Fotos unverzüglich entwickeln.«

»Falsch, Genosse!«

»Ich sehe meinen Fehler ein und will´s nicht wieder tun, Genosse Politbüro. Ich werde die Filme sofort vernichten.«

»Selbstverständlich werden Sie auch das nicht tun!«

»Jawohl, Genosse Polit!« Torsten gelang es, wie ein dümmlicher Rekrut in einer Militärklamotte zu blicken, die Augen starr, den Mund aufgerissen. »Ich diene der Sowjetunion!«

»Selbstverständlich, Genosse. Sie dienen ihr und der ihr unverbrüchlich verbundenen DDR, indem Sie, zeitweilig der Bundesrepublik unterstellt, dort Ihr Bestes tun. Ihre Klasse erwartet von Ihnen…« Jetzt musste auch Hans-Georg Haas lachen. »Ein großartiger Einfall«, befand er. »Ein Roman mit dieser Ausgangsposition. Dann durchspielen mit eiserner Konsequenz. Damit könnte man beide deutschen Armeen in die Pfanne hauen. Ein DDR-General wird schwul auf der Hardthöhe…«

»Bekommen die Leute Urlaub?«

»Eine gute Frage, Kläre! Ich würde abraten. Kein ›Neues Deutschland‹ für die Genossen da drüben im harten Klassenauftrag, sondern ›BILD‹. Die Heimat im Herzen – freilich. Honeckers Foto im Speiseraum. Das Divisionslied: ›Deutsch bleibt die Saar, deutsch immerdar.‹ Und harten Politunterricht: Wieder haben wir hundert Waggons Steinkohle für die Heimat verdient, wieder tausend Tonnen Nesquick für unsere Jungen Pioniere. Im selbstlosen Kampf…«

»Und nach zehn Jahren, Genosse Polit, wenn die Ausleihe vorbei ist?«

»Nicht alles auf einmal. Man müsste eine Kommission einsetzen, die die weiteren Fragen klärt.«

»Der Divisionär erschießt sich«, probierte Torsten, »weil ihn seine daheimgebliebene Gattin bedrängt, er soll für sie durch einen Spezialtrupp ein Loch in den Grenzzaun schneiden lassen. Sie will zur Modenschau nach Düsseldorf – der Divisionär zerbricht an diesem Zwiespalt.«

»Ich sag´s, das wäre ein Stoff, über den sich die Welt totlachen würde. Wenn sie´s dürfte.«

»Vater, damit würdest du berühmt wie Hašek mit seinem Schwejk. Würdest der DDR-Haasschek.«

»Schlag's doch dem Kopp mal vor.«

»O Gott, der arme Kopp.«

»Kinder, was für ein Spaß.« Ein abschließendes Stöhnen zeigte, wie müde Kläre Haas war.

Torsten packte seine Fotos weg. »So was heb ich nicht im Spind auf. Bin doch nicht blöd.«

Haas sagte: »Und für diese Heldenfotos hast du drei Tage Sonderurlaub gekriegt?«

»Habe mir ihn selber verliehen. Ich hab ihn auf der Rückfahrt in meine Papiere eingetragen. Mit täuschend ähnlicher Unterschrift von diesem Major. Stempel. Wer ein Fotolabor hat, schafft das.«

»Also gefälscht.«

»Wer wird so harte Worte gebrauchen, Vater.«

»Du bist verrückt.«

»Aber es macht Spaß, Väterchen.«

Am besten München

»Oder du wartest da drüben an der Kirche. Kannst dich ja auf die Stufen setzen.« Marion Haas ärgerte sich, dass sie nun schon den dritten Vorschlag machte: Jan könnte dort in der Eckkneipe bleiben oder versuchen, in der Straße zur S-Bahn hinunter einen Laden zu finden, in dem es Briefumschläge gab. Hang zur Mütterlichkeit diesem Jungen gegenüber war nun wirklich das letzte, was sie wollte, aber sie ertappte sich wieder, dass sie ihm, das war ihr Ausdruck dafür, ein Lätzchen umband.

»Gut, an der Kirche.«

Ihr blieben vier Minuten, um über die Straße und zu Kloßners Wohnung hinaufzugehen. Frau Kloßner hatte am Telefon gesagt, in einer halben Stunde könne man allerhand bereden.

Nach dem Klingeln wurde die Tür so rasch geöffnet, als hätte Frau Kloßner dahinter gewartet. Als erstes fielen Marion die Augen auf, helle, starre, vielleicht sogar stechende Augen. Marion nannte ihren Namen, Frau Kloßner nickte kaum merklich. Ihr Arm hielt ausgestreckt die Tür, als wäre noch nicht entschieden, ob sie die Besucherin einließe. »Guten Tag«, sagte Marion, da fiel die Hand von der Klinke. »Ja, guten Tag. Bitte kommen Sie.« Frau Kloßners Hand fühlte sich kalt an, dünn. Sie gingen in eines dieser Zimmer, wie es sie überall in den Häusern gibt, die in den sechziger und siebziger Jahren gebaut worden waren, zwanzig Quadratmeter groß, niedrig die Decke, mit Couch, Ausziehtisch und Schrankwand, der Fernseher über Eck, Bücherregal über der Couch und die Lampe mit einer Kordel von der Zimmermitte über den Tisch gezogen. Ob Fräulein Haas Kaffee oder Tee wünsche, fragte Frau Kloßner, und Marion sagte, einen Schluck Selters hätte sie gern. Dabei streckte sie die Arme seitlich vom Körper weg, beim dritten Mal wurde es ihr bewusst, und sie legte die Arme fest an. Frau Kloßner war eine mittelgroße Frau von fünfzig Jahren mit straff gekämmten und im Nacken festgesteckten Haaren, bräunlich mit Grau eingemischt, mit schmalem Gesicht und blasser Haut, darin diese Augen, die, hatten sie ein Ziel gefunden, sich schlecht von ihm lösen zu können schienen. Jetzt spürte Marion sie auf sich und sagte, was überflüssig war, und sie wusste es: »Aber es muss nicht sein.«

»Doch, hab ich da.« Als Frau Kloßner hinausging, sah Marion, dass sie einen schmalen Rücken mit nach vorn gebogenen Schultern hatte und dünne Beine unter einem glatten Rock.

»Da sind wir also die Stellvertreter«, begann Frau Kloßner, als sie saßen. Ihr Lächeln war gerade noch eine Andeutung.

»Meinem Vater ist die Sache unangenehm«, sagte Marion. »Dass er sich so schlecht besinnen kann. Ich soll Ihnen das nicht so sagen, möchte aber nicht herumreden. Er hat wie verrückt nach den Artikeln gesucht.«

»Für ihn waren sie nicht ganz so wichtig.«

Marion nahm einen Schluck Selters. »Und wie geht es Ihrem Mann?«

Man habe diese schwierige Herzoperation gemacht, wo ein Stück Vene aus dem Oberschenkel um die Herzkammer gelegt wurde. Vom medizinischen Standpunkt aus sei es nicht so aufregend, Zehntausende liefen auf der Welt herum, bei denen das geklappt habe. »Aber Herbert kommt nur mühselig wieder auf die Beine. Er war schon aus der Klinik raus, musste rein, wieder raus, rein. Und jetzt lassen sie ihn wohl nicht so schnell wieder los.«

»Was arbeitet Ihr Mann sonst?«

»Gar nichts«, es klang schrill, als könnte Marion dafür, oder als sei es unanständig, danach zu fragen, oder als verstehe es sich von selbst. »Invalid seit zwei Jahren.«

Marion fand, da sie sich nicht in die Schuldecke schieben lassen durfte, sie war nicht *die Partei*, das waren Kloßner und ihr Vater, und natürlich hielt Frau Kloßner zu ihrem Mann. »Und vorher?«

»Lehrer. Aber hat Ihr Vater Ihnen gar nichts gesagt?«

»Dass Ihr Mann zuletzt Lehrer war, weiß er nicht. Frau Kloßner, bitte gehen Sie davon aus, dass mein Vater überhaupt *alles* vergessen hat.« Ihr wurde bewusst, dass ihr eben ein Klischeesatz unterlaufen war, »bitte gehen Sie davon aus«, der immerzu im Fernsehen hüben und drüben gebraucht wurde, von dort hatte er sich in Referate und Schulstunden eingeschlichen: Gehen wir davon aus – dauernd wurde von irgendwo ausgegangen, aber wohin? »Wollen wir beide ganz von vorn anfangen?« Marion war sicher, dass ihr der letzte Satz ohne Schärfe gelungen war, sie hatte sich dabei vorgeneigt, hatte ausdrücken wollen, sie sei zu Vermittlung bereit, sogar zu Kumpanei: Frau im Bündnis mit Frau gegen sich sperrende, sich spreizende Männer.

»Ich zeige Ihnen die Artikel.« Frau Kloßner stand auf und öffnete eine Schublade. In ihr lag griffbereit eine Mappe, sie schlug sie auf und legte sie vor Marion hin. »Da, der Name Ihres Vaters.«

»Stippvisite auf unserem Dorf«, hieß der erste Beitrag. Er bezog sich auf einen Artikel, den H. K. über seine Eindrücke nach einer Reise durch Mecklenburg veröffentlicht hatte, H. K. hatte ein Staatsgut besucht, Haas schrieb darüber:

»Die Arbeiter hatten mit einem Gutsleiter zu tun, der in nichts dem preußischen Inspektor glich. Nicht Nur-Fachmann, sondern Sozialist, verstand er es, Kräfte zu wecken, die in ehemaligen Gutsknechten und ihren armselig aufgewachsenen Kindern steckten. Und welch ein Erbe hatten die Herren hinterlassen! Der Gutsleiter fand die verborgenen Fähigkeiten des rüpeligen Halbwüchsigen ebenso wie die des sechzigjährigen Analphabeten. Der Schweinemeister, vierzig Jahre alt, verrichtete seine Arbeit nach sowjetischen Methoden. Als Sohn eines Wanderschäfers hatte er nie eine Schule besuchen können. Seine Frau las ihm die Fachbücher vor, der Gutsleiter erklärte ihm unbekannte Begriffe. Der Gutsleiter war der Sohn eines Kleinbauern. Sein Jugendtraum, Landwirtschaft zu studieren, konnte im Hitlerdeutschland natürlich keine Verwirklichung finden. Während seiner Gefangenschaft in der Sowjetunion hatte der Mann neben der Arbeit auf einem Kolchos Agrarwissenschaft und das Notwendigste, Gesellschaftswissenschaften und Ökonomie, zu studieren begonnen. Als Gutsleiter holte er während fünf langer Jahre im Fernunterricht das Fachstudium nach. Als er die Leitung des Gutes übernahm, fand er es wie der Sintflut entronnen vor: die Äcker verwüstet, die Menschen in Lumpen gehüllt, in elende Behausungen verkrochen. Vom üblichen Getier gab es nicht einmal ein Paar. Jetzt war die Existenz der Familien gesichert; man sah schon Wohlstand, sogar manche Schönheit. Dass sich die Lebensverhältnisse weiter bessern würden, betrachteten alle als selbstverständlich.«

Marion las die letzten Sätze noch einmal – nein, sie hatte nichts übersehen, das aufregend gewesen wäre. Der Schreiber Haas ließ es langsam angehen. Es war so still im Zimmer, dass Marion hörte, wie im Selters die aufsteigenden Bläschen zerplatzten; wie es schien, hatte Frau Kloßner zu atmen aufgehört. Also ruhig weiter im Text:

»Doch Volksgüter bewirtschaften nur einen geringen Prozentsatz des Bodens. Man musste zum Beispiel die ökonomische Entwicklung der bäuerlichen Schichten verfolgt haben, um die Notwendigkeit der Bildung von Genossenschaften zu begreifen. Man müsste unsere Politökonomen befragen: Wir hatten uns lange darüber gewundert, dass der Staat den Bauern ihre Übersoll-Produkte zu hohen Preisen abkaufte. Es gab und gibt reiche Bauern bei uns, die den sozialistischen Bestrebungen ablehnend gegenüberstehen. Wir waren überzeugt, dass einschränkende Maßnahmen deshalb nicht getroffen wurden, weil niemand von unseren Landwirtschaftsfachleuten die Entwicklung beobachtet hatte. Wir waren erbittert über unsere ›Experten‹; wussten wir doch, auch die Arbeiter brachten kein Verständnis dafür auf, dass sie die Produkte so teuer von den Bauern kaufen mussten. Als wir unsere Beobachtungen den dafür zuständigen Stellen mitteilten, zeigte sich: Die Entwicklung war genau bekannt! Maßnahmen konnten aber noch nicht getroffen werden, weil die Produkte dringend gebraucht wurden (der Import wäre viel teurer geworden, die Produktivität aber sofort zurückgegangen, wenn die Preise gesenkt worden wären) und weil auch die Genossenschaften im Anfangsstadium die Stützung durch die hohen Preise brauchten. Der Weg würde sein: Vergrößerung des Bodenanteils und Stabilisierung der Genossenschaften. In dem Augenblick, da die Genossenschaften produktiv genug sind, können die Preise den Kosten angenähert werden, ohne die Gefahr eines Produktionsrückganges heraufzubeschwören, der zu Versorgungsschwierigkeiten führen würde.«

Marion hätte gern den einen oder anderen Satz übersprungen, langatmig kam ihr alles vor und ohne Brisanz. Allmählich würde ein weit von ihr fortgerückter Hans-Georg Haas, damals noch nicht ihr Vater, zur Sache kommen müssen. Sie schaute auf das unbewegte Gesicht der Frau Kloßner, wollte fragen, fragte nichts und las weiter. Da hieße es manche Unbequemlichkeit auf sich zu nehmen, bevor einer den Überblick gewänne, der ihn frei machte zum Gestalten der Wahrheit. Gewiss sei es notwendig, dass Wissenschaftler und Schriftsteller in den großen Städten Zentren für Kunst und Wissenschaft bildeten. »Gefährlich für den Historiker im Arbeiter-und-Bauern-Staat wird es jedoch, wenn er eingekapselt bleibt in einen Lebenskreis, der seine persönlichen Interessen umschließt. Die meisten haben noch keine Lösung gefunden, beiden Bedürfnissen zu genügen; sie versuchen, ohne Fundament zu bauen. Die Bauten sind danach. Es gibt unter uns viele Bewunderer chinesischer Weisheit. Nachahmer finden sich weniger: In China (wo Mao Tse-tung schon vor zwanzig Jahren über die Schwierigkeiten gesprochen hat, die den aus kleinbürgerlichen Schichten und aus dem Bürgertum stammenden Historikern entgegenstehen, wenn sie über die Arbeiter und Bauern schreiben wollen) gibt es eine Bewegung zur ›Umerziehung‹ der Intellektuellen und Künstler. Viele von ihnen sind für Jahre hinausgegangen, um das Leben der Arbeiter und Bauern zu teilen. Man hört, die Einsicht verbreite sich, dass man über die arbeitenden Menschen wahrheitsgetreuer berichten kann, wenn man wie sie gelebt hat.«

»Das klingt doch alles fürchterlich harmlos«, sagte Marion. »Oder übersehe ich etwas?«

»Ihr Vater hatte einen guten Ruf, sagen wir: Man kannte seinen Namen. Er war ein paar Jahre älter als mein Mann und hatte sich eine starke Stellung verschafft, Herbert war im letzten Semester und sollte in die Aspirantur. Da schlug dieser Artikel ein, er löste eine Kampagne aus. Nach ein paar Versammlungen wurde abgestimmt, dass es weise wäre, den Genossen Kloßner für ein Jahr oder zwei aufs Dorf zu schicken, damit er danach sein Studium mit repariertem Bewusstsein fortsetzen könnte.« Leise fügte sie hinzu: »Am Ende hat Herbert der Partei sogar für ihre Hilfe gedankt. Das war der Stil damals.«

»Hat das mein Vater gewusst?«

»Wahrscheinlich. Es kam aber nicht dazu. Stalin starb, die Aufregungen über den 17. Juni hielten bis in den Herbst an. Der Beschluss wurde als überspitzt aufgehoben, die Aspirantur genehmigt.«

Marion merkte, dass sie den Ellbogen auf den Tisch und das Kinn in die Hand gestützt hatte, sie zog den Arm herunter, sagte: »Ich weiß nicht, ob Sie Ihren Kindern viel über diese Zeit erzählt haben. Meine Eltern reden wenig davon. Studiert haben sie wie die Wilden. Und Versammlungen immerzu. Und Genossen waren sie sofort.« Marion versuchte, in der Einrichtung des Zimmers etwas zu entdecken, das auf die Neigung ihrer Bewohner schließen ließ. Sie hätte gern gefragt: Der Wandteppich da, haben Sie den selber geknüpft, oder woher ist er? Aber es gab keinen Wandteppich, sondern einen Druck der Sonnenblumen von van Gogh. Auf einem Bord ein Kerzenständer, mit Muscheln beklebt; wahrscheinlich stand auf der Rückseite: Gruß aus Bansin. Auf dem Bücherbord die braune Thomas-Mann-Ausgabe, die besaßen ihre Eltern auch.

»Mein Mann war an der Uni in Halle, Ihr Vater in Leipzig. Herbert bekam den Auftrag, in Eisleben und Umgebung zu recherchieren, was über die Lage der Arbeiter vor dem Ersten Weltkrieg in Erinnerung war. Herbert hat eine Reihe von Leuten interviewt und die Ergebnisse in einem Buch zusammengefasst. Sofort gab es Krach. Das war im Herbst achtundfünfzig, fünf Jahre nach dem ersten Artikel Ihres Vaters. Chruschtschows Parteitag und der Ungarnaufstand hatten allerlei durcheinandergebracht, nun wollte die Partei die alten Positionen wieder erobern. Ein Exempel sollte statuiert werden, um gegen den berüchtigten Objektivismus vorzugehen. Bitte.« Frau Kloßner nahm den zweiten Artikel aus der Mappe. »Bitte«, sagte sie noch einmal.

Marion las:

»Eine Lektion über Wahrheit und Objektivität

von Hans-Georg Haas

Die Kreisleitung der Sozialistischen Einheitspartei in Eisleben lud zu einer Diskussion ein; es ging um eine Sammlung von Erlebnisberichten alter Mansfeld-Arbeiter. Ein junger Wissenschaftler hat eine Untersuchung über die Lage der Mansfeld Arbeiter geschrieben und Erlebnisberichte, die er als Quellen für diese Arbeit benutzte, fast kommentarlos ediert. Wegen dieser Publikation, die natürlich im Mansfelder Gebiet großes Interesse fand, wurde Herbert Kloßner kritisiert.

Diese Diskussion ging uns an! Wir erlebten, wie ernst ein Buch von Arbeitern genommen wird, dessen Gegenstand die Geschichte ihrer Klasse ist. Die Kreisdelegiertenkonferenz der Partei hatte es kritisiert; der Sekretär der Kreisleitung hielt die Auseinandersetzung für wichtig genug, um einen Tag lang an ihr teilzunehmen. Nachmittags erschienen fast zweihundert Arbeiter; Genossen, von der Schicht kommend, trugen das Buch unterm Arm und hatten sich die Stellen darin angestrichen, über die sie sprechen wollten.

Nicht zufällig münden alle unsere Diskussionen in ganz einfache ideologische Fragen, so kompliziert sie auch beginnen mögen. In Eisleben fing es gleich mit diesen Fragen an, weil der Gegenstand sie aufzwang. Also lautete die erste Frage: Ist das wahr, was in dem Buch steht? Der Herausgeber glaubte antworten zu können: Ja, denn die Erlebnisberichte wurden von den Arbeitern so aufgeschrieben oder vorgetragen. Also wurde weitergefragt: Was wolltest du mit diesem Buch erreichen? Gerade das aber hatte sich der Autor nicht überlegt. So standen in seinem Buch Lebensberichte revolutionärer Arbeiter neben Schilderungen von Revisionisten, Opportunisten und sogar Parteifeinden. Sie widersprachen sich selbstverständlich in der Bewertung bestimmter Ereignisse. Der Autor hoffte, ganz besonders objektiv zu sein, indem er kein Wort an den Berichten änderte, jeder Auseinandersetzung aus dem Wege ging und sich selbst zum Stenographen degradierte. Er wollte auf diese Weise ein möglichst vielseitiges Bild einfangen. Durch diese Auswahl aber schildert er nur die unterdrückte, erniedrigte, teilweise sich selbst erniedrigende Kreatur. Diese Arbeiter kann man bemitleiden, aber Großes traut man ihnen nicht zu. Sie tragen nicht die charakteristischen Züge der Klasse, die einmal sich selbst befreien und die Führung der Nation übernehmen wird.

Der Saal saß voller Mausfeld-Kumpel, von denen einige aus ihrem Leben erzählten. »So, wie es in diesem Buch herauskommt«, sagte einer, »so klein und niedrig hab ich mich nie gefühlt! Wir wussten immer, dass wir den anderen überlegen waren, auch wenn die mit weißen Kragen herumliefen und wir dreckig von der Schicht nach Hause gehen mussten.«

Folgerichtig lautete die nächste Frage: Für wen hast du das Buch zusammengestellt? Auf eine Formel gebracht, hieß die Antwort des Autors: Für die Wissenschaft. Und da musste er sich von Arbeitern sagen lassen: Wissenschaft ist dazu da, uns die Instrumente für unseren heutigen Kampf in die Hand zu geben! Kann denn wissenschaftlich sein, was Legenden verbreiten hilft, gegen die wir unser Leben lang angekämpft haben und gegen die wir heute zuweilen noch kämpfen müssen? (Zum Beispiel die Legende, dass die Arbeiterklasse in Mansfeld in bestimmten Situationen versagt habe – in dem Buch vorgetragen von einem ehemaligen Angehörigen des rechten Betriebsrats, der die Arbeiterklasse gerade in solchen Situationen verraten hat.) Wem nützt es? Auf diese Frage lief schließlich alles hinaus. Sie ist Maßstab, nicht der subjektive Wille des Autors.

Diese Diskussion offenbarte eine neue Qualität in den Beziehungen zwischen Arbeitern und Wissenschaftlern. Die fortschrittlichen Teile der Arbeiterklasse sind sich bewusst, Auftraggeber zu sein; sie fordern Rechenschaft; sie sind bereit zu helfen. An diesem Tag saßen Menschen vor uns, die die geformte Wahrheit als Waffe in die Hand bekommen wollen; angesichts dieser intelligenten, durch jahrzehntelange Klassenkämpfe geprägten Gesichter wäre jedem das Naserümpfen vergangen. Hätten mehr Historiker die erregende Atmosphäre dieser Auseinandersetzung miterleben können, manche theoretische Diskussion in Berlin und Leipzig wäre überflüssig geworden!«

»Das werde ich noch einmal lesen müssen. Da ist er wieder, der Objektivismus, nicht wahr?« Marion hatte weitersprechen wollen, der Objektivismus müsse wohl eine Spezialität ihres Vaters gewesen sein; es hätte flapsig geklungen.

»Danach wurde Herbert tatsächlich in die Produktion geschickt, als Landarbeiter in die Nähe von Quedlinburg. Ich war Lehrerin in diesem Dorf.«

»Frau Kloßner, ich möchte beide Artikel noch einmal lesen, muss sie ja auch abschreiben. Mit einer halben Stunde ist nichts getan, ich merke es. Unten wartet mein Freund.«

»Holen Sie ihn doch hoch. Er kann nur dazulernen.«

Marion überlegte, ob sie sich gegen diesen Satz wehren sollte. Sie trug keine Schuld, und wieweit Vater Schuld trug, würde man herausfinden müssen. »Mein Freund ist Ausländer, ich weiß nicht, ob er davon überhaupt etwas versteht. Ich käme lieber einmal wieder.«

»Wie Sie wollen. Sie können ja noch einmal anrufen.«

»Eines wüsste ich gern: Warum erinnert sich Ihr Mann ausgerechnet jetzt an diese Artikel?«

»Er ist sehr krank. Ist das kein Grund?«

Marion machte einen letzten Versuch, diese Frau sympathisch zu finden, er misslang sofort; von da an erschien ihr die Situation überschaubarer, klarer. Sie selbst hatte mit der Sache nichts zu tun, sie würde daheim berichten, knapp und ohne Erregung. »Ich danke Ihnen. Und gute Besserung für Ihren Mann. Hat mir mein Vater auch aufgetragen, übrigens.«

Sie standen gleichzeitig auf, im Korridor gaben sie sich die Hand und sagten gleichzeitig: »Auf Wiedersehen.« Kein Wort dazu. Die Treppe hinunter und über die Straße, Jan saß auf den Stufen vor der Kirche, die letzten Schritte rannte sie, er stand auf, so prallte sie gegen ihn und stöhnte atemlos: »Ich war in einem Museum. Nein, in einem Totenhaus. Ich habe eben zwei Mumien besichtigt, nein, drei. Eine davon ist mein Vater. Leichen bewerfen sich mit Dreckbatzen. Das ist wie, wie…«

Er legte den Arm um ihre Schultern, sie legte den Arm um seine Hüfte, so gingen sie auf die S-Bahn zu. Sie sagte, wenn sie noch einmal hierher müsste, um die verdammten Artikel abzuschreiben, würde sie ihn mitnehmen, allein brächten sie keine zehn Pferde hinauf. Pferde hätten es auf Treppen sowieso nicht leicht, gab Jan zu bedenken. Und nun sogar zehn Pferde, die würden ja alles verstopfen. Von einer Sekunde zur anderen drängte sich Marion an ihn, presste den Kopf gegen seine Brust, warf ihm beide Arme um den Hals. Sie wünschte, sie wären jetzt draußen in Gransow im Häuschen, sie hätten die Fensterläden geschlossen und das Bett von der Wand geklappt. Oder nicht Jan, ein Mann, der ihr noch nie begegnet war, der ebenso wild auf sie zudrängte wie sie auf ihn. Nicht im Häuschen, in einer nie erlebten Wohnung. Ach, Jan.

»Mädchen, Mädchen«, murmelte Jan und küsste ihr Haar, ihre Stirn, sie legte den Kopf nicht so weit zurück, dass er ihren Mund hätte finden können. Jetzt, sagte er, würden sie sich sofort in die nächstbeste Kneipe setzen und die elenden fünfundzwanzig Mark vertrinken, die er für diesen Tag hatte umtauschen müssen.

»Hast du je gehört, dass es Objektivismus gibt? Objektivismus ist, wenn ich eine Sache sehe, wie sie ist, aber sie passt jemand anderem nicht in den Kram. Klar?«

»Aha«, sagte Jan.

Nikolaikirche

Nikolaikirche (1995)
Entstehung

Die Handlung des Romans greift weit hinein in die DDR-Geschichte und beleuchtet die besondere Situation der Messemetropole Leipzig, deren widerständige Aktivitäten – wenn auch immer wieder unterbrochen – maßgeblich von bürgerlich protestantischen Milieus getragen wurden.

Die strukturellen Vorteile Leipzigs begünstigten seit Mitte der achtziger Jahre eine erst kleine aber ständig anwachsende Opposition, die einen deutlich kirchlich-christlichen Charakter hatte.

Am 20. März 1981 verließ Erich Loest Leipzig mit einem Dreijahresvisum, nicht wissend, ob und wann er die Stadt wiedersehen würde. Er beobachtete jenseits der verminten Grenze sehr genau die politischen und gesellschaftlichen Vorgänge seiner Stadt.

Die seit 1981 institutionalisierten Friedensgebete, die sich hauptsächlich auf die Leipziger Nikolaikirche konzentrierten, zogen im Laufe der kommenden Jahre besonders Ausreiseantragsteller an. Hunderte von ihnen besuchten die Messestadt, um hier in den Friedensgebeten nachdrücklich ihre Forderungen zu verstärken.

Im März 1989 waren die Friedensgebete und andere Aktivitäten der Oppositionellen von Protesten gegen die Verhaftung Václav Havels geprägt, der später, 1993 bis 2003 Präsident der Tschechischen Republik war.

Am 16. April 1989 wurde eine Erklärung von 48 Oppositionellen aus zehn verschiedenen Gruppen verbreitet. Sie kündigten den Boykott der Volkswahl am 7. Mai an. Im September entwickelte sich aus den Leipziger Friedensgebeten eine Demonstrationsbewegung, die zunächst von Ausreiseantragstellern bestimmt war.

Anfang Oktober wurde daraus eine Protestbewegung, die Kirchen, Künstler und viele unzufriedene Bürger erfasste. Die Opposition, die Ausreisebewegung und die Demonstrationswelle erzwungen gemeinsam und friedlich am 9. Oktober 1989, dass der Protest der Bevölkerung nicht gewaltsam niedergeschlagen wurde.

In diesen bewegten Tagen war der politisch hochmotivierte Wahlleipziger Erich Loest gezwungener Maßen fern seiner Stadt Leipzig und verfolgte intensiv, beglückt und berührt die friedliche Revolution. Die bedrohliche Rolle der Einsatzgruppen des Ministeriums für Staatssicherheit (Stasi), die tragende Rolle der Nikolaikirche als Schutzraum für Oppositionelle, die Besonnenheit ›seiner Leipziger‹, der Mut der Demonstranten und ihre Unbeugsamkeit waren für den Schriftsteller und Chronisten Inspiration, den Roman Nikolaikirche zu schreiben, der 1995 als Film unter der Regie von Frank Beyer als zweiteilige Fernseh-Produktion ausgestrahlt wurde.

Inhalt

Die politischen Karieren der Bachers sind prägend für ihr gesamtes soziales Verhalten und immer häufiger Ausgangspunkt familiärer Spannungen, die ihre jeweilige Berufswelt nicht unberührt lassen.

Der dem DDR-System bedingungslos verbundene General, Albert Bacher, ist seit 1985 tot, aber durch Erinnerungen wird er zu einer Art fiktiver Mittelpunktsfigur. Seine Witwe vermisst den staatshörigen Kommunisten, von dessen ehemaligen Problemen und Verfehlungen die Familie nichts ahnt. Der Sohn Alexander, Stasi-Hauptmann, bespitzelt unnachgiebig – in der Hoffnung auf den nächsthöheren Dienstgrad – sein näheres und weiteres Umfeld. Astrid, seine Schwester, ist Architektin beim Leipziger Bauamt. In ihr erzeugt das Leitbild des übermächtigen Vaters Enge und Unsicherheit. Sie beginnt nach immer stärker werdenden Zweifeln kritische Fragen zu stellen. Während eines Klinik-Aufenthalts entsteht Kontakt zu Personen der Friedensbewegung in St. Nikolai. Sie erlebt die Pastoren Ohlbaum und Reichenbork, die wie viele Akteure des Romans, eine reale Entsprechung haben. In der Familie Bacher kommt es zu Spannungen: »Astrid, ich warne dich (…), ich sage Dir, dahinter stecken üble Verbindungen. Die gehen bis nach Westberlin und in die BRD, ich könnte Dir allerhand flüstern. Mein Gott, was willst *du* denn dort!«

Als die DDR im Mai 1989 wählt, wird Astrid aktiv und verletzt damit die vermeintliche Ehre der Bacherschen Stasi-Getreuen.

Der Roman endet am 9. Oktober. Das befürchtete blutige Ende bleibt aus. Noch einmal erleben wir alle handelnden Personen, die erfundenen wie die deutlich an realen Biographien angelehnten. Es ertönt der berühmt gewordene Aufruf von sechs Leipziger Prominenten, der damals in kontinuierlichen Wiederholungen über den Stadtfunk gesendet wurde.

Loest lässt Rechtsanwalt Schnuck, dessen reales Vorbild der IM-Bürgerrechtler und spätere Vorsitzende des »Demokratischen Aufbruchs« Wolfgang Schnur ist, noch am Abend des 9. Oktober in der Leipziger Stasi-Zentrale vorstellig werden.

Das Spiel ist verloren. »Im Hinausgehen hätte (der General) gern die Faust zum alten Rot-Front-Gruß erhoben. Aber es wäre lächerlich gewesen…«

Auszüge aus Nikolaikirche

1989, Mai

Der Pfarrer hat den Brief wieder nicht verlesen, dachte der Mann. Wenn ich hinterher zu ihm ginge und sagte: Herr Ohlbaum, ihr redet doch immer von Saulus und Paulus, und schließlich habe ich nicht nur für mich gesprochen – ob ihn der Pfarrer dann mit dürren Worten wegschickte?

Er stand auf, als sich alle erhoben, und legte die Hände übereinander. Und führe uns nicht in Versuchung, sondern bewahre uns vor dem Bösen. Er sprach nicht mit, obwohl er den Text unterdessen kannte. Die Zahl der Teilnehmer zu schätzen, war der Säulen wegen nicht leicht. Vierhundert, vierhundertfünfzig. Die meisten dürften in der Alterspanne von fünfundzwanzig und vierzig sein, zwei Drittel davon Männer. Was da an Lebenserfahrung und Ausbildung zusammenkam.

Viertel vor sechs unterdessen, in wenigen Minuten würde das Friedensgebet beendet sein. Beim letzten Mal war er so lange in der Kirche geblieben, bis sich alle davor verlaufen hatten. Den Polizisten neben den Wasserröhren an der Nordseite der Uni hatte er nicht in die Augen geblickt, und war allein gegangen. Allein hatte er einen Brief geschrieben und ihn noch nicht einmal seiner Frau gezeigt. Jetzt dachte er: Wahrscheinlich waren meine Worte längst nicht so überzeugend, wie ich vermutet hatte. Sicherlich kriegte Ohlbaum jeden Tag genug von dem Zeug. Ein anonymer Brief war ein feiger Brief, immer.

Die Kollekte wäre für ein kirchliches Altenheim bestimmt, gab der Pfarrer bekannt, beim letzten Mal wären fünfhundertzweiundvierzig Mark und neunzig Pfennige zusammengekommen. Der Mann steckte ein Zweimarkstück in den Beutel. Diesmal wartete er draußen und schaute auf Münder und in Augen. Glocken läuteten über ihm. Pfarrer Ohlbaum ging gesenkten Kopfes hindurch, als hätte er es eilig und wollte von niemanden angesprochen werden.

Von der Grimmaischen Straße rückte eine Polizeikette vor, Offiziere an den Flügeln, alle in Sommeruniform. In ihrem lässigen Schlenderschritt lag mehr Gefährlichkeit, als wenn sie gestürmt wären. Wir kommen, sollte das bedeuten, mit einer Überlegenheit, die es gar nicht nötig hat aufzutrumpfen. Der Mann ging vor ihnen her, als aus einem Hausflur drei Zivilisten sprangen und im Nu um ihn waren, zwei seitlich halb hinter ihm, einer vor ihm, das hatte das Trio glänzend eingeübt. »Ihren Ausweis. Warum beteiligen sie sich an dieser Zusammenrottung? Ich ordne ihre Zuführung an.«

Als der Mann auf der Seitenbank eines Lastwagens saß, der am Brühl parkte, wurde er von seinem Nachbarn gefragt, woher er sei. »Hier spricht Merseburg«, rief einer, und ein Polizist brüllte, sie sollten gefälligst den Quatsch lassen. »Mich haben sie zum vierten Mal«, sagte ein Mann in einem weißen Pullover, wie er auf eine Segeljacht gepasst hätte.

»Geldstrafe? Dann wird's diesmal. Von mir wollen sie dreihundert.«

»Zahlst du?«

Jetzt ging ein Palaver hin und her, dass die Behörden keinen ausreisen ließen, der Schulden wegen der Miete oder der Stromversorgung hätte, da wäre es mit Strafgeldern bestimmt genauso. Na gut, im letzten Augenblick zu zahlen wäre etwas anders als jetzt, weg mit den Fleppen, kannst du sowieso bloß noch verschenken. Einer Frau wurde auf den Wagen geholfen, sie und der Mann nach ihr trugen Lederjacken vom gleichen Schnitt, Partnerlook. Die Klappe krachte hoch.

»Seit wann läuft dein Antrag?«

»Hab gar keinen gestellt.«

»Bloß so rein gerasselt?«

»Das nun auch nicht.«

»Behauptest, bist bloß da langgegangen. Wirst vielleicht noch nicht mal verwarnt.«

Der Mann in der Lederjacke bot reihum Zigaretten an. Jemand meinte, es wäre besser, nicht zu rauchen, letztens hätten sie einen zu fünfzig Mark verdonnert: Der Wagen müsste gereinigt werden oder so ein Schwachsinn.

»Du kommst extra aus Halle rüber?«

»Manche sind aus Bitterfeld.«

»Und hast ´nen Antrag gestellt?«

»Haben doch alle hier.«

Der Wagen fuhr am Hauptbahnhof entlang und bog am Engelsplatz auf den Ring nach Süden ein. Der Mann war verwundert, keine Angst zu haben. Er könnte behaupten, nicht in der Kirche gewesen zu sein, wahrscheinlich würde sich die Polizei nicht die Mühe machen, das zu prüfen. Hier lag kein Mord vor. Er wäre im Hauptbahnhof gewesen, um nach einer Zugverbindung zu schauen, mit seiner Frau und den Kindern wollte er einen Ausflug nach Dresden machen. Vielleicht noch in die Sächsische Schweiz.

»Was bist du von Beruf?«

»Elektroingenieur.«

»Hast drüben Chancen.«

»Ich will aber gar nicht…«

»Ach ja.«

Jemand rief, diesmal ginge es gleich zum Hermsdorfer Kreuz und über Herleshausen nach Gießen, ruckizucki. Das fanden fast alle spaßig.

Nachdem sie vom Wagen geklettert waren, schaute der Mann an Mauern hoch. Gefängnishof. Jetzt müssten Hunde bellen oder Handschellen zuschnappen. Sein Schwager, sagte jemand, sei nach der siebten Zuführung blitzartig rausgeschmissen worden, jetzt wäre er gerade auf Mallorca. Der Mann nahm sich vor, noch einmal an Pfarrer Ohlbaum zu schreiben, diesmal mit Name und Adresse.

Zwei Stunden musste er auf einem Korridor warten. Er zählte die Zugeführten auf den Bänken an der Seite und kam bis siebenunddreißig. Ein Polizist rief: »Wer jetzt noch quasselt, kommt als letzter dran!«

Der Hallenser hatte den Kopf zurückgelegt, einmal klappte sein Kinn herunter. Über die Wand war in steilen Buchstaben geschrieben: »Ein Tschekist ist ein Kämpfer mit klarem Kopf, heißem Herzen und sauberen Händen.«

Der Mann wurde in ein Zimmer gewiesen. Er wäre in der Kirche gewesen, habe allerdings nicht demonstrieren wollen. Einen Ausreiseantrag habe er nicht gestellt. Mit seiner Arbeit sei er zufrieden, mit seiner Wohnung nicht.

»Wenn sie draußen auf jemanden warten sollten, sind Sie ganz schnell wieder hier. Und wenn wir sie wieder schnappen, kostet es allerhand. Ihr Betreib wird benachrichtigt. Sie können gehen.«

Um ein Haar hätte er »Auf Wiedersehen« gesagt. Er trottete zum Leuschnerplatz, bläulich schimmerte das Zifferblatt der Rathausuhr. Was er eben erlebt hatte, war unerheblich gegenüber vielem, was er von seinem Vater gehört hatte: Monte Cassino und im Kessel von Königsberg, Gefangenschaft in Weißrussland; einen, der beim Brotstehlen ertappt worden war, hatten sie mit ihren Holzschuhen erschlagen. Gemessen an dem war sein Leben dahingeschlichen bis zu dieser lächerlichen Zuführung eben. Sein Junge war fünf. Wenn er dem in ein paar Jahren erzählte, wie das zugegangen war, drei Kerle aus dem Hausflur heraus? Was für ein jammervolles Dasein.

1989, Juni

»Genau wie früher, Mutti, bloß umgekehrt. Da hast du mir bei einer Wandzeitung geholfen. Und wenn wir diese Kantenfresse in die Mitte kleben?«

»Das würde dem Herrn Umweltminister zu starkes Gewicht geben. Dieser Unsinn, Ostberlins Luft als unabhängig vom Westberliner Smog zu bezeichnen – das muss man niemandem aufs Butterbrot schmieren. So hoch ist die Mauer nun wirklich nicht.« Ins Zentrum gehöre die Eingabe einer Arbeitsgruppe für Umweltschutz mit dem Baumbericht: wie viele Bäume um die Jahrhundertwende im Stadtbezirk Süd gestanden hatten, wie viele es nach dem letzten Krieg gewesen waren und der Zustand des Restes.

»Und, stimmt das alles?«

»Eine Zählgruppe ist wochenlang durch die Straßen gestreift, deren Arbeit soll erst mal jemand widerlegen. Die ist wichtiger als der Nischel des Ministers.«

Besser, du würdest die Wandzeitung mit ein paar anderen machen, da kriegst du nicht alles Fett weg. Und noch Zahlen vom Vati rein!«

»Um Gottes willen!«

Silke legte die Teile nebeneinander auf den Fußboden. »Deine Chefs werden sich fürchterlich ärgern.«

»Vielleicht hilft's was.«

Polster, der Parteisekretär, nahm die Wandzeitung schon nach einem halben Tag herunter. Immerzu hatten zwei oder drei aus der Abteilung davor gestanden, sogar aus Ämtern gegenüber waren Neugierige herübergekommen. Astrid Protter war ein paarmal stehen geblieben; niemand hatte auch nur ein Wort gesagt. Eine Minute lang starrte sie auf die leere Tafel. Sie ging in ihr Zimmer und nahm einen Bogen aus dem Schreibtischkasten: »Offener Brief an einen Leipziger Wähler.« Den zweckte sie an. Nicht mit vier Reißnägeln, sondern mit allen, die in einem Schälchen lagen, es waren zweiundzwanzig.

»Was Neues? Schon wieder?«

Katzmann stand hinter ihr. Sie antwortete nicht und ging in ihr Zimmer zurück. Ein zweites Exemplar des Offenen Briefes nahm sie heraus und steckte es in ihre Handtasche. Vielleicht würde jemand ihren Schreibtisch durchsuchen wollen. Eine Broschüre legte sie vor sich hin. Ihr Blick war auf Zeichnungen gerichtet, die sie nicht wahrnahm. So wartete sie bis zum Dienstschluss.

Die Parteileitungssitzung, an der ein Instrukteur des Stadtbezirks teilnahm, fand drei Tage später statt. Polster begann, für eine Wandzeitung seien ungeprüfte, ja feindliche Argumente verwendet worden, sogar gegen einen Minister. Der sogenannte »Offene Brief« stelle natürlich den Höhepunkt, um nicht zu sagen den Tiefpunkt dar. Eine ältere Archivmitarbeiterin warf ein, sie hätte die Wandzeitung nicht angeschaut, könne also nicht mitreden. Bei dem Wirbel und den Gerüchten bedaure sie das, und erst jetzt sei ihr eingefallen, dass sie seit Jahren an allen Wandzeitungen vorbeigegangen sei und nicht einmal mit Bestimmtheit sagen könnte, dass die gelegentlich ausgewechselt worden wären.

Astrid Protter ließ ihren Blick reihum gehen: der Instrukteur, die Archivarin, eine junge, kränkliche Frau, die sich vor der letzten Wahl für diese Funktion hatte breitschlagen lassen, zwei gestandene Genossen, Architekten mit langer Parteierfahrung, und Katzmann.

Polster hob seinen Notizblock hoch und legte ihn wieder hin, hob ihn hoch und legte ihn hin, eine zwanghafte Handlung ohne erkennbaren Sinn. Er blickte zwischen den beiden Genossen, die ihm gegenüber saßen, hindurch an die nackte Wand. Seine Stimme klang monoton, als wäre längst alles klar und entschieden. Der Bericht über die Bäume in Leipzig Süd mochte ja noch angehen, obwohl darin Tendenzen zur Nörgelei nicht zu übersehen seien. Wie jeder wisse, wären um die neuen Wohnblöcke herum zahllose Bäume und Sträucher gesetzt worden. Eine Eingabe, in den Straßen der Jahrhundertwende nachzupflanzen, hielte er möglicherweise für sinnvoll. »Aber das ist nicht unser Territorium, warum also diesen Artikel hier an der Wandzeitung?«

»Weil…«

Polster unterbrach sie sofort. »Genossin Protter, ich bitte dich, zunächst die Meinung der anderen Genossen anzuhören. Der sogenannte ›Offene Brief‹ stellt natürlich einen krassen Fall von Verleumdung dar. Er unterstellt Wahlfälschung durch staatliche Organe.«

Katzmann warf ein, er sei nicht dafür, Emotionen hochkochen zu lassen. »Der Schaden ist groß genug. Wenn wir die Dinge gleich in den Ofen gesteckt hätten…« Er fand diesen Gedanken wahrscheinlich selber nicht besonders parteigemäß. »Es ist gut, dass wir einen Genossen der Kreisleitung hier haben, der uns helfen wird.« Um Besonnenheit bat er, allerdings läge das Kind schon im Brunnen. Eine Lehre wolle er zuerst für sich daraus ziehen, nämlich die Herstellung einer Wandzeitung nicht einem einzelnen zu überlassen. Ein Kollektiv!

Der Instrukteur gab sich prinzipiell: Die Einheit zwischen Wirtschafts- und Sozialpolitik erfordere die Anstrengung aller.

Die friedliche Koexistenz werde vom Gegner zur Division ausgenutzt – obwohl erhöhte Wachsamkeit geboten sei, trage eine Genossin das Prinzip der Verleumdung und Hetze in diese Verwaltung. Die Eingaberegelung des Staates genüge ihr offensichtlich nicht. »Genossen, ein politischer Skandal!«

»Nana.« Einer der älteren Architekten nahm sich vor, den Schaden nach Möglichkeit klein zu halten. Wer habe denn die Genossin Astrid unterstützt? Alle drückten sich jahrelang vor der Wandzeitungsarbeit, er wollte sich da gar nicht ausnehmen. Der Genosse Polster habe beherzt reagiert, gut so, aber nun mal nach vorn: Wie wäre es, *eine Kommission* für die Wandzeitung zu bilden?

Die Archivarin fragte: »Was stand denn nun eigentlich in diesem ›Offenen Brief‹?«

»Mich beschäftigt die Frage, woher die Genossin Protter ihn hat.«

Astrid Protter konstatierte, dass Polster nicht formuliert hatte: »Woher du ihn hast«, in der dritten Person operieren konnte sie auch. »Wenn der Genosse Polster, dass genau wissen will: Ich habe sogar an ihm mitgearbeitet.«

Die beiden älteren Architekten fanden, nun wäre dem Mädel kaum noch zu helfen. Sie müsse ihr Kind abholen, unterbrach die junge Frau. Beim Hinausgehen schaute sie niemanden an. Ein illegaler Brief also, stellte Polster fest, »Da steht zum Beispiel: ›Wie Du Dich erinnerst, erzielte angeblich Leipzig-Stadt mehr als achtundneunzig Prozent Wahlbeteiligung und sechsundneunzig Komma neunundsechzig Prozent Ja-Stimmen – So stand es in der Zeitung. Aus dem Stadtbezirk Mitte war ein Ergebnis von achtundneunzigeinhalb Prozent Wahlbeteiligung und sechsundneunzig Komma null vier Prozent Ja-Stimmen zu erfahren. Vor der Wahl aber hatten Leipziger Bürger beschlossen, sich gründlich anzuschauen, wie es in den Stimmlokalen zugeht. So auch im Stadtbezirk Mitte.‹ In diesem Sinne geht das weiter.«

»Lies doch mal zu Ende!« Als der Parteisekretär das nicht tat, nahm Astrid Protter ihr Exemplar aus der Tasche. »Dann mache ich es eben: ›Als die mehr als achtzig Bürger ihre Zahlen zusammen legten, stellten sie fest, dass sie die Ergebnisse aus zweiundachtzig von vierundachtzig Wahllokalen ermittelt hatten.‹«

»Hübsche Organisation.« Das war der Instrukteur. »›Sie kamen auf eine Wahlbeteiligung von zweiundneunzig Komma zwei Prozent und lediglich auf einundneunzig Komma zwei Prozent Ja-Stimmen. In anderen Stadtbezirken war es genauso, überall wurden etwa zehn Prozent Gegenstimmen gezählt. Nun versuchten die erstaunten Bürger natürlich, diesen eigenartigen Differenzen…‹«

»Ich habe keine Lust, mir das länger anzuhören! Ich schlage vor«, so der Instrukteur, »dass wir über dieses Vorkommnis noch einmal im engeren Kreis beraten.«

»Einverstanden.«

Alles vorbei, kein Zerren von den Schulterblättern über den Nacken in die Kopfhaut hinein, keine Angst vor Druck auf die Schläfen wie von einer Schraubzwinge. Jetzt nichts mehr reden. Am Abend radfahren. Durch den Südfriedhof streifen, auf Gräber schauen. So viele Tote, so viele Schicksale. Nun würde irgendwo beraten werden, dann zitieren die Genossen sie vor eine Kontrollkommission, womöglich blieben Wiederruf und Selbstkritik, um mit strenger Rüge davon zukommen. Die Möwe Astrid verlor ihren Platz, ihr Gefieder wies Flecken auf, da mussten Federn herausgefetzt werden um der Gleichheit und Einheit willen. Wie sie das kannte, wie es ihr zuwider war. Silke würde sagen: Da musste durch. Harald nun als Verbündeter.

Dieser banale Gedanke: Gut für Papa, dass er das nicht mehr erleben muss.

Auf dem Korridor sagte Katzmann: »Wetten, Astrid, dass sie dich aus der Partei schmeißen? Besser: dass *wir* dich schmeißen? Noch genauer: Dass *ich* dafür stimmen werde, dass du endlich fliegst?«

1989, Juli

Das Plakat sollte ursprünglich kleiner sein, aber keinesfalls höher. Jemand hatte zwei Fahnenstangen mitgebracht, die goldenen Spitzen wollte er dran lassen als zusätzlichen Spott: erst SED-Fahne, vielleicht sogar ›Banner‹, nun spannten sie ihr Transparent dazwischen. Es war immer noch nicht klar, ob es etwas mit einem Sternmarsch zum Gelände der Pferderennbahn werden würde, und Claudia bezweifelte, dass sie zu so einer derartigen organisatorischen Leistung fähig wären.

Nein, beharrte Pfarrer Ronner gegenüber einem Trupp von der ARD, in der Kirche dürfe nicht gefilmt werden. Einige Gruppen besprächen ihre Projekte, und wenn nicht jedes einzelne Mitglied einverstanden sei, müsste drauf verzichtet werden. Innerhalb der Kirche habe er das Hausrecht, bitte. Claudia sah, wie die Männer ihre Geräte schulterten und vor der Kirche aufbauten. Sie kannte dieses ewige Thema: Inwieweit schützt uns das Westfernsehen, inwieweit drängt es uns in Aktionismus? Wer meinte, sich abends in der Tagesschau wieder begegnen zu können, blickte feiger oder energischer, redete schneller oder überhaupt nicht.

Also kein Sternmarsch, wiederholte jemand, besser so, sonst hätten die Bullen sie alle vorher schon am Arsch. Claudia ging hinaus und um die Fernsehmänner herum. Sie sollten den Pfarrer einweihen: Wenn sie nicht wiederkämen, hätten die Bullen sie geschnappt. Auf der anderen Seite des Parkstücks vor der Kirche streunten einige Schwarze stadtwärts, große Kerle, keine Kubaner. Sie wusste, es wäre mühselig bis sinnlos, ihnen begreiflich machen zu wollen, was hier vorging. Für diese Studenten war die DDR der Gipfel von Ordnung und Wohlstand, auch ihnen hatte sie vermutlich eine funkelnde Maschinenfabrik und eine Spitzen-LPG mit Wunderkühen gezeigt, deren riesige Euter fast bis zur Erde baumelten. Wahlfälschung? Wozu brauchte man in der DDR zu wählen, wo doch alles wunderbar war? Hinter der nächsten Ecke hatte sie sich ein dutzend Mal mit Sacha getroffen.

Nun wollten zwei sofort los, und zwar mit der nächsten Straßenbahn, hier wisse kein Schwein mehr irgendwas. Dann wären sie eben zu viert, gab Claudia nach, das genüge doch, oder? Sie stellten das zusammengerollte Plakat in die Ecke des hintersten Perrons und sich davor. Knut könnte sein Hemd ein bisschen weiter zuknöpfen, riet Claudia, wenn Christina ihren Rock am Bund ein Stück höher zöge, wirkte er nicht mehr so schlabbrig alternativ. Das meinte sie fast ernst, die anderen fanden es jedoch komisch, und von einer Minute zur anderen schlug ihre Stimmung ins Alberne um. Als sie an der Runden Ecke vorbeifuhren, wollte Christina ihr Halstuch zum Fenster hinausflattern lassen und Juhu rufen, da wäre ihnen beinahe das Plakat umgefallen. Heini zog ein weißes Stirnband aus der Tasche, Sportler trügen so was, Marathonläufer, es halte die Stirn frei und sei gut gegen Schweiß. In China hätten das die Studenten beschriftet getragen. Wenn sie nun alle mit weißen Stirnbändern ankämen! Weiß als Farbe der Ausreisewilligen, weiße Schleifen an den Autoantennen, die Bullen machten noch Jagd auf lila Tücher, schon wäre Weiß die Protestfarbe, oder?

Am Rathaus stieg ein Pulk Jugendlicher ein, die Jungen in bunten Hemden und Jeans. Nicht in neuen Jeans, an denen fast noch das Preisschild vom Intershop hing wie neulich vor der Kirche vor Altenburg, Kerle mit sauberen Haarschnitten, »koppelbreit frei über den Ohren«, warum agierte die Stasi immer so einfallslos, oder war das schon wieder ein Trick, um von den echten Spitzeln abzulenken? Dazu hätten sie es fast schon gebracht, ärgerte sich Claudia, dass sie denen misstraute, die sagten: Los, machen wir was! Und genauso den anderen, die warnten: Bloß nicht vorprellen. Auf Christina und Knut und Heini war Verlass. Wenn die Spitzel wären, könnte man selber Mielke heißen.

An der Rennbahn waren sie sofort im Gewühl. Eppler habe gesprochen, nicht konkret genug, aber woher sollte er die Lage genau kennen. Da wirbelten wieder Leute mit Fotoapparaten, die Schilder »Presse« an ihren Jacken waren deutlich zu erkennen, hoffentlich stand darunter, für welche Zeitung sie knipsten, es war doch ein Unterscheid, ob einer für »Neues Deutschland« oder die »Frankfurter Allgemeine« hier war. Jungen mit weißen Armbinden und der Schrift »Ordner« umringten einen abgerissenen Kerl, vielleicht war der betrunken, da schlüpften sie mit ihrer Plakatrolle durchs Tor. Ein Mädchen vom Umweltseminar Rötha neben ihr fragte, wo sie jetzt wohne, und Claudia antwortete, verwunderlicher weise sei sie nicht aus dem Internat geschmissen worden. Sie solle doch wohl nicht im Rosental kampieren, habe sie eingewendet, wenigstens ein Zimmer müsse man ihr schon zuweisen. Nein, Heimkehr zu den Eltern komme nicht in Frage. Diese Debatte gleich nach der Entlassung liege nun vier Wochen zurück, und sie sehe keinen Grund, irgendetwas zu forcieren.

Das Gras war niedergetreten und staubig, jeder Papierkorb übervoll. Unter einem Lautsprecher hörten sie einer Diskussion auf der Bühne zu, vom »Haus Europa« war die Rede, ein beliebtes Thema zurzeit. Das Ding habe Gorbi im besten Augenblick losgetreten, meinte Knut, also könne man mit Gorbi gegen das Abgrenzungsgerede argumentieren. Jemand von der AG Gerechtigkeit zeigte auf einen Kran ein Stück weiter weg, aber noch auf dem Rennbahngelände, dort hätten sie eine Raketenattrappe hochziehen wollen, aber das hätte aus irgendeinem Grund nicht geklappt. Es sei ein guter, nützlicher Kirchentag, davon lasse er sich nicht abbringen, weil sie den Eppler hatten reinlassen *müssen*, obwohl er im SPD-Vorstand sei, das wirkte einfach super. Eppler habe auch mit der SED gekungelt, widersprach ein Mädchen, und Claudia bat, gefälligst nicht so laut zu quatschen. Worauf warteten sie den noch – da drückte ihr Knut die eine Fahnenstange in die Hand und lächelte sie mutmachend an, und Claudia wunderte sich, dass sie sich nicht in ihn verliebte, wahrscheinlich spukte immer noch die Erinnerung an Sascha in ihr herum. Sie rollten das Plakat auf und streckten es hoch, so gingen sie durch eine Gasse auf die Tribüne zu, und wer es von der Seite sah, las die Blockbuchstaben: »Nie wieder Wahlfälschung«. Vor den Bullen brauchten sie innerhalb des Rennbahngeländes keine Furcht zu haben, natürlich waren Spitzel drin, natürlich wurden sie fotografiert. Claudia hörte Klatschen und wusste in ihrer Aufregung nicht, ob es dem Sprecher auf der Tribüne oder ihrem Plakat galt. Zwei Ordner standen halb und halb im Weg, ihre Gesichter waren unsicher, aufgestört; Claudia verlangte mit der größten Festigkeit, zu der sie fähig war, sie sollten sich gefälligst beiseite machen. Mit der Schulter presste sie gegen einen Arm, da waren sie vorbei. »Nie wieder Wahlfälschung« war richtig, andere hatten »Demokratie« und chinesische Schriftzeichen vorgeschlagen, aber »Nie wieder Wahlfälschung« bedurfte keiner Auslegung. Sie hatten vereinbart, das Plakat eine Minute lang hochzuhalten und dann wieder zusammen zu rollen. Eine Minute konnte sich in dieser Situation quälend hinziehen. Ein Ordner maulte dicht vor Claudia, was sie da machten, sei wenig christenmäßig. Sie musste lachen und wendete sich zu Knut um, der wartete noch, bis eine Fernsehkamera langsam über das Plakat geschwenkt war, wobei er sein Gesicht hinter der Stange verbarg, dann rollte er von seiner Seite her ein und mühte sich, das Tuch straff zu halten, damit es nicht aussehen sollte, als sei er in Eile oder gar in Furcht. Jetzt waren sie von einer Menge umringt, die ihnen zu klatschte, Heini nahm das Bündel an sich, so gingen sie seitlich von der Tribüne weg und setzten sich ins Gras. Einer sagte, mit dem Plakat müssten sie auf die Straße hinaus, nicht gleich, aber nach dem Schluss der Veranstaltung auf alle Fälle. Jetzt waren sie umringt von hundert Jugendlichen und Älteren und Alten, die sich wie ein Schutzring um sie setzten, ihre Zahl wuchs an. Ein Mann trat zwischen sie, er rief, er heiße Schnuck und sei Rechtsanwalt, er möchte mahnen, gar davor warnen, mit dem Plakat auf die Straße hinauszugehen. »Bitte bleibt besonnen, wir wollen doch alle, dass dieser schöne, erhellende Tag in gleicher Weise zu Ende geht!« Claudia sah ihn über sich, einen kräftigen Mann, mit dichtem dunklen Haar und tragender Stimme. Keiner widersprach ihm, und Claudia wusste nicht, was sie hätte tun sollen, wenn Schnuck väterlich angeboten hätte, das Plakat sicher fortzubringen, damit niemand Schaden nähme an seiner Freiheit. Es müsse nun doch bald Schluss sein, fragte Vockert, der Schnuck den Rücken zukehrte, als sei der gar nicht mehr da. »Oder wir gehen damit auf die Tribüne!« Das wurde beklatscht: Ja, auf die Tribüne! Das sitze doch noch der Staatssekretär für Kirchenfragen, rief jemand, wieder wurde geklatscht, auf einmal standen die meisten auf, Schnuck war eingekeilt und schwieg.

Los, sagte Knut, da rollten sie das Plakat wieder auf, jetzt gingen sie nebeneinander auf die Tribüne zu, andere zwischen sich, einige griffen über ihre Köpfe, zwanzig Hände am Tuch waren es nun. Stakkato: »Nie wieder Wahl-fäl-schung!«

Ordner mahnten: Macht keinen Blödsinn, haut doch nicht alles kaputt! Da schwenkten die ersten an der Bühne vorbei zum Ausgang zu. Das war der entscheidende Punkt, begriff Vockert, aus derartigen Abläufen heraus entwickelten sich Volksbewegungen, gehörte das zur Chaostheorie? Der Spitzel »Andreas Baum« berichtete tags darauf der Kreisdienststelle Eilenburg: »Die Menschenmenge, die sich in Richtung Ausgang bewegte, wurde auf 800 bis 1000 Personen geschätzt. Durch RA Schnuck wurde die Personengruppe wiederum aufgefordert, das Plakat auf dem Gelände der Rennbahn zulassen. Die Gruppe blieb eine Weile in unmittelbarer Nähe des Ausgangs stehen und wurde von einer gewissen Sivlia Berger angesprochen, die Chance wäre jetzt da, ohne Risiko in die Öffentlichkeit zu gehen, da Tausende auf der Straße auf das Transparent warteten.«

An die fünfzig gingen jetzt vor dem Plakat her, locker und lustig, den Leuten von der ARD hielten sie die Hände vor die Linsen. Die ersten bogen Stadtwärts ein. Jetzt solle sie ihn bitte tragen lasse, sagte Knut zu Claudia, das klang, als würde Kraft gebraucht.

Da sah sie Sascha an der Bordkante. Er sagte etwas zu einer Frau neben sich, eine von der Polizei oder seine neue Freundin. Er trug eine helle Jacke, die sie nicht kannte, ein weißes Hemd, war gebräunt, als käme er gerade von der Ostsee oder vom Balaton. In ihr regte sich keine Sehnsucht, kein Zorn, keine Verachtung, er tat ihr nicht leid wegen dieser Niederlage eben, denn natürlich war es niederschmetternd für einen Polizisten, am Straßenrand stehen zu müssen, ohnmächtig. Sollte es zehnmal seine Freundin sein, das ging doch sie nichts an – eine Frau neben ihr, die sie vom Sehen kannte, fragte, ob es denn stimme, dass sie vom Herder-Institut geflogen sei. Ja, die Leitung hätte bezweifelt, ob sie mit derartigen Aktivitäten ausländische Studenten im Sinne der internationalen sozialistischen Solidarität erziehen könne. Mit einer Handbewegung schnitt Claudia das Thema ab.

Eine Straßenbahn fuhr von hinten heran, langsam, der Fahrer nahm den Fuß nicht mehr vom Klingelpedale. Die Demonstranten drückten an die Seite bis auf den Bürgersteig, die Bahn hielt, alles ging blitzschnell, die Türen wurden geöffnet, vier oder fünf Männer sprangen in die Menge, rissen das Plakat weg und stopften es in die Bahn hinein, jemand zog die Notbremse, so dass die Türen nicht wieder geschlossen werden konnten. »Eine männliche Person aus Berlin« meldete der Spitzel »Andreas Baum«, »die dort einer Menschenrechtsgruppe angehören soll (der Name ist nicht bekannt, kann aber erarbeitet werden), hat das Plakat wieder herausgerissen und ist damit seitlich untergetaucht. Andere, die das nicht mitbekommen hatten, setzten sich vor die Bahn. Zu dieser Zeit waren Sprechchöre zu hören wie ›Nazischweine‹ und ›Stasi raus‹, was wahrscheinlich von Antragstellern ausging. Diese haben auch an die Straßenbahn getrommelt. Die Berger und die Engelmann haben aufgefordert, die Provokation zu unterlassen. Es wurde verlangt, Ruhe zu bewahren, da sonst wirklich noch jemand verhaftet werden würde. Anschließend sind die Personen weitermarschiert in Richtung Dimitroffstraße. Als der Zug in diese einbog, fuhren zwei Lkw der VP auf und versperrten den Weg. Die Bereitschaftspolizisten sprangen herunter und ›spielten‹ mit ihren Gummiknüppeln, was keinem der Anwesenden angenehm war.«

Alles vorbei und alles gelungen, das Plakat hatten sie nicht gekriegt. Das gehörte ins Museum, falls es einmal ein Museum über diese Tage geben sollte. Berühmt war die Fahne von Kriwoi Rog, die russische Arbeiter ihren Genossen in Mansfeld geschenkt hatten und die über die Nazi-Zeit hinweg verborgen war. Das Transparent des Kirchentags von Leipzig müsste daneben aufgestellt werden. Darüber lachte Christina, so beginne jeder Größenwahn. Zur Petrikirche? Als drei Lkw der Polizei mit geschlossenen Planen vorbeifuhren, bogen sie in eine Seitenstraße ein. Für eine Weile waren sie wieder zu viert, Heini hörte nicht auf, ihnen zu erzählen, was sie alle eben erlebt hatten, und Knut stoppte ihn schließlich mit der Bemerkung, er stehe wohl unter Schock. Claudia vermutete Sascha noch immer am Straßenrand mit seiner Biene, die mit musste, wenn er seinen Dienst in Zivil abriss, eine großartige Genossin war sie sicherlich. Sie stellte sich vor, sie prallte auf der Straße gegen ihn, so dass ein Ausweichen nicht möglich wäre, da wollte sie ihn fragen, wie lang das noch so weiter gehen sollte mit dieser Hochschaukelei von List und Gewalt, ob der Staat nicht ein Mal ein Signal geben könnte, dass es Zeit für eine Aussprache wäre, für den großen Dialog, bei dem das Ziel von keiner Seite vorgegeben war. Sascha, wir beide dabei?

Der Pfarrer der Petrikirche empfing sie im Talar an der Tür und gab allen die Hand. An die hundert Leute waren jetzt drin. Claudia überlegte, wie oft sie noch die Hände falten und Gebete hören müsste, bis von deren Geist etwas auf sie übergriff: Der du bist im Himmel, dein Reich komme. Heute standen alle Kirchen offen für alle. Jetzt hieß es, in Richtung auf die Innenstadt wären überall Bullen, und Heini flüsterte, es wäre natürlich total beknackt, wenn die Pfeifen von der ARD sie mit dem Plakat gefilmt hätten und das in der Tagesschau gezeigt würde. Vockert bot den Umstehenden an, bei ihm zu warten, bis sich die Aufregung gelegt hätte, und dann getrennt nach Hause zu fahren; zu seiner Bruchbude wäre es nicht weit. Der Spitzel »Andreas Baum« berichtete seinem Führungsoffizier: »Nach einem Gespräch mit einem Dr. Zieslack (phonetisch), der die Betreffenden gefragt hatte, wie alles wirklich gelaufen wäre, verließ der vorgenannte Personenkreis die Kirche in Gruppen von zwei bis vier. Gegenüber Zieslack war zum Ausdruck gebracht worden, dass von ihnen keine Gewalt zur Anwendung gekommen wäre und sie es gegenüber der Bereitschaftspolizei nicht auf Konfrontation angelegt hätten.«

Als Claudia und Knut durch Straßen mit leeren Fensterhöhlen zum Bayrischen Platz gingen, fielen Sonnenstrahlen schräg herein, die Luft war stickig, die Lichtfärbung rötlich-grau. Sie war mit einem Bullen liiert gewesen, der heute verloren hatte – selbst, wenn er sie hätte einsperren können, wäre der Tag für ihn eine Niederlage. Hauptmann Sascha, vielleicht beförderten sie ihn am Jahrestag der DDR zum Major. Etwas anderes war nach dem heutigen Erlebnis kein Thema mehr: ob sie einen Ausreiseantrag stellen sollte. Beruflich war sie erledigt. Was für ein Traum war es dennoch, mit dem Fahrrad das Rhônetal hinunterzubummeln, und alle Bauern, Wirte, Winzer und Kinder sprachen französisch. Sie half bei der Weinernte und aß zum ersten Mal etwas, das in vielen Lektionen vorkam: Baguette. Die Französischlehrerin Claudia Engelmann aus der Deutschnkratschnreplik ergriff die Chance, diese Köstlichkeit zu schnurpsen, bevor sie sechzig wurde.

Jeder Schritt fiel ihr jetzt schwer, es war wie nach einer langen Wanderung, doch ohne die wohlige Ermattung. Vor einer Haustür lagen zwei tote Tauben. Vier Männer in einem Lada blickten unbeweglich geradeaus. Ein Ausflug mit kubanischen Studenten kam ihr in den Sinn, ihnen war eine Kindergruppe entgegen gekommen, Heimkinder wahrscheinlich, zehn- bis zwölfjährige Jungen und Mädchen, verstaubt, glücklich und müde. Die Jungen hatten Rohrkolben und die Mädchen Blumen gehalten, und sie hatten gesungen: »Dem Karl Liebknecht, dem haben wir´s geschworen, der Rosa Luxemburg reichen wir die Hand.« Und auch: »Vielleicht bin ich schon morgen eine Leiche.« Das an einem zur Neige gehenden Sommersonntag auf einem thüringischen Waldweg. Die Kubaner waren stehen geblieben und hatten dagegen abgeschmettert: »Und höher und höher und höher, wir stiegen trotz Hass und Hohn, ein jeder Propeller jauchzt singend im Ton, wir schützen die Sowjetunion!« DDR pur.

(…)

Der Letzte macht das Licht aus

1989, September

Am Ende des Friedensgebets ging Pfarrer Ohlbaum als erster zur Pforte. In Augen rechts und links lag Angst vor Rempelei, zupackenden Polizisten und ihren Knüppel. Angst auch vor Menschenmauern, dazwischen eine kaum meterbreite Gasse. Es kam vor, dass er die Schultern hängen ließ, jetzt straffte er sich und nickte in Gesichter hinein, die er kannte und nicht kannte, als käme er gar nicht auf die Idee einer Gefahr. Gleich vor der Tür stand eine Reihe von Polizisten, er wollte sie anlächeln, sogar an scherzen, das Gesicht eines bestenfalls neunzehnjährigen Polizeischülers war neben ihm, da schob sich ein Offizier vor, und ehe ihm bewusst wurde, dass dieser Oberleutnant am Montag zuvor die Kette am Ausgang des Pfarrgebäudes zur Ritterstraße hin befehligt hatte, dass er ihn erinnern könnte: Wieder im Einsatz?, war er vorbei.

Das wäre ja nun das Widersinnigste, das er zum Pfropfen in diesem Flaschenhals würde. Vorm Pfarrhaus standen die Menschen lockerer, dorthin wendete er sich und drehte sich um, als eine Frau rief: »Loslassen, Sie sollen mich loslassen!« Nach der Kühle der Kirche empfand er die Luft über dem Platz verbraucht von vielen Lungen und Poren, aufgeheizt auch durch Angst. In solcher Atmosphäre fiel nüchternes Denken schwer, Schwüle verleitete zum Umsichschlagen. Mit schnellen Schritten war er hinein und hinauf ans Fenster, die Flügel waren geöffnet, eine Sekretärin wartete mit Block und Kugelschreiber. Das war herumgesagt worden: Wer festgenommen wurde, sollte Name und Adresse schreien, das sollten sich andere merken und notieren und hierher weitergeben, damit der Sup verlässliche Unterlagen für seine Telefonate am Abend oder am kommenden Morgen gewann. Von der Grimmaischen rückte eine Polizeikette vor, Wahnwitz, die Leute mussten sich eingekesselt fühlen, Überdruck konnte Panik auf beiden Seiten hochschnellen lassen. »Kommen sie ins Pfarrhaus!« Unter dem Fenster Prügelnde, da trommelte er mit beiden Fäusten auf das Blech der Abdeckung und brüllte: »Lasst das sofort! Denkt ja nicht, dass ihr davonkommt, wir merken uns eure Gesichter!« Ein Polizist drehte sich verblüfft um, offensichtlich begriff er nicht, woher diese Worte kamen, ach ja, von oben, den Pastor erkannte er: »Das ist uns scheiß egal, das kannst du dir mal merken!«

Alles geschah rabiater als am Montag vorher, hitziger, pressende. Ohlbaum predigte stets: Wehrt euch nicht, haltet die Hände über den Kopf, ruft um Hilfe und schreit euren Namen, aber nennt sie nicht Bullen und Schweine, und als einer der Jungen erwiderte, das seien alle Kommunistensäue, hatte er ihm dieses Wort verboten: Christen hätten Würde zu wahren. Weiter hin zu Specks Hof sangen sie die Internationale, dabei kam es ihnen auf das letzte Wort an: »Menschenrecht«. Einen Namen wiederholte er zur Sekretärin hin: Uwe Schwabe, den hatten sie wieder gegriffen, den fröhlichen Riesen, schon sein Zöpfchen mit dem Gummiband erschien ihnen als Provokation. »Lasst den Uwe los!« Ohlbaum trommelte wieder aufs Blech, der Polizist unter ihm reckte seine Knüppel. Zum ersten Mal verlor Ohlbaum die Fassung, er war sich bewusst, wie billig, ja blöde der Satz war: Ich bin auch nur ein Mensch. Der wurde immer strapaziert, wenn sich jemand gestattete, dass ihm die Nerven durchgingen. Er war hier oben und Pfarrer, beides schützte. Andreas Müller, auch den nahmen sie wieder fest, schon wieder und immer wieder. Er fragte zur Seite: Haben sie aufgeschrieben? Das würde sich nun wiederholen: Die Aktivisten aus den Gruppen schoben die Listen mit den Namen der verhafteten hinter die Gitter der Kirchenfenster, wieder rissen Stasi-Leute sie heraus. Tags darauf hingen Bögen mit größerer Schrift so hoch, dass die Bullen nicht hinauflangen konnten. Eben hatte er ein Wort gedacht, das er anderen untersagte.

Welche Steigerungen sind den nur möglich, noch zwei, drei Montage, und die Situation muss kippen. Wir haben abgelehnt die Friedensgebete an den Stadtrand zu verlegen, wir hätten uns es nie verziehen. Noch haben sie nicht gedroht: Alles vergossene Blut wird über die Kirche kommen!

Eine Männerstimme im Telefon: »Ich rufe vom Markt an. Zwei Mädchen werden gerade auf einen Lastwagen getrieben.«

»Kennen sie ihre Namen?«

»Nein.«

»Vielleicht können sie schreien: Wie heißt ihr?« Keine Antwort. Da hatte einer mutig sein wollen.

Berk drängte herein, aufgeregt und schwitzend, nach einigen Minuten der Sup. Er wolle den Herrn von der Abt. Inneres in dessen Wohnung anrufen. Das sei zwar gegen jeden Brauch, aber er würde ihn einladen, sich das nächste Mal das Chaos von hier aus anzuschauen, und ihm dabei die Namen der Festgenommenen nennen. So, Schwabe wieder. Und Jörg Franzen. Eine Mutter: Freunde ihres Sohnes hätten sie angerufen, ihr Marco sei aufgeladen worden, und er sei doch erst sechzehn. »Wahrscheinlich lassen sie Ihren Jungen in ein paar Stunden wieder laufen. Aber kümmern sie sich!« Vielleicht fuhr die Mutter auf das »sich kümmern« hin zum Polizeipräsidium und verlange, dass ihr Sohn freikäme, und womöglich schaffte sie es, dass ihr Mann sie hinbrachte und sein Parteibuch vorzeigte und versicherte, er würde ihnen die Fetzen vor die Füße schmeißen, wenn Marco nicht in einer Stunde draußen wäre. Ich predige den Aufruhr nicht, begriff Ohlbaum, aber ich denke ihn. Etwas in mir wünscht ihn, weil ich Menschen erhoffe, die sich Grenzen setzen und von den Mächtigen verlangen, dass sie diese Grenzen respektieren. Er rannte in den Flur und die Treppe hinunter und riss die Tür auf, der Riegel des zweiten Flügels ließ sich nicht sofort hochziehen, er musste sich bücken und fürchtete, sein Genick würde einen Polizisten zum Zuschlagen einladen. Rasch richtete er sich auf und sah ein Mädchen mit zerzaustem Haar fast über sich und zog es in den Flur. Hier war immerhin Kirchengebäude, es würde halben Schutz bieten. »Die Treppe hoch!« jetzt hasteten Menschen an ihm vorbei, sie würden warten, bis die Polizei abgezogen war, und herauströpfeln.

Der Superintendent telefonierte. »Eine prekäre Situation. Die Absperrung wirkte wie ein Kessel, wieder ist geprügelt worden.« Das, antwortete der Leiter der Abt. Inneres, habe sich der Herr Superintendant selber zuzuschreiben, schon vor einem Jahr habe er geraten, die Herren Ronner und Ohlbaum in eine friedfertige Erzgebirgsgemeinde zu versetzen, es müsste ja nicht das letzte

Kaff sein. »Offen für alle« zeige nun diese fatale Wirkung, offen für Aufrührer und subversive Elemente.

Der Sup legte auf, blickte zu Ohlbaum hoch und dachte: Ich will nicht damit hausieren gehen, dass ich euch beide gehalten habe, dich und Ronner. Man wird wägen in der Stadt, die Lauten werden vorn sein und die Gerechten zu Selbstgerechten werden. Er griff wieder zum Telefon, verlangte den wachhabenden Offizier des Polizeipräsidiums zu sprechen und hörte, er möge warten, dann war die Leitung leer, weil ihm niemand antworten wollte, oder die Verbindung aus diesen üblichen leidigen Gründen zusammengebrochen. Er versuchte es abermals, während Ohlbaum ans Fenster trat. Immer noch verließen Menschen die Kirche, Ältere, einzeln oder zu zweit. Die Polizei knüppelte vielleicht unterdessen zum Markt oder zum Hauptbahnhof hin. Da beschloss Ohlbaum, von nun an nicht mehr in Jeans und groben Hemd zu predigen, sondern im schwarzen Anzug mit schwarzem Schlips, wie er es nur tat, wenn er vor ein Grab trat. Solange der Staat auf Gebete mit Knüppeln antwortete, wollte er sich als Trauernder zeigen. Es war eine Geste, aber Haltung setzte sich manchmal aus vermeintlich Nebensächlichem zusammen. Vielleicht würden Konfirmanden darüber lächeln, nein, gerade sie nicht.

Er ging in seine Wohnung hinauf. Zeit zum Abendbrot, er würde nichts essen können. Trinken ja, Kräutertee kannenweise. Nach einer halben Stunde kehrte er in die Kirche zurück, die leer war, der Küster wollte abschließen. Hinter ein Fenstergitter war ein Bogen geklemmt, darauf ein Mädchenkopf mit struppig steilem Haar, darunter: »Kopf hoch, Mike! Dein Arbeitskollektiv und Deine Sabine.«

Noch ein Tag und noch einer, dann stand Ohlbaum am Fenster und schaute auf den Nikolaikirchhof hinunter. Er zog die

Gardinen zur Seite, so konnte man ihn von unten und von den Häusern an der Schmalseite her sehen. Ob sie auch jetzt spät abends lauerten und Berichte schrieben? »22.09, Ohlbaum schaut aus dem Fenster.

22.12, Ohlbaum tritt ins Zimmer zurück.« Kürzlich hatte Rechtsanwalt Schnuck, in Eile wie stets, von der Tür über die Schulter gerufen: Weißt du eigentlich, dass du deinen Platz in der Zeitgeschichte schon sicher hast? Große Worte.

Das Telefon. »Stadtreinigung, Gattmann. Ich habe letztens mit Ihnen gesprochen, wissen sie noch?«

»Ja, Herr Gattmann.«

»Es hagelt wieder Eingaben. Massenhaft sind Blumen vor die Kirche gelegt worden, aber was schlimmer ist: Die Kerzenstummel! Wenn da mal jemand ausrutscht. Also, Bürger beschweren sich, und Sie müssen dafür sorgen…«

Ohlbaum brüllte: »Solange Ziegel von den Dächern fallen und ganze Putzfladen abstürzen und die Leute erschlagen, sind die Kerzenstummel wohl nicht das Wichtigste, oder? Sorgen Sie erst einmal dort für Sicherheit! Sagen sie das denen, die bei ihnen angerufen haben!«

»Herr Ohlbaum, vielleicht wird das für die Kirche ziemlich teuer.«

»Machen Sie was Sie wollen!«

Seine Frau kam herein. Die Jüngste hätte leichtes Fieber, sie hätte ihr Wadenwickel gemacht, nun schliefe sie. Am besten, sie bliebe am nächsten Morgen im Bett. Er habe sich seit Wochen nicht mehr um die Kinder gekümmert, sagte er, einmal wollte ihn eines wegen eines Schulaufsatzes fragen, er habe es auf den nächsten Tag vertröstet, es sei aber nicht wieder gekommen.

Wird alles gut, versicherte seine Frau, sie freue sich auf einen Ausflug der ganzen Familie, mit der Bahn seien sie in einer reichlichen Stunde in Weimar, warum ließen sie nicht einmal alles stehen und liegen? Ronner könnte predigen oder der Sup. Mit dem Bus ins Zentrum, durch den Park an der Ilm zum Gartenhaus? Einige Themen würden strikt verboten sein: Ausreiseantrag, Demo, Polizei. Ohlbaum tat verwundert: »Was reden wir *dann* den ganzen Tag?« Da lachten sie beide.

Ein Brummen drang die Ritterstraße herauf. Halb zwölf in der Nacht, schwere Fahrzeuge. Wie es wohl zuging, wenn sie ihn verhafteten, vorläufig festnahmen »zur Klärung eines Sachverhalts«? Greifer an der Wohnungstür. Auf der Straße aus einem plötzlich haltenden Auto heraus. Er hatte Angst unterdrücken wollen: Nimm dich nicht so wichtig. Mit Panzern würden sie wohl nicht kommen.

Zwei Müllautos kurvten auf den Platz. Männer stiegen ab und musterten Blumen und Kränze. Sie rauchten, einer kehrte unentschlossen. Sie hatten Schaber mitgebracht, als müssten sie gegen Eis angehen. Frau Ohlbaum sagte: »Die holen die Kerzenstummel raus.« Unten begannen sie mit ihren Taschenmessern zu polken, ein sächsischer Ausdruck dafür fiel dem Pfarrer ein: »pfriemeln«. Die Müllmänner stellten die Stummel auf die Simse und zündeten sie an, drei, zehn, Dutzende. Nach einer Weile sah es aus wie zu Weihnachten im Erzgebirge. Gemächlich kehrten sie alle Reste weg und rumpelten fort. Frau Ohlbaum: »Immer wenn man die vom Fernsehen braucht, sind sie nicht da.«

1989, September

Genau wusste Marianne Bacher nicht, warum sie Kläserts besuchte, »Marmeladenklästers«. Schön die Begegnung mit Linus am Tag darauf bekam so nicht zu viel Gewicht. Mit niemanden sonst konnte sie so ausführlich über alte Zeiten tratschen: Volleyballturnier in einem VP- Heim im Harz, bei dem Albert nie der Beste, aber immer der Lauteste gewesen war. Mit Kläsert konnte sie über Alberts Pistolenmanie am ehesten spotten. Ein Abend mit den beiden würde für Jahre genügen. Noch fünfzehn Stunden, dann traf sie Linus.

Seit langem trank sie wieder einmal Wodka, den besten aus Warschau, wie Kläsert versicherte, in einem Spezialladen der Freunde gekauft für lächerliche sechs Mark. Was hatte sie in den fünfziger Jahren gesoffen und was für kratziges Zeug! Der hier floss seidenweich. Bildchen Kläsert steuerte Erinnerungen an Krebsfleisch aus Kamtschatka bei. Marianne Bacher erinnerte sich an den Sprachgebrauch unter den Genossen damals: »die Glasierten«; sächsisch-proletarisch hatte das geklungen, abfällig auch. Über eine Funktion in der Wohngruppe war sie nie hinaus gekommen. Und ihr Mann war kein General geworden, so sehr er bis zur Verabschiedung nach dem Gold auf der Schulter gegiert hatte.

Und deine Enkelin, Marianne? Och, da gäbe es nur Gutes zu berichten, nun ginge ja das Studium los. Dass sie Silke seit Wochen nicht gesehen hatte, musste sie Kläsert nicht auf die Nase binden. In diesem Alter war eine Großmutter gewiss nicht der spannendste Partner; es wäre unsinnig, sich darüber zu ärgern. Nach Sascha fragten Kläsert nur allgemein. So noch immer nicht verheiratet – doch nicht etwa im Schürzenzipfel der Mama? Ja, Astrid hätte sich gesundheitlich aufgerappelt. Dass Sascha nun geradezu ultimativ verlange, Marianne sollte ihre Tochter wegen dieser Kirchengeschichten zusammenstauchen, war hier natürlich kein Thema. Störrisch war Astrid, bockig. Wenigstens das hatte sie von Albert.

Zeit für die Tagesschau. Sofort wurden Bilder aus westdeutschen Lagern gezeigt: Flüchtlinge zwischen Doppelstockbetten, Sachsen sprudelten wild in die Kamera: Am Balaton seien sie im

Urlaub gewesen, da hätte sie gehört, die Grenze stünde offen, alle hätten Tag und Nacht an den Radios gehangen. Nun die Freiheit! Tränen.

Schweinerei, urteilte Kloster. Panik würde bewusst erzeugt, so wirkte Massensuggestion. Die würden sich noch putzen. Das Westfernsehen heizte an. Wie bei den Lemmingen!

Marianne Bacher saß ohne ein Wort. Peinlich wirkte es auf sie, wie sich da DDR-Bürger anschmierten. Fuhren mit ihren Autos nach Ungarn in den Urlaub, denen ging es doch nicht schlecht, nun schmissen sie alles weg, was ihnen der Staat geboten hatte: Neubauwohnung und Arbeit und Studienplatz für die Kinder. Genossen darunter. Nun heulten sie vor Glück, Widerlich.

Würdelos, schimpfte Frau Kläsert. Hatte bei denen die sozialistische Erziehung gar nichts genutzt? In Prag drängelten sie sich im Botschaftsgarten. »Guck sie dir doch an, den mit seiner Bierwampe und die mit dem dicken Hintern, fehlte bloß noch, dass die behaupteten, sie hätten in der DDR hungern müssen!«

»Schon richtig«, erregte sich Kläsert, »was Honecker gesagt hat: Wir weinen denen keine Träne nach. Oder Krenz? Klare Verhältnisse. Wenn die nach den ersten Enttäuschungen wiederkommen, müssen sie sich bei Wohnraum und Arbeit hinten anstellen. Die Wohnungen von den müssen sofort wieder belegt werden, wer nicht in einer Woche wieder zurück ist, soll bleiben, wo der Pfeffer wächst, das sollte in der Aktuellen Kamera mal deutlich gesagt werden.«

Gegen zehn schlafften sie ab. Kläserts ließen den Gast zuerst ins Bad und rumorten noch in der Küche. Vor dem Einschlafen nahm sich Marianne Bacher vor, in der nächsten Woche sofort mit Astrid zu reden, mit Harald auch. Sie würde die beiden zu sich bitten. Vielleicht war es bei Astrid eine neue Art von seelischer Krise, die sie zu den Betschwestern trieb? Dieses Wort würde sie nur im Notfall gebrauchen.

In der Nacht wurde sie ein paarmal wach. Wenn Linus nun auf die Idee käme, mit ihr zu einem der Seen hinaus zufahren, an deren Ufern sie damals gezeltet hatten, wenn er nun sagte: Weißt du noch, Micke, wir beide in diesem Ruderboot, als wir fast gekentert wären und vor Lachen nicht weiterlieben konnten? Aber diese Seen lagen wohl außerhalb von Berlin, Hauptstadt der DDR, dorthin würde er mit seinem Tagesvisum nicht dürfen.

Beim Frühstück nahm Kläsert nach jedem zweiten Bissen ein Kügelchen, sie lagen aufgereiht neben dem Teller, rot, weiß und grün. Hildchen klagte, niemand führe mit ihr Rad, allein traue sie sich nicht durch die Parks oder gar in die Wälder. Wenigstens zum Pilze sammeln könnte sich ihr Gatte hin und wieder aufraffen. Den Kaffee fand Marianne Bacher miserabel. Aus Mona, der immerhin teuersten DDR-Marke, war wohl nicht mehr herauszuholen.

Kläserts brachten sie zur S-Bahn. Bei der Fahrt ins Zentrum lauschte sie auf das An- und Abschwellen der Motoren, das hatte sich seit ihrer Berliner Zeit nicht verändert, gehörte zu ihrer Jugend, zu Albert und Linus, zur kleinen Astrid neben ihr und Sascha im Kinderwagen. Sie war schneller am Alex, als sie vermutet hatte, und stieg in die U-Bahn um. Erstaunlich, wie das alles in ihre Nervenstränge eingeschliffen war.

Linus Bornowski wartete in einem Lokal an der Leipziger Straße. Er trug zu einem blauen Leinenjackett ein froschgrünes Hemd und eine großkarierte Krawatte, in der Gelb dominierte. Sowas würde in Leipzig kaum einer wagen und schon gar nicht in diesem Alter. Und erst gar nicht kriegen, nicht mal im EX. Er war gebräunt, vielleicht glänzten seine Schnurrbartspitzen weißer als beim letzten Mal. Als wieder dieses Leicabuckelgrinsen aufschnellte, sagte sie ihm: Nichts erinnerte sie so an ihre Zeit wie dieses Zucken um die Mundwinkel. Wenn er dann die Unterlippe hängen ließ: wie ein verschmitzter Karpfen, der gleich zuschnappen würde.

Er wäre mit der S-Bahn herübergekommen, im Bahnhof Friedhofstraße, ach nee, Friedrichstraße hätte es keine Schwierigkeiten gegeben. Bisschen was hätte er ihr mitgebracht, sie könnte es auf der Rückfahrt anschauen. Und wie stand alles in Leipzig, in Leibzsch?

Naja, Staub und Hitze, aber auf ihrem Balkon sei es auszuhalten. Nun fürchtete sie sich vor der Rückfahrt, der Zug von der Ostsee habe sich sicherlich unter der Sonnenglut aufgeladen. Bornowski erwähnte die klimatisierten Großraumwagen der Bundesbahn nicht. Im September hätten seine Frau und er eine Woche Schottland eingeplant, diese Mitteilung musste nicht unbedingt eine Reaktion provozieren, in der Tatra sei es genauso schön. Dabei überlegte er, ob er jetzt schon nach Fotos von Mariannes Kindern fragen sollte, im letzten Brief hatte er darum gebeten. Kein Wort von den Tumulten in Ungarn, Prag, Warschau, lieber das banalste Gerede.

Erst eine halbe Stunde später sagte sie: »Nein, Bilder von Sascha habe ich nicht. Mir sagt er, in seiner Kripo-Dienststelle sähen es die Vorgesetzten gar nicht gern, wenn Fotos herum schwirrten. Und Astrid ist ausgesprochen fotoscheu.« Sie fingerte einen Briefumschlag aus ihrer Handtasche. Dieses da sei sicherlich vier oder fünf Jahre alt, das sähe sie an Silke. Vor dem Völkerschlachtdenkmal, Harald habe die Aufnahme gemacht.

»Wirklich hübsch.« Der Typ stimmte. »Hatte Astrid immer diese Frisur?«

»Ich denke schon.«

»Komisch, ich hab mir deine Tochter mit Schlangenlocken vorgestellt, mit diesen Korkenziehern von den Schläfen herunter.«

»Hat sie nie gehabt.«

Also doch. Sie hatten ihn reinlegen wollen. Er würde sämtliche Möglichkeiten durchkomponieren, durchprobieren, durchexerzieren. Marianne hatte seine Adresse der Stasi gegeben, oder die Stasi hatte sie aus dem Briefverkehr raus gefischt? Wie auch immer: Schluss mit aller Sentimentalität und dieser Sippe. Und Rache. »Dass sie mich damals aus Westberlin verschleppt haben, hast du ja sicherlich erfahren. Gift in der Zigarette und im Kaffee, dann wurde mir schlecht. Zuerst konnte ich die Hände nicht bewegen, dann die Arme. Die Frau am Tisch rief da schon nach einem Arzt, und sofort meldete sich einer von daneben. Alles das hab ich mitgekriegt, ohne mich wehren zu können, dann waren auch die Beine gelähmt. Sie haben mich hochgezogen und rausgeschleppt, meine Füße schleiften. Da war schon ein Auto, sie haben mich reingedrückt. Ehe die Karre anfuhr, hat sich einer zum Fenster heruntergebückt und mir höhnisch ins Gesicht geschaut. Zwischen uns war nun die Glasscheibe und kein halber Meter Raum. Das war dein Albert.«

»Quatsch.«

»Der Genosse Albert Bacher.«

»Warum erfindest du so was?«

»Ich war schon fast hinüber. Aber das hab ich noch mitgekriegt.«

»Du lügst.« Sie blickten ihm starr in die Augen, als sie sagte: »Das nimmst du zurück, Linus.«

»Da gibt es nichts…«

Sie stand auf. »Warum musst du so gemein sein?«

Er wollte erwidern: Warst du nicht gemein, als ihr mir diese Lockenschlange mit den Fotomontagen auf den Hals gehetzt habt? Für einen Augenblick fürchtete er, Marianne würde ihm ins Gesicht schlagen. Da wendete sie sich ab und war eine Sekunde später hinter einem Raumteiler verschwunden. Aus, eine Tür war zugeschmettert, dahinter lag gelebtes Leben. Die Leckereien aus dem KaDeWe würde er wieder zurückschleppen müssen.

Als er im ratternden, dröhnenden S-Bahnzug aus dem Bahnhof Friedrichstraße zwischen Sperrzäunen und grindigen Brandmauern hinausfuhr, als er über die eingedrahtete Spree zum Reichstagsgebäude blickte, begann er zu grübeln, ob er sich bei nüchternem Nachdenken einer so hundsgemeinen Erfindung wie eben für fähig gehalten hätte, Linus Bornowski, der sich gerne für einen halbwegs anständigen Menschen hielt, unfähig, die Schwelle zur Niedertracht zu überschreiten. Darin hatte er sich wohl getäuscht. So was beichtete man nicht einmal im Suff seinem besten Freund. Von der eigenen Frau ganz zu schweigen.

1989, September, Oktober

Die Ausbilder nannten die Maßnahme »Reißverschluss«. Ein Bereitschaftpolizist blickte nach der einen, der nächste nach der anderen Seite, sie hätten die Arme fest verschränkt. Jetzt wurde der Zug geteilt, die Angreifer formierten einen Stoßkeil. Nun machten sogar die Unteroffiziere mit: »Wollen wir doch mal sehen!« Selbst als einer aus der Kette stürzte, ließ er seine Nebenleute nicht los.

Horst Heit wollte fragen, was er tun sollte, wenn ihm ein Angreifer ins Gesicht spuckte, ihn schlug, würgte. Darauf konnte er keine vernünftige Antwort geben. Also hätte die Frage als Provokation gegolten. »Reißverschluss« gegen eine Meute vor dem Hauptbahnhof, am Engelsplatz, am Brühl. Am kommenden

Montag, immer am Montag. Jetzt bildete die andere Gruppe die Kette, Horst Heit griff mit an, packte einen Kumpel an den Schultern. Nicht an der Gurgel, er hieb ihm nicht die Handkante gegen den Hals. Wenn es ernst wurde, wäre »Reißverschluss« der größte Mist.

Provokateure, Rowdys, immer wieder diese Reizwörter. Am letzten Montag waren Genossen mit Schutzschilden und Helmen an ihn vorbeigezogen. Ein Bereitschaftspolizist hatte gefragt: Und wenn sie denen Steine gegen die Beine schmeißen? An alles war offensichtlich nicht gedacht worden.

So edel war die Verpflegung noch nie. Schnitzel am Donnerstagabend – das, versicherte ihnen eine Obermeister, hätte er in seiner vierzehnjährigen Dienstzeit noch nie erlebt. Urlaub am Wochenende, kein Urlaub, achtzig Prozent müssten jederzeit einsatzbereit sein, der Krankenstand nähme zu, wenn überhaupt, würden sie nur jeden Zehnten rauslassen – Gerüchte über Gerüchte. Jemand hatte gehört, Pistolenmunition sei angeliefert worden, viele schwere Kistchen. Gesehen hatte sie keiner. Alle Offiziere hätten letzten Montag schon scharfe Ballies dabei gehabt. Beim nächsten Mal würden auch alle Unteroffiziere… Beim nächsten Mal, am Montag. Am Montag in Leipzig.

Schließlich standen sie zu siebt vor dem Kompaniechef. Sie hatten sich bis auf einen durch nichts hervorgetan, stammten bis auf zwei aus Leipzig und Eilenburg, waren verschiedentlich lange bei der Fahne und hatten ungleiche Dienstgrade. Sollte nur Normalität vorgegaukelt werden? Diese sieben meinten, ihnen würde nun verstärkte Wachsamkeit eingebläut werden, aber nicht einmal das geschah. Urlaub nicht bis montags zum Wecken, sondern nur bis Sonntag zweiundzwanzig Uhr. Unbedingte Pünktlichkeit! Niemand kontrollierte die Uniformen. Weggetreten.

Zu viert gingen sie zum Bahnhof, zu dritt fuhren sie nach Leipzig. Im Zug nach Grimsen fühlte Horst Heit Blicke auf sich und wusste nicht, ob er sich einredete, die seien abschätzig, feindlich. Eine etwa Siebzehnjährige setzte sich ihm gegenüber, musterte ihn von oben bis unten, wendete sich ab und ließ ihre Augen nicht mehr von Gärten, Häusern, Bahndämmen mit dunkelnder Goldrute, von Traktoren, furchenziehend, von gilbenden Birken. Drei Jungen stiegen ein, so alt wie er. Einer schmiss eine Sporttasche ins Gepäcknetz, sofort steckten sie sich Zigaretten an. Der größte von ihnen, Hemd und Jacke aufgeknöpft bis zur Brust, fragte das Mädchen: »Gehört der zu dir?«

Langsame Blickwendung, gelangweilt. »Nee.«

»Da kriegste ooch eene zu roochn von uns.«

»Ich rauche nich.«

Die drei begannen eine Unterhaltung, ob der Bulle da wohl roochte, und ob sie ihm eine schenken sollten. »He, Bulle«, der Kleinste fragte, Mausgesicht, Zotteln in der Stirn, flache Nase zwischen trüben Augen, der sich allein nicht vorgewagt hätte. Heit überlegte, was er tun sollte, wenn die drei eine Klopperei anzetteln wollten. Die Notbremse ziehen?

»He Bulle, kommste am Montag?«

»Der roocht nich.« Jetzt fragten alle drei das Mädchen, ob der da vielleicht ihr Bruder wäre oder aus demselben Dorf, denn der wäre doch vom Dorf, nur bescheuerte Hühnertrottel ließen sich zur Bereitschaftspolizei ziehen, Bepo wäre überhaupt das Letzte. Grenze und Bepo, darunter ging nichts. In Stralsund hätten sie einen von denen aus jeder Kneipe geschmissen, wenn er sich überhaupt reingewagt hätte. Und im Zug aus dem Imbisswagen gescheucht oder ihm Bier in den Kragen geschüttet. »Und so was fährt hier einfach so!«

Wenn er ausstiege und mit dem nächsten Zug weiterführe,

wenn er in einen anderen Wagen ginge. Sich nur im äußersten Fall an den Schaffner wenden. Solange das Mädchen im Abteil war, würden sie keine Prügelei anfangen.

»Macht bloß keinen Unsinn«, sagte das Mädchen. »Seine Schwester geht mit mir auf Arbeit, bisschen kenne ich ihn, aus der Disco und so. Lasst den in Ruhe.« Eine Minute lang war es still, dann kontrollierte der Schaffner die Fahrscheine. An der nächsten Station stieg einer aus, Mausgesicht fragte: »He, Biene, hast ´ne Ahnung von der Bepo?« Das wären alles Schläger, wären es schon immer gewesen, und sie erwiderte: Volldoof, zur Bepo würden sie genauso gezogen wie überall hin. Ihr Cousin nämlich auch.

»Und zur Grenze«, ergänzte Heit, »und sogar zum Wachbataillon.«

»Quatsch«, brüllte der größte, »mich nie!« Er schob einen Ärmel hoch, auf dem Unterarm war eine Tätowierung, Palme mit Kreuz und Schwert und Schlange. Das Mädchen fragte, wer das gemacht hätte; Heit vermutete, die Frage sollte ablenken. »Aus dem Knast nicht«, er schob den Ärmel wieder herunter. »Hat einer in Ungarn gemacht, ´n Zigeuner, habe ich dreihundert für bezahlt.«

»Zloty?«

»Du bist doch so doof! Mal sehen, ob wir uns am Montag wiedertreffen.« Jetzt stiegen die beiden Jungen aus. Nachdem sie die Tür zugedonnert hatten, sagte Heit: »Hast du gut gemacht, danke.« Das Mädchen zuckte die Schultern und blickte wieder hinaus.

Seine Mutter riss ihn in die Arme. Zu dritt setzten sie sich an den Tisch. Kaffee? Bier? Noch nicht.

Langsam kam er ins Berichten, stockend. Von nichts anderem sei die Rede als vom letzten Montag und vom kommenden

Montag, die Oberwachtmeister brüllten nur noch. Vergangenen Dienstag wären alle Lkw der Einheit nach Halle gerammelt und leer zurück gekommen. Nur noch Hektik.

Sein Vater dachte: Und wenn wir ihn verstecken, aber wie lange bloß, und natürlich nicht im Haus. Von doppelten Wänden in polnischen Ghettos hatte er gelesen. Sie würden mit Hunden kommen.

Und wenn wir ihn in der Kirche verstecken, überlegte Frau Heit. Ich werde nicht den Mut haben, mich vor das Kasernentor zustellen und zu schreien, wir Mütter ließen unsere Jungen nicht in den Krieg zerren, den Montagskrieg in Leipzig. Verstecken: Die Heydrich-Attentäter hatten sich in eine Krypta verkrochen, noch immer waren die Steine um die Fenster von Schüssen zernarbt. Landorff würde zu feig sein. In Königsau, wenn Reichenbork noch lebte.

Horst aß Bratkartoffeln mit viel Sülze und trank Bier dazu. Sein Vater fragte: »Haben sie euch belehrt, unter welchen Umständen die Regierung das Kriegsrecht ausrufen kann? Gibt's in unserer Verfassung so was?«

»Keine Ahnung.«

»Haben sie aufgedreht mit Schulung und so was?«

»Das geht immer ganz knapp: Rowdys und Konterrevolutionäre.« Nie war so viel darüber geredet worden, wie grauenhaft es im Armeeknast in Schwedt zuging. Ob das bewusst gestreut wurde?

Nach dem Essen zog er Jeans und sein buntes Hemd an; er müsse schnell weg, sonst wäre Kerstin schon sonst wo.

Sie stürmte die Treppe herunter und fiel ihm um den Hals. Seit wann er da sei und wie lange er bleiben könne. »Ich habe Karten für die Disco in Wolks.«

Zu fünft fuhren sie im Trabi, Kerstin auf Horsts Schoß und er mit der Hand auf ihrem Schenkel beinahe ganz oben, er dachte: Höchstens drei Zentimeter noch, und wie würde sie reagieren. Sie machten einen Höllenlärm, nur Horst war still, das merkte niemand. Kerstin presste ihre Hand auf seine, er dachte: Gleich schiebt sie mich weg.

Nach Palaver und happiger Bestechung kamen alle fünf mit drei Karten rein. Horst tanzte nur mit Kerstin. In den Pausen: Demo, Botschaft in Prag, Botschaft in Warschau. Bei einer Kampfgruppenübung wäre die Hälfte zu Hause geblieben. Immer wieder dieser Gedanke: Wenn mich Kumpels mit dem Auto bis an die tschechische Grenze bringen, wenn ich durch den Winkel bei Asch schleiche, kann ich in zwei Nächten drüben sein. Wen sie schnappten, der kriegte zehn Jahre Schwedt.

So heiße Musik hatte er hier noch nie gehört, der Diskjokey nahm wohl überhaupt keine Rücksicht mehr auf irgendwelche Bestimmungen. Je später es wurde, desto seltener tanzte Horst. Pünktlich Mitternacht war Schluss, er dachte: Montag ist nun schon morgen.

Er schlief fast bis Mittag. Beim Essen erzählte er, wie sie ihn im Zug gefoppt hatten, schließlich: »Vor der Rückfahrt hab ich richtige Angst.«

Ohne zu überlegen erwiderte seine Mutter: »Ich bringe dich hin.«

Am Nachmittag bummelte er mit Kerstin zum Sportplatz und durch ein Waldstück bis auf die Felder hinaus. Ein milder Herbsttag, noch einmal sommerlich warm auf den Abend zu, der rasch kommen würde. Er trug wieder Uniform, die Jacke einen Knopf weiter geöffnet als die Vorschrift entsprechend. Er wollte nichts tun, was ihn in Gefahr bringen könnte, jeden Befehl ausführen, allerdings langsamer, sozusagen achtzigprozentig. Das konnte Niemand als Verweigerung ansehen, und es schützte vor Wut auf sich selbst. Er überlegte, ob er mit Kerstin verheiratet sein wollte, natürlich nicht schon jetzt. Sie fragte, warum er lächelte. Gerade wäre ihm eingefallen, dass sie mal langsam eine Wohnung beantragen könnten, da wäre später die Wartezeit kürzer. Sie lachte und wurde rot, und an dem Schimmern in ihren Augen sah er, dass er wahrscheinlich einen Fehler gemacht hatte. Aber: Was hatte er den schon gesagt?

Von Grimsen nach Eilenburg brauchte ein Auto gewöhnlich anderthalb Stunden. Sie fuhren noch vor sieben los, Leipzig wollten sie umgehen. Einmal kamen ihnen Armeefahrzeuge entgegen, ein Jeep mit wippender Antenne vorneweg, Tankwagen, Schützenpanzer, ein Lastwagen mit einer Feldküche. Gleich danach wurden sie von einer Polizeistreife angehalten, ein Offizier musterte den Urlaubsschein. »Und wer sind Sie?«

»Seine Mutter,« Frau Heit merkte, dass ihre Handflächen feucht waren. Beim Weiterfahren legte sie ein Tuch ums Steuer. Sie sprachen allein über die günstigste Route – dort wäre das Pflaster miserabel, da eine Umleitung. Gabrielle Heit versuchte sich vorzustellen, was ein Pfarrer antworten würde, wenn sie ihn fragte: In welchen Konflikt hat mich Gott gestellt? Ich muss meinen Jungen aus einer Gefahr herausbringen, nämlich in seine Kaserne zurück, und ich führe ihn in eine andere Gefahr, denn morgen ist Montag.

Er sah, dass seine Mutter blass war mit zusammengepressten Lippen, sie saß über das Lenkrad vorgebeugt, als wäre so eine Gefahr eher zu erkennen. Sollte er sich für ein paar Kilometer ans Steuer setzen? Fahren konnte er, eine Erlaubnis dazu besaß er nicht.

Und wenn Gott neben ihr säße. Du darfst auch jetzt den Glauben an mich nicht verlieren, würde er sagen; als Uwe umkam, hast du nicht gezweifelt. Alles wird gut ausgehen, denn du hast die erste Prüfung bestanden. Ich werde Horst geleiten und dich auch, denn keinem Menschen darf zu viel zugemutet werden. Ein Hiob genügt.

Er legte seine linke auf ihre rechte Hand über dem Steuer, eine Berührung war es, kein Druck, der beim Lenken gehindert hätte. Vom Ortsschild »Eilenburg« an sprachen sie kein Wort mehr.

1989, September

Beten: Herr, zeige mir den richtigen Weg?

Jeder von uns möchte in diesen Tagen alles optimal machen, hatte ein Pfarrer auf einer Synode in Eisenach festgestellt und fortgesetzt: Genau dies aber wird niemanden gelingen. Gleichgültig, welche Haltung wir einnehmen, unsere Weste wird nicht weiß bleiben können. Ein Drittel der Pfarrer eines Konvents war überzeugt, Kirche solle sich nicht in politische Auseinandersetzungen ziehen lassen, ein anderes vertrat die Ansicht, die Kirche habe sich offen für gesellschaftliche Probleme zu halten, das letzte Drittel verlangte, die Kirche müsse aktiv in die Umgestaltung eingreifen und diese vorantreiben. Niemand konnte gleichzeitig in allen Dritteln sein.

Vor den Superintendenten lagen Einladungen vom Ratsvorsitzenden des Bezirks und dessen Vertreter für Kirchenfragen. Seine Reaktion darauf würde er mit niemandem absprechen, er war von keiner Satzung oder Gepflogenheit her dazu genötigt und brauchte niemandes Rückhalt. Die Antwort bedeutete seinen Schritt ins letzte Drittel der Pfarrer hinein. Er war morgendlich still, gerade sieben, das Leben hatte noch nicht vom Ring unter dem Hauptbahnhof her ins Zentrum gegriffen, hier schlossen die Hausmeister noch nicht einmal die Türen der Büros und Geschäfte auf. Es war zu zeitig, über den Engelsplatz mit dem Pfarrer der Reformierten Kirche zu telefonieren.

Tauben hockten auf einem Sims gegenüber in regelmäßiger Kette. Einst war die Taube heiliges Sinnbild der Friedfertigkeit, heute ein Krankheitsträger, der von Gesundheits- und Baubehörden am liebsten ausgerottet worden wäre, Zeichen des Zeiten- und Wertewandels von unzähligen Kirchenmalern bis Picasso. Der Superintendent erinnerte sich der Stare, die sich vor zwei Jahrzehnten zu Tausenden über der Stadt zu wogenden Kunstflügen vereinigt hatten. Berühmt unter Ornithologen die Rastbäume vorm Hauptbahnhof. Die Stare waren ausgeblieben, niemand wusste warum. Vielleicht würde man sich in ein paar Jahren wehmütig der Tauben erinnern.

Briefe dieser Art hatte er seit Jahren erwogen, im Geist formulierte er, zweimal auch geschrieben, aber nicht abgeschickt. Er hatte sich zur Klugheit gemahnt, zum nötigen Kompromiss, sich selten feig gescholten und den Vorwurf rasch zurückgenommen. Auch jetzt bedachte er das Urteil anderer im Augenblick und später. Die Zukunft hielt Möglichkeiten bereit, zwei nur und keine Spielarten dazwischen, Rot oder Weiß. Rosa war out, würden Konfirmanden formulieren.

Der Superintendent schrieb: » Sehr geehrter Herr Ratsvorsitzender! Vor mir liegen Einladungen zur Festveranstaltung und zum Empfang anlässlich des 40. Jahrestages der Gründung der Deutschen Demokratischen Republik. Ich muss ihnen mitteilen, dass ich mich nicht in der Lage weiß, der Einladung nachzukommen.« Gleich im ersten Satz die Entscheidung, gut auch: »in der Lage weiß«, nicht: »mich in ihr befinde«. »Bewusst und engagiert habe ich den Weg unseres Staates mitvollzogen, in ungezählten Gesprächen und mit vielen Entscheidungen innerhalb unserer Gesellschaft für eine gedeihliche Entwicklung der Partei ergriffen. Gegenwärtig bewegt es mich sehr tief« – stärker – »bis auf den Grund, dass weder Partei noch Staatsapparat die auch von mir gestellte

Frage beantworteten: Was muss getan werden, was müssen wir tun, damit die Menschen gern hier leben und bleiben wollen? Ich habe bewusst *unsere* Verantwortung angesprochen, denn nur gemeinsam kann erreicht werden, dass sich die Situation entspannt.«

Draußen an der Karl-Liebknecht-Straße registrieren sie nun vermutlich: der also auch. Viele Verbündete zählten sie ja nicht mehr. Ihren Jahrestag würden sie trotzdem mit allem Pomp feiern. Er wollte den Brief abschicken und die Kopie erst hinterher anderen zeigen. Der also auch, würden die Männer des Staates und der Partei ihn schmähen: Wenn es hart auf hart ging, kniff so einer. Irgendwann warfen ihm die Selbstgerechten bestimmt jedes Würstchen vor, das er mit den Genossen gegessen hatte. Dann mochte er argumentieren: Jahrzehntelang habe ich Unheil von euch ferngehalten! Dann zählten die Würstchen. Vielleicht war unterdessen in der Reformierten Kirche doch jemand erreichbar. Er hatte sofort den Pfarrer am Apparat. Ja, die Morgenstille nutze auch er. »Ohne Umschweife, Bruder, wären Sie bereit, am Montag, falls Nikolai wieder überfüllt sein sollte, in ihrer Kirche parallel dazu ein Friedensgebet zu halten?«

Schweigen, dann Räuspern. »Wir haben nicht den Schutz einer großen Landeskirche wie Sie.«

»Ich weiß, Aber: Wenn wir abgeriegelt werden und quasi eingeschlossen sind, könnten viele außerhalb des Rings bei Ihnen Zuflucht finden.«

»Natürlich müsste ich unser Konsistorium fragen.«

»Ich bitte Sie, zu überlegen. Ich merke, damit beginnen Sie schon. Die Menschen werden in die Innenstadt strömen. In den Kirchen sind sie sicher, vorläufig. Wir sollten uns so bald wie möglich treffen, auch mit dem katholischen Propst. In der Thomaskirche, kommen Sie?«

»Ich komme.«

Ob er wohl Angst hatte – für sich selbst nicht, wahrscheinlich nicht, aber wer mochte das schon behaupten, da so vieles nicht vorstellbar war, Verhaftung, Prügelei, Hunger, Folter. Er trug Verantwortung, das war kein leeres Wort. Das Blut anderer würde über ihn kommen.

Er las seinen Brief noch einmal. Keine Änderung – dann setzte er doch hinzu: »damit wir mit dem weiteren Aufbau unseres Staates, der Deutschen Demokratischen Republik, vorankommen.« Fiel er damit ins zweite Drittel kirchlicher Möglichkeit zurück? Besser wieder streichen?

Wenn St. Nikolai überfüllt war, wenn mitgeteilt werden konnte: Geht hinüber zur Reformierten Kirche, auch dort wird für den Frieden gebetet werden, wenn endlich auch St. Thomas geöffnet würde, ließe der Druck auf Nikolai nach. Dann musste die Polizei umorganisiert werden. Das war ja nun wirklich sonderbar, dass ein Kirchenmann sich Gedanken um die Polizei machte, die Kampfgruppen, die Staatssicherheit. Er als Stratege: Die Reformierte Kirche lag jenseits des Rings, ein Friedengebet dort sprengte den Kessel auf.

Vor Gericht würden sie ihm das vorwerfen, die Ausweitung, das Zerbrechen ihrer Front.

1989, September, Oktober

Die Beförderung einer Anzahl von Genossen der Bezirksverwaltung Leipzig des Ministeriums für Staatssicherheit verlief knapp und ohne anschließenden Umtrunk. Der General sprach von einer Zeit tschekistischer Bewährung.

Auf der Treppe gratulierten Oberleutnant Tinnow und Major Bacher einander. »Sascha, du erinnerst dich bestimmt an den IM, den du einmal am Brühl über Ohlbaum abgeschöpft hast?

Der immerzu in seine Identität als guter Genosse zurückkehren wollte?«

»So ´n schlanker, fahriger Student, Maschinenbau oder sowas?«

Tinnow war überzeugt, dass weder er noch sonst jemand in Leipzig einen Fehler gemacht hatte. Das Versprechen, na, das Aussprechen einer Möglichkeit, den Mann in der SU weiterstudieren zu lassen, war nicht aus der Luft gegriffen gewesen, nur wurde derlei zentral entschieden. Nun hatten die Bezirksverwaltungen in Magdeburg und Karl-Marx-Stadt grauenvoll dumm mitgemischt. »Du hast ihm damals diese getarnte Kamera gegeben. Es sollte eine Fotobank quer durch allerlei Kirchengruppen angelegt werden, Basismaterial.« der IM habe sich als geschickt erwiesen und sei von seinem Führungsoffizier ermuntert worden, breit zu fächern. Das habe sich dann auf Personen aus Berlin und anderen Bezirken ausgeweitet. »Hübsche Sachen dabei. Und nun ist leider alles in die Hose gegangen.«

Bacher wartete. Was auch immer passiert war, er würde sich raushalten können. Dieser Treff in einer KW lag länger als ein Jahr zurück; wenn jemand den Bericht auswertete, müsste er finden, dass die damals erörterten Dinge für ihn längst erledigt waren. Alte Hüte.

»Ein paar Fotos sind nach Magdeburg geschickt worden, Sommeraufnahmen, ohne Mühe zu vergrößern. Mit denen haben die Genossen dann gebastelt. Ein Pastor in der Badehose, ein Mädchen im Bikini. Zersetzungvorgang gegen einen Pfarrer aus dem Harz. Die Genossen wollten Frauen aus seiner Gemeinde rausbrechen. Eine Pornomontage war es nicht ganz, aber für die Kirchenverhältnisse ziemlich happig. Nun stell dir vor, die Genossen sind so blöd, dass sie drei Abzüge *diesen Frauen* überlassen, also nicht bloß mal zeigen, sondern denen *geben*. Die bringen sie zum Pastor. Von dem geht die Sache nach Leipzig.«

Joijoi, machte Bacher.

»Wilde Aufregung natürlich. Wir überlegen, wie wir gegensteuern sollen, und finden keine andere Möglichkeit als die: Da ist ´n verklemmter Spanner unter euch, denkt doch mal in dieser Richtung nach! Aber das Mädchen behauptet, an diesem Tag überhaupt nicht im Wasser gewesen zu sein. Nun bildet sich unser Sensibelchen ein, der Verdacht richtete sich gegen ihn.«

»Ihr habt ihn nicht gleich fortgeschickt, weit weg?«

»Die Kamera war schon zurückgegeben. Ihn jetzt herauszuziehen, hätte den Verdacht nur verstärkt. Andere IM haben versucht, die Spur auf Berliner zu lenken, die inzwischen ausgereist sind. Da dreht der Mann durch. Fährt zu seinen Eltern nach Karl-Marx-Stadt, ist drei Tage lang verschwunden. Dann finden sie ihn in einem Wald bei Rabenstein. Hat sich aufgehängt.«

»Ach du scheiße.«

»Kannst du wohl sagen. Ich glaube, danach ist kein Fehler mehr gemacht worden. Hausdurchsuchungen bei seinen Eltern und im Studentenheim, dass nicht etwa ein Abschiedsbrief rumliegt. Fotos haben sie gefunden, vor allem von dem Mädchen, das mit dem Pasto zusammengeschnitten worden ist. Die Kripo hat sie sich vorgeknöpft: Keine Beziehung zu ihm oder so was, behauptete sie.«

Bacher versuchte, sich den IM vorzustellen: ein bisschen weich hatte er gewirkt, das schon. Aber aufhängen? Sachsen war schon immer Deutschlands Gebiet mit den meisten Selbstmorden gewesen. Damit durfte er sich nicht aufhalten, er kam sowieso kaum noch aus den Klamotten. »Kreiden sie dir das an?«

»Kann noch kommen.«

Gute Genossen

Gute Genossen. Erzählung, naturtrüb (1999)
Entstehung

Den Anstoß zu dieser Erzählung, deren Handlung Loest auf das Jahr 1978 datiert, gab eine kuriose Geschichte, Die dem Autor zugetragen wurde. Von ihr hatte der Autor erfahren. Ein DDR-Grenzoffizier fürchtete allen Ernstes einen Überfall von westdeutscher Seite, bei dem das Ehrenbanner (die »heilige« rote Fahne der Kompanie) in den Westen entführt werden sollte. Diese Geschichte spielt in seiner Erzählung zwar nur eine Randrolle, führte den Autor aber zu der Erfindung der Figuren und zum ironisch-satirischen Grundton der Erzählung. Jürgen und Marion Hippel sind gute Genossen: Jürgen Hippel ist als Hauptmann der Grenztruppen treu seiner Partei ergeben und auch Ehefrau Marion legt großen Wert darauf, das Bild einer guten Genossin zu geben. Eigentlich sind beide so recht aus dem Holz geschnitzt, aus dem die SED ihre Mitglieder haben wollte. Doch kannte die Partei mit ihrer Sicherheitspanik eines nicht: Vertrauen. Durch einen Verdacht, einen Zufall, einen »Fehler« waren die Karrieren manch eines linientreuen Genossen über Nacht beendet. Mit dieser Geschichte rundet Loest nach den Romanen *Es geht seinen Gang* und *Nikolaikirche* das Bild von seinen DDR-Helden ab. Die Nähe zu realen Vorgängen und Zuständen war für Loest maßgeblich bei der Titelfindung in Anlehnung an den Naturalismus. Der Autor gibt reale Vorgänge aus dem DDR-Alltag wieder, die sich durch deren genaue Beschreibung als absurd entlarven. Es entsteht Realsatire. Bemerkenswert ist, wie sehr der Autor komische und tragische Züge bei der Darstellung der Hippels mischt. – Loest hatte sich entschlossen, *Gute Genossen* als Erzählung zu bezeichnen, weil er sich nur auf drei Figuren konzentriert – die Familie Hippel, das sind Jürgen, Marion und ihr Sohn Sven – und auf die erzählerische Differenzierung weiterer Nebenfiguren verzichtet. Mit diesem Verzicht begründete sich die Genrewahl als Erzählung. Eine Bezeichnung, die aber nicht zwingend ist. *Gute Genossen* ist durchaus mit seiner Länge von rund 200 Seiten als kürzerer Roman zu interpretieren.

Inhalt

Die Familie Hippel – das sind der Genosse Hauptmann Jürgen Hippel, im Einsatz an der Westgrenze zwischen der DDR und Bayern, seine Frau Marion, tätig in einem Geschäft für Rundfunk- und Fernsehartikel, und ihr gemeinsamer 17-jähriger Sohn. Sie leben im Grenzgebiet zwischen Thüringen und Bayern, das für Besucher gesperrt ist. Sohn Sven kämpft um eine Übernahme in den A-Kader im Bobsport. Seine sportlichen Leistungen sind zwar gut, aber für eine Aufnahme in ein Sportinternat reichen sie nicht. Mutter Marion hat ein Problem, weil sie als Wahlhelferin und Genossin bei der letzten Wahl die Kabine betreten hat. Dabei hat sie nur ihren Lippenstift nachgezogen. Die wachsamen Genossen der Kontrollkommission geben sich mit der Erklärung zufrieden. Hauptmann Hippel entdeckt im Traditionskabinett, dass das Ehrenbanner fehlt. Es stellt sich heraus, dass die Fahne ausgeliehen war. Hippel holt sie zurück. Dabei kommt ihm die Idee, einen Diebstahl-Versuch des Ehrenbanners durch westdeutsche Grenzverletzer vorzutäuschen. Das wäre für seine Soldaten eine besondere Übung, mit der sich Hippel auszeichnen könnte.

Marion leidet unter der häuslichen Gleichgültigkeit ihres Mannes und beginnt sich für den Fahrer zu interessieren, der ihr Geschäft mit den begehrten »Buntfernsehern« beliefert. Als sie sich für die Leitung des Materiallagers eines Großbetriebs bewirbt und die Stelle erhält, hat sie ehrgeizigere Pläne. Es gelingt ihr, wichtiges Material für einen Großauftrag mit Bagdad zu besorgen. Inzwischen ist Sven in Not. Er hat einen tschechischen Sportler tätlich angegriffen. Der Vater kann mit Mühe eine Strafe abwenden, doch Svens Sportkarriere hat einen Knacks. Da bekommen die Eltern die Nachricht, dass Sven über die Grenze in den Westen türmen wollte. Er wird verhaftet und verurteilt. Sein Vater wird zum Dienst an die polnische Grenze abgeschoben. Er wird in einem Jahr seinen Abschied von den Grenztruppen nehmen. Marion tröstet ihn. Die Familie rückt näher zusammen.

Auszüge aus Gute Genossen

Der Schock des Eichelhähers

Das Gelände sackte ab bis zur Grenze und weiter aufs Dorf III zu. In allen Berichten wurde es so genannt, in allen Befehlen. Es hieß, besonders wisspusselige Soldaten stöberten daheim in Atlanten, da stießen sie auf den Namen: Hermannsroda. *Dorf III* klang präzise, da schwang keine Gefühlsduselei mit. Drüben lag BRD, nicht Bayern.

Gerade rollte ein Traktor quer; Hippel nahm das Glas hoch. Der Mann trug blaues Hemd und Mütze. BRD-Einzelbauer. Die Straße vom Dorf heraus knickte vor der Mulde ab, ein Pkw bog heraus, Sonnenlicht blitzte auf der Frontscheibe. Vielleicht ein Vertreter, der den Bauern irgendwas andrehen wollte. War drüben so. Wolfsgesetz.

Die Grenzstreife tauchte vorm Wäldchen auf, zwei Minuten eher als im Plan. Hippel blieb unbeweglich im Halbdunkel der Fichten. Bei den beiden war alles akkurat: Mütze gerade, Koppel straff, Stahlhelm vorschriftsmäßig angehakt, die Kalaschnikow stramm an der Schulter. Die Grenztruppe war gottlob etwas anderes als ein Motschützengammelhaufen. Dort mussten die Offiziere aufpassen, dass niemand von »Flinte« redete, die man »nach Jägerart« trug.

Sie blickten zur Grenze, zwei Genossen von Kupferblech. Einer zeigte hinunter, hinüber, obwohl allen andauernd eingebleut wurde, dass die Musik vor der Grenze spielte, dort sollten sie auf jeden Maulwurfhügel aufpassen. Wenn jemand von drüben sie provokatorisch anglotzte: Fernglas hoch! Es sollte schon vorgekommen sein, dass Provokateure mit vollen Zigarettenschachteln geschmissen hatten.

Einer schaute durchs Glas. Hippel hörte ihn deutlich: »Mercedes aus Osnabrück.« Stand das etwa dran? Eine Firma aus Osnabrück, Kneipenreklame klein an der Seite? Gleich fragen oder irgendwie über Kupferblech eingreifen, gegen den womöglich? Ihr Blick sollte DDR-wärts schweifen, auf Grenzmeldenetz, Kolonnenweg und Lichtsperre. Es konnte nicht schaden, auch mal den Himmel zu mustern, hier war jener Ballon rübergetrieben mit den beiden republikflüchtigen Ehepaaren und ihren Kindern, die sie mit Schlafmitteln betäubt hatten. Barbarei ersten Ranges. Hippel stellte sich vor, wie er auf den Korb schoss, den Brenner traf, der Ballon sackte ab und setzte vor dem Zaun auf, die Grenzbrecher kletterten taumlig heraus, die Hände überm Kopf.

Er streifte durch das Wäldchen auf die Nordseite hinüber, dort hatte er einen weiten Blick über seinen Abschnitt fast von einer Begrenzung zur anderen, 13,3 Kilometer mit dem Städtchen und einem Dorf zwischen den Hügeln, mit der Hundelaufanlage, den Türmen, dem Tal, in dem die Holzkastenminen PMD 6 wachten, und ihm wurde warm ums Herz. Seit knapp drei Jahren war er hier, diese Gegend war ihm zur Heimat geworden. Im Bach hatte nach dem Tauwetter einmal eine Mine gelegen, herausgewaschen durch schießendes Wasser. Eine Kommission hatte getobt: Und wenn sie nun in die BRD gespült worden wäre! Er hatte auf die Sperrgitter im Bachbett verwiesen, die das unmöglich gemacht hätten, aber die Kontrolleure wollten ihr Erfolgserlebnis. Dieses Argument hatte die Kommission immer wieder strapaziert: Ein Foto der Mine in der BILD-Zeitung!

Er ließ einen fahren, das geschah lauter als erwartet, ein Eichelhäher über ihm begann zu schimpfen. Da konnte man mal sehen: Der Grenzstreifen als Naturreservat, in dem der Mensch viel von seiner Allgegenwart, seinem Schrecken verloren hatte. Speckernd strich der Vogel ab, und Hippel lachte.

Während er weiterging, fiel ihm Leningrad ein. Er hatte auf dem Hang vor der Stadt gestanden, wo den Hitlerfaschisten die Zähne ausgeschlagen worden waren. Heute noch erinnerten bemooste Bunker an diese Zeit. Auch der BRD-Politiker Weizsäcker, damals Artillerieoffizier, war nicht durchgekommen. Vielleicht sollte man hier oben einen Appell in diesem Sinne abhalten: Blick nach Norden über das grüne Thüringen, dort lag Heimat DDR mit der zweitausender Milchviehanlage und ihren schimmernden Silos, den unkrautfreien Genossenschaftsfeldern, Oberhof, in jeder Straße ein Dutzend Olympiasieger. Links die alte Industriestadt Suhl, Arbeiterwehren hatten die Kapp-Putschisten zu Paaren getrieben. Die Fahne im Traditionskabinett erinnerte daran. Jenseits der Sicherheitszone arbeiteten Eltern, Schwestern, Kollegen, sie konnten sicher und ruhig schlafen. Den Genossen Grenzschützern traten Tränen in die Augen. Da dachte mancher an sein Mädel weit im Hinterland. Das machte sich gerade auf in die Disko mit einer Arbeitskollegin oder dem Bruder. Dachte an den Freund ganz vorne. Müsste alles sorgfältig vorbereitet werden. Dann sollten sie singen: »Spaniens Himmel.«

Hundert Meter vor dem Objekt wurde Hippel doch noch nass, die letzten dreißig Meter sprintete er. Der Wachhabende meldete mit Schwung. War doch gar nicht so schwer, den Dienst knallhart durchzuziehen. Das war eine der Hauptsachen in seinem Beruf: Überzeugen, dass auch das Durchstehen einer Strapaze Spaß machte; eine Sache der Ehre war es sowieso.

Vom Wachhabenden ließ er sich den Schlüssel zum Traditionskabinett geben, dort war er lange nicht gewesen. Die Tür war so leicht zu öffnen, dass er meinte, mit einem Stückchen Draht wäre es auch möglich. Seiner Erinnerung nach stand die Fahne in einer Ecke, gehalten durch eine eiserne Schlaufe. Aber da war sie nicht. Er sah auch keine Halterung oder Spuren im Putz. Vielleicht war das in einem anderen Objekt so gewesen. In den Schrank mit den Glastüren hätte sie nicht hineingepasst. Das wäre ja ′n Ding, er schlug eine total neue Übung vor, und Kupferblech feixte: Weißt du denn nicht, dass wir das Banner, oder warste da gerade im Urlaub oder wie? Und die ganze Bande grölte. Die Fahne wäre nicht zu übersehen wie möglicherweise die Miniaturrakete über der Weltkugel mit dem Sowjetsternchen oder die kleinen Thälmann- und Marxköpfe aus Gips oder die Holzschale, ein Geschenk der Stadtparteileitung zum vorletzten 1. Mai.

Er gab den Schlüssel wieder ab und sah zu, wie er an einen Haken gehängt wurde. Nichts wurde im Wachbuch vermerkt, keiner fragte, was er dort gewollt oder gemacht hatte. Hätte sich eine Lenin-Büste einstecken können, eine kleinere.

Draußen stand Kupferblech, Hauptmann wie er. Hippel hätte von den beiden Genossen und dem Auto aus Osnabrück anfangen können, das hob er sich für andermal auf. »Eigenartig, wir hatten doch eine Fahne im Traditionszimmer. Weißt du, wo die hingekommen ist?«

»Eine alte Parteifahne«, sprach Kupferblech langsam.

»Früher haben wir sie mit auf den Markt genommen, wenn da etwas los war, Tag der Republik oder so. Eine Fahne von einem Generalstreik. Nein?«

Es war nicht gut, Kupferblech gegenüber Schwäche zu zeigen. Der ließ bei jeder Gelegenheit durchblicken: Abitur, FDJ-Hochschule am Bogensee. Der war mit dreißig schon Hauptmann. Tat sich mit seinen Sprachkenntnissen dicke, war auf einer Russisch-Spezialschule gewesen. Es half nicht groß weiter, wenn er eigenen Stolz hochtrimmte: Arbeiterkind, Rohrleger, Abitur bei den Grenztruppen in Eisenach nachgeholt. Die Halterung war *eingedübelt* gewesen, das sah er jetzt deutlich vor sich.

Kupferblech nahm die Mütze ab und setzte sie sorgfältig und außerordentlich gerade wieder auf. »Die Fahne stammt aus einem volkseigenen Betrieb«, behauptete er mit bemerkenswerter Festigkeit. »Aus den Moped-Werken von Mehlis, wegen Verbundenheit mit der Arbeiterklasse. Grenztruppen und Proletariat, in dieser Richtung. Du, ich muss weiter. Ich hab sie jedenfalls nicht.« Kupferblech streckte ihm die Hand hin und zog die Mundwinkel breit, das passte zu ihm, einen Brocken hinschmeißen und sich davonmogeln. Wenn das Banner nun geklaut war, wenn sich *genau das* herausstellen sollte, wo*gegen* er eine Übung anregen wollte… Und wenn es plötzlich einen Riesenstunk gab und Kupferblech seelenruhig staunte: Hat denn Genosse Hippel das nicht längst ge*meldet*?

Zwei, drei Minuten stand er noch, dann machte er entschlossen kehrt. Dem Wachhabenden befahl er, ins Wachbuch einzutragen: Bei einem Kontrollgang wurde im Traditionskabinett das Fehlen des Ehrenbanners festgestellt. Datum, Uhrzeit. Hauptmann Kupferblech war informiert worden. Nun hing der mit drin.

Er machte sich auf den Weg nach Hause. An der Heiztrasse quoll mehr Isolierwolle heraus als jemals. Die könnte einer klauen und zwischen die Wände seiner Datsche stopfen. In Leipzig hatte er eine *senk*rechte Leitung gesehen. Da war wenig Platz zwischen Bahndamm und Straße. Also hochkant das Ganze. Hier im Grenzgebiet wäre es nicht gut, etwas aufzustellen. Alles musste übersichtlich bleiben. Sicherlich zerrten Jugendliche die Dämmstoffe aus der Ummantelung in ihrer Blödheit. Es hätte sein Gutes: Alle Jugendlichen nach dem sechzehnten Geburtstag erst mal raus aus der Sperrzone. Sven – Ausnahmen gab's immer.

Still war es in der Wohnung, still im Block. Er zog die Uniform aus und stellte die Stiefel zum Auslüften ins Treppenhaus. »Neues Deutschland« hatte er aus dem Briefkasten mit heraufgenommen. Kornelia Ender – Weltrekord zehnmal verbessert. Großartige Leichtathletikhalle in Neubrandenburg. USA-Verbrecher werden Immer jünger.

Er wickelte seine Abendration aus und verstaute sie im Kühlschrank. Die Küchenfrauen hatten ihm ein knappes Kilo Schmalz eingepackt. Und wieder diese Masse Leberwurst, davor kapitulierte allmählich sogar Sven. Hungern brauchte bei den Grenztruppen keiner, wirklich keiner.

(…)

Eierschecke, Bienenstich

Die Genossen, die *nach drüben* gegafft hatten, hießen Hussum und Poschinski. Als Hauptmann Hippel ihre Radios kontrollierte, fand er die Streifen über der Skala ohne Makel: Nicht verschoben oder verwischt. Das war erprobt: In der Schreibstube wurden Markierungen der DDR-Sender aufgeklebt, bei der Kontrolle war dann mit einem Blick festzustellen, auf welchen Kanal eingestellt war. Manchmal konnte man die Musik von drüben und hier wirklich nicht unterscheiden. Das fand Hippel gut: »Gothaplast«[1] . Hier und da schleppten sich Begriffe ausm Kapitalismus jahrzehntelang weiter. Immer noch nuschelten sie in der Kantine, wenn sie »Bino«[2] wollten: Gib mal die Maggiflasche rüber.

Hussum las. Das Radio von Poschinski stand auf DT 64[3]. Unter zehn Genossen, die erwischt wurden, weil sie Westsender hörten, war höchstens einer wegen Fremdnachrichten. Musik als Stimulans, hatte es in einem Vortrag geheißen. Schnaps in die Kaserne zu schmuggeln, hatte mehr eine sportliche Note.

»Und Sie lesen?«

Hussum reichte das Buch hin. »Buridans Esel«[4], sah Hippel. »Von zu Hause? Wie finden Sie denn hier die Bibliothek?«

»Seit ein paar Jahren ist kaum was dazugekommen.«

Hippel gab das Buch wortlos zurück. Er kontrollierte noch andere Radios, es sollte nicht so aussehen, als habe er es speziell auf die beiden abgesehen.

Zwei Tage später standen Hussum und Poschinski vor dem Bataillonskommandeur. Der saß hinter seinem Schreibtisch, Hippel lehnte am Fenster, die Arme verschränkt, die Beine bequem gespreizt. Worauf war bei einem Streifengang zu achten? Die beiden spulten ab, nicht zu schnell und offensichtlich auf der Hut. »Welchen Auftrag haben Sie, *über* die Grenze zu beobachten?«

»Auf Feindtätigkeit und Provokationen, Genosse Oberst.«

»Und, haben Sie? Denken Sie mal eine Woche zurück. Fuhr da nicht ein Auto?«

»Fuhr da nicht ein Auto«, wiederkäute Poschinski unmilitärisch. »Weiß nich, Genosse Oberst.«

»Aus Osnabrück?«

Die beiden schauten sich ratlos an. »Ich weiß wirklich nich.«

»Mir dämmert was.« Hussum sah aus, als wüchse eine Erinnerung aus verschatteter Tiefe. Vor Dorf III war ein Auto abgebogen, er hatte das Nummernschild lesen können. »Ein Mercedes, jaja, mit einer Nummer aus Osnabrück.«

»Wieso haben Sie das erkannt?«

Poschinski erläuterte, in der BRD hätten Millionenstädte wie Köln, München und Stuttgart jeweils den Anfangsbuchstaben, große Städte zwei und Landkreise drei Buchstaben auf dem Schild. Und OS bedeute Osnabrück.

»Woher wissen Sie das?«

»Ja woher.« Der Soldat wollte augenscheinlich anfügen, das wisse schließlich jeder. »Weiß ich schon so lange, dass ich gar nicht mehr weiß, woher. Du?«

»Einer aus meiner Klasse hatte 'nen Autoatlas ausm Westen. Da war hinten drin eine Liste mit den Kennzeichen, Genosse Oberst.«

Hippel wippte ein wenig vor und zurück. Das war es: Der eine schnappte was im Fernsehen auf, der andere im Radio, Rentner schmuggelten Zeitschriften. Braungebrannt die beiden, sportlich, intelligent, nichts war gegen ihr Auftreten zu sagen. Aber es fehlte eben etwas, das ganz drinnen steckte, der Klasseninstinkt, dieser glasklare Gedanke immerzu: Wir oder sie! Hielten sich sicherlich für gute Grenzsoldaten, gafften aber 'nem Mercedes hinterher. Hippel hatte einen Stadtplan von Berlin gesehen, da hörte jenseits des Schutzwalls alles auf, da verbanden keine Straßen mehr, war ja nicht wichtig, ob und was es drüben noch gab. Vielleicht wäre es falsch, im Polituntericht direkt dieses Thema zu behandeln, manche könnten bockig reagieren: Wenn wir eines Tages in Berlin West einmarschieren *müssen*? Für diese Maßnahme lagen andere Karten bereit, sicherlich. Die richtigen Karten in die richtigen Hände!

»Erstens haben Sie nicht *so was über* die Grenze zu beobachten, geht Sie nichts an. Zweitens: Was es drüben für Autonummern gibt, geht Sie auch nichts an. Das ist Fakt. Klar?«

»Zu Befehl, Genosse Oberst!« kam es gleichzeitig aus geübten Kehlen, prompt, einwandfrei.

Eine Handbewegung: Wegtreten! Auch gegen die Abmeldung war nichts einzuwenden. Hippel überlegte, ob es angebracht wäre, den beiden einen Dämpfer zu verpassen, Ausgangssperre oder Brennesselvertilgung am Sonntagnachmittag. »Ist eine Schwachstelle, wo die gestanden haben. Erst immer Wald, und dann plötzlich freies Feld. Traktoren, BRD-Bauern. Früher war da noch dieses Reklameschild.«

»Aral.«

»Wir könnten was hinpflanzen.«

»Birken wachsen am schnellsten.«

»'ne Birkenhecke.« Das reden wir jetzt, und wahrscheinlich wird es vergessen. Immer war etwas aktuell, drängend. Für wirklich wichtige ideologische Probleme blieb immer weniger Zeit. BRD, Schutzwall, Bino, Gothaplast. Mal überlegen, ob sich das Rennsteiglied fürs Marschieren eignete. Müsste eigentlich.

»Übrigens, Jürgen, zu deiner Frage neulich: Unser Traditionsbanner ist seit einem halben Jahr beim Regiment. Das ist Fakt. Hast du das nicht mitgekriegt?« Der Oberst ließ eine Pause folgen, und Hippel überlegte, ob vielleicht der Name des Genossen Ulbricht eingewebt oder auf ein Schildchen am Schaft graviert sein könnte, und ob man ihn nun entfernte. »Kupferblech meint, die Fahne hätte mit dem Moped-Werk zu tun.«

»Gero war noch gar nicht hier. Das war so: Sie wollten beim Regiment ein Kampfmeeting mit Abordnungen aus mehreren Bruderstaaten veranstalten. Fahnenblock neben der Tribüne. Ist dann ins Wasser gefallen, und die Fahne ist dortgeblieben. In Suhl hat es vor Urzeiten einen proletarischen Aufstand gegeben, *an den* erinnert die Fahne. Vielleicht fährst du mal zum Regiment und bringst sie mit. Mit den beiden von eben verfahren wir so: Kein gemeinsamer Streifengang mehr. Einen werde ich zu einem Nachrichtenkurs abstellen. Alles muss so gedeichselt werden, dass sie keine Abneigung gegen die Maßnahmen aufbauen können, dass sie den Grund gar nicht mitkriegen. Osnabrück ist vollgerammelt mit britischer Rheinarmee, das ist Fakt. Aber das andere, mit den Birken, das ist gut.«

Hippel meldete sich ab. Mal sehen, ob es in der Bibliothek ein Buch über die proletarischen Kämpfe hierherum gab. Wäre für einen Schulungsabend nicht schlecht. Das Referat hielt dann eben nicht Kupferblech. Der riss die Augen auf und war auf einmal nicht der Schlaueste.

Als er zu den Offiziersblocks hinaufging, fühlte er sich schlapp, ausgelaugt. Truppendienst schlauchte auf die Dauer. Schule wäre gut, Hochschule in Plauen am besten. Leningrad nicht, da hätten die Weichen eher gestellt werden müssen. General war nicht mehr drin. Aber Major, dann war der Weg frei bis zum Oberst.

Auf den Rohren der Fernheizung balancierten zwei bestenfalls Achtjährige und sprangen nicht herunter, als sie ihn sahen. Ob sie wohl die Wolle herausgerissen hätten? Was für Wolle? Und ob sie denn *alles* kaputt machen müssten? Wieso kaputt? Wenn nun jeder… Hippel gab es auf, erziehen zu wollen. Und wenn er ihnen zehnmal vorbeten würde, dass es solchen Komfort in der BRD nicht gab… »Haut ab, sonst knallt's!« Und: »Lasst euch ja nicht wieder hier blicken, sonst bezahlen eure Eltern!« Die Jungen sprangen fort wie die Wildkaninchen.

Es war erst drei, als er die Wohnungstür aufschloss. Stille im Block. Fast wäre er ins Bett gegangen, aber er fürchtete, zu tief abzusacken; dann käme er bis zum Abend nicht mehr hoch. Er legte sich auf die Wohnzimmercouch. Sah die Jungen den Weg hinunter sprinten und den Oberst, der ihm etwas über die Fahne erklärte, ein Geschenk der Stahlarbeiter aus Kriwoi Rog war sie nicht. Vor ihm Kupferblech mit neidisch geweiteten Augen. Matrosen marschierten, die Gewehre mit der Mündung nach unten. Junge Pioniere mit blauen Halstüchern sangen das

Lied vom Kleinen Trompeter. Urlauber spachtelten Klöße. Undeutlich nahm er wahr, dass Sven die Tür öffnete und leise wieder zuzog. Die Wohnungstür klappte. Der kleine Trompeter, ein lustig Rotgardistenblut. Klöße mit Sauerbraten, am besten schmeckte der Fettrand.

Kaffeeduft. Klirren von Tassen. »Na?« Marion stand über ihn gebeugt.

»Hab ich geschlafen! Wie spät?« Er hatte doch glatt anderthalb Stunden verpennt.

Eierschecke aß er neben Bienenstich am liebsten. Er kippte die Beine zur Seite und drückte sich hoch. Am besten wäre es, sich ein bisschen zu waschen. Wenigstens kämmen. »Was gab´s?« Eigentlich wollte er gar nichts wissen.

»Die von der Kontrollkommission haben angerufen.

Ich hab ´nen Termin beim Kreis«

»Ach verdammt.«

»Da krieg ich die Sache endlich hinter mich.«

»Gleich die Kontrollkommission.«

»Wieso *gleich*?«

»Da steht doch von vornherein fest…«

Sie holte Luft. »Für dich steht immer irgendwas fest. Da ist ein *Bericht* gemacht worden, der wird im Kreis ausgewertet.«

Rüge. Strenge Rüge? Ausschließen würden sie Marion deswegen nicht. Aber wenn er auf die Offiziersschule wollte, und sie käme mit nach Plauen, dann stünde in ihren Papieren: Strenge Rüge. Konnte erst nach drei Jahren gestrichen werden.

»Ich seh dir doch an, dass dir gleich wieder das Schlimmste durch den Kopf geht.«

Dem Thema war nichts weiter abzugewinnen. Sollte er vom Mercedes aus Osnabrück berichten oder von seiner Idee mit den Birken? Wann interessierte sie sich schon mal für seine Arbeit.

Von einem Augenblick zum anderen fand sie ihn widerlich in seinem Armee-Unterhemd. Es war ein Jahr her, dass sie zum letzten Mal darum gebeten hatte, dass er daheim, und zwar sofort, ein richtiges Hemd mit Kragen anzog, ein Zivilhemd, Oberhemd. Aber dieser Lappen, ausgeleiert, der den blassen Halsansatz freiließ, den Nacken, pickelgefährdet. Das kam vom Schwitzen unter dem kratzigen Stoff, war angeblich bei den meisten so. Und wie er die Tasse hielt. Sie hätte dieses schauderhafte Service längst rausschmeißen sollen. Das Schlürfen hatte sie ihm Gott sei Dank abgewöhnt. Das müsste doch möglich sein: Dienst war Dienst und wurde daheim mit den Stiefeln vor die Tür gestellt.

»Wenn die Sache bei der Kontrollkommission hängt, verpassen sie dir auch ′ne Strafe.«

»Na und?« Ihr konnte wenig bis nichts passieren, deswegen warf sie keiner aus diesem lächerliche Laden. Fanden ja sonst niemanden. Aber er! Ihn versetzten sie, und sie zockelte mit. Brave kleine Soldatenfrau. Hielt ihm den Rücken sauber. Wenn Friedeberg wegen seines Magens wegkippte, rückte sie nach. Ob mit oder ohne Rüge. Selbstkritik kam nicht in Frage, eher ‘ne hübsche kleine Szene, Schreikrampf mit Tränen, da ging jede Kontrollkommission in die Knie. Die paar Frauen dort wollten rabiater sein als die Kerle und durchschauten trotzdem so was noch am ehesten. Aber es war ja nur im Kopp ihres lieben Gatten soweit.

Aus Ärger ging sie nach dem Kaffee ein Stück den Hang hinauf. Wollte bisschen Luft schnappen, sagte sie. Gegen die Landschaft war nichts einzuwenden, Pilze gab′s im Herbst massenhaft. Das war ein Vorteil im Sperrgebiet, sonst wären Busladungen aus Erfurt und Weimar reingerammelt und hätten noch jede madige Perlkrücke weggeschleppt.

Von einer Bank am Waldrand aus war der Blick frei übers Städtchen. Natur und Romantik jede Menge. Den Bach in der Senke hatte jemand dreifach angestaut, die Teiche waren verschlammt. Sie machte sich sowieso nichts aus Karpfen. Über Romantik hatte sie einen prima Satz gelesen: »Der schönste Platz auf Erden mein, das ist Heidelberg in Wien am Rhein.« Lag ja alles drüben. Hier müsste mal jemand was dichten mit Kap Arkona, Brühlscher Terrasse und Lilienstein. Mein und Stein – im Kabarett würden *alle* über so was brüllen außer ihrem hervorragenden Gatten.

Diese Bank war nicht ihr schönster Platz auf Erden, aber immerhin. Früher war es mal die Osttribüne vom Leipziger Zentralstadion gewesen. Zwölftausend hatten mit ihren Tüchern Buchstaben und Symbole gebildet, sie eine von den Zwölftausend. Da sollte mal jemand behaupten, sie könnte sich nicht einpassen. Schon das: Von morgens an hatten sie so wenig wie möglich getrunken. Davon stand nie was in der Zeitung. Unten die Armeeschau, Jürgen mit drin, den hatte sie damals noch gar nicht gekannt. Und Ulbricht weit drüben mit seiner Lotte. Freie Fahrt auf der Straßenbahn, da waren sie immerzu hin und her gekutscht, rein und raus. Zwecke dabei, in den war sie verknallt gewesen mit ihren achtzehn. Jetzt ging einiges durcheinander. Die Schau auf der Osttribüne war später abgelaufen, mit Zwecke war sie zu einer Sportschau im Norden gefahren, ins Stadion des Friedens. Zwecke, die wilde Leidenschaft. Im Gewühle bei ihm auf dem Schoß und er bei ihr auf dem Schoß, und Rentner mit Urlaubskoffern hatten gespeckert. Einmal in Schkeuditz aus der 29 raus und gleich wieder zurück, was sie bloß davon gehabt hatten. Damals war es noch primitiv zugegangen, nicht so wie später beim Turn- und Sportfest. Das war einfach Klasse: Verpflegungsbeutel mit Dauerwurst und Gulaschbüchsen und dem Kochgestell und den Hartspiritusstückchen, und das Größte war gewesen: Auf einem Schulhof hatten sie ihre Büchsen warmgemacht, und in dem Augenblick, genau wenn das Stückchen verbrannt war, hatte der Gulasch die richtige Temperatur gehabt. Alle Klamotten umsonst, einmal war sogar ein schicker Regenumhang dabei gewesen, den hatte sie schon nach zwei Tagen verloren. Wenn nur das Problem mit den Toiletten nicht gewesen wäre.

Als sie nach einer Stunde zurückkam, war abgewaschen und der Tisch gedeckt, das fand sie keinesfalls selbstverständlich und es stimmte sie halbwegs friedlich. Lob wäre zu viel gewesen.

In der Glotze: Ilona Slupianek stieß die Kugel auf 22,06 Meter. Nach der Aktuellen Kamera wurde ein Film wiederholt. »Der Dritte« mit Jutta Hoffmann, Barbara Dittus und Armin Mueller-Stahl; seine Stahlaugen ließ sie sich nie entgehen. Die Handlung lief auf mehreren Ebenen ab, und natürlich fragte ihr Mann einmal, was und wie denn das wäre, und sie warf kurz hin: Rückblende, und unterdrückte ein fälliges: du Dussel. Sven setzte sich für ein paar Minuten dazu, schwieg und verschwand. Die Hoffmann ließ sich mit ihrem Physiklehrer ein und bekam von dem Feigling natürlich ein Kind. Die Rolle von Mueller-Stahl fand sie fies; blind und dann klaute er auch noch Geld aus der Gewerkschaftskasse und türmte nach Westberlin. War natürlich Schwachsinn, dass er einen Blinden spielen musste, war einfach Verschwendung: Die tollsten Augen der DDR und dann das. Zwei falsche Männer hatte die Hoffmann, die Zeit rannte ihr weg, noch einen Fehler konnte sie sich nicht leisten. Deshalb suchte sie wie verrückt nach dem Dritten, ihre Freundin Lucie passte höllisch auf. Das konnte jede Frau im entsprechenden Alter nachempfinden. Marion stand voll auf Juttas Seite, spillrig war die beinahe, aber wie sie lächelte, hin-rei-ßend.

Genau so war das mit dem Glück. Die Hoffmann kaufte einen Sessel für 998 Mark; irgendeine Pfeife von Mann machte ihr Vorwürfe, dafür hätte sie eine Couch haben können und drei Sessel dazu. Das hätte der liebe Jürgen ihr auch vorgeworfen, wenn sie jemals einen Sessel für tausend Piepen und zwei zurück angeschleppt hätte, bloß, weil er ihr gefiel. Ein klasse Film, auch, wie ein Junge einen alten ausgemergelten Kerl aus Mitleid nahm, weil der aus dem KZ kam. Das war *der Punkt*, da fragte die Hoffmann die Dittus: »Ach, Margit, warum kann man als Frau nicht bei einem Mann klingeln und sagen: Guten Tag, Sie gefallen mir, ich wollte Sie fragen, was Sie für ein Mensch sind.« Und die Dittus antwortete: »Kann man eben nicht.« Wenn sie den behaarten Affen fragte: Möchte gern wissen, was sind Sie für ein Mensch, ich meine Mann?

Sie wunderte sich, dass es sie nicht störte, als der Hauptmann neben ihr in die Küche ging und nicht mit Bier wiederkam, sondern mit Rotwein, den sie nie trank, und nicht fragte, ob sie Weißwein wolle; wahrscheinlich war keiner da. Sie fühlte sich viel näher bei der Hoffmann und der Dittus als bei dem Kerl im Armee-Unterhemd, ihrem Mann, wie es irrerweise hieß.

»Du, Marion«, der Film dauerte höchstens noch zehn Minuten, »bin müde, ich mach mich davon.«

»Nicht weiter schlimm.« Sie dachte: Genau wie im Film.

(...)

Der Genosse Soldat wartete am Tor. Während des Rückwegs gingen sie meist nebeneinander; wenn es eng wurde, blieb Hippel zurück, während ihm die kahlgeschorenen Kofferträger der Freunde wieder in den Sinn kamen. Über die Berge pfiffen zwei Düsenjäger und ließen ihren Donner das Tal hinabrollen. So sehr er sich zu wehren suchte, war doch sofort die Erinnerung an das Frühjahr 1945 da, als amerikanische Tiefflieger die Straßen vor Leipzig beharkt hatten, das war so ein Ausdruck gewesen: zur Sau machen. Da hatte ein Fähnleinführer sie in einer Baracke zusammengerufen. In drei Wochen sollten sie ins Jungvolk aufgenommen werden. Manche von ihnen trugen schon Uniformstücke. Er nicht, da war er sich absolut sicher. Nie würde ein Foto auftauchen, er etwa im Braunhemd. Das waren *Zusammenkünfte* gewesen. Er belog niemanden, wenn er sie überging.

Es war schwierig, sich das Klirren der Sherman vorzustellen. Zu oft waren Panzer an ihm vorbei durch märkischen Sand gerollt, damals über Leipziger Straßen, hatten beim Drehen das Pflaster aufgerissen und die Bordkanten zerschrammt. Dahinter Infanteristen mit unförmigen Helmen, die Waffen vorgestreckt. Sein erster Neger. Die Angst, der könnte ahnen, dass er Werwolf war. Der Fähnleinführer würde sie sammeln, sicherlich an Führers Geburtstag, er würde Panzerfäuste mitbringen, dann brach in ganz Leipzig der Aufstand aller Hitlerjungen los. In sämtlichen Fragebögen hatte er hinter: »Mitgliedschaft in Organisationen der NSDAP« einen Strich gemacht. Er war ja nicht am 20. April 1945 ins Jungvolk aufgenommen worden, etwa in einem Keller, illegal durch den Fähnleinführer mit einer Pistole am Koppel, während draußen die Amis patrouillierten. Den Fähnleinführer hatte er vier Jahre später beim Fußball in Leutzsch gesehen und nicht angesprochen. Den würde er längst nicht mehr erkennen und er nicht ihn. Ein Spuk, ein Hauch. In manchen Religionen glaubten sie an eine Wiedergeburt. Genauso gut hätte er Landsknecht im Dreißigjährigen Krieg gewesen sein oder mit Kolumbus nach Amerika segeln können. Danach hatten sie die Amis beklaut, die Besatzer, ehe die Freunde kamen. Davon hatte er Sven erzählt: Die Amis, die Dokumente und Wissenschaftler fortgeschleppt hatten. Jetzt lauerten sie hinter den nächsten

Bergen, sprungbereit in der Senke von Fulda. Die Amis, schon damals seine Feinde.

Das Banner war so lang, dass es zwei Gepäcknetze beanspruchte. Der Soldat ulkte, nach der Verkehrsordnung müssten sie einen roten Lappen anbinden, damit niemand mit dem Kopp dagegen bumste. Sie kamen wieder auf die Ostsee, Volleyball am Strand, ins Wasser, raus und wieder Volleyball. Seine Welt, schwärmte der Soldat. Der Volleyballplatz im Objekt wäre zertrampelt, da bräche man sich die Knöchel, wenn man richtig ranging. Ein wertvoller Hinweis, erwiderte Hippel.

Da wurmte noch etwas, der Genosse Soldat hatte seinen behutsamen Werbeversuch auf drei Jahre fröhlich abgeschmettert. »War ja bei jedem anders, als er sich gemeldet hat. Bei mir war's im August einundsechzig, als wir in Berlin dichtgemacht haben. Ein Ruck überall: In den Betrieben wurden Verpflichtungen abgegeben, Arbeiter meldeten sich spontan zur Partei. Und ich hab für die Armee unterschrieben. Mit meiner Frau gab´s ein grundlegendes Gespräch. Muss ja in der Familie stimmen so was. Und ich stand mitten in einem Meisterlehrgang. Wir oder sie.« Der Soldat nickte kaum merklich. »Meister bin ich nun bis heute nich.« Kleines Lachen. Warum stieß nach so vielen Jahren immer noch die Erinnerung hoch, dass er in Mathe gehangen, kurz gesagt, verdammt mies dagestanden hatte? Das konnte doch nun mal absacken.

Als er am nächsten Tag Meldung erstattete, hörte der Oberst erstaunt zu. So, achter Parteitag, so. Eine Chronik gäbe es, allerdings sei sie seit einiger Zeit nicht weitergeführt worden, vielleicht, dass sich Kupferblech mal dahinterklemmte.

»Und da wäre ja noch mein Vorschlag mit dem Überfall, Genosse Oberst. Mit dieser Übung, jetzt, da die Fahne wieder da ist. Dass sie die Fahne erobern wollen.«

»Pass mal auf«. Der Oberst nahm sich eine Zigarette und hielt Hippel die Schachtel hin. »Denkst du, dass ein Kommandounternehmen realistisch sein könnte? Ich meine, dass die von drüben so was deichseln könnten, jetzt?« Gleich nach dem dreizehnten August einundsechzig hätte es die wildesten Provokationen gegeben, Tunnelwühlereien, gewaltsame Durchbrüche und so weiter. Natürlich verschärfe sich der Klassenkampf, aber die Mittel änderten sich. Eine Form des Klassenkampfes sei jetzt der Handel nach der BRD. Die tolle Rindermastanlage gleich hinterm Grenzstreifen, und wer kaufte das Fleisch? Die Lkw hätte Hippel doch sicherlich gesehen, »Südfleisch« stünde dran und »Moksel«, die holten Rinderhälften und bezahlten Devisen. In dieser Situation der Koexistenz ein Überfall? »Weißt du noch, was es für eine Aufregung gab, als auf der Grenzbrücke dieser italienische Kraftfahrer erschossen wurde, Mitglied der KP? Der Diensthabende wurde sofort nach Schwedt versetzt, an die polnische Grenze, in dic Taiga. Das ist Fakt. Also Ruhe bei uns. Wir schlagen sie mit unseren Rinderhälften, bildlich gesprochen.« Der Oberst schien seinen Einfall lustig zu finden und ließ ein Mut machendes Lachen folgen.

Was sollte Hippel noch hier? Auf die Sichtlücke vorm Dorf III hinweisen? Schnellwachsende Birken noch einmal ins Gespräch bringen? Wenn das der Chef auch noch ablehnte – einen weiteren Dämpfer wollte er sich nicht einhandeln, nicht an diesem Tag.

Seine Dienstzeit war noch nicht vorbei, aber er hatte auch keinen weiteren Auftrag. Also Schluss und die Kurve gekratzt, deshalb würde ihm keiner an den Wagen fahren. In der Wachstube waren scharfe Jungs am Werk, dienstgeil mit zack zack; gerade schissen sie einen, der rauswollte, wegen einer fleckigen Hose zusammen. »Die Wichsflecken da, Mann!« Hippel tat so, als merke er nichts, ging ihn ja auch nichts an. Heute nicht.

Ehe er zu den Offiziersblocks einbog, fiel ihm ein, dass er Marion abholen könnte. Hatte er urlange nicht gemacht. Im Fleischkonsum schaute er nach etwas Besonderem, konnte aber nichts entdecken. Die Rindslende neulich – so was kam nie wieder. Dieser gemeine Moskauer Witz: Jemand betritt ein völlig leeres Geschäft und fragt: Ach, es gibt wohl kein Fleisch? Nein, so die Verkäuferin, bei uns gibt's kein Brot, kein Fleisch gibt's nebenan.

Woher kannte er den? Von seiner Schwägerin, ja. Scheußliches Ding.

»Heu«, sagte Friedeberg, »das is aber 'ne Überraschung. Und gerade is Ihre Frau mal fort. Was einkaufen.« Friedeberg wirkte noch grauer und schlaffer als beim letzten Mal. Magenkrank, aber Raucher. »Und wohin?«

»Nachm Markt, denk ich.«

»Mal sehen, ob ich sie treffe.« Hippel bummelte um zwei Ecken, blickte auf die Auslagen eines Schuhgeschäfts, ohne etwas richtig wahrzunehmen. Er könnte sich in den »Blauen Hecht« ans Fenster setzen und ein Bier zischen. War schon übel: Ärger im Dienst, dann wollte er nett zu seiner Frau sein, und die gammelte sonst wo rum. Da hieß es immer: Eure Familie bringt Opfer für euch, das müsst ihr anerkennen, nicht nur am Frauentag, achter März. Auch so mal Pralinen mitbringen oder 'ne Strumpfhose.

Marion bog um die Marktecke. neben ihr ein schlacksiger Kerl, die beiden im Gespräch, fröhlich, wie es aussah. Den kannte er nicht, aber wen kannte er schon. Eifersüchtig war er nicht, da war er sich sicher, obschon Marion bester Laune zu sein schien, wie ein Wasserfall quasselte, nun legte sie dem auch noch die Hand auf den Arm. Jetzt klapste er ihr auf die Schulter, das war wohl die Verabschiedung. Sie sah ihn – stutzte sie? Er war doch kein Zausel, der auf die Palme ging, wenn sie mal mit ´nem anderen redete. Er sperrte sie doch nicht ein, wie denn auch!

»Schon Schluss?« rief sie, als sie noch einige Meter von ihm entfernt war. Sie gab ihm einen schnellen Kuss auf die Wange. »Bei uns war nichts los, da bin ich fort, Sven braucht Unterwäsche. Eben hab ich den neuen Fahrer getroffen, den will ich mal langsam wegen ´nem Buntfernseher anspitzen. Feierabend?«

»Hab meinen Kram eher erledigt.«

Was sie denn jetzt machen könnten? Im Ratskeller wäre der Kaffee miserabel, Bier wäre jetzt natürlich nichts für sie. Aber irgendwas würden sie schon haben. Also in den »Hecht«.

Für sie einen Veltliner, der ihr lieber war als »Mädchentraube«. Kürzlich hatte er ihr Kopfschmerzen bis zum nächsten Mittag verschafft. »Alles geklappt?«

Er schilderte in groben Zügen. Da sah man mal, wie es mit der Tradition im Bataillon stand. Auch die, die urlange hier waren, wussten nicht, woher die Fahne stammte. In der Schule hatten sie alle einen Roman gelesen, »Die Fahne von Kriwoi Rog«[5] und nun dachte jeder, genau *die* Fahne stünde bei ihnen.

Sie fragte den Kellner, ob der Wein wirklich so lau sein müsste; er erwiderte im Weggehen halb über die Schulter: »*Der* ja.«

»Unsereins will schließlich was durchsetzen. Der Volleyballplatz müsste in Ordnung gebracht werden, da bricht sich einer noch die Stelzen. Ich überleg, wie ich das hinkriege.«

»Das lässte mal alles ganz hinten. Ich schleppe auch keine Gedanken an die HO mit. Wir müssten was mit Sven unternehmen, zu dritt ´nen Ausflug am Sonntag, ein Stück raus. Alle fahren nach Prag. Da bin ich noch nie gewesen.«

Ein Paar trat ein, Mutter und Tochter offensichtlich. Die Frau war so alt wie sie, die Tochter etwa vierzehn; in diesem Abstand hatte sie sich ihre Anja vorgestellt: drei Jahre jünger als Sven. Als Anja sechs hätte sein können, hatte sie mit diesem Spiel begonnen: Einschulung mit Zuckertüte und wippendem Rock, Anja, später Angela, Beatrix. Als Sven ein Jahr gewesen war, hatte sich sein Vater Hals über Kopf zur Armee gemeldet. Wollte er aus der Ehe raus, fluchtartig? Sie hatte gerade wieder zu arbeiten angefangen, da haute der Genosse Erzeuger ab. Mächtige Sprüche natürlich! Er oben in *Eggesin*[6] , sie in Leipzig. Beim ersten Urlaub hatte er gejammert, sie würden ihn schleifen wie den letzten Hund. Andere wurden nach zwei Jahren Offizier, er viel später. Warum? Das würde sie genauso wenig erfahren wie die wahren Gründe für die Meldung zur Fahne. Immerzu war er versetzt worden, Sven hatte sie ein Vierteljahr bei ihren Eltern unterbringen können, Ärger jeden Tag, eine Krise musste man das schon nennen. Da ein zweites Kind? Jahre später hatte sie eine berufliche Chance gesehen, die nicht eingetreten war; auf einmal war es zu spät, hatte sie gemeint, was aus heutiger Sicht nicht stimmte. Nun war wirklich der letzte Zug fort.

Die Frau hatte ein Deckbett gekauft, wohin mit dem Bündel? »Hinter den Ständer«, rief die Tochter; Fränkisches mischte sich ein. Das klang entschieden, so hätte sie ihre Tochter auch gern gehabt, aufmüpfig beinahe.

»Für Prag brauch ich ′ne Sondergenehmigung.«

»Dann beantrag sie doch.« Wahrscheinlich warteten die beiden auf den Bus, lebten in einem Dorf an der Grenze. Das Mädchen trug das dunkle Haar halblang, das passte zu den Augen und den schnellen Bewegungen. Das Mädchen griff eher zur Speisekarte als die Mutter. Sie hätte sich immerzu mit ihr unterhalten, über den Einkauf oder die Gaststube hier, sie hätte nicht nur ein Bett für irgendwen, sondern etwas ganz Schickes für Anja gekauft, etwas, für das in ihrer eigenen Jugend kein Geld dagewesen war. Die Jacke war soweit ganz flott.

»Antrag für Prag – das könnte 'nen schlechten Eindruck machen. Dort treiben sich massenhaft Westgermanen rum.«

Sie zog ihren Blick von dem Mädchen ab. Dabei hatte sie nicht geseufzt und nicht ein bisschen anders geatmet als vorher. »Dann fahren wir vielleicht nach Dresden.«

»Grünes Gewölbe. Öde für Sven. Wir fragen ihn, und ich schau nach, wann ich den nächsten freien Sonntag hab.«

Für ihn ein zweites Bier – kurz vor sechs müsste sie noch mal in den Laden, Friedeberg würde sich sonst wundern. Er las die Speisekarte, Rostbrätl, Kassler mit Sauerkraut, die üblichen Sättigungsbeilagen. Alles das machte Marion zu Hause besser. In einer unvermuteten Anwandlung sagte er: »Eigentlich geht's uns doch gut. Keinen Ärger bei mir im Dienst und bei dir mit der Arbeit, im Großen und Ganzen. Bei Sven klappt's, also?«

»Mal 'nen wirklich tollen Urlaub.«

»So wie vor drei Jahren, Gedansk[7] und Masurische Seen.«

»Oder Scheddschien[8] und von dort auf diese Insel. Mann, warst du braun.«

Bei Gelegenheit sollte er das Gespräch über den Lehrgang in Plauen und den Sprung in eine neue Position wieder aufnehmen. So was wie in ihrem Laden hier fand Marion in Plauen immer. Sven im Internat – es schob sich allerhand zusammen. Das Politbüro schaute auf sein Stückchen Grenze – alles bloß Quatsch?

Beim Hinausgehen streifte ihr Blick Haar und Schultern des Mädchens, die gebräunte Nase, eine Hand mit festen Fingern. Rührend: ein kleiner silberner Ring.

(...)

»Nimm Platz Jürgen, nimm Platz Gero.«

Der Oberst sprach sie selten so familiär an, zum Servieren von Kaffee schien es nicht weit zu sein. Hippel schaute Kupferblech von der Seite an, der blickte wie immer höflich und unbeteiligt. Was konnte den schon aus der Reserve locken.

»Die weniger gute Nachricht zuerst. Ihr seid gefilmt worden.« Der Oberst nickte bedeutungsschwer. »Ein gewisser Schordano[9] hat sich an der Grenze herumgetrieben, sein Hetzprodukt ist inzwischen von einem Westsender ausgestrahlt worden. Es gibt da allerhand Schoten. Die Hunde in unseren Laufanlagen seien so angekettet, dass zwischen ihren Schnauzen gerade mal ein Zwischenraum von ein paar Zentimetern bliebe. So könnten sie sich nicht gegenseitig vor Hunger anfallen, aber es könnte auch kein Grenzverletzer durchschlüpfen.«

»Fein beobachtet«, ließ Kupferblech hören, es hatte wohl sarkastisch klingen sollen.

»Ihr seid gefilmt worden, als Zaunelemente ausgewechselt wurden. Ich habe den Streifen mit Sondergenehmigung gesehen. Euch habe ich deutlich erkannt. Der Schlaukopf hat herausgefunden, dass alle Schrauben vom Westen her eingedreht sind und der letzte Monteur beim letzten Element über den Zaun hochgezogen werden muss.«

»Und wir haben nichts gemerkt.«

»Sonst hätten wir es ja sofort gemeldet.« Hippel meinte, er läge damit vor Kupferblech.

»Das mit den Schrauben macht den Schnüffler natürlich fix und fertig. Manches imponiert ihm, das Sperrgitter durch die Werra, unpassierbar für Boote, Schwimmer und Taucher. Und wir hätten mehr Erde bewegt und Wälder abgeholzt als damals die Römer mit ihrem ganzen Limes. Der Bursche kommt uns nicht mehr ins Land. Absolutes Einreiseverbot. Genossen, nun der zweite Punkt, und der gefällt mir wesentlich besser. Jürgen, du hattest vor ein paar Wochen die Idee mit dem Ehrenbanner und dem Stoßtrupp von drüben. Mir schien damals, eine solche Maßnahme passe nicht in die politische Landschaft. Demnächst üben wir mit der NVA den Gegenschlag. Das hat Gero auf den Gedanken gebracht, diese Übung zwischen dem Tag X und unserem Vorstoß einzuschalten, quasi als Maßnahme des Gegners, uns herauszulocken. Darüber sollten wir uns austauschen.«

Kupferblechs Idee – es war zum Schreien und zum Kotzen. Er, Hippel, hatte das Ding ausgetüftelt und beinahe zum Laufen gebracht, dann kam der große Stopp, und plötzlich fledderte Kupferblech seine Maßnahme. So war es immer und immer, und Kupferblech schien das alles gar nicht zu merken.

»Die Maßnahme *könnte* in diese Phase passen. Die Gegner werden nervös und hetzen einen Stoßtrupp los.«

Wenigstens fiel Hippel ein: »Bundesgrenzschutz oder Amis?«

»Warum ist das wichtig?« fragte der Oberst, und Kupferblech schien der gleichen Meinung zu sein, natürlich war er das. »In Bayreuth steht ein Aufklärungsbataillon, die dort fühlen sich als halbe Ranger mit alter Tradition. Bayrischer militärischer Hochadel sozusagen. Die wittern das EK I und schlagen über alle Stränge.« Der Oberst trat an die Wandkarte. »Hier oder hier? Westlich vom Dorf III?«

»Die alte dünne Stelle, wo wir eine Baumreihe pflanzen wollten. Wo die Lichtsperre aufhört.«

»Dort lassen wir sie durch«, entwickelte der Oberst. »Deine Leute, Gero, schleichen bis an den Küchenblock. Und da haben deine Genossen Dienst, Jürgen. Durchbruch ein Uhr. Bis zur Küche brauchen sie keine halbe Stunde. Natürlich ist alles in erhöhter Bereitschaft. Das Objekt schützen acht bis zehn Genossen. Alle fiebern. Sie hören ja jeden Tag, wie die Freunde vorpreschen. Coburg eingekesselt, Panzerspitzen vor der Frankfurt-Würzburg-Autobahn, Gegenstoß aus dem Raum Gießen. Die Regierung der DDR stiftet den Scharnhorst-Orden. Westberlin wird in sechs Stunden von vier Seiten her aufgesplittert. Die Franzosen bleiben in ihren Kasernen und ergeben sich. Feierlich mit Degen und so. Unser Fernsehen überträgt live. Schnitzler[10] in der Uniform eines Oberst der Nationalen Volksarmee, Hermann Kant[11] und die Puhdys[12] bei unseren siegreichen Truppen. Gaby Seifert und Anna Seghers, Eiskunstläuferin und Dichterin, gründen den Luisenbund der DDR. Patriotische Aufbruchsstimmung massenhaft, zum Rhein, zum deutschendeutschen Rhein, Gold gab ich für Eisen, na, das letztere nicht, wer hat schon Gold. Bloß bei uns ist alles still, zu still. Plötzlich hechten dunkle Gestalten übern Zaun!«

»*Uns* ist alles klar«, ergänzte Kupferblech pomadig, »aber wie können wir diese Lage nach unten vermitteln?«

Hippel wagte zu probieren: »Andeutungsweise.«

»Im Gegenteil, und das ist ja nun wirklich das Gegenteil: Wir müssen unseren Posten die Munition wegnehmen. Die wissen dann sofort: Übung! Die merken ja auch, Gero, dass du mit deiner Einheit ausrückst. Schon kommt Indianerstimmung auf. Genau das ist Fakt.«

»Wir müssen ihnen sogar *Schlüssel* mitgeben, damit nichts zerrammelt wird. Im Ernstfall würden sie natürlich alle Türen eintreten.« Hippel wusste, dass er damit das Problem an der Gurgel hatte. Da half kein Drehen und Wenden, ein höherer Grad an Wirklichkeit war nicht zu erreichen, zumal die angenommene Gesamtlage unter keinen Umständen verraten werden durfte. Zwei

Nächte später würde dann die Stabsübung ablaufen, auch dabei war es hochwichtig, dass alles unspektakulär abrollte und feindseitig keinen Argwohn erregte.

»Zehn Angreifer, zehn Mann Wache. Die NATO-Gangster ziehen die Klamotten verkehrt herum an, keine Helme. Turnschuhe. Wahrscheinlich werden die Angreifer denken, es geht gegen die Waffenkammer.«

»Die wenigsten wissen«, warf Hippel ein, »dass es das Ehrenbanner überhaupt gibt. Da soll etwas geklaut werden, von dem niemand weiß, dass es geschützt werden muss, mal milde ausgedrückt.«

»Folglich Schulung«, schlug Kupferblech vor, »die proletarische Vergangenheit von Suhl und Umgebung. Kapp-Putsch, Roter Frontkämpferbund. Jürgen, was für dich. Und der Hunger des Feindes auf eine Trophäe.«

»Noch eines, Genosse Hippel, dein Antrag für Plauen ist so gut wie durch.«

Jetzt wurde der Oberst offiziell, die Plauderei war vorbei.

»Ich habe das schon mit dem Genossen Kupferblech vorbesprochen. Ihr beide solltet nach diesen Übungen im Kollektiv eine Doktorarbeit darüber schreiben Genosse Kupferblech hier, Genosse Hippel an der Offiziersschule. Zuerst könnt ihr den Rahmen aufstellen und durchdiskutieren.«

»Doktorarbeit«, Hippels Stimme klang unsicher.

»Ich habe mir gedacht«, ergänzte Kupferblech, »dass ich die Stabsübung bearbeite, Jürgen den Stoßtrupp und die Abwehr. Eine Präambel sollte das ganze verzahnen.«

Hippel registrierte trotz aller Überraschung ernüchtert und hilflos: Kupferblech hielt, noch bevor die erste Zeile geschrieben war, das Heft in der Hand. Kupferblechs Gerippe stand, nun durfte ein zweiter Mann ein wenig Fleisch an die Knochen pappen.

»In einem Jahr in Plauen kannst du eine Menge schaffen, Jürgen. Ab und zu kommst du her, oder Gera besucht dich. Ihr einigt euch zunächst über den Titel, den brauchen wir, wenn wir das Projekt einreichen. Also dann, rauft euch zusammen!«

Hippel und Kupferblech standen auf. Händedruck, dem Oberst in die Augen geblickt dabei. Hippel war feierlich zumute wie sonst nur bei einer Beförderung. Es wäre nicht übertrieben gewesen, hätte er hinzugefügt: »Ich diene der Deutschen Demokratischen Republik!« Gleich darauf ärgerte er sich: Er hatte damit auf Kupferblech gewartet.

Draußen gratulierten sie einander. Und: Wir kriegen das hin, keine Frage! Gleich morgen oder übermorgen würden sie über die Präambel diskutieren. »Gero, komm doch mal zu uns rüber.«

»Gute Idee.«

Normalerweise hätte Hippel hinzugefügt: Meine Frau brätelt uns was Hübsches. Aber das war jetzt keinesfalls mehr sicher, manchmal kam Marion erst kurz vor zehn mit dem letzten Bus zurück. Sonderberatungen immer wieder. Er musste künftig wenigstens an manchen Tagen den »Wartburg« rausrücken.

Als er zu den Offiziersblöcken hinaufging, sagte er sich im Inneren vor: Hauptmann Doktor Hippel. Noch ein gutes Jahr, und er war Major. Vielleicht spezialisierte er sich auf Vorträge über taktisch-ideologische Fragen. Es war nicht zu weit hergeholt, wenn er formulierte: strategisch-taktisch-ideologische Zusammenhänge. Das Wort komplex konnte ebenfalls vor-kommen.

Gelbe Wolle quoll aus der Heizleitung wie eh und je. Damit würde er sich nicht mehr lange herumärgern müssen. In Plauen ginge er mit einer Mappe unter dem Arm über den Hof zur Bibliothek. Nach Jahren musste er nicht mehr täglich Stiefel tragen; seinen Füßen würde das gut tun. Seinem Fußschweiß, genauer gesagt. Jetzt war erst mal der Titel wichtig. Und die Präambel.

Am Abend fiel ihm seine Frau nach den ersten Sätzen jubelnd um den Hals. »Jürgijürgi, Jungejunge! Mein Doktor Jürgi!« Er gab sich vorsichtig, bis dahin bliebe noch eine Menge Holz zu hacken. Er musste aufpassen, dass Gero, also Kupferblech. nicht die Brocken an sich riss und ihm nur die Pusselarbeit blieb. Er hatte Sekt kaltgestellt, »Rotkäppchen«.

»Auf dich, Jürgen!«

»Auf uns beide.«

»Und auf den Juniorenweltmeister.«

Ein einschneidendes Ereignis im Familienleben, darüber waren sie sich einig. Jetzt standen wieder alle Fenster offen. Das war noch wichtiger als Marions Wechsel von der HO-Verkäuferin in die Materialwirtschaft eines jedenfalls im Moment hoch angebundenen volkseigenen Betriebes. Wenn Sven jetzt noch ins Internat kam, waren Sprünge möglich. Jürgen in Plauen, Marion bemühte sich in Zella um mindestens drei Zimmer; dort sollte künftig der Hauptwohnsitz der Familie liegen. Mit dem Wagen brauchte er von Plauen drei Stunden. Wochenendehe für ein Jahr, das wäre auszuhalten. Urlaub, Weihnachten und so weiter gab es schließlich auch.

Nach dem Sekt noch ein Schnäpschen? Es war eine Weile her, dass er gemeint hatte, ihre Schenkel wären gebaut wie die Kotflügel eines wunderbaren Sportflitzers, natürlich weicher. Er probierte, er hatte recht gehabt. Wochenendehe: Einiges hatte sich angesammelt. Dann musste aber auch alles klappen! Dass es heute klappen würde, war keine Frage.

(...)

Der Traum begann mit einem Gang über feinen Sand, der unter den Sohlen seiner Halbschuhe eher seufzte als knirschte. Düne, abfallend zum Meer. Seufzersand, zu dem Stiefel nicht gepasst hätten – die gehörten zu Kies und Schotter. Diesmal trug Hippel keine

Mappe, sondern ein Köfferchen, Köffer*chen*, es kam ihm schmiegsam vor wie aus Katzenleder. Was darin war, wusste er nicht. Wusste vielleicht Gero, was ihn wurmte. Aber sicher war das nicht, also konnte er den Koffer nicht übers Mäuerchen schmeißen. Drei Offiziere zeigten auf ihn, einer lachte. Einmal hatte der Traum hier aufgehört, einmal hatte er siedendheiß gefürchtet, er müsste das Köfferchen öffnen, und vielleicht wären nur alte Socken drin gewesen oder Putzschnüre fürs Waffenreinigen. Da sprang das Köfferchen auf, Buchstaben und seltsame Stachelkobolde hüpften heraus, die Buchstaben waren aus Gusseisen, er versuchte sie mit einer Rohrzange zu packen wie in alten Lehrlingstagen, es war gut, dass er wieder einen Schlosseranzug trug. Die Stachelkobolde mit ihren Gesichtsfratzen höhnten: Genitiv, Genitiv! Gero fuchtelte, Gero schrie: Die Präambel ist angenommen!

Das Telefon. »Kupferblech.«

»Ja, Gero?« Beinahe hätte er gesagt: Hab eben von dir geträumt.

»Musst sofort runterkommen. Befehl vom OvD.«

»Was is?«

»Befehl. Sofort.«

»Viertelstunde.« Zu seiner Frau, die halb die Augen öffnete, sagte er, wahrscheinlich zögen sie eine Alarmübung durch, die wäre längst fällig. Kurz nach Mitternacht, die beste Übungs-zeit. In den anderen Wohnungen blieb es still, also kein allgemeiner Alarm. Auch im Treppenhaus hörte er nichts.

Die Nacht war mondhell, der Himmel streifig. Solange der Weg glatt war, rannte er. Weit links, vermutlich im Nachbarabschnitt, stieg eine weiße Leuchtkugel hoch und versackte hinter dem Wald; ihr Schein hielt sich noch eine Weile an der Unterseite einer Wolke. Wenn jemand die Zeit zwischen dem Wecken und seiner Meldung bei der Wache stoppen würde, schnitte er glänzend ab. Wahrscheinlich blieb er unter dreizehn Minuten. Weniger war bei keinem drin.

Auf den letzten flachen hundert Metern legte er einen Schlussspurt ein, beim Austrudeln knallten seine Stiefel aufs Pflaster, die Mauer warf den Schall zurück. Ein Unteroffizier stand in der offenen Gittertür. »Genosse Hauptmann, Sie sollen sich sofort beim Genossen Oberst melden. Jawoll, Dienstzimmer.«

In der Wachstube warteten zwei Soldaten, einer hatte vor einem Vierteljahr einem Mercedes hinterhergeglotzt. Sie saßen breitbeinig, angelehnt und stierten zu Boden. Eigentlich hätten sie melden müssen. Hippel nahm sich nicht die Zeit, sie aufzumischen; andermal.

Während er sich befehlsgemäß zur Stelle meldete, erhob sich der Oberst. Neben ihm stand Kupferblech auf. Die beiden waren so ernst, dass Hippel meinte, er sollte in der Haltung bleiben, die er bei der Meldung eingenommen hatte.

»Wann hast du deinen Sohn zum letzten Mal gesehen?«

»Gestern Nachmittag. Besser: abends.«

»Heute nicht?«

»Nein. Hatte Training.«

»Und deine Frau?«

»Auch nicht. Wir haben gewartet.«

Der Oberst setzte sich, Kupferblech blieb stehen. Hippel merkte, dass sich seine Hände krampfartig ballten.

»Bis zehn jedenfalls war er fort. Jetzt hab ich nicht nach ihm gesehen. Hab auch nichts gehört.«

»Was meinst du, wo er gewesen sein könnte?«

»Mit seinem Mädchen…«

»Was hast du ihm über die Lichtschranke verraten? Und dass sie ausgeschaltet werden kann? Und dass Genosse Kupferblech sie heute ausgeschaltet hat?«

»Natürlich kein Wort.« Außerdem hatte er das gar nicht gewusst, in diesem Teil der Planung steckte er nicht, aber er hätte es erfahren können, wenn er … Jetzt nicht verteidigen, er wusste doch gar nicht, warum er her befohlen worden war.

Der Oberst blickte Kupferblech an, der sagte: »Eine Streife hat deinen Sohn festgenommen. Da hatte er die ausgeschaltete Lichtsperre gerade hinter sich und war bis auf zweihundert Meter an den Zaun heran. Angetrunken oder betrunken.«

Stille, Warten. Hippels Hände öffneten sich, er hob sie an und ließ sie fallen. Der Oberst schnippte die Daumen gegeneinander, das war für eine Minute das einzige Geräusch. Ob Genosse Hippel bei seiner Aussage bleibe? Das Wort Aussage wirkte kalt, als fragte der Staatsanwalt.

»Jawoll, Genosse Oberst.«

»Wir werden ein Protokoll aufsetzen. Alle Fakten. Genosse Kupferblech formuliert. Umfassend. Du hältst dich zur Verfügung.«

»Ist Sven…«

»Was?«

»Verletzt?«

Kupferblech wendete sich zum Oberst, als erwarte er von ihm die Bestätigung, dass er antworten sollte. Darüber verging eine Zeit, die Hippel nicht zu messen vermochte und die er als grausam empfand, als Folter, so ging man mit einem Feind um und nicht mit einem Genossen, was auch immer passiert war.

»Das nicht. Er hat keinen Widerstand geleistet und ist sofort stehengeblieben.«

»Also das Protokoll. Könnt ihr hier machen. Die Genossen von der Streife sind noch unten?«

Hippel hätte antworten können, dass er sie in der Wachstube gesehen hätte, und einer hieße Poschinski. Er schaute Kupferblech an. Später wunderte er sich über den Gedanken dabei: *Der* würde bestimmt Doktor werden. »Und du versprichst mir, dass Sven nicht verletzt ist?«

»Ehrenwort, Jürgen.«

Plötzlicher Schreck, härter als alles vorher. »Nicht verletzt, das soll doch nicht heißen…«

»Nun dreh nicht durch, Jürgen! Mit deinem Sohn ist alles in Ordnung, alles in Ordnung!«

Glossar

1 Gotha – Stadt in Thüringen

2 Bino – DDR-Würze

3 DT 64 – DDR-Sender mit jugendgemäßem Programm

4 »Buridans Esel« – Roman des DDR-Schriftstellers Günter de Bruyn

5 »Die Fahne von Kriwoi Rog« – Roman von Otto Gotsche: Staatsfunktionär, Nationalpreisträger. Rechte Hand von Ulbricht

6 Eggesin – berüchtigter NVA-Übungsplatz in Mecklenburg

7 Gdansk, Scheddschien – gemeint sind Gdansk und Szczecin

8 Schordano – gemeint ist offensichtlich Ralph Giordano (»Die Bertinis«), der 1978 vom Westen aus einen Film über Grenzanlagen der DDR gedreht hat

9 Schnitzler – DDR-Fernsehkommentator, »Der schwarze Kanal«

10 Hermann Kant – DDR-Schriftsteller, Nationalpreis träger, IM »Martin«

11 Puhdys – staatstreue DDR-Rockgruppe

Sommergewitter

Sommergewitter (2005)
Entstehung

Zur von Loest unmittelbar als Zeitzeuge erlebten Geschichte gehört der 17. Juni 1953, den die DDR gegen die Faktenlage zum konterrevolutionären Putsch stilisierte, westdeutsche Historiker hingegen als Volksaufstand bezeichneten. Im Kalten Krieg war die Bewertung der Ereignisse des 17. Juni 1953 ein heftig befehdetes Thema. Die DDR ließ das Erscheinen von Stefan Heyms Roman Fünf Tage im Juni über den 17. Juni 1953 nicht zu, weil er ihrem ideologisch bestimmten Bild widersprach. Das Heym´sche Konzept des Lernens aus der Geschichte hat Erich Loest in seinem Werk ähnlich zentral verfolgt. Von Historikern wurden meist nur die Geschehnisse in Berlin betrachtet (»die Ereignisse begannen in der Berliner Stalinallee«), womit der Begriff vom »Volksaufstand« nicht hinreichend begründet ist. Der Zeitzeuge Erich Loest weiß, dass auch Mitteldeutschland ein Zentrum der Massenproteste gegen die Politik des damaligen SED- und Regierungschefs Walter Ulbricht war. Loest macht in seinem Roman deutlich, dass im mitteldeutschen Streikzentrum politische Forderungen gestellt wurden. Die Lösung »Der Spitzbart muss weg« (eine Kapitelüberschrift im Roman) galt der Ablösung von SED-Chef Ulbricht. Außerdem gehörten Freie Wahlen zu den Forderungen der Streikenden.

Die Tage im Juni 1953 zum Romanthema zu wählen, gehört sowohl zum Konzept des Erzählens deutscher Geschichte von Erich Loest wie zum aufklärerischen Umgang mit dem historischen Material. Nie war Loest so sehr »Historiker« in seinem literarischen Werk wie in Sommergewitter. Die guten Erfahrungen, die der Autor damit gemacht hatte, dass er Geschichte als Individual- und Familiengeschichte erzählt (beispielhaft dafür sein 1995 erschienener Roman Nikolaikirche), spielten für die Gestaltung von Sommergewitter eine wesentliche Rolle. Auch Sommergewitter ist zu großen Teilen ein Familienroman. Das Handeln seiner Protagonisten ist – mit unterschiedlichen Motiven und vielen Widersprüchen – repräsentativ für die historische Wahrheit des 17. Juni 1953. So wird es zum romanhaften Erzählen deutscher Geschichte.

Inhalt

Am 5. März 1953 stirbt Stalin. An diesem Tag begegnen sich bei einem Treffen von Parteiveteranen der Stasi-Chef von Halle Bruno Pfefferkorn und Alfred Mannschatz. Der eine Kommunist, der andere Sozialdemokrat, beide jetzt in der SED. Pfefferkorn hat Mannschatz aus gemeinsamer illegaler Arbeit gegen die Nazis in guter Erinnerung. Hartmut Brücken, Schwiegersohn von Mannschatz, erlebt im Betrieb täglich die Mangelwirtschaft. Die Lebensbedingungen verschlechtern sich immer weiter. Brücken und Mannschatz´ Tochter Clara erwarten ihr drittes Kind. Sie überlegen, den Werbungen für einen Wechsel nach Mecklenburg zu folgen. Der alte Mannschatz will aus Protest sein SED-Parteibuch abgeben. Obschon die Normerhöhungen zurückgenommen sind und die SED überraschend mit einer Amnestie einen weichen Kurs gegen ihre Kritiker eingeschlagen hat, beginnt in Bitterfeld der Streik. Hartmut Brücken spricht vor mehr als 20.000 streikenden Arbeitern in Bitterfeld, anschließend besetzen sie das Rathaus. Ein Zwischenkapitel, das zeitgleich in Berlin spielt, erzählt aus der Perspektive von Potschinski, eines Aktivisten der KgU, der Kampfgruppe gegen Unmenschlichkeit, von West-Berliner Jugendlichen, die in Ost-Berlin einen Zeitungskiosk in Brand stecken, wofür Potschinski sie bezahlt hat. Als er auch noch Waffen in den Osten liefern will, wird er zurückgepfiffen. – In Halle dreht sich die Lage. Pfefferkorn, der Stasi-Mann, wird für seine Ahnungslosigkeit zum Sündenbock gemacht. Die Partei gibt Schießbefehl, russische Panzer ziehen auch in Halle auf. Über Lautsprecher wird der Ausnahmezustand ausgerufen. Pfefferkorn versucht sich zu retten und greift durch. Hartmut Brücken wird auf Plakaten als Rädelsführer gesucht. Er flüchtet. Inzwischen hält sich dic Polizei an seine schwangere Frau. Clara wird verhaftet. Die Stasi überredet den alten Mannschatz, seinen Schwiegersohn in Westdeutschland zu besuchen und ihn zur Rückkehr nach Halle zu bewegen. Man braucht ihn für einen Schauprozess gegen die Anführer des Streiks. Im Austausch würde man Clara freilassen. Mannschatz rät seinem Schwiegersohn von der Rückkehr ab.

Auszüge aus Sommergewitter

Der Tod des weisen Führers

Der Teller, fast eine Platte, war bis über den Rand bepackt mit drei Scheiben Blutwurst, in ihnen rötliche Streifen von Zunge, zwei Stück Leberwurst, einer kleinen, scharf geräucherten Knackwurst, zwei Gürkchen, vier Quadraten Schnittkäse und einem Würfel Butter, den Mannschatz auf knapp fünfzig Gramm schätzte. Es war tatsächlich *Butter* und keine Margarine, das merkte er beim Streichen und dem ersten Bissen, den die Zunge drehte und wendete, gegen den Gaumen drückte, durchspeichelte, dem alle Geschmacksnerven überrascht beizukommen suchten und die ans Gehirn meldeten: Genuss, Hochgenuss, Mann, wann hast du zum letzten Mal derartig duftige Knacker zwischen die Kiemen gequetscht, zur Hälfte Speckbrocken, und dir bleiben noch dreißig, vierzig Bissen. Nun Leberwurst kosten, *Lebens*wurst hatte sie ein Kumpel in der Gefangenschaft gepriesen. In der Mitte des Tischs, an dem sie zu sechst saßen, waren Brotscheiben getürmt, pro Nase nicht weniger als acht; hoffentlich führte sich keiner unverschämt auf. Schüsseln mit Kartoffelsalat, für jeden eine Flasche Bier – der Genosse ihm gegenüber fand den treffenden Ausdruck: Total *friedensmäßig*! Mannschatz richtete schon die zweite Scheibe her, während er noch an der ersten kaute. Er überlegte, wann er sich zum letzten Mal ähnlich üppig hatte vollschlagen können, in Russland organisierten sie zwei Schweine für dreißig Mann, hatten aber weder Brot noch Kartoffeln und mampften wochenlang Makkaroni – Völlerei und Barbarei in einem. Jetzt passte alles zueinander, höchstens Senf fehlte zur Blutwurst, aber schon dieser Gedanke grenzte an Meckerei. Behaglichkeit überkam ihn, er ließ Bier einlaufen und hatte vergessen, dass man dabei das Glas schief halten muss; gerade noch rechtzeitig schlürfte er Schaum ab. Als auf seinem Teller ein wenig Platz geworden war, hob er Kartoffelsalat in die Lücke und reichte die Schüssel weiter, schmeckte Zwiebel, Möhre auch und mahnte sich zur Vorsicht: Mayonnaise konnte steinern im Magen liegen. Rascher, peinigender Gedanke: Bloß nicht alles rauskotzen müssen. Ihm gegenüber saß einer mit Schlips und grobkariertem Jackett, hell die Augen über freundlichen Grübchen, und Mannschatz wunderte sich beim Aufblicken: Der Genosse belegte geruhsam eine Scheibe Brot mit Schnittkäse und bedeckte sie mit einer anderen. Kaute nicht, und sein Teller war fast leer.

Er komme aus Eisleben. Ein gebeugter Glatzkopf von sicherlich achtzig Jahren fragte: Und ihr? Aus Bitterfeld, antwortete Mannschatz und hörte: Leuna, Halle, Wolfen. Der Alte fragte: Alle bei der Märzaktion dabei gewesen?

Nö. Der Nette mit den hellen Augen packte die vierte Doppelschnitte neben den Teller. Dafür sei er zu jung. 1933 im KZ Colditz. Mannschatz überschlug die Zahl der Genossen im Saal auf fast hundert, meist Sechziger und Siebziger, wenige Dreißig- bis Vierzigjährige, das waren vermutlich Funktionäre der Bezirksleitung oder verschiedener Kreisleitungen, dazu drei Frauen, wahrscheinlich Sekretärinnen.

Genossen, rief ein sportlicher Blondschopf am Präsidiumstisch, breit waren die Revers seines Anzugs und bretteben von reichlichem Steifleinen. Er wünsche strammen proletarischen Appetit und wolle, ehe er Horst Sindermann das Wort erteile, noch einige organisatorische Bemerkungen loswerden: Die

Genossen Fahrer seien im Erdgeschoß im Raum neun untergebracht, Reisekosten könnten in Raum elf abgerechnet werden. Wer eine Übernachtung brauche, solle sich im Orgbüro melden. Genosse Otto Gotsche, der allen bekannte berühmte Schriftsteller, habe von Berlin angerufen, er sei leider verhindert und wünsche der Tagung den besten Erfolg. Jetzt also ein Begrüßungswort des Genossen Horst Sindermann.

Jede Silbe klang gewichtig. Im Namen der Sozialistischen Einheitspartei Deutschlands des Bezirks Halle, als Chefredakteur der »Freiheit« und Leitungsmitglied der Vereinigung der Verfolgten des Naziregimes begrüße er verdiente und bewährte Kämpfer. Als vor Wochen diese Tagung anberaumt worden sei, habe niemand voraussehen können, welche Wolken unterdessen die Welt verdüsterten. Alle heißen Wünsche richteten sich nach Moskau. Trotz bohrenden Schmerzes müsse die Arbeit weitergehen, das sei gewiss auch im Sinne des Genius, für den alle hier im Saal baldige Genesung ersehnten. Bisweilen scheine es, als ob kein Wind wehen und kein Vogel singen dürfe. Bert Brecht habe gedichtet, wie kasachische Bauern Lenin ehrten, indem sie einen Kanal gruben für Wasser und Leben. In diesem Sinne begreife er alles heutige Tun. Er heiße folglich eine Reihe Kämpfer gegen den Faschismus von der Revolution 1918 an über die Abwehr des Kapp-Putsches und die Märzaktion 1921 bis zum Widerstand in den Konzentrationslagern herzlich willkommen. Beifall pladderte prompt.

Alfred Mannschatz hatte Sindermann auf Kundgebungen gehört, hoch oben und weit weg. Ein Bündel von Gesundheit und Energie, erstaunlich, wie er mit zehn Jahren KZ fertig geworden war; als Achtzehnjährigen hatten ihn die Nazis eingesperrt. Eine seiner berühmten Aktionen: Am 1. Mai 1933 hisste er auf einem Fabrikschornstein in Chemnitz die rote

Fahne und brachte unten einen Zettel an: »Vorsicht, vermint!« Dunkel war die Stimme, beinahe dialektfrei, in Mitteldeutschland selten. Da sehe er den Genossen Bruno Pfefferkorn, 1921 Stoßtruppführer in der Arbeiterwehr von Mansfeld. Bruno mit der Zündschnur, der gelegentlich eine Fabrikantenvilla flach legte, weil die angreifenden Kämpfer einen Rauchvorhang brauchten. Alle Blicke richteten sich auf einen untersetzten Mann mit rundlichem Gesicht und braunen Knopfaugen, der nun lächelte, wobei sich sein Gesichtsausdruck von hart und verbissen zu verschmitzt wandelte. »Wenn wir nachts ruhig schlafen können, was durchaus nicht im Sinne von allerhand Spionage- und Diversantengesindel ist, dann danken wir das dem Genossen Pfefferkorn.«

Noch während des Beifalls bückte sich der Mann mit den fröhlichen Grübchen und verstaute seine Stullen in einer Brotbüchse, ungeniert tat er das, und barg die Beute in einer Aktentasche neben dem Stuhlbein. Er brachte seiner Familie etwas mit, begriff Mannschatz, das hätte er auch tun sollen. Eine kräftige Scheibe Blutwurst für seinen Schwiegersohn auf die Frühstücksstulle wäre ein hilfreicher solidarischer Akt gewesen. Zu spät. Da trugen Kellnerinnen Schüsseln mit Kartoffeln und Rotkraut herein, Platten mit Schweinebraten, Saucieren stellten sie dazwischen, und Mannschatz wusste, dass er ein Esel gewesen war, sich mit der Vorspeise vollzustopfen. Aber wie hätte er ahnen können, dass derlei Opulenz nur die Ouvertüre bildete! Der Grübchengenosse war schlauer, kannte wohl solchen Ablauf; nun lud er sich geruhsam den Teller voll. Fingerdick waren die Fleischscheiben, von Fettadern durchzogen und krustig. Haut rein, Leute! Kümmelduft stieg auf, mehlig gelb schimmerten Kartoffelberge, aber Mannschatz fühlte sich satt bis oben hin, durfte gar nicht an Leberwurst *denken*, an die Speckbrocken darin, er war ein Idiot, und es war zum Heulen.

Ein Randstückchen Braten, ein paar Löffel Kraut, mehr schaffte er nicht und schalt sich abermals völlig bekloppt. Vom Gefecht bei Beesenstedt war unterdessen die Rede, auf dem Marsch dorthin war gekocht worden, aus der Feldküche sollte gekeilt werden. Plötzlich schleppte einer zehn Würste an. Aus dem Rittergut Nette. Tagelang hatten sie gehungert, nun entdeckten sie Regale voll Speck und Schinken und Gläsern mit Fett. »Seh ich noch vor mir.« Mannschatz nahm sich immerhin zwei Kartoffelstücke. »In der Feldküche schwappte eine Rüben- und Kartoffelplempe, und auf einmal diese Schwemme!« Nette, ja, so hieß das Dorf.

Noch ein Schluck Bier und Schluss. »Ich müsste mir die Gegend wieder mal angucken. Wir lagen hinter ´nem Damm, ´ne Feldbahn führte zu ´ner Ziegelei. Die Sipo deckte uns mit Artillerie ein. Ich hab versucht, hinzulangen, aber mein Richtgerät hatte Macken.« Nun war von Grabenkämpfen an der Westfront die Rede, die Minenwerfer der Engländer, ich kann dir sagen, bei Wyschede, wir in den flachen Trichtern, alle Gräben voll Wasser, der Tommy rasierte uns die Arschbacken ab, ich kann dir heute noch die Narbe…

»Guten Tag, Genosse.« Mannschatz fühlte eine Hand auf der Schulter; hinter ihm stand Pfefferkorn. »Erinnerst du dich an die Flucht über die Saale? Als die Fähre sank? Ich hab ein paar ausm Wasser gezogen.«

»Ich war an der Mulde.«

»Die Sipo schoss ´ne Fähre in Klump.«

Mulde, Saale – die Sicherheitspolizei hatte sie an den Flanken umgangen und wollte den Sack zuziehen; alle hatten gewusst: Wenn sie nicht in der nächsten halben Stunde über den Fluss kamen und sich am anderen Ufer zerstreuten, waren sie erledigt. Die Handgranaten am Koppel zogen ihn runter. Tiefer als zweieinhalb Meter war der Fluss nicht, seine Stiefel fanden Halt, er hakte das Koppel auf und stieß sich ab, schnappte nach Luft.

»Mich hat wirklich einer raus gefischt. Du?«

»Geht es dir gut? Was machst du jetzt?«

»Invalidenrentner seit zwei Jahren.«

»Wir unterhalten uns noch. Ich muss erst mal…« Pfefferkorn wies aufs Präsidium. »Also bis gleich.«

Alle am Tisch hatten zugehört. Einer fragte: »War das so?«

»Wenn er´s sagt.«

Mannschatz trat ans Fenster zu einer Gruppe von Rauchern. Auf einem Tisch lagen Zigarettenschachteln, weiß und ohne Aufdruck, die Zigaretten oval. Mannschatz schnupperte: Orienttabak. Wodkaflaschen und Bierkästen, er dachte: Bloß gut, dass draußen niemand auch nur *ahnt*, wie hier geprasst wird. In Bitterfeld konnten letztens die Buttermarken nicht beliefert werden, auf Fleischmarken gab´s Eier und Quark; die Leute schimpften. Das wussten Sindermann und Pfefferkorn natürlich, aber sie hätten die Brauen hochgezogen, wenn sie auf diese Diskrepanz hingewiesen worden wären – keine Gleichmacherei, Genosse! Mannschatz sog den Rauch bis in die letzten Lungenwinkel, das Kraut war etwas anderes als das Zeug, das er in seinem Garten zog. Jetzt könnte er immerzu eine Zigarette an der anderen anzünden, zwei Stunden lang, könnte sich eine in jeden Mundwinkel klemmen, rauchen satt, quarzen bis zum Umfallen. Wurst und Butter und Brot im Magen und die Lungen voller Rauch. Ein Bier noch, phantastischer Tag. Glück gepresst, das portioniert für ein halbes Jahr gereicht hätte.

Pfefferkorn trat mit zwei gefüllten Schnapsgläsern heran. Auf die Gesundheit! Und sonst? Rücken und Knie machten nicht mehr mit, Berufskrankheit. »Warst du mal zur Kur?« Pfefferkorn bot Hilfe an, Bad Elster, Bad Lausick. Die Veteranenkommission sollte sich kümmern, wozu war sie da? Prost Alfred, Prost Bruno. »Mensch, Alfred, wie ich mich freue!«

»Und du hast mich wiedererkannt nach all den Jahren?«

»Ach was. Wir haben Polizeiakten gefunden. Die sollten sicherlich in Prozessen gegen uns verwendet werden. Die beiden, die ich rausgezogen habe, hießen Mannschatz und Kleinefeld. Als diese Zusammenkunft vorbereitet wurde, stieß ich auf deinen Namen. So einfach ist das. Du hast getrieft wie ´ne Ratte, aber geschossen wie der Teufel. Wir sind zurückgerobbt, dabei krieg ich ´n Ding in den Oberschenkel. Du hast mich bis an diese Straße geschleppt.«

Der Wodka brannte, Mannschatz hatte sich noch nie was aus harten Sachen gemacht, aber vielleicht legte sich nun das Völlegefühl. Er auf dem Boden des Kahns, Wasser hatte er gurgelnd ausgespuckt, über ihm Pfefferkorns Lachen, Landserlachen, sie waren abgebrühte Grabenschweine wie die Sicherheitsbullen auf der anderen Seite auch.

»Wird Zeit, dass alles genau aufgeschrieben wird. Die meisten in unserem Abschnitt kamen aus Bitterfeld und Holzweißig, wir haben Gröbers bis zu diesem Gefecht um Beesenstedt verteidigt. Was warst du draußen, Alfred?«

»Gefreiter bei den Minenwerfern.« Jetzt ein drittes Bier, für ein Stück Fleisch und eine Kartoffel wäre mittlerweile im Magen leidlich Platz, aber die Tische waren schon abgeräumt. Wenn er zu Hause erzählte … Wäre Gift für Hartmut, den kriegte er dann noch schwerer in die Partei. Sindermann verabschiedete sich gerade, er müsse in die Redaktion, die morgige Ausgabe vorbereiten. Ihm sei das Herz schwer wie allen. Trotzdem, und so sei es ja immer gewesen: Trotz alledem finde er diese Zusammenkunft nützlich, um Verbindungen zu erneuern, nach verschollenen Genossen zu fragen, herauszufinden, wer auf welche Weise den Hitlerterror überstanden hatte. Die Vereinigung der Verfolgten des Naziregimes vervollständige ihre Listen, wer sich noch nicht eingetragen hatte, sollte das tun.

Keinen Schnaps mehr bitte. Jemand wollte wissen, das Bier hier sei stärker als üblich, Brauerei-Haustrunk. Wenn noch ein paar gegangen waren, wollte Mannschatz vielleicht fragen, ob er eine Flasche für seinen Schwiegersohn einsacken dürfe, der trank Bier viel lieber als er. Bruno fragen.

»In welcher Partei warst du damals, Alfred?«

»In der USPD, später wieder in der SPD.« Mannschatz registrierte knappes Nicken. Auf das kurz geschnittene eisengraue Haar und die Stirnfalten schaute er hinab, auf strähnige Brauen und die Nase mit einer Narbe von der Wurzel bis zur Spitze. Dieses Nicken kannte er, feststellend, wertend. Genauer: abwertend. KP-Genossen reagierten so gegenüber dem kleinen, großmütig geduldeten Bruder.

»Schreib mir deine Adresse auf wegen der Kur. Ich hab manchmal in Bitterfeld zu tun, da besuch ich dich, Meiner.« Wenn Hallenser Freunde sich begegneten, rief der erste dieses Wort halb fragend, der zweite antwortete bestätigend ebenso eine Terz tiefer. »Wie steht´s mit der Familie?«

Seine Frau arbeite in einer Betriebsküche, habe noch ein Jahr bis zur Rente. Die Tochter bei der Reichsbahn, der Schwiegersohn seit kurzem Meister. Zwei Enkel.

»Mit der Wohnung alles in Ordnung?«

»Siedlungshaus, reicht für uns.«

»Ich komm mal vorbei.«

Seit einundvierzig Jahren in der Partei, die Nazipause großzügig mitgerechnet, manchmal in einer minderen Funktion, beispielsweise für Schulungsmaterial zuständig, nie eingesperrt, nie verprügelt, immer das brav beitragszahlende Mitglied, ausgenommen die wilden zehn Tage während des Mitteldeutschen Aufstands im März 1921, über den immer noch diskutiert wurde – galt er nun als ruhmvoller revolutionärer Akt, oder war er ein von kurzsichtigen Revoluzzern angezetteltes, von vornherein zum Scheitern verurteiltes Abenteuer? Über den zeitweiligen militärischen Anführer Max Hoelz gingen die Meinungen genauso auseinander. Nun hier mit Sindermann und Pfefferkorn, er würde Herta haarklein davon erzählen. Noch ein lungenfüllender Zug, ein hübscher kleiner Wirbel im Hirn.

Jemand öffnete ein Fenster, kalte Luft stürzte herein, erst jetzt merkte Mannschatz, in welchem Qualm sie standen. In einer halben Stunde ging sein Zug. Wenn er schon keine Flasche Bier abstauben konnte, sollte er wenigstens eine Schachtel Zigaretten für Hartmut verhaften. Daheim würde er keine Frühstücksbüchse mit Wurststullen auf den Tisch stellen können wie dieser Schlaubengel – schön, er ließ sich nicht korrumpieren. Ziemlich dussliger Gedanke, vielleicht hatte er doch einen in der Krone. Nach irrsinnigen Umwegen war es endlich geschafft wie erträumt, als er als Lehrling in die Gewerkschaft eingetreten war: Du gehörst dazu, Brüder in eins nun, die Internationale erkämpft das Menschenrecht. Wurstsatt war er, fleischsatt, bier- und rauchvoll. Das sollte er Hartmut klar machen: Du erreichst nichts ohne die Partei, du kannst nur was ändern, wenn du drinne bist. Nimm dir noch ′ne Flasche, Junge, wir gehn rüber zu Pfefferkorn, wir sind die stärkste der Partein. Wir stecken uns ′ne Schachtel ein, wie wir heute rauchen, werden in drei Jahren alle rauchen.

»Genossen, ich bitte um Ruhe, um Ruhe. Genossen, der Genosse Josef Wissarionowitsch Stalin, so wird eben gemeldet, der geliebte Führer des Weltproletariats und aller friedliebenden Völker, der Vater des Fortschritts und der Freiheit, unser Genosse Stalin ist in Moskau gestorben.«

Mannschatz stellte das Glas ab und wischte sich über den Mund. Alle um ihn standen nun, das Gesicht dem Podium zugewendet. So würden sie eine Weile verharren, erstarrt. Vielleicht hielt jemand eine Rede. Flammender Appell oder so was. Unverbrüchlich. Mit einer Flasche Bier für Hartmut war es nun natürlich aus. Ziemlich kläglicher Einfall, wenn man die Umstände bedachte. Typisch für einen, der aus der SPD kam, würde Pfefferkorn urteilen. Nun mal ganz klar: Du hast keinen Grund, Alfred, einen so blöden Gedanken auszuspinnen, so besoffen bist du nicht, bist du überhaupt nicht.

(…)

Alfred Mannschatz blickte seinem Schwiegersohn über die Schulter. »Schularbeiten?«

»Ich soll einen als Aktivist vorschlagen.«

Tabellen, Zahlenkolonnen, eine Ziffer wie die andere, Hartmuts Schrift war sauber und gleichmäßig. »Hättest Buchhalter werden können.«

»Werde ich, wenn ich das Kreuz nicht mehr grade krieg. Guck dir das an. Schupp mit durchschnittlich hundertdreißig Prozent. In Wirklichkeit ist er für zweihundert gut. Bisher hab ich ihn bisschen gedrückt, damit er uns nicht die Norm versaut, aber jetzt hat er was läuten hören über Aktivistenauszeichnung, da riskiert er ´ne Lippe, der kleine Hennecke. Will in die Zeitung. Ist ja auch ungerecht, wie wir ihn bisher gedeckelt haben.«

»Die Solidarität der Arbeiter.« Es hatte nicht spöttisch klingen sollen.

»Kannste vergessen. Einer wird gegen den anderen ausgespielt. Und zwischendrin strampelt der Meister.«

Jetzt ein Wort über das, was er vorhatte – aber es konnte unmöglich bei einem Wort bleiben. Wenn er einmal anfing, würde er alles Für und Wider durchhecheln müssen, das ging keinesfalls ab mit einem *ach übrigens.* »Alsdann, Hartmut. Und nie vergessen: Wenn´s mal andersrum kommt, hängen dich deine Leute sofort als ersten auf.«

Brücken lachte.

Auf dem Bord zwischen den Fenstern standen die Fotos von Heinz und Rudi in Uniform, mit dem schwarzen Bändchen über eine Ecke, die toten Söhne. Hartmut ist mir wie ein Sohn, dachte Mannschatz, das war keine Floskel. Was man in benachbarten Familien so erlebte. Neid: Warum lebt *der*, und die eigenen Jungs lagen in Russland?

Zwei Stunden sperrten sich, krochen. Das Wort »Verräter« hatte Mannschatz keine Sekunde an sich herangelassen. Er wollte betonen: Ich appelliere keinesfalls dafür, dass andere ebenso handeln. Was ich mache, gilt für mich, ich hab mich mit niemandem abgesprochen, unter Freunden nicht und schon gar nicht in der Familie. Ich gehe diesen Schritt allein und habe ihn reiflich durchdacht.

Er zog seinen Anzug an, zuletzt hatte er ihn in Halle getragen, als Stalin gestorben war. Dem hatten nun keine jüdischen Ärzte nach dem Leben getrachtet. Wie lange es wohl dauerte, bis Pfefferkorn von seinem Schritt erfuhr; vielleicht geriet die Meldung automatisch auf den Generalstisch. Dann war es aus mit der kaum geknüpften Freundschaft, mit Kur und einer Funktion in der Veteranenkommission sowieso. Ich bin so steinalt, wollte er argumentieren, dass ich bei allem dabei war, was heute diskutiert oder verschwiegen wird. Ich bin in die SPD eingetreten, als August Bebel noch lebte. Damals fuhr ich zu einer der größten Kundgebungen, die es in Leipzig je gab. Karl Liebknecht sprach.

Im Winter von 1918 gehörte ich in Leipzig-Gohlis dem Soldatenrat an.

Um die dreißig Parteimitglieder saßen im Vereinszimmer einer Gartenkantine, Rentner, Hausfrauen und ein Drogist, der sich in die SPD verlaufen hatte, in die SED übernommen worden war und sich meist unwohl fühlte; die letzte Überprüfung hatte er mit Ach und Krach überstanden. Mannschatz gab allen reihum die Hand. Als die Tagesordnung verlesen wurde, merkte er an, er wolle etwas vorbringen, zum Schloss, unter dem Punkt Verschiedenes. Kein Widerspruch.

Neben dem Versammlungsleiter saß Pelzer-Wilhelm und blickte grimmig wie stets. Er war Mannschatz zuwider, weil er immer so tat, als habe er den Klassenkampf und jegliche Wachsamkeit gegenüber dem kapitalistischen Feind erfunden. Pelzer-Wilhelm drängte sich in jeder Diskussion vor; manche behaupteten, das geschähe, weil er zu Hause nichts zu sagen habe. Der Versammlungsleiter begrüßte einen Mitarbeiter der Bezirksparteischule Halle, den Genossen Melchior Anetzperg, und dankte ihm, den Weg nach Bitterfeld *nicht gescheut* zu haben. Sein Thema: Lenins Aprilthesen.

Unter anderen Umständen hätte Alfred Mannschatz interessiert zugehört. In einer Kate im nordrussischen Dorf Rasliw habe sich Wladimir Iljitsch auf einem Heuboden verborgen. Bisweilen ruderte ihn der Bauer über den See zu einem Inselchen, dort habe der geniale marxistische Theoretiker eine epochale Schrift verfasst. Die Macht lag auf der Straße, man musste sie nur aufheben. Die revolutionären Arbeiter der Rüstungsfabriken in Petrograd. Panzerkreuzer Aurora. Mannschatz erinnerte sich an Filme: Matrosen kletterten an einem Gittertor hoch, lang waren ihre Gewehre mit den Bajonetten obendrauf. Genosse Stalin noch im Kaukasus. Kein Wort über Trotzki, natürlich nicht.

Pelzer-Wilhelm hob als erster die Hand. Er habe einmal die Abbildung von Lenins Pass aus dieser Zeit gesehen und auch die Kopie eines Gemäldes, Genosse Lenin im Ruderboot. Einmal sei Wladimir Iljitsch rasiert gewesen, dann aber trug er den bekannten Spitzbart. Was entspreche der historischen Wahrheit? Der Genosse Referent bedankte sich für die Frage; er könne sie nicht beantworten und wolle sich erkundigen. Übergangslos klagte eine Genossin, die Buttermarken der letzten Dekade seien noch immer nicht aufgerufen worden, und sie wisse nicht, was sie ihren Männern jeden Tag aufs Brot schmieren solle. Butter und Margarine aus der HO seien für sie sowieso zu teuer. Eine andere Frau fragte höhnisch, wann denn zum letzten Mal in der HO Margarine angeboten worden wäre. Vor einem Monat! Aber in einem Laden für Intelligenzler dürfe jemand, der dort Zutritt habe, *jeden Tag* ein Stück Butter kaufen, man müsse sich das vorstellen, *jeden Tag*! Das wurde sofort bestritten. Der Versammlungsleiter versuchte vergeblich, zum Referat zurückzulenken, und als das nicht gelang, fragte er, ob der Genosse Mannschatz jetzt schon das Wort wünsche.

»Ich wollte zuletzt reden, aber na schön. Was ich sage, hängt auch mit Butter und Margarine zusammen, mit dieser Rücksichtslosigkeit gegenüber dem Arbeiter. Mir ist die Vereinigung leichter gefallen als manchem anderen, ich hatte nicht vergessen, wie uns die Nazis überrollten. Eine neue Partei haben sie uns versprochen, Buchwitz und Grotewohl und alle im Vorstand der SPD, aber nun werden wir jeden Tag stärker zur KPD.«

Jetzt war es totenstill, der Drogist starrte fassungslos, Anetzperg blickte von seinem Manuskript hoch.

»Zuckerwaren werden teurer, in der Zeitung steht, das sei so, damit sie eines Tages billiger werden. Ihr kennt den Spruch, wenn unsereiner dumm dasteht: Die Genossen oben werden sich schon was dabei gedacht haben. So war das in der KPD stets: Irgendein Politbüro gab die Richtung an. Ich war immer Arbeiter und denke an die Arbeiter, dass es ihnen gut geht und möglichst besser. Aber seit einem Jahr wird alles schlechter. Weil ich so denke und manchmal auch rede, werde ich beschimpft, das sei Sozialdemokratismus.«

»Fred«, sagte der Versammlungsleiter in eine Atempause hinein, »wir sollten über dein Problem unter vier Augen reden.«

»Ich hab mir genau überlegt, was ich heute tue. Immer mehr Arbeiter in den Betrieben machen krank wegen Erschöpfung. Ein Frisör, der Zahnpasta verkauft, ist noch lange kein Kapitalist, aber er kriegt keine Lebensmittelkarten mehr. Ein Bauer muss ins Zuchthaus, wenn fünfzig Eier fehlen. Futtermittel sind so knapp, dass die Milchleistung sinkt.«

Pelzer-Wilhelm rief dazwischen: »Das weißte wohl ausm RIAS?«

»Das weiß ich, weil ich manchmal übers Land radle und mit den Bauern rede. Den Kriegerwitwen, die als Mütter kleiner Kinder nicht arbeiten können, werden die Renten gestrichen. Ihre Familien müssen sie durchschleppen. Oder sie hauen nach dem Westen ab, dort kriegen sie nämlich Renten. Ich hab wochenlang nachgedacht, das könnt ihr mir glauben. Aus all diesen Gründen trete ich hiermit aus der SED aus.« Der Satz kämpfte sich durch seinen Hals, als wäre der Schlund verätzt. Er ging einige Schritte auf den Versammlungsleiter zu und legte sein Mitgliedsbuch auf den Tisch. Einen Augenblick lang war er unschlüssig, ob er sofort hinausgehen sollte, da sagte Pelzer-Wilhelm: »Is nich, Fred. Austritt ham wir ausm Statut gestrichen.«

»Ich bin vor einundvierzig Jahren in eine Arbeiterpartei eingetreten, da werde ich doch wohl heute wieder austreten können.«

»Nein«, bestätigte Anetzperg, »das ist seit der letzten Überarbeitung unmöglich.«

Mannschatz murmelte, das habe er nicht gewusst.

»Du überlegst dir alles noch mal«, der Drogist sprach so leise, dass er kaum zu verstehen war.

Der Versammlungsleiter, Pelzer-Wilhelm und Anetzperg tuschelten miteinander, bis der Hallenser Gast feststellte, soeben sei etwas Schwerwiegendes passiert, das nicht endlos diskutiert und auf die lange Bank geschoben werden konnte. Entweder ziehe der Genosse sein Ansinnen zurück und stecke sein Parteidokument wieder ein. Selbst dann wären Verleumdungen gegen die Sozialistische Einheitspartei Deutschlands und den zentralistischen Führungsstil geäußert worden, die keinesfalls im Raum stehen bleiben dürften. Oder?

»Ich bin draußen, dabei bleibt´s.«

»Dabei bleibt's nicht.« Pelzer schob das Parteibuch auf den Versammlungsleiter zu.

»Wenn ich Mitglied eurer Grundorganisation wäre«, sagte Anetzperg, »würde ich den Ausschluss eines Feindes aus der Sozialistischen Einheitspartei Deutschlands beantragen.«

Der Versammlungsleiter erhob sich. »Im Sinne meines Vorredners.«

Schlaflos die Nacht. Gegen vier stand Mannschatz am Fenster. Vom First gegenüber starrten zwei Krähen zu ihm herüber.

»Fred?«

»Ja, Herta?«

»Du wolltest mich wecken, wenn du zurück bist.«

»Du schliefst so schön.«

»Und?«

»Sie ham mich raus geschmissen.«

»Wolltest du doch.«

»So nich. Ich stinke geradezu nach Dilettant. Dieser Scheißer aus Halle, mit links hat er das gedreht. Nicht mal ´nen anständigen Austritt krieg ich hin.«

»Fred, in ´ner Woche sieht alles ganz anders aus.«

Eine Woche gegen einundvierzig Jahre.

Wille-Paul starrte verärgert über den Zaun. Alfred Mannschatz zog seine Straßenschuhe an, wohin? Hartmut habe im Stadtfunk gesprochen, behauptete Paule, aber das konnte unmöglich stimmen; jetzt spielte er die beleidigte Leberwurst. Wenn sich ein Wirrwarr zusammenballte aus Generalstreik und Kundgebung auf der Binnengärtenwiese und Regierungskrise und Neuem Kurs, wenn alles kopfstand, dann die rote Fahne aus dem Fenster. Schade, dass er niemanden fragen konnte, auf dessen Meinung er Wert legte, ob der das auch so sah.

Mannschatz stieg ins Dachgeschoß hinauf, zog die zusammengerollte Fahne vom Schrank, schwang sie auf und steckte sie in die Tülle vorm Giebelfenster. Die Krähen auf dem First gegenüber schlugen wild mit den Flügeln, na, da seid ihr platt, was? Warum er? Was ging ihn das an, flaggen sollten die großartigen Genossen, die ihn rausgeschmissen hatten, Pelzer ganz vorne. Oder *gerade* er, jetzt bekam *er Recht*. Wer war rot, röter?

Herta würde die Hände ringen: Was spinnst du dir zusammen! Clara: Vater, kannst du dich nicht mal raushalten, musst du denn immer wieder…

Dorthin, wo Hartmut redete, wenn das mal stimmte, zur Binnengärtenwiese, oder waren er und seine Männer schon weitergezogen oder ins Werk zurück? Mannschatz trat auf die

Straße, sah: Fünf, sechs Bengels schmissen eine Leine zu seiner Fahne hinauf, verfehlten sie, schafften es beim zweiten Mal. Ein Ruck, die Stange brach, das Tuch fiel, Gejohle, sie zerrten die Beute hinter sich her. Mannschatz wollte schreien, was nur, riss den Mund auf. »Ihr …« Lumpen, Idioten. Keine Silbe wollte sich bilden, schon waren sie um die Ecke davon. Sein Hals schmerzte genau so, als er aus der Partei hatte austreten wollen, wie geätzt.

Er musste sich um Clärchen kümmern. Hartmut riskierte Kopf und Kragen wie er seinerzeit an der Saale, Herta hatte ihn damals nicht abhalten können, keine Ahnung mehr, ob sie es versucht hatte. Oder er sollte Hartmut zur Seite stehen, es war bestimmt gut, wenn einer später bezeugen oder richtigstellen konnte: Spielte sich anders ab, als du es dir einbildest, du *wolltest* das vielleicht sagen, hast aber nicht. Die Tonsäule an der Ecke stand stumm, schwarz ihr Trichter, er mochte noch so energisch fordernd zu ihm hinaufstarren, er konnte ihn nicht zwingen, auszuspucken, was in der Stadt passierte. Hartmut war nun sein Sohn, bloß gut, dass Heinz und Rudi nicht als vermisst galten und sich marterndes Hoffen jahrelang hinzog und sie *für tot* erklärt werden *mussten*, um das Haus auf Clärchen überschreiben zu können. Dass bloß Hartmut nichts passierte.

»Hier spricht der Stadtfunk von Bitterfeld, meine Damen und Herren, vor wenigen Minuten war es zwölf Uhr. Ehe wir zu einem weiteren Geschehen des heutigen Tages umschalten, bringen wir noch einige Takte Musik.« Operettengedudel, idiotisch. Die Geschäfte hatten geschlossen, war das mittags immer so? Die Straße menschenleer, autoleer. Klappriger Pferdewagen, beladen mit Kartons, alter Mann auf dem Kutschbock, schläfrig, schlaff die Peitsche. Den ging das alles nichts an, der war fein raus, aber halb tot war er sowieso. *Geschehen des Tages*, der Klapser von Stadtfunkredakteur hätte ja wenigstens sagen können, wo das stattfand, wohin er *schaltete*. Der Quatscher würde auch den Weltuntergang munter vermelden, sozialistisch-optimistisch.

Baulücke, Stadtlücke, Trümmerlücke, besät mit Ziegelbruch, Gemörtel, schwarzfleckig. Irgendwann wird die Stadt im Ruß versinken. In tausend Jahren werden Forscher sie ausgraben, wer? Chinesen. Der Schwefel züchtete bis dahin eine neue Brennnesselart, tief gelb und lebensfähiger als die banale grüne Sorte. Chinesengelb. Kinder rennen, haben schulfrei. Oder streiken. Er könnte zurückgehen, ein Bettlaken, nicht ganz fahnenrot, lila eher, an einen Besenstiel nageln und aus dem Giebel strecken, falls die Tülle nicht abgebrochen war. Ersatzfahne, Trotzfahne. Oder er fragte bei der Stadtleitung der Partei nach einem Aufnahmeformular: Hiermit stelle ich, Alfred Mannschatz, den Antrag, als Kandidat in die Soz. Einheitspartei Deutschlands aufgenommen zu werden. Bürgen: Bruno Pfefferkorn und August Bebel.

Er folgte einem Trupp von Arbeitern. »Hast du Hartmut gesehen?« Das fragte Biedrich. »Du könntest…« Abschätziger Blick, oder reagierte er überempfindlich? Biedrichs Frage sollte wohl andeuten: Könntest *eher nicht*. Zum Rathaus. Im knappen Raum, den Biedrich freidrängelte, schwamm Mannschatz nach. »Lasst mich durch!« Das Gefängnis sei aufgebrochen, schrie einer, dreihundert Häftlinge befreit ohne einen Schuss. Jetzt Gewehre! Du spinnst, du warst schon immer bescheuert! Die Treppe hoch. Stille im Ratssaal, verhältnismäßig, gemessen an dem Krach draußen. Einer am Tisch: »Wir sind alle zurück, wie wir das ausgemacht hatten. Erfahrungsaustausch bitte später, auch dort hinten, ja? Die Normendebatte ist beendet. Ich bin sehr dafür, das Komitee zu erweitern, aber zunächst …«

Mannschatz spürte die Freude wie einen Ball im Hals, der sich durch die Brust zum Magen hinabpresste: Hartmut saß hinter dem Mann, der gerade sprach. »Wir sind uns einig: Die Regierung muss zurücktreten. Das schlagen wir nicht vor, sondern fordern es. Keine Abstriche, nicht einmal irgendeine Höflichkeit. Ja, was ist? Nein, über westdeutsche Parteien reden wir beim übernächsten Punkt, den Wahlen. Also erstens: Wir, das Streikkomitee des Kreises Bitterfeld, fordern den Rücktritt der Regierung. Lasst die SED draußen, wir fordern …«

Hartmut brüllte, brüllte wirklich: »Damit wir nicht unsere Zeit verschwenden, indem jeder dazwischen quatscht, stelle ich den Antrag, Wilhelm Fiebelkorn, den ihr nun endlich ausreden lassen solltet, als Sprecher unseres Komitees zu wählen. Nicht als Vorsitzenden, sondern als Sprecher. Habt ihr das kapiert da hinten? Gegenstimmen? So, Wilhelm, red weiter.«

»Russen!« Das von der Tür her.

Fiebelkorn: »Wie viele?«

»Ein Jeep, vier Mann.«

»Ein paar runter, die russisch können. Ihnen alle Zusammenhänge erklären. Wir sollten eine zweite Resolution entwerfen, gerichtet nach Karlshorst, an General Semjonow.«

»Der heißt Hochkommissar.«

Die russisch können … Mannschatz hätte es übertrieben gefunden, zu behaupten, er *könne* russisch, aber ein paar Brocken waren geblieben. Hilfswillige Gefangene, Hiwis, hatten Pferde gelenkt, Material gekarrt, er kannte Wörter für Brett, Nagel, Brot, Fluss, Straße, vor allem dawai und alle Zahlen; in der Gefangenschaft hatten sie ihn geholt, wenn es mit der Verständigung klemmte. Wenn er mit anderen zusammen, wenn nicht einer allein zu überzeugen suchte, sondern ein *Dutzend Arbeiter* auf die Russen einsprach, auf *die Freunde*, keineswegs *auf den Iwan*. Auf Mienen kam es an, auf Gesten. Freunde! Also hinunter.

Ein Jeep rollte über den Platz, Soldaten darin mit Helmen, Maschinenpistolen, staubig wie das Fahrzeug. Schlamm an den Kotflügeln und über der Kühlerhaube. Der Jeep hielt, Deutsche traten heran, hielten die Handflächen offen, seitlich abgespreizt, Friedensgeste seit Tausenden von Jahren, sollte bedeuten: Wir sind ungefährlich, hört uns zu, Freunde, sowjetische Freunde! Mannschatz sah einen Mann sprechen, nicht Arbeiter unbedingt, halbwegs flüssig. *Bitte* in jedem zweiten Satz, spassibo, und internationalinski proletarski und drushba, vor allem drushba! Der Mann wendete sich zur Seite an seine Mitdeutschen, die nickten, jawoll, drushba, was sonst.

Aus dem Lautsprecher die Stimme Fiebelkorns: »Ich schlage vor, dass wir Kuriere in Autos nach Leipzig und Halle schicken. Alle Gaststätten werden geschlossen und bleiben auch morgen zu. Kein Alkoholverkauf. Geschäfte öffnen wie üblich. Ob die Betriebe weiter streiken, muss mit anderen Städten abgesprochen werden.«

Starre Gesichter, der Fahrer fingerte eine Zigarette aus seiner Kampfjacke. Deutsche hielten ihm Feuerzeuge hin, er übersah sie, steckte die Zigarette weg. Eine Frau jetzt in schnellem, offenbar perfektem Russisch, vier Staubgesichter, Schweißgesichter wendeten sich ihr zu, eines schmaläugig, der Spassibo-Deutsche verstummte. Was die Frau gestenreich herausstieß, verstand Mannschatz nicht, es war nicht sein brockenhaftes Du-verstehn-Russisch, sondern Muttersprache. Zu einem, der sie unterbrechen wollte, warf sie hin: »Lassen Sie mich ausreden, bitte!« Vielleicht war sie Russlanddeutsche.

Das spielte eine Woche später eine quälende, Stunde um Stunde marternde Rolle: Nun packen Sie mal aus, Mannschatz! Die Frau nicht gekannt, nie gesehen? Aber Sie werden doch wohl wissen, wie groß sie war. Dialektfärbung, ausm Sudetengau? Wir können Sie ja mal der Frau gegenüberstellen, vielleicht fällt Ihnen dann mehr ein. Wir haben die Dame nämlich, wollen bloß mal sehen, ob Sie ehrlich sind. Rumäniendeutsche? Warum kommen Sie uns mit dieser angeblichen Macke? Halten Sie uns nicht für blöd. Sie sollten auch mal an Ihre Tochter denken, Mannschatz!

Aus dem Lautsprecher, war das Hartmut? »Noch viel wichtiger, dass wir mit der Stalinallee Kontakt aufnehmen. Wenn wir kein Auto kriegen, requirieren wir einen Zug. Sonderzug.«

Lachen aus dem Hintergrund.

Seltsamerweise sprach die Frau nur noch halb so laut. Der Fahrer ließ den Motor an. Die Frau zeigte auf ihn, er bewegte die Lippen, es war ein grelles Flüstern, wie wenn jemand eine Lautsprecheranlage überdreht. Die Frau sprach nicht leiser, begriff Mannschatz, Pfropfen verschlossen seine Hörgänge, dieses Sirren erfüllte den Marktplatz, hier konnte einer verrückt werden, wurde er verrückt? Hartmut im Ratssaal, mit diesem Druck auf den Ohren konnte er ihm nicht beistehen, verstand ihn noch nicht einmal. Vielleicht hatte irgendwer den Stadtfunk manipuliert, dass er mit dieser Frequenz alles normale Hören vereitelte. Hundeohren funktionierten anders als Menschenohren, beispielsweise. Schmerz nun auch hinter der Stirn und Hustenreiz, fort und trinken, in den Wald, eine Anhöhe hinauf zwischen Birken, Kiefern. Es war, als hätte sein Schädel ein Leck, durch das Erfahrungen abflossen, die letzten Tage und Monate zuerst, wo war er, und wie kam er hierher? Bergmannskapelle, er hinterm Sarg, sein Vater wurde begraben. Glückaufglückauf, der SA-Musikzug spielte, ehemals Bergmannskapelle. Heim und Rudi schossen mit aus Astgabeln gebastelten Schleudern auf Krähen. Krampen hatten sie aus seinem Werkzeugkasten geklaut. Nun rächten sich die Krähen, würden übrig bleiben wie Brennnesseln und Goldrute, schon immer Steppenpflanzen. Kein Jeep mehr, mit dem waren Rudi und Heinz fortgefahren. Er fragte am besten einen Mann in seinem Alter, da waren doch welche in seinem Alter: Was mache ich denn hier?

Stumm der Lautsprecher. Schritte zur Seite, Bordkante, er wollte sich setzen. Auf diesen Stuhl zu, da war kein Stuhl, aber das Gehen klappte, links rechts links rechts, Marschieren seit langem nicht mehr, denn ich bin ein alter Mann, aber als Rekrut auf dem Ehrenbreitstein bei Koblenz über dem Rhein, marschieren wir marschieren wir nach Frahankreich hinein.

»Herr Mannschatz, wie sehen Sie denn aus!«

Stehenbleiben, ein Frauengesicht.

»Herr Mannschatz, was ist denn mit Ihnen, soll ich Sie nach Hause bringen?«

Panzer, Panzer

Die Kette knackte, riss aber nicht. Potschinski fuhr nicht gleich zurück ins Büro, sondern im Bogen durch den Tiergarten zum Potsdamer Platz. Für gewöhnlich lag das Niemandsland einsam, jetzt trieben sich Jugendliche, Schaulustige, Sensationsgierige dort herum. Von einer Lkw-Fahrerkabine aus beobachtete ein Polizeioffizier feldherrengleich das Getümmel, unter ihm sein Hügel aus Blech. *Beherrschend* hieß diese Pose in der Kriegssprache.

Potschinski schob sein Rad über Schutt und Schotter auf die Grenze zu. Von hier konnte er das Columbushaus ausmachen, plombierter bröckliger Zahn in der Ödnis. Menschengedränge dicht vor ihm, Schwarm von Uniformierten, nach ihrem Befehlshaber Stumm-Polizisten genannt, Hüter freiheitlicher Ordnung vorm Roten Sturm – Zeitungsfloskeln. Auf diesen Tag hatte seine Organisation jahrelang hingearbeitet; im Grunde hatte er nie damit gerechnet, dass der Fall X eintreten könnte. Nach dem Gewitterguss war es wieder sonnenheiß, über dem Ostteil Berlins stand ein Wolkenriese, weiß der Haarschopf und die gezackten Flanken, dunkelblau der Bauch, durch den gerade ein Blitz zuckte; darunter lag vermutlich die Stalinallee oder bereits der ausufernde Rand der Stadt. Aus dem fünften Stock des Columbushauses, einer Wache der Ostpolente, flogen Uniformjacken, Mützen, Koppel, unten krakeelte das Volk, *jubelte* aus Westsicht, *johlte* im Ostverständnis – warum war er nicht Journalist geworden? Das Volk, der große Lümmel, volksnah, volkstümlich, volksverbunden, vom Volke geboren erstand uns ein Führer, tausendmal Volk in unendlichen Verbindungen, Volkswagen, Volkskammer, Volksgasmaske, Volksgaskammer. Vielleicht stürmte *das Volk* das Haus der Ministerien, zehntausend Arbeiter gegen tausend Bullen und Bonzen, jetzt müssten die Stummhelden mit Knüppeln, Hunden und Wasserwerfern zu Hilfe eilen, zu Volkshilfe, taten das natürlich nicht. Der Feldherr auf dem sonnenheißen Blechdach würde ohne höchsten Befehl sorgsam darauf achten, dass keiner seiner Mannen die Grenze überschritt. Schwer zu fixieren war sie sowieso, also ließ er die Vordersten zwanzig Meter vor dem unsichtbaren Riss durch die Welt halten.

Schüsse am Haus der Ministerien, Gewehrschüsse aller Kriegserfahrung nach. Pistolenballerei auch, atemlos kleckernd, nicht koordiniert. Sanitätsautos bildeten weiter hinten die Reservelinie. Ein Mann, gebeugt, die Hände vorm Gesicht, schleppte sich aus dem Osten rüber, wieder ein Klischee-Ausdruck: *schleppte sich*. Ließ die Hände sinken, Blut, Blut! Sofort waren Sanitäter beim Helden im Freiheitskampf. Wenn es eines Tages eine Medaille geben sollte, stünden auch die Samariter auf der Liste. Was war das, ein Männertrupp scheuchte Gestalten in Unterhosen vor sich her, auch einer der fliehenden blutete über der Stirn, heidewitzka, das waren Vopos aus dem Columbushaus oder der Grenzbude, die Helden des Aufstands prügelten sie westwärts. Der Feldherr sprang herunter. Ostrevolutionäre übergaben Gefangene den Verbündeten im Geiste: Hängt sie auf! Der Siegerschwarm stürmte zurück, es gab zu tun!

Fort endlich, Potschinski trat nicht mit aller Kraft wegen der maroden Kette, es tat gut, den Fahrtwind zu spüren. Ab ins Büro, vollbepackt mit Neuigkeiten. Ausgebrannte Botschaften rechts und links noch aus Bombenzeiten, wieder Tiergarten, das Rad hinaufgetragen und im Flur abgestellt. »Da kommen Sie ja endlich!« Habelein gleich wieder mit seinem Leutnants-ton.

Alle waren da, ein gutes Dutzend, die komplette Leitung der Kampfgruppe gegen Unmenschlichkeit. An der Wand Fotos vom eigenen Mitstreiter Wolfgang Kaiser und von Dr. Walter Linse, ehemals bei den befreundeten Freiheitsjuristen, beide von der Stasi verschleppt und wahrscheinlich tot. Inzwischen führte Dr. Habelein autoritärer als je einer vor ihm, er kanzelte gerade Bächter ab, weil der es nicht fertiggebracht hatte, ein Flugblatt mit dem aktuellsten Text ohne Verzug aus der Druckerei in Steglitz an die Sektorengrenze zu schaffen. Der Lkw kaputt – na und? Taxis – mal bisschen unkonventionell denken bitteschön! »Und, Herr Potschinski?«

Die Aktion an der Ecke Friedrichstraße/Unter den Linden sei perfekt abgelaufen. »Was Sie eben gesagt haben, Herr Doktor Habelein: Unkonventionell. Wir müssen uns von einer Stunde auf die andere umstellen, was sage ich: von zehn Minuten auf die nächsten zehn.« Und er schilderte, wie Aufständische gefangene Volkspolizisten, gedemütigt und lächerlich gemacht, der Westberliner Polizei *übergeben* hatten. »Bislang schauen wir zu, abgesehen vom Abfackeln dieses Kiosks. Wir sollten nicht nur mit ein paar Sanitätern präsent sein. Drüben brauchen sie Gewehre und Munition.«

»Du bist verrückt!«

»Wir haben keine Gewehre.«

»Aber wir wissen, wer sie hat. Die im Osten werden sie uns aus den Händen reißen.«

»Wer hat sie?«

»Bei den Schutzmächten lagern Zehntausende Wehrmachtkarabiner mit Munition für irgendeinen nicht voraussehbaren Fall. Jetzt ist er da.«

Plötzlich redeten alle durcheinander. Wer zuerst angerufen werden sollte, natürlich der amerikanische General, der französische, nicht der britische, weil paragraphenbeflissen zögerlich, Adenauer, der Regierende Bürgermeister, bloß nicht *der*, ein Sozi wäre jetzt der letzte müde Husten. Kein Wort an die Presse. Habelein stürzte ins Vorzimmer, telefonierte, kehrte zurück, starrte Potschinski an. Jemand berichtete, vom Brandenburger Tor sei die rote Fahne heruntergeholt und verbrannt worden; einer klatschte Beifall. Potschinski stellte sich vor, mit dem Lkw zum Potsdamer Platz zu preschen, haarscharf an der Grenzlinie bog er ein, dass Trümmerschutt spritzte, raus und die Seitenwände runtergeklappt, zu jedem Karabiner zwanzig Patronen ausgegeben. An *Männer*, nicht an Bengels. Auch Westberliner packten zu, er musste nicht wieder fünfzig Mark ausloben, damit einer mitmachte. Er abends im RIAS, und wehe, wenn Habelein nicht zugab, wer die Idee zum *Volkskrieg* gehabt hatte. So würde er am Abend ins Mikrofon formulieren: Volkskrieg aller aufrechten Deutschen gegen die kommunistische Diktatur.

»Das Polizeipräsidium ist nicht zuständig.«

»Dort riskiert keiner…«

»Im RIAS…«

»Bloß die Hände weg vom RIAS!«

»Wenn nicht der amerikanische und der französische Kommandant *gemeinsam*…«

»Der französische ist wichtiger!«

»Unsinn!«

Potschinski griff in die Tasche, seine Schachtel war schon wieder leer. Hatte er sich drei, fünf Lullen rein gedroschen, ohne es zu merken?

»Viel wichtiger, dass wir unsere Funker in der Zone wecken. Ernstfall!«

»Die merken doch selber, was abgeht.«

Ob einer wie Hemsberger kapierte, was er jetzt zu tun hatte? Der sicherlich. Potschinski wollte drängen, es komme auf jede Minute an, aber Habelein war schon wieder draußen. Wenn er seine Idee nicht hier und sofort durchsetzte, war sie für die Katz. »Wir quatschen rum, und vorne warten die Ostberliner auf uns! Weil wir seit Jahren…« In diesem Raum wusste jeder, dass auf allen Flugblättern gestanden hatte: Setzt euch gegen den Kommunismus zur Wehr!

»Den Nuschke haben sie ausgeliefert!« Das war ja nun was, wenn es stimmte: Den Vorsitzenden der Ost-CDU hätten Aufständische an der Oberbaumbrücke in seinem Regierungsschlitten mit vereinten Kräften in den Westsektor geschoben.

»Damit wir ihn verurteilen.«

»Die haben keine blasse Ahnung von unserer Rechtssituation!«

Über seinen spontanen Aufschrei dachte Potschinski später immer wieder nach, für ihn war er genauso wichtig wie die Idee der Bewaffnung. Er brüllte, das sei für jeden *der Beweis*, dass die drüben erwarteten, *mit Recht* erwarteten, dass *der Westen* eingriff. »Der Westen sind wir!«

»Gut und schön, Herr Potschinski.«

»Mal die Kirche im Dorf lassen, Kollege.«

Dem Habelein könnte er in die Fresse hauen. Gut und schön, was war denn gut und schön, doch nicht, dass sie seit zwanzig Minuten quasselten. In den Nachbarzimmern telefonierte jeder mit jedem ohne Rücksicht auf Kennworte und Verschlüsselungen. Wenn die Stasi die Zentrale angezapft hatte, kriegte sie alle Verbindungen der Kampfgruppe auf dem Tablett serviert.

»Panzerfäuste!«

Warum ließ er sich verleiten zu erklären, dass Panzerfäuste auszugeben der blanke Wahnsinn wäre? *Speziell* müsste an ihnen ausgebildet werden, das hätten nicht einmal Wehrmacht und Volkssturm geschafft. Der Feuerstrahl, mein Gott! »Wie kommen Sie denn auf Panzerfäuste?«

»Ich meine bloß.«

Ein Idiot *meinte bloß*, in welchem Irrenhaus war er denn gelandet, Schreibstubenhengste am Werk. Wenn er zehn Mann hätte, Kanne und seine Kumpels rechts und links, und er schleppte *doch* eine Panzerfaust mit und scheuchte alle hinter ihm beiseite und dann drauf auf ein Tor des Ministeriums, Scheißminister Selbmann käme als erster mit erhobenen flossen raus. Unter den Aufständischen waren solche wie er, nahkampferfahren, Gruppenführer, die ein Dutzend Männer mitrissen, gib mir Feuerschutz, ich springe! Kreta, Arnheim, oder als er ein paar Wochen vor Kriegsschluss an der Ems diesen kanadischen Spähtrupp aufgerieben hatte. Er wartete noch fünf Minuten. Kanne war sonst wo, und mit keinem dieser Furzer hier würde er jetzt rübergehen wollen.

»An der Oberbaumbrücke sind Russenpanzer aufgetaucht.«

»Meine Herren!« Dr. Habelein stand in der Tür, »Meine Herren, ich bitte um Ruhe. Eben habe ich sehr klare Anweisungen bekommen. Wir stellen ab sofort jedwede Aktion in Richtung Osten ein. Die Sowjets werden in ein paar Minuten den Kriegszustand ausrufen. Für alle Kräfte in Westberlin gilt, die Grenze dicht zu machen.«

Totenstille. *Sehr klare Anweisungen* konnten nur von den Alliierten kommen. Die passten dem Habelein ins Konzept: Nichts tun. Also doch: Ganz oben waren sie sich einig, und unten bissen die armen Schweine ins Gras. Die Russen informierten die westlichen Drei, dann schlugen sie zu.

Habelein verfiel in seinen gewohnten Dozententon. »Ernst Reuter ist in Wien. Sicherlich wird er versuchen, so rasch wie möglich zurückzukommen. Die Westkommandanten haben kein Interesse an einer Zuspitzung. Am klarsten hat sich der britische General Coleman positioniert: Die Grenzen schließen, Verkehrsmittel weit vorher stoppen. Sicherung vorrangig vom Potsdamer Platz bis zum Brandenburger Tor und um das sowjetische Ehrenmal im Tiergarten. Weil das im britischen Sektor liegt, ist die Lage dort besonders heikel. Keine Ballons mit Flugblättern bis auf weiteres. Herr Potschinski, da wollen wir mal von Glück reden, dass wir nicht auf Ihren Leim gegangen sind. Gewehre! Panzerfäuste! Wir säßen bis zum Hals im Dreck, oder sehen Sie das anders?«

»Panzerfäuste!« Einer gluckste, Bächter, der kroch jetzt wieder aus Habeleins Arsch.

Potschinskis ging ohne ein Wort in sein Zimmer, es sollte nicht nach Flucht aussehen. Sah es doch. Er wies seine Sekretärin an: Wenn einer nach mir fragt, du weißt nicht, wo ich bin.

Endlich raus und auf die Straße, egal wohin. Er kaufte Zigaretten und nahm noch im Laden den ersten tiefen Zug. Ob einer ein Protokoll über die letzte Stunde aufsetzte – gleichgültig. Keiner würde vergessen, wer die Ausgabe von Waffen vorgeschlagen hatte, das war wie im Krieg bei einer heißen Entscheidung: Ritterkreuz oder Kriegsgericht. Habelein würde abwarten, aber eines unschönen Tages kochte er die Sache garantiert hoch. Oder er schoss Habelein vorher ab, aber wie.

Hell war es und windstill, weiße Sommerwolken hoch oben. Um Ecken ging Potschinski, Feierabend für ihn schon am Mittag. Jetzt brauchte er ein Bier und ein Eisbein der Sonderklasse, Kneipe mit Musikgedudel, Les Paul oder Country. Er merkte, dass er die Fasanenstraße überquerte, hier hatte er sich mit Hemsberger getroffen, der wollte nach Kanada und durfte stattdessen russische Autonummern notieren und Panzer zählen und nächtens funken, pieppiepdidadididd. Ausnahmezustand in Ostberlin und gewiss auch in Bitterfeld, und die kreuzbraven Spürhunde von KgU (Kampfgruppe gegen Unmenschlichkeit) und Freiheitlichen Juristen und Ostbüro legten sich ins Körbchen. Die Großen Vier einig gegen die lästigen blöden Deutschen. Wer badete wie immer die Scheiße aus: die Arbeiter.

Halbdunkel die Kneipe, kühl. »´n Helles.« Der Griff des Wirts zum Zapfhahn – diese Jahrhundertbewegung blieb, egal, wer regierte, ob einer seinen Krieg verlor oder die Wahl gewann, ob er gefeuert wurde oder ihm die Alte davonlief. Er setzte sich ins Hinterzimmer, wollte kein Thekengelaber. Der Wirt brachte ihm das Bier. »´n Eisbein. Kann ruhig bisschen Fett dran sein.«

»Eisbein – bitte sehr, der Herr.«

Deutscher Alltag.

Alfred Mannschatz pumpte den Hinterreifen seines Fahrrads auf, länger als zwei Stunden hielt die Luft nicht. Wahrscheinlich war der Schlauch porös, flicken half nicht. Er könnte Claras Rad nehmen. Schon dieser Gedanke versetzte ihm einen Stich. Er würde eine Runde über die Dörfer drehen und versuchen, Grünfutter zu schneiden.

Die Gartentür knarrte, ein Mann in Lederjacke kam auf ihn zu. »Genosse Mannschatz?«

Sollte er antworten: Mannschatz ja, Genosse nein?

»Ich soll Sie vom Genossen Pfefferkorn grüßen. Er möchte mit Ihnen sprechen. Ob Sie Zeit hätten.«

Das klang anders als vor einer Woche, als sie ihn vorluden »zur Klärung eines Sachverhalts«, als sie bohrten, was er am 17. Juni im Rathaus gewollt und getan und gesehen und gehört hätte, als sie drohten, ihn in Magdeburg oder Berlin von medizinischen Kapazitäten untersuchen und feststellen zu lassen, dass er simulierte. »Worum geht´s?«

»Das weiß ich nicht. Dauert nicht lange, hat Bruno noch gesagt.«

»Und wo will er mich sprechen?«

»In Halle.«

»Ich wasch mir bloß die Hände.« Er ging ins Haus, sagte Herta, dass da draußen einer stehe und was der von ihm wolle. Und es klinge nicht unfreundlich.

»Soll Pfefferkorn doch herkommen.«

»Herta, am längeren Hebel sitz nicht ich.«

Er zog ein frisches Hemd an. Als er neben dem Fahrer saß, war gleich von Tabak die Rede, von einer Fermentierungsbrühe, von der sie beide nichts hielten, und dass man Eigenbau auch tottrocknen könne. Männergequatsche. Er hätte es genauso gut für möglich gefunden, dass der Stasimann bleiern schwieg, erfüllt von seinem Auftrag, das scharfe Schwert der Partei oder ähnliche Floskeln im Kopf. »Hier geht´s aber nicht nach Halle.«

»Sie merken auch alles.«

Auf der Flucht erschossen – nun mal nicht dramatisieren. Hinter Stumsdorf bogen sie ab, nördlich an Halle vorbei. Der Petersberg ragte aus der Landschaft, diese letzte Erhebung vor dem Ural, wenn einer genau auf diesem Breitengrad nach Osten fuhr. Das wusste in dieser Gegend jedes Kind. Tief in der Ukraine hatten Hallenser Kriegskameraden geseufzt: Immer geradeaus, und wennste ´n Petersberg siehst, isses Schlimmste vorbei. Auf Wettin zu, da ahnte Mannschatz etwas. Da drüben musste Beesenstedt liegen, dazwischen floss die Saale. Trocken war die Landschaft, Ginster wuchs auf Sandkuppen. Der Fahrer bog auf einen Feldweg ein, steuerte achtsam durch Kuhlen und über schottrige Strecken. Unten der Fluss, ein Gehöft, Schafe in einem Pferch. Ein Auto, daneben ein Mann. Pfefferkorn. »Da sind wir«, sagte der Fahrer.

Mannschatz stieg aus, Pfefferkorn kam ein paar Schritte auf ihn zu, fragte: »Erinnerst du dich?«

»Die Fähre?«

»Auf den Hügeln am anderen Ufer lag die Sipo. Setzen wir uns dort drüben hin?«

Da stand eine Bank, und Mannschatz sah: Pfefferkorn ging mühselig, nach vorn abgeknickt in den Hüften. Das Setzen war mehr ein Sichfallenlassen.

»Geht´s nicht gut?«

»Manchmal ausgesprochen miserabel. Hattest doch auch deine Schwierigkeiten.«

»Globale Amnesie. Davor noch ein kompliziertes Wort, müsste ich nachschauen.«

»Alles bisschen viel für unser Alter.«

Dort hatte die Fähre angelegt. »Allmählich erinnere ich mich. Da stand ein Haus.«

»Das Fährhaus. Später ging der Verkehr über Wettin, da haben sie den Betrieb hier eingestellt. Das Fährhaus diente noch eine Weile als Stall. Nach dem Krieg haben es die Leute abgebrochen und verheizt.«

Unser großer Tag damals. Zweiunddreißig Jahre her. »Wie geht's meiner Tochter?«

»Wir haben sie ins Haftkrankenhaus nach Leipzig verlegt, dort hat sie alles, was sie braucht, sogar besser als zu Hause.«

»Nun übertreib nicht.«

»Ich habe mit dem Staatsanwalt gesprochen. Die Zeugenaussagen gegen sie sind wasserdicht. Zwei Jahre, drei Jahre dürften für sie drin sein, mehr kaum. Aber weniger eben auch nicht.«

Abwarten, kommen lassen.

»Wo ist dein Schwiegersohn?«

»Weiß ich nicht.«

»Aber wir wissen es. Er steckt in Westberlin in einem Lager. Ich könnte mir vorstellen, er kommt zurück und erzählt, wie alles wirklich war. Wie ihn Agenten aufgehetzt haben.« Pfefferkorn zog eine Zigarettenpackung aus der Tasche, »Lucky Strike«. Aufpassen, Amikraut warf einen leicht um. Pfefferkorn fuhr fort, sie hätten das Agentennetz aufgerollt, kleine Lücken klafften noch, vielleicht wären es bloß Ungereimtheiten. Einer wie Hartmut Brücken, der ja voll auf die Brüder reingefallen war, anders könne man das leider nicht formulieren, wäre mit links in der Lage, die absolute Wahrheit und Klarheit herzustellen. »Und da dachte ich, du könntest uns helfen.«

»Deshalb treffen wir uns an unserm historischen Ort.«

»Du fährst nach Berlin, erklärst ihm die Lage und kommst mit ihm nach Halle. Er nennt uns seine Hintermänner. Wenn alles sauber ist, geht deine Tochter nach Hause.«

»Dafür sperrt ihr Hartmut ein.«

»Nicht so richtig, vielleicht sogar ohne Prozess. Oder er kriegt pro forma vier, fünf Jahre, und nach einem halben Jahr lassen wir ihn laufen. Das könnten wir mit dem Staatsanwalt absprechen.«

»Aber Garantien gibt es keine?«

»Wie sollten wir das machen?«

»Hartmut wird darauf bestehen.«

Pfefferkorn ließ die Kippe fallen und zerrieb sie unter dem Schuh. Mit den Handflächen klopfte er auf seine Oberschenkel im wechselnden Takt, wobei er das Gesicht verzog. »Vielleicht erzählt er dir in Berlin, was wir wissen möchten. Vielleicht können wir deine Tochter dann schon rauslassen. Am besten wäre, er würde in Halle in einem öffentlichen Prozessaussagen oder in seinem Betrieb in Bitterfeld – das wäre natürlich ideal. Den Biedrich haben wir, dazu Brücken, sie berichten vor den Belegschafen, wie sie mit den Agenten zusammengetroffen sind, was die ihnen versprochen haben, die ganze dicke Scheiße.«

»Gib mir mal noch ´ne Zigarette.« Nach den ersten Zügen spürte Mannschatz zunehmend Sicherheit, Fröhlichkeit gar. Er rekapitulierte, was ihm Pfefferkorn vorgeschlagen hatte, erstens, zweitens, drittens. Schließlich: »Wie wäre denn das, ihr schickt erst einmal Clara nach Hause als Zeichen eures guten Willens?« War das schon frech? War es.

»Du denkst, dann kommt dein Hartmut her?«

»Aus Dankbarkeit, sicherlich.«

Pfefferkorn lachte, und nach einigen Sekunden lachte Mannschatz auch. Es sei schon alles kompliziert, stellte Pfefferkorn fest, vertrackt geradezu, aber so sei nun mal das Leben. Man könne nicht immer alles bis ans Ende durchplanen, ein paar Unbekannte blieben in jeder Rechnung. »Fährst du nach Westberlin?«

»Wenn sie mich an der Grenze schnappen?«

»Das klären wir. Bisschen Westgeld kriegst du für den Bus drüben. Und fürn Bier mit deinem Hartmut.«

»Vorher darf ich meine Tochter besuchen? Mit meiner Frau?«

»Bist´n harter Hund, Meiner.« Pfefferkorn winkte nach den Fahrern. »Du hörst von mir, so oder so.«

»Am liebsten so.«

Löwenstadt

Löwenstadt (2009)
Entstehung

Das Zusammenspiel von Räumen der Erinnerung und literarischen Personen, das heißt Personen die in diesen agieren, ist für den Romancier und Chronisten Erich Loest der ideale Ausgangspunkt, aus zeitlicher Distanz Gegenwärtiges zu reflektieren. In achtzehn Kapiteln werden einfallsreich und amüsant fast zwei Jahrhunderte sächsischer Geschichte erzählt. Das historische Gedächtnis wird über die Erzählungen der Hauptfigur Alfred Linden lebendig. Für Erich Loest war das Schreiben dieses Romans eine weitere Möglichkeit, sich mit »seiner Stadt Leipzig«, der Stadt mit dem Löwen im Wappen, mit deren Geschichte und Geschichten auseinanderzusetzen und seinem Verwobensein mit dieser Stadt freien Lauf zu lassen. Über Familie und Funktionäre, über Künstler und Politiker fabuliert der Protagonist. Aber nicht nur Stadtgeschichte ist sein Thema, es ist die europäische, die Geschichte von Gewalt und Krieg.

Kritisch, gelegentlich auch melancholisch, reflektiert Linden Anpassung und Widerstand, Opportunismus und politischer Verlogenheit. So unter anderem das sich merkwürdig wandelnde Verhältnis der DDR-Regierung zur eigenen Geschichte: »Es muss Ende der vierziger Jahre gewesen sein, als ich durch die Zeitung erfuhr, im Kulturbund habe sich eine Arbeitsgruppe mit dem Ziel gebildet, die Geschichte der Stadt auf revolutionäre Vergangenheit abzuklopfen, mit der Völkerschlacht und ihrem Erinnerungsmal sollte begonnen werden.« Ein halbes Jahrhundert später, 1989, wurde die DDR-Geschichte auf den Prüfstand gestellt – Resümee: »Die Kommunisten standen im vergangenen Sommer vor dem Ende aller Weisheit. Das Proletariat hatte nicht die erhofften Genies hervorgebracht, nicht in

Leipzig, nicht in der übrigen DDR oder in Moskau.« Die Friedliche Revolution im östlichen Deutschland, der Fall der deutsch-deutschen Grenze und die in Aussicht stehende Zweihundertjahrfeier der Völkerschlacht werfen auch auf das Denkmal ein hoffnungsvolles Licht.

Noch in Leipzig wohnend, Ende der Siebziger Jahre, hatte der Schriftsteller diesen Roman begonnen. 1984 erschien er unter dem Titel *Völkerschlachtdenkmal* bei Hoffman und Campe in Hamburg und wurde, ein Vierteljahrhundert später um die Ereignisse der Friedlichen Revolution von 1989 unter dem Titel Löwenstadt erweitert.

Inhalt

Carl Friedrich Fürchtegott Vojciech Felix Alfred Linden, von Beruf Sprengmeister und Pförtner des Leipziger Völkerschlachtdenkmals ist verhaftet worden und landet Anfang der Achtziger in der Psychiatrie. Grund: Er habe zugegeben, das Denkmal sprengen zu wollen. Auf 343 Seiten berichtet Fredi Linden dem Professor in verhörähnlichen Sitzungen aus seinem bewegten Leben und schlüpft dabei in das seiner Ahnen.

Mit dem Erwähnen seiner sechs Vornamen im Rahmen dieses »Verhörs« wird gleichzeitig ein Personentableau aufgeblättert – eng mit der Völkerschlacht verbunden – das mit Carl Friedrich Lindner beginnt, der am 20. Oktober 1813 erschlagen wird. Und Alfred Linden, meist Fredi genannt, stellt am Anfang seines Monologs lakonisch fest: »Wir Sachsen standen immer auf der falschen Seite« – ob als Bauernbursche Carl Friedrich im sächsischen Linienregiment auf Napoleons Verliererseite; als Gutsherr Fürchtegott von Lindenau, dem es zur Obsession wird, eine Schädelstätte zu errichten, oder als »Wasserpolack und

Reichsdeutscher« Vojciech Machulski, der am Koloss Völkerschlachtdenkmal mitbaut. Machulski will 1913 – dem Geburtsjahr unseres Helden Fredi – zur Einweihungsfeier des Denkmals »eine Rotte Löwen«, in Anspielung auf das Wappentier der Stadt Leipzig, dort hineinschleusen.

Auf dieser Zeitreise erlebt Alfred Linden den Besuch des »Führers« am Völkerschlachtdenkmal, die Bombardierung Leipzigs, das Ende des Krieges und den Aufstieg des SED-Regimes. Die 1968 von der Parteiführung angeordnete Sprengung der Leipziger Universitätskirche wird in Alfred Linden zum unerträglichen Vorgang, er sabotiert ihn und wird inhaftiert. »Ich spürte das Vibrieren, bevor ich den Knall hörte. Zwischen der Kirche und meiner Zelle waren es siebenhundert Meter, das Beben lief durch die Erde und die Mauern hindurch bis in meine Pritsche.« Wieder frei, will er aus Protest gegen die bornierte Kulturfeindlichkeit der Parteifunktionäre nur noch eins: das Völkerschlachtdenkmal in die Luft jagen.

1989: »die Regierung der DDR nahm ihren Hut, der kleine Saarpreuse (Erich Honecker) sein lustiges Hütchen.« Fredi Linden wird aus der Anstalt in ein Altenheim entlassen. Sein Sohn Joachim, ein Parteifunktionär für besondere Aufgaben, ermöglicht dem alternden Mann ungewöhnliche Einblicke in die neuen Machtgefüge. Sein Fazit: »Schlacht bei Leipzig damals, Schlacht um Leipzig heute.«

Ihre Herkunft, Herr Linden?

Wirklich freundlich von Ihnen, dass wir uns heute beim Spazierengehen unterhalten. Mal die alten Knochen strecken. Diese Frühherbsttage hab ich immer geliebt. Die Luft steht still, Dunst verteilt das Licht und macht die Schattenränder weich. Wuchs früher auf dem Klinikgelände auch so viel Unkraut? Am Zaun wuchert's mannshoch. Keine Leute – was machen die alle?

Stimmt, von meinem Vater Felix war bisher wenig die Rede. Vojciech und er lernten sich am 13. Mai 1912 kennen; Felix gehörte zur Delegation der Firma aus Beucha, die den Granit brach. In frischgewaschenen Leinenanzügen passten beide auf der Denkmalskrone den letzten Brocken ein. Vojciech hielt Mörtel und Kelle bereit, damit Clemens Thieme die Fugen verstreichen konnte. Da rechts: das Denkmal im Morgenlicht. Natürlich sind wieder Besucher oben, Pünktchen. Vielleicht Posten in gelben Overalls?

Die Bauleute nannten die Abdeckung den Gipfelstein, sie hatten ihn in fünf Schichten von zusammen dreieinhalb Metern Dicke aufs obere Gewölbe gelegt. Oft hab ich als Pförtner hundert Besucher auf einmal raufgelassen. Vojciech hat die hundertzwanzig Quader mit seinen Kollegen zusammengefügt, der schwerste Brocken wog zehn Tonnen. Manchmal kletterte er im Gerüst nach außen und schaute auf die Stadt. In diesen Stunden war er der höchste Leipziger.

Dieses Wetter! Altweibersommer. Wo die Krankenanstalt steht, war Schlachtfeld. Diese Linie hielt Napoleon noch am 18.

Oktober. Feld weit herum. Jetzt ragt der Riesenbau hoch über die Bäume auf dem Friedhof und über den Turm der Kapelle. Schön, nicht wahr? Ich bin Ihnen dankbar für diesen Spaziergang.

Zurück zum Mai 1912: Die Feier war auf Thiemes Geburtstag gelegt worden. Polier Günther, der von Anfang an dabei gewesen war, drosch die Keile vom Schlussstein raus, mein Vater drückte von der einen, Vojciech von der anderen Seite. »Meister, unsere Arbeit ist getan!«, rief Günther. Ein zäher Brauch. Nun war Thieme beileibe nicht Meister, sondern königlich-sächsischer Kammerrat. Ohne Thieme kein Denkmal: Als die Mittel knapp wurden, hat er mit seinem Privatvermögen gebürgt. Als es mit der Denkmalslotterie nicht vorwärts ging, ist er selber als Unternehmer aufgetreten. Thieme rief: »Mit Gott für König und Vaterland, für Kaiser und Reich!« Das stieß Vojciech natürlich auf, aber er hat die Feier nicht umfunktioniert und etwa gebrüllt: »Nieder mit allem Fürstengesocks!«

Beim Essen, das der Deutsche Patrioten-Bund gab, saßen Vojciech und mein Vater nebeneinander. Vojciech murmelte: »Wahnsinn, Wahnsinn!« Nach einer Weile: »Die missen ja überschnappen!«

Mein Vater fragte: »Wer?«

Vojciech zeigte aufs Präsidium, da saß Thieme mit den anderen Funktionären vom Bund, daneben die Firmeninhaber, die beim Bau verdient hatten, Steinmetz Hempel aus Connewitz, Brüggemann, der hatte die Blitzableiter aufgesetzt, Tischlerobermeister Sievers, von ihm stammten die Türen, Leonardo di Pol, der Fußbodenleger, Kunstschmied Rurack und so weiter. Der Patrioten-Bund spendierte Kraftbrühe mit Kalbsmilch, Rehbraten in Cumberlandsoße und Bier, das Kaufmann Katzenstein anstach. »Als ernste Mahnung«, sprach Dr. Spitzner,

»stand dieses Bauwerk einst in weiter Ferne vor uns. Da wir den letzten Stein in das nationale Dankeszeichen eingefügt haben, verschwindet ein Schatten vor dem Glanz unserer Nationalehre.« Da sprangen alle auf, zogen die Gläser vor die Brust und riefen dreifaches Hoch! Vojciech öffnete nur andeutungsweise die Lippen. Für meinen Vater war es eine große Stunde. Jahr für Jahr hatte er Steine fürs Denkmal gebrochen, den ersten und den letzten nun auch noch, da stand ein Stück von ihm. Er hätte aus dem Kopf sagen können: sechsundzwanzigtausendfünfhundert Granitwerkstücke! Nie mehr würde weit herum etwas Vergleichbares getürmt werden. Von da an ging's bergab.

Sie gerieten sich nicht sofort in die Haare, mein Vater und Vojciech. Sie aßen und tranken und hörten den Ansprachen zu. Ohne wesentlichen Unfall wäre der Bau bis zu diesem Stadium geführt worden, dafür dankten alle Gott und den vorbildlichen Sicherheitsvorkehrungen. Bierspender Katzenstein zwirbelte seine Bartspitzen, die eine Spannweite von oft nachgemessenen sechsundvierzig Zentimetern aufwiesen. »Auf unseren herrlichen Kaiser!«, rief er. Vojciech besaß so deutliche Erinnerungen an die Heimatsprache, dass er in Katzenstein einen Zuwanderer aus dem Osten vermutete. Er fragte leise herum und erfuhr: Katzenstein war Pelzhändler und stammte aus Lodz. »Fern bei Sedan« stimmte Katzenstein an, mein Vater sang mit. Da begann Vojciech zu stänkern: »Haste gedient? Da kannst dich ja freun, wenn's wieder losgeht! Meinste nich, dass de Feinde neidisch sein missen, dass mer so'n scheen Kaventsmann ham? Den wolln se uns bestimmt wegnehm!«

»Spinnst ja!«

»Und was biste beim Militär?«

Mein Vater hatte ebenfalls bei den Pionieren gedient, gestreckte und geballte Ladung waren für ihn weder Geheim- noch

Schrecknisse. Zeichnungen französischer und belgischer Forts mit Grundrissen und Durchschnitten waren ihm demonstriert worden, er hatte gelernt, wie man Steilwände zu Rutschbahnen zusammensprengt, Fortbesatzungen aufs Dach steigt und ihnen Handgranaten in die Luftschächte wirft. »Bin Unteroffizier«, antwortete Felix. »Den Franzosen haun wir's nächste Mal genauso in de Fanne! Prost, Landsmann!«

Vojciech und mein Vater standen schließlich auf geraden Beinen auf der Straße, mit fester Stimme versicherte der Unteroffizier dem Gemeinen, je stärker das Reich, desto eher würden die Feinde die Finger davon lassen. »Bist Sozi? Und da bauste hier mit? Bist wohl gar gee richtscher Deitscher?«

»Awr Kriegspieln firr Deutschland durft'ch?«

Meines Vaters Geste, mit der er nach Vojciechs Schulter fasste, war nicht herzlich, aber auch nicht als Angriff gemeint, er wollte seinen Worten Nachdruck verleihen, mehr nicht; hier sprach ein Unteroffizier zum Gemeinen, ein echter Deutscher zu einem, der es noch zu werden hatte, ein Leipziger zum Zugewanderten. So verstand Vojciech die Bewegung keineswegs, heftig schob er die Hand herunter. »He«, sagte mein Vater, »mal langsam!« Vojciech fluchte polnisch und deutsch durcheinander, am Ende warnte er in bemühtem Sächsisch: »Ich sach's in Guden: Lass deine Foden!« Und mein Vater steckte seine Steinbrucharbeiter- und Torwartpranken in die Taschen.

Eine Woche später beendete Vojciech seine Arbeit am Denkmal, beim Innenausbau war er nicht gefragt. Er zog ein paar hundert Meter weiter, dort nahm die Internationale Baufach-Ausstellung Gestalt an. An der Betonhalle half er Fundamente zu verschalen. Nebenan ent-standen die Halle für Raumkunst, das Monument des Eisens, die Halle für Baukunst und Baustoffe. Westlich wuchs die Gartenstadt Marienbrunn als Modell für gesundes Wohnen, sie steht noch heute. Im Jahr darauf strömten vier Millionen Besucher durch die Ausstellung, da hatte Bauunternehmer Wolle seinen verlässlichen Arbeiter schon an den Nordrand Leipzigs geschickt, dort legte Vojciech Pflaster vor der neuen Luftschiffhalle. Sie war 202 Meter lang, 67 Meter breit und 35 Meter hoch – heute gibt's in Leipzig keine Wölbung, die's mit ihr aufnehmen könnte. Als sie eröffnet wurde – natürlich vom König –, schwebten von Potsdam zwei Luftschiffe heran, die »Sachsen« und die »Graf Zeppelin«, am Steuer der »Sachsen« stand der alte Graf, der das Fluggerät erfunden und ihm den eigenen Namen verliehen hatte. Fast jeden Tag brummte, bei schönem Wetter versteht sich, ein Luftschiff über die Stadt. Zwei hatten nebeneinander in der Halle Platz. Graf Zeppelin bezeichnete sie als die modernste der Welt. Flog ein Luftschiff heran, starrten alle hinauf, Kinder winkten, Hunde jaulten, der Verkehr stockte. Als über Mockau ein Militärluftschiff in einer Bö hochgerissen wurde, packte Vojciech seine Pferde bei den Köpfen, damit sie nicht scheuten. Vier Soldaten der Haltemannschaft ließen pflichtversessen die Taue nicht los. Einen zerrte ein Unteroffizier in die Gondel, einer klammerte sich bis zur Landung an den Seilen fest, zwei stürzten entnervt aus hundertfünfzig Meter Höhe ab. Sie hießen Friesenhausen und Polster. Ja, wenn ich ins Erzählen komme.

Hätte nicht gedacht, dass das Klinikgelände so groß ist. Die Neubaublocks von Lößnig – eine stupide Wand.

Links vom Förderturm, was sehen Sie da? Eine dieser zwölf Kuppeln, von denen Leipzig eingeschlossen ist. Kaum ein Kilometer bis dorthin, sie liegt da wie zum Anfassen. Hätt mir denken können, dass Sie auch jetzt noch gegen mich anstreiten. Eine Abraumhalde – ist ja zum Lachen! Also, kehren wir um.

Sie beklagen sich, dass ich auf dem Rückweg nicht auf Ihre Fragen geantwortet habe. Kein Wunder: Ich zeig Ihnen die

Kuppel, und Sie sagen: Dort ist keine. Ich will nun nicht den Spieß umdrehen und behaupten, dass ich den weißen Kittel tragen … Schon gut. Sie müssen sich nur nicht aufregen, wenn ich nach solchem Dämpfer nicht gleich Kraft und Lust finde, über meinen Vater zu berichten. Der Kaffee wird mir guttun.

Felix Linden stand beim VfB im Tor. Vorhin beim Spaziergang sahen wir das Tribünendach von »Lokomotive«, dort kickte der Verein für Bewegungsspiele, der erste deutsche Meister. Vielleicht höre ich einmal in meiner Zelle die Fans trotzig röhren: »…neun, zehn, Glasse«?

Wenn ich sage: Leipzigs beste Zeit war vor dem Ersten Weltkrieg, dann trifft das auch auf den Fußball zu: Der VfB war dreimal Deutscher Meister. Anfangs spielte er in Lindenau, dort hatte er die Kabine 1 gemietet. Kabine 2 diente »Britannia 1899«, das sich zu Kriegsbeginn vaterlandsbewusst in »Leipziger Fußballverein 1899« umfirmierte. Ein paar andere Klubs von damals: »Olympia« mit eigenem Sportpark in Gohlis, »Eintracht 1904« und »Sportfreunde 1900« in Connewitz, »Fortuna 1902« in Paunsdorf, »Wacker« und »Lipsia 1893«, Leipzigs ältester Fußballclub, in Eutritzsch. Felix war der erste hiesige Torwart, der die Faustabwehr wagte. Auf die Idee, Handschuhe überzuziehen, wäre er nie gekommen, seine Knöchel waren eisenhart. Er hat mich nie verkloppt; dafür wäre Mutter zuständig, und: »Ä eenzscher Schlach, un mei Schunge wär ä Gribbl.«

An den Vereinsabenden im »Thüringer Hof« nahm mein Vater selten teil, aber beim Training fehlte er nie. Sie waren zwei Torwarte und beide gleich gut, der andere, Dr. Ernst Raydt, war Anwalt beim Amts- und Landgericht, sein Büro lag im Barfußgässchen. Er sprang eleganter und wagte sich weiter aus dem Tor, aber im Gewühl war Vater beherzter. Der eine hütete wie ein Akademiker, der andere wie ein Steinbruchprolet.

Beim Endspiel gegen den »Deutschen Fußballclub Prag« am 3. Mai 1903 in Altona erhielt Dr. Raydt den Vorzug seines Doktorgrades wegen und weil er den Verein unentgeltlich in Rechtsfragen beriet. Auch machte Vaters Unternehmer Sperenzien; Bestellungen häuften sich, und da wollte einer am Samstag und Montag freigestellt werden? Fußball, was war das? Wurde die Welt denn verrückt?

Felix Linden hatte in einem Vorrundenspiel gehalten, als der »VfB Leipzig« gegen »Altona 93« mit sechs zu drei gewann. Beim Finale schwebte Dr. Raydt genussvoll durch den Tor-raum, nur zweimal hechtete er daneben, aber siebenmal trafen seine Kameraden ins Schwarze. Als die Meistermannschaft heimkehrte, wurde sie keineswegs von einem Blasorchester empfangen, kein Bürgermeister hielt eine Rede, sie fuhr nicht im Triumphzug durch die Stadt. Die Prager saßen mit ihnen im selben Zug und wurden im »Thüringer Hof« mit Schnitzel und Spargel bewirtet; mein Vater war gerade zur Schicht. Natürlich hat Felix Linden auch geturnt, er stemmte die Hantel, stieß den Stein und beugte den Rumpf. Er war allen Fotos und Schwärmereien meiner Mutter nach ein gut aussehender Mann, war geachtet im Beruf und verdiente nicht schlecht. Als Torwart – sein Chef gestattete ihm allmählich, eine Schicht vorzuziehen oder nachzuarbeiten – reiste er mehr als die meisten Arbeiter seiner Zeit: Er hütete das Tor in Liegnitz, Stettin, Göttingen, Hanau und Karlsbad.

Im Frühjahr 1913 flüsterte seine Klara, den Kopf auf den Teller gesenkt: »Felix, vielleicht sin mer Weihnachten zu dridd?« Da trug er sie dreimal um den Tisch.

Was tat Vojciech Machulski? Er grollte, schmollte. Leipzig wurde reicher, protziger mit jedem Tag, der Hauptbahnhof war der größte Europas, die Deutsche Bücherei wuchs, immerzu wurde gegründet, geweiht, sogar mit der Sozialdemokratie wie mit einer Art lästigem Fußpilz schien sich das Bürgertum abgefunden zu haben. Des Kaisers Macht schimmerte, das Fürstengesocks der zweiten Reihe, darunter unser Geenich, bildete eine Operettenkulisse. Wir Proletarier warteten Jahr für Jahr auf die Revolution. Jedenfalls: Die Beitragskassierung klappte.

Dem bewunderten, geliebten August Bebel war ein mühevoller Lebensabend beschieden. 1911, am 9. November, einem Datum, das zum belastetsten unserer Geschichte werden sollte, prangerte er im Reichstag die Außen- und Rüstungspolitik der Regierung an. Abermals unterzog er den Flottenbau schärfster Kritik: »So wird man von allen Seiten rüsten bis zu dem Punkte, dass der eine oder andere Teil eines Tages sagt: Lieber ein Ende mit Schrecken als ein Schrecken ohne Ende. Alsdann wird in Europa der große Generalmarsch geschlagen, auf den hin 16 bis 18 Millionen Männer, ausgerüstet mit den besten Mordwerkzeugen, gegeneinander als Feinde ins Feld rücken. Aber nach meiner Überzeugung steht hinter dem großen Generalmarsch der große Kladderadatsch. Ja, Sie haben schon mehrmals darüber gelacht: aber er kommt, er ist nur vertagt. Sie werden ernten, was Sie gesät haben. Die Götterdämmerung der bürgerlichen Welt ist im Anzug. Seien Sie sicher: sie ist im Anzug!«

Bebels Frau war an Krebs gestorben, die einzige Tochter kränkelte. Die Ärzte drängten, der Einundsiebzigjährige möge sein überstrapaziertes Herz schonen. Er schrieb weiter an seinem Lebensbericht, der später millionenfache Verbreitung fand. 1912 vereinten sich deutsche und französische Arbeiter in Basel zu einem Friedenskongress, aber die Glocken des Münsters klangen, als sagten sie den Tod von Millionen europäischer Männer auf den Schlachtfeldern voraus. Am 13. August 1913 starb Bebel in seinem Haus in der Schweiz, seinem Wunsch entsprechend wurde er in Zürich beigesetzt. Die proletarische Welt trauerte um ihren Führer, während sich das bürgerliche und nun auch kaiserliche Deutschland mit strahlender Macht anschickte, den gewaltigen Bau vor den Toren Leipzigs zu weihen.

Auch ich, Vojciech Machulski, hatte mir vieles anders vorgestellt. Bei der Denkmalsweihe sollten rote Fahnen vom Gipfelstein wehen, die Helme der Kriegerfiguren wollte ich in Ar-beitsmützen, ihre Schwerter in Schaufeln ummeißeln lassen. Nicht »Gott mit uns« sollte die Stirnseite zieren, sondern »Brüder in eins nun die Hände«. Zu Erna dräute ich manchmal: »Mer misst alles in de Luft spreng!« Dann kippte sie reichlicher ausgelassenen Speck über die Kartoffeln, schmorte Krautwickel, mein Leibgericht. »Wenn wir Kinder hätten«, sagte Erna schuldbewusst. Sie vermutete, wenn ich die Bälger umsorgen müsste, käme ich nicht auf rabiate Ideen.

Auf keiner Arbeitsstelle hielt es mich lange. Ich pochte auf pünktlichen Feierabend und Sonntagszuschlage setzte mich mehr für andere als für mich ein, da erfuhr ich an manchem Freitag, dass man mich am Montag nicht mehr brauchte. Ich schmierte Räder der Straßenbahn, war Heizer in einem Gaswerk, Kutscher in einem Zirkus. Eine Tat, welche? Ich karrte Futter, fuhr Stallmist hinaus. Jeden Tag, jede Stunde fast sah ich mehr Pylone, Spruchbänder und Fahnen in der Stadt. Eine Tat – Fürsten in Massen würden zur Weihe des Völkerschlachtdenkmals kommen, der Kaiser, Abgesandte aus Russland und Österreich und alle deutschen Monarchen, sie würden in die Kuppelhalle strömen – da war mit einem Schlag die Vorstellung da, dass sie nicht strömen, sondern entsetzt fliehen würden, Hals über Kopf die Treppe hinunter, vielleicht in panischem Schrecken in den Teich springen, ihre Helme und Schärpen verlierend, ordenstrotzende Röcke von sich schleudernd, Großherzöge und Kronprinzen und Feldmarschälle, der Kaiser inmitten, lächerlich vor aller Welt, wenn…

Von den Boxen der Zebras und Pferde streunte ich hinüber zu Bären, Tigern und Löwen, blickte in schläfrige Augen und versuchte mir vorzustellen, wie sie aufblitzten, wenn nicht ein Stallbursche, sondern ein Monarchenpulk mit Fahnen und Helmbüschen vor sie treten würde, wenn nicht Gitter zwischen ihnen wären, sondern blanke Denkmalsluft.

Zeit war nicht zu verlieren. In der Nacht vor der Weihe wollte ich eine Rotte Löwen in einen Wagen bugsieren, hinausfahren und ins Denkmal schleusen; wenn dann früh aufgeschlossen würde, tollten Löwen durch die Krypta, lümmelten auf den Schößen der Riesen, sprangen schweifschlagend zu den Rundbogenfenstern hinauf.

Mit dieser Idee packte mich die Angst vor ihr. Ich, ein Arbeiter ohne Rückhalt, ohne Auftrag, griff in die Radspeichen der Geschichte. Mich quälte nicht die Angst vor Strafe, wenn ich dingfest gemacht werden würde: In ein deutsches Zuchthaus käme ich, dort herrschten Zucht und Ordnung, würde nicht nach Sibirien verschleppt, eine Kugel am Bein, dic Knute über dem Kopf. Ich sah mich vor dem Richter stehen und eine Rede donnern, das patriotische Gelärm endete in einem Sumpf von Lächerlichkeit. Simbab, der mächtigste unserer Löwen, blickte mir ungerührt in die Augen.

Mir blieben zehn Tage. Jeden Morgen machte im mir im Raubtierstall zu schaffen, unterhielt mich mit den Wärtern und achtete auf ihre Handgriffe, wie sie Türen öffneten und schlossen, den Laufgang montierten. Wenn ich die Löwen zu nachtschlafender Stunde zum Denkmal bringen wollte, musste das ohne Aufruhr vor sich gehen, ich konnte nicht mit einer tobenden Horde im Käfigwagen durch die Stadt fahren. Das alles konnte nicht ohne Helfer geschehen.

Mir fielen Maria und Tadeusz ein, das polnische Aktivistenpaar. Drei Abende lang forschte ich von Lokal zu Lokal, blickte in bärtige Gesichter, auf asketische Lippen, unter wirre Schöpfe, hinter Nickelbrillen. Wirte, mit tätowierten Armen Batterien von Biergläsern füllend, hörten unbewegten Gesichts zu, abschätzend: ein Spitzel? In einem Ecklokal in der Kochstraße stöberte ich sie endlich auf, Tadeusz beugte sich, die Augen gekniffen, übers Billard, Maria diskutierte, den Finger rechthaberisch vorstoßend, in gedrängter Runde. Tadeusz beendete seine Partie gemächlich, zu dritt hockten wir uns an einen freien Tisch, beugten die Köpfe zueinander, ich begann mit dem lockenden Satz: »Ich hab ´ne Idee!«

Sie war nach der beiden Geschmack. »Die Tatt wird die Massen mitreißen!« flüsterte Maria. Tadeusz fragte sofort: »Abbär hast du Ahnung von Leffen?« Wie viel Männer brauchte man, um alle Wachen auszuschalten? Tadeusz geriet ins Detail, Maria in die Strategie: Die Monarchen als Geiseln nehmen, ihnen den Schwur abpressen, sämtliche Heere aufzulösen, die Flotten zu verschrotten! Tadeusz entschied: »Du erkundest Denkmalswachen. Jetzt zehn Urr, morgen um virr ersten Bericht!« Maria zurrte das Kopftuch fester.

Ich hatte Geister gerufen; selbst wenn ich sie hätte bannen wollen, es wäre unmöglich gewesen. Wenn in Deutschland um die Freiheit gekämpft worden war, hatte es selten an polnischen Leihhelden gefehlt. Am nächsten Abend saßen Maria, Tadeusz und ein halbes Dutzend ihrer Freunde am Rand der Manege und sahen zu, wie Simbab durch den Reifen sprang und sich sein Harem bettelnd auf die Hinterbeine erhob. Danach gestanden zwei der Verschwörer, sie hätten zum ersten Mal in ihrem Leben Löwen gesehen und sie sich ungleich gelber vorgestellt. Maria berichtete, sie habe in der vergangenen Nacht um den Klotz herum keine Menschenseele bemerkt, der Mond habe sich friedlich im Wasserbecken gespiegelt. Tadeusz sprach finster: »Wer will zurick, noch Zeit!« Niemand kniff.

Ich konnte nicht mehr schlafen. Erna kochte Wasserrübchen mit geräucherter Schwarte, ich ließ sie kalt werden. Zur Arbeitsstelle musste ich durch die Innenstadt. Fichtengrün bedeckte das Alte Rathaus bis zu den Dachrinnen. Die mittlere Fahrbahn des Augustusplatzes war von Reihen ionischer Säulen eingefasst, die auf goldenen Dreifüßen ruhten, abends schlugen Flammen heraus. Das Gewandhaus konnte man unter dem Triumphgesträuch kaum erkennen. Ich streunte durch die Straßen, ein Abtrünniger. Hätten die meisten, die mir begegneten, gewusst, welche Aktion ich in Bewegung gebracht hatte, sie hätten mich gelyncht.

Tadeusz verteilte die Rollen. In der Endfassung des Plans blieb mir übrig, mit anderen die Laufgänge aufzubauen und die Löwen in die Wagen zu treiben, einen davon zum Denkmal zu kutschieren und dort beim Montieren der Laufgänge zu helfen. Tadeusz hielt sich im Zentrum, Maria sollte Rückwege decken, Spuren verwischen, gewissermaßen hinter uns das Licht ausmachen.

Da stand nun ich, Vojciech Machulski, Viktor Machul, hinter den schwarzen Wäldern geboren, als halbes Kind nach Leipzig gekommen, Reservist der königlich-sächsischen Armee, Mitglied der Sozialdemokratischen Partei Deutschlands, Ehemann, Miterbauer des Denkmals, inmitten einer Aktion, die, wenn es nach Maria ging, die Weltrevolution auslösen sollte. Wer drang als erster in die Bastille ein? Wer kletterte zuerst über die Tore des Winterpalais? Vielleicht würde einmal in aller Geschichtsbüchern stehen: Die Idee zum Löwensturm auf die Monarchen Europas stammte von Vojciech Machulski. Ich beschaute mich im Spiegel, den runden Kopf mit den Seehundsohren, den blassblonden Bart, die wasserblauen Augen. Gerade dreißig war ich. Pschakreff!

Erna pusselte um mich herum, fragte: »Was haste?« Ich bekannte die Wahrheit, Erna mochte sie nicht glauben.

»Viktor, Schunge, du so ´ne Idee? Bastes vielleicht doch irgendwo gelesn?«

»Nee, is wirklich von mir.«

Sie schniefte. »Un ich dacht schon, du hättst ´ne andre.«

Die Nacht war dunkel, still – ach Unsinn, es gab keine dunklen, stillen Nächte, Illumination wurde auf vielen Fenstersimsen geprobt, die Polizeistunde war verlängert, jedes Hotel erwies sich als überfüllt, immer noch galt der funkelnagelneue Hauptbahnhof als Attraktion, die viele anzog; sie flanierten auf dem Querbahnsteig wie auf einem Boulevard. »Heiße, heiße Würstchen!« riefen die Männer mit den blinkenden Kanistern vor den Bäuchen. Die Damen im Goldhahngässchen waren ausgebucht.

Nach der Abendveranstaltung blieb ich als Stallwache zurück. Ich löschte die meisten Lichter, setzte mich auf eine Kiste, wartete. Meine Knie zuckten wie unter elektrischen Schlägen. Tadeusz trat auf die Minute pünktlich durch die Tür, er trug einen schwarzen Mantel, schwarzen Schal, schwarze Mütze und schwarze Handschuhe, er war tödlich ernst wie der Racheengel persönlich. Er hob die Hand in halbe Höhe zu einer Art Segnung. Hinter ihm schlichen seine Helfer herein, ohne ein Wort machten sie sich daran, den Laufgang aufzubauen. Das Zucken in meinen Gliedern war vorbei, die Aktion absorbierte alle Gedanken und wischte alle Ängste fort. In kürzerer Zeit als während einer Galavorstellung schraubten wir die Gitterbögen aneinander, ich stupste mit einer Stange eine Löwin an, sie erhob sich gähnend und trollte sich. Eine andere folgte ihr, die dritte, die vierte, der erste Käfigwagen konnte abgeschlossen werden, schon spannte ich meine Pferde davor. Da stürzte Maria durch den Vorhang und keuchte: »Scheißturner am Denkmal!«

Tadeusz hob die Hand zum Stoppzeichen, wir drängten uns um Maria und hörten, Turner mit Fahnen und Spielmannszügen seien aufmarschiert, Fackeln qualmten, eine Art Vorfeier wäre im Gang.

»Davon stand nischt in der Zeitung!«, warf ich kläglich ein.

Tadeusz blickte brütend vor sich hin. »Wärrde sälber erkunden mit Vojciech!«

Wir fuhren mit der Straßenbahn hinaus, da sahen wir die Bescherung; Turner ums Wasserbecken, auf den Treppen, Turner in Massen, im Kreis marschierten sie auf der Dammkrone, singend: »Turner, auf zum Streite, tretet in die Bahn!« Ich schaute auf die wimmelnden Weißkittel und auf die Uhr: Die Zeit lief davon. Das Denkmal war innen und außen strahlend erleuchtet, hier würde in dieser Nacht keine Ruhe einkehren. »Abblasen?«, fragte ich. Da entdeckte ich einen hochgewachsenen Mann, der die Fahne des VfB Leipzig schwenkte, Felix Linden, Steinbrucharbeiter und Torwart. Wir kehrten mit der nächsten Elektrischen zum Zirkus zurück und scheuchten die Löwen in die Ställe. Ich setzte mich wieder auf meine Futterkiste.

Es war die fiebrige Nacht vor der Weihung, die gekrönten Häupter weilten in der Stadt, natürlich war Leipzig voller erkennbarer und geheimer Polizei. Beizeiten waren die Einheimischen und ihre Gäste wieder auf den Beinen, so auch Felix Linden und viele Turner, weniger Vojciech Machulski, der sich nach überstandener Stallwache zur Alexanderstraße trollte, die Bettdecke über die Ohren zog, um nicht zu hören, wie Kapellen und Spielmannszüge jedermann in die rechte vaterländische Stimmung trompeteten, trommelten und pfiffen. Felix Linden gehörte zu den letzten Läufern ungeheurer Stafetten, die von allen Seiten her auf Leipzig zu hasteten. Am Bodensee schickte Graf Zeppelin den ersten Mann auf die Reise, von Straßburg brachten mehr als sechstausend Läufer den Stab über die Strecke von zwölfhundert Kilometern. Von Waterloo trabte eine Staffel heran, ebenso vom äußersten Oberschlesien und von Tauroggen. Vierzigtausend deutsche Männer waren in neun großen Läufen auf der Loipe, die vielen kleinen Nebenläufe von Schulen und Vereinen seitab nicht gerechnet. Ganz Deutschland trabte.

Felix Linden gehörte zur Mannschaft des Laufs IV auf der letzten Teilstrecke von Borna nach Norden. Er trug eine weiße Bluse mit schwarzem Gürtel und dem Zeichen des VfB, weiße Hosen, die übers Knie hingen, und schwarze baumwollne lange Strümpfe. Er durfte sich Zeit lassen, denn ein Ordner hatte ihm zugerufen, die Staffel sei um fünf Minuten zu schnell. So zockelte er seine dreihundert Meter dahin, der Anfeuerungsrufe von Schulkindern nicht achtend. Weit weg im Dunst lag das Schlösschen Fürchtegott von Lindenaus. Brikettfabriken rauchten, kahl streckten sich die Felder. Vor der Höhe, auf der heute das Werk Espenhain Luft und Gewässer verseucht, sammelte ein laubgeschmückter Pferdewagen die Läufer ein, die ihre Pflicht getan hatten, und brachte sie stadtwärts. Dabei sangen sie: »Der Gott, der Eisen wachsen ließ, der wollte keine Knechte.«

Unterdessen waren generalstabsmäßiger Regie zufolge die letzten neun des Sternlaufs gleichzeitig vorm Denkmal angekommen, dort nahmen der Kaiser und der sächsische König die Stäbe entgegen; ein Adjutant legte sie, an alles war gedacht worden, in eine Kiste.

In meinem Archiv finden Sie die »Illustrierte Zeitung« vom 23. Oktober 1913, sie ist gefüllt mit Berichten, Zeichnungen und Nachdrucken über die Einweihung. Im Leitartikel wird deutsches Sehnen nach einem einigen Reich seit Walther von der Vogelweide über die Leipziger Schlacht bis Königgrätz und

Versailles besungen, vom Gemetzel im Teutoburger Wald bis Sedan ein einziger blutroter Faden.

Ich kann Ihnen die Bilder schwerlich schildern, sehen Sie sie sich selber an. Wie Menschenmassen mit Fahnen und Schärpen wimmeln, wie die gekrönten Häupter, Thieme in der Mitte, die Freitreppe herunterschreiten, der Ehrenpavillon, unter dessen Baldachin Thieme seine Ansprache hielt; diese Szene ist festgehalten worden durch Spezialzeichner W. Gause aus Wien. Die Dekoration in der Goethestraße vor dem Königlichen Palais, die Einweihung der russischen Kirche durch Großfürst Kyrill, die Feier am Schwarzenbergdenkmal im Park von Meusdorf mit dem Erzherzog-Thronfolger Franz Ferdinand von Österreich, dem Todeskandidaten von Sarajewo. Im Vestibül des Gewandhauses, nach der königlichen Tafel, stellte Prinz Wilhelm von Schweden dem Kaiser die Herren seines Gefolges vor, dies hielt Spezialzeichner F. Schwormstädt aus München fest. Nach Aquarellen heimischer Künstler wurde die Festbeleuchtung in Gelb-Rot-Drucken wiedergegeben, eine respektable Leistung der graphischen Industrie. Deutschland war groß. Alles schien gut. Die Leipziger auf den Beinen, Felix Linden überall mittendrin, seine Frau weniger, ihres nun schon sehr schweren Leibes wegen.

Was tat Vojciech? Er grollte. Das kapitalistische System brach und brach nicht zusammen, vielmehr baute es eine Fabrik und einen Repräsentationsklotz nach dem anderen. In den Tie-fen des Hauptbahnhofs war schon Platz für den Untergrundbahnsteig bereit, von dem aus die Züge nach dem Bayerischen Bahnhof rollen sollten – in zwei, drei Jahren würde damit be-gonnen werden.

Vojciech verschlief den größten Teil des 18. Oktober, am Nachmittag wurde er wach, natür-lich marschierte eine Patriotengruppe, Turner oder Schlagende Verbindung, singend vorbei. Er stellte sich vor, wie er, Maria und Tadeusz mit Tausenden von Proletariern gegen die Innenstadt zogen, von Lindenau und Plagwitz über die Brücken, wie sie Barrikaden türmten, wie von Norden, Süden und Osten Revolutionäre anrückten, Maschinenbauer, Lederarbeiter. Frauen aus den Textilfabriken, Bergleute aus dem Bornaer Revier, die besten Drucker und Buchbinder der Welt, wie sich auf dem Hauptbahnhof kein Signal mehr hob: die Fürsten Deutschlands in der Falle! Er hätte heulen können über seine Ohnmacht.

Der Zirkus gab am Abend die letzte Vorstellung, danach schob Vojciech wieder Stallwache; missmutig schnitzte er sein VM in einen Pfosten. Der Löwe war das Wahrzeichen Leipzigs, fiel ihm ein, es wäre großartig gewesen, hätten Löwen das Denkmal besetzt, wenn die Proletarier es schon nicht taten. Überhaupt: der Klotz als überdimensionaler Löwenkäfig, warum nicht überhaupt als Zoo, außen von Affen beklettert, bis er zugeschissen war?

Gegen Mitternacht stand Tadeusz in der Tür, schwarz gekleidet wie Mephisto. »Was mit Leffen?«, fragte er, während er den Radmantel zur Seite schlug.

»Morchn wird verladen, iebermorchen geht's fort.«

»Machst nächste Nacht mit? Da blödes Ding lerr!«

»Uff«, erkannte Vojciech an, »du hast Nerven!«

Am 19. Oktober, die Festgäste verließen die Stadt, half Vojciech, Zelt und Manege, Kamel und Esel, Pferd und Löwe auf dem Güterbahnhof zu verladen. Hin und wieder sah er Maria und Tadeusz am Zaun. In den frühen Abendstunden, als er nach Hause ging, traf er auf Kolonnen von Straßenfegern, die die Triumphreste zusammenkehrten, Reisig und Papiergirlanden, Extrablätter mit Bildern des Kaisers und Reklamezettel der königlich-sächsischen Landeslotterie. Ein letztes Mal wurde illuminiert, Kerzenreste wurden sozusagen auf Verschleiß gefahren. Lokale schlossen beizeiten, Wirte und Personal konnten kaum noch die Augen offen halten, und die Kasse stimmte. Eine vortreffliche Nacht, dass Löwen unser Wahrzeichen besetzten. Während Vojciech seine Blutwurstbemme kaute, überdachte er diese Abwandlung: dass Löwen das Denkmal befreiten.

Noch einmal waren Leipziger auf den Beinen, als die Pylonen auf dem Augustusplatz ihren Feuerschweif spien, dann wurde denen der Gashahn abgedreht. Die Stearinbecher auf den Fensterbänken der Universität, der Oper und des »Cafe Francais«, noch nicht Hindenburglichter genannt, verflackerten. Vojciech bog in die Blücherstraße ein, hinter einer Litfaßsäule traf er auf die polnischen Untergrundkämpfer. Nebel wallte wie bei jeder hochkarätigen Verschwörung.

Ich zog die Kaltblüter aus ihrem Stallwagen, sie schnieften, als ihnen der Geruch der Löwen in die Nüstern stieg. Flink kraulte ich ihnen ein VM ins Halsfell und strich es wieder weg, wie man heute Fingerabdrücke beseitigt. Mehr meinen Händen als Augen vertrauend spannte ich an, löste die Bremsen, ein leises Hüh!, und der Wagen setzte sich in Bewegung. Weit drüben auf einem Personenbahnsteig hielt indessen ein heimfahrender Männergesangverein textsicher »Am Brunnen vor dem Tore« durch sämtliche Strophen durch.

Tadeusz und Genossen hatten inzwischen den Wagen mit den Laufgittern aus einem Schuppen gewuchtet, Tadeusz schwang sich auf den Bock. Mein Wagen holperte über Gleise, arg-wöhnisch schaute ich nach rechts und links, um nicht von einer Lokomotive überrollt zu werden. Maria huschte vorbei, mir etwas zuzischend, einen Fluch auf alle Feinde wahrscheinlich oder die Versicherung, der Sieg würde unser sein. Eine Gaslaterne warf trüben Schein auf ein Blechschild, das SONNE-Briketts empfahl.

Fünfzig Meter weiter rammte mir Tadeusz, der Idiot, seinen Wagen in die Flanke. Splittern-des Krachen, Gebrüll, Pferdewiehern, meine Braunen stiegen hoch, und da sah ich – und mir gefror das Blut –, wie ein Schatten unter ihnen durchfuhr, ein Huschen, Sausen, Pfoten griffen aus, eine Schwanzquaste wie ein fliegender Punkt: Ein Löwe war los, erschrocken suchte er das Weite, und da brüllte auch Simbab, den Schrei der Wüste ließ er ertönen, dieses donnernde Röhren aus sauerstoffvollen Lungen, der König der Tiere gestattete keinen Zweifel, dass er sich aus dem Sklavendasein erhob. Er fegte auf einer Rampe entlang, die Vorderpranken schlugen zu einer Laterne hinauf, noch einmal brüllte er auf, dann verschluckte ihn die Dunkelheit.

Ich hatte die Beine angezogen, die Arme um den Leib geschlungen, so klein wie möglich, gänzlich unscheinbar hockte ich auf dem Kutschbock, als wollte ich jedem, vor allem jedem Löwen beweisen: Seht nur, wie harmlos ich bin! Sogar die Peitsche hatte ich fallen lassen, meine einzige, wenn auch unzulängliche Waffe. Die Pferde standen zitternd, die Köpfe erho-ben, die Augen schreckensstarr. Es gibt ein in Sachsen oft gebrauchtes Wort: Ich bibberte. Ich betete, weinte, fluchte nicht, an Fliehen war nicht zu denken, unfähig war ich zu jeder Abwehr und Reaktion. Ich bibberte.

Bloß gut, dass Tadeusz, der große Revolutionär, den Mist selber gebaut hatte. Maria riss mich aus meiner Starre und vom Bock, schleppte mich hinter den letzten Kohlenschuppen. »Alle acht Leffen fort!« keuchte, fauchte, schluchzte Maria. »Verfluchtes altes Scheißkutscher du!«

Tadeusz war wieder Feldherr, als er verkündete: »Aktion beändet, Genossen! Alle ins Bett sofort! Tod der Bourgeoisie!« Weiträumig über das Waldstraßenviertel umging ich das Ge-metzel der folgenden Stunden.

Indessen drangen die Löwen an der Flanke des Bahngeländes durch die Blücherstraße vor. Zwei sprangen Pferden auf den Rücken, einer hechtete durch die Scheibe eines Omnibusses, einer drang ins Vestibül des »Hotel Blücher« und jagte die erschrockenen Gäste in ihre Zimmer. Auf der Theke, inmitten zersplitterter Gläser, machte er es sich gemütlich, mit dem Schweif fegte er Soleier, Senf und Buletten auf die Dielen. Ein Kellner alarmierte von der Küche aus per Rohrpost die zunächst ungläubige Polizei.

Dreizehn Schutzleute des 8. Polizeireviers brachen mitten in der Nacht zur Löwenjagd auf. Sie scheuchten die Zirkusleute aus ihren Betten, die zwei Weibchen mit List und frischen Pferdekoteletts in die Käfige lockten. Die anderen gerieten außer Rand und Band. Leipzigs Bürger schliefen ihren schwarz-weiß-roten Rausch aus; so kam niemand zu Schaden. Fackeln schwelten, schaurige Schreie der Fahnder und der geängstigten Kreatur durchgellten die Nacht. Am Morgen ließen sich die dreizehn Löwenjäger, elf davon mit Pickelhaube, vor ihrer Beute fotografieren. Sie hatten sechs Bestien, zuletzt Simbab, zur Strecke gebracht.

Unsere Tat endete als Farce, die Welt nahm sie genüsslich in Extrablättern zur Kenntnis. Die konspirativen Hintergründe wurden niemals aufgedeckt. Maria und Tadeusz zerstritten sich wegen des Textes, mit dem sie eitlerweise gern die Verantwortung für den Revoluzzerstreich übernommen hätten; sie konnten sich nicht einigen, ob sie ihrer Untergrundgruppe den Namen »Roter Oktober«, »Volksrächer« oder »Linkes Schwert« geben sollten. So versickerte der mögliche Beginn eines möglichen Aufstands in der Erinnerung als kurioser Spuk. Der Besitzer des »Hotel Blücher« nannte dieses reklamewirksam in »Zum Löwen« um. Und wenn es noch nicht abgerissen worden ist, dann heißt es heute noch so.

In der Woche darauf rückte Vojciech zu einer zweimonatigen Reserveübung in die Gohliser Kaserne ein. Das war Routine.

Niemand vermochte sich vorzustellen, Kriegsspielerei könnte in echtes Schießen umschlagen. So lange war Frieden gewesen, und seitdem ist fast immer Krieg.

Hatten Sie schlimme Kindheitserlebnisse?

Am Vormittag des 20. Oktober 1913 zog Klara Magdalena Linden, genannt Klärchen, mit einer Nachbarin ihren Handwagen die Gletschersteinstraße hinauf. Felix hatte ihr eingeschärft, weder zu heben noch zu tragen und sich nach dem Mittagessen ein Stündchen hinzulegen, denn hochschwangerer als sie konnte niemand sein. Die Hebamme hatte, mit anerkennenden Ausrufen nicht geizend, versichert, das Kind liege prächtig.

Nahe der »abbn Babbl« wurden die Frauen fündig. Reisig hatte als vaterländischer Schmuck ausgedient und galt ihnen als herrenloses Gut, sie luden es auf, um es als Abdeckung der eigenen Gräber zu nutzen oder vorm Friedhofstor feilzubieten. Dabei kämen sie emmende – so ihr Wort für das hochdeutsche vielleicht – den Friedhofsgärtnern ins Gehege, die sie fortjagen oder gar die Polizei alarmieren könnten. Aber ä Fuffzschr pro Fuhre war nicht zu verachten.

Das Denkmal ragte in aller Pracht in den Herbstmorgen. Der Wind hatte die Wolken vertrieben und Laub und Papier von den Dämmen geweht. Enten fielen ins Wasserbecken ein. Ein Gymnasialprofessor aus Glauchau wies vor den Totentempeln auf deren trutzige Formen hin, neuartig seien sie und gigantisch in edlem Sinn, Ausdruck genialischen Baugeschehens. »Bitte«, rief er, während meine Mutter Fichtenzweige aufsramschte, »kein einziger gotischer Spitzbogen, weder romanische Rundung noch klassizistischer Fries, keine hergebrachte Säule. Merken Sie sich die Namen Bruno Schmitz für den Entwurf und Clemens Thieme für die pünktliche und kostengerechte Ausführung. Lehmann, wiederholen Sie!«

Dies hörte Klärchen mit halbem Ohr, sie horchte vor allem in sich hinein, wo sanftes Ziehen in Krämpfe überging, sie ließ einen Zweig fallen und stöhnte mit dem Herausfließen aller Atemluft: »Hertha, du, das war ämd ne Wehe, oh Godd, oh Goddchn.« Die Nachbarin beherzt: »Runder mit dr Hälfte von dem Reissch, du sedzd disch wie ins weeche Bedde, un ich zerr disch heeme.«

Breitbeinig saß die Wöchnerin, kein Problem war das bei den knöchellangen Röcken. Sorgsam schuckelte die Nachbarin die Fuhre hinab nach Stötteritz, mitfühlende Blicke trafen die stoßweis Keuchende, wie sie da lag, blass und mit starrem Blick. Jetzt geht's los, fühlte sie in einem minutenlangen Satz, er barg keinen Schrecken und zunehmend müde Erleichterung. Vor der Haustür wurde sie von acht Händen aufgehoben, von vier Armen in ihre Wohnung hinaufgeschoben, da war sofort jemand, der zur Hebamme rannte, jemand, der heizte und Wassertöpfe zusammenborgte. Im Parterre stand gerade Fleischbrühe auf dem Herd, auch in einfachsten sächsischen Kreisen Büjong genannt, ein junges Mädchen löffelte der Gebärenden ein Tässchen davon ein. Ein Proletarierhaus richtete sich darauf ein, dass geboren wurde, voller Neugier geschah das, voller Mitgefühl und ein wenig lüstern auch. Die Hebamme lobte Frau Linden für ihre Mitarbeit, tröstete nach einem Schmerzensschrei, verwischte Schweiß, drückte, massierte, ließ Kaffee einflößen, formulieren wir der Deutlichkeit halber Bohnenkaffee, und kurz nach Mittag schlüpfte ihr etwas in die geschulten Hände, glitschig mit schrumpligem Po, greisig das Gesicht, erbärmlich quäkend. Die Hebamme hob hoch und verkündete, was jetzt festzustellen am wichtigsten war: »Ä Schunge!«

Eine butterweiche, kinderleichte Geburt war gelungen, nichts dabei, was mein Seelchen belastet, modisch ausgedrückt, geschockt hätte. Weder Existenzangst noch Ehescheidungsqual hatte meine Mutter der Frucht mitgeteilt, unbeschadet von Kriegsfurcht glitt ich vom Kiemen- ins Lungenstadium, keine Zangengeburt gab mir Ahnung von Folter mit, ich war einundfünfzig Zentimeter lang und wog ein paar Gramm mehr als sechs Pfund, das galt als normales Startgewicht. Als Vater Felix nach Hause kam, strahlte ihn Klara an und wiederholte: »Ä Schunge!« Mein Vater legte ihr behutsam seine Pranken aufs Gesicht, wobei er selig schnaufte, und zog die Decke vom Wäschekorb. Meine Mutter sagte als zweites: »Da isser nu, dr Fredi.« Drei Wochen später wurde ich auf die Namen Alfred Johannes getauft.

Es hat mir als Säugling an nichts gefehlt. Meine Mutter stillte zufriedenstellend, ich lag nicht öfter wund als andere Kinder. Sonntags schoben meine Eltern den Kinderwagen andächtig durch den Südfriedhof und ums Denkmal, dort begegnete mir mein erster Schnee. Da hatte das Jahr 1914 gerade begonnen.

Felix brach Steine in Beucha wie gewohnt. Am nördlichen Stadtrand war ein Krankenhauskomplex begonnen worden, großmächtig auf freiem Feld, benannt nach dem heiligen Georg. Im März wurde mein Vater zu einer Reservistenübung eingezogen, die vier Wochen würden vorübergehen. Er und seine Kameraden stürmten durch Gräben und Verhaue am Bienitz, sprengten Gassen und türmten Sandsäcke. Beim Rückmarsch erkannte er am südlichen Hori-zont die Silhouette des Denkmals und wusste: Daumenbreite links davon Klärchen und Fredi. Die Soldaten sangen: »Leise sank die Sonn′ am Himmelszelt, eine Amsel, die hört ich sihingen, in der Ferne hört ich′s klingen…«, ein Lied reich an Oberstimmen und sogenannten

Schwänzen. Die zweite Strophe begann: »Schlafe wohl, schlaf wohl, mein Schätzelein.« Die sang Felix geradezu inbrünstig.

Im Mai druckste Klara herum, er fasste ihr sachte unters Kinn, noch immer schlug sie die Augen nieder, wagte nun endlich zu flüstern: »Felix, ´s hat wieder zugeschnappt.« Da kratzte er sich am Hinterkopf, das war nun wirklich mal eine Überraschung. Ach was, andere hatten zehn und zwölf Bämser, die verhungerten nicht, und war es vielleicht gar nicht schlecht, zwei Kinder dicht hintereinander, ein Aufwasch sozusagen? »Awr nu werd uffgebasst!«

In den Sommertagen lag ich auf der Wiese hinter dem Denkmal nackt auf einer Decke, über mir Wolken und riesige Gestalten, zeigte hinauf und jauchzte. Löwenzahn und Gänseblümchen, der letzte Sommer einer Ära, wie heute jeder weiß. Mein Vater legte die Hand auf die untersten Quader und linste in die Fugen, sauberer konnte niemand arbeiten. Ein Kerl mit polnischem Akzent hatte ihm beim Richtfest den Klotz madig machen wollen – lächerlich. Felix kletterte auf einen Sims, schaute hinab auf die Preußenstraße und hinauf, den Wächtern unter die Bärte. Sein Werk.

Dieser sonnenhelle Sommer! Der Sachsenkönig eröffnete im Schatten des Denkmals eine Weltausstellung für Buchhandel und Graphik, denn meine Stadt war führend in diesen Ge-werben. Viele Länder steuerten Pavillons bei, Russland eine Nachbildung des Kreml in knalligem Rot und Gelb, gekrönt vom Doppeladler.

Der Krieg fraß sich seinen Weg von den Schüssen in Sarajewo an. Felix Linden vertraute seinem Kaiser, der würde schon alles deichseln. Ganz anders Vojciech Machulski: Hocherregt diskutierte er, wo er ging und stand. Krieg, Krieg und keine Revolution? An einem der ersten Augusttage meldete sich der Genosse

Machul beim Stadtbüro seiner Partei und fragte nach Aufträgen; es hieß, er solle beruhigt nach Hause gehen, man warte auf Nachrichten aus der Zentrale.

Im Treppenhaus neben der Aborttür hockte ein Mann auf der Fensterbank, die Mütze in der Stirn. Vojciech erschrak. »Mensch, Tadeusz, was machste hier!« Er zog ihn in die Küche, dort erfuhr er, dass Tadeusz auf der Flucht war. Den Zarismus hatte er in einer Zeit bekämpft, da Russland als Verbündeter des Reichs und der Zar als lieber Vetter des Kaisers galt, damals blickten deutsche Behörden argwöhnisch auf ihn. Jetzt stand in allen Zeitungen eingeschlossen der sozialdemokratischen, das zaristische Ungeheuer sei der Hauptfeind und wolle seine Knute auf Deutschland herabsausen lassen. Sie erinnerten sich, selbst der alte, sonst so friedfertige Bebel wollte das Gewehr auf den Buckel nehmen, wenn es gegen die Moskowiter gegangen wäre. Dennoch wurde Tadeusz nicht automatisch zum Freund, sondern galt nun als feindlicher Ausländer. Vielleicht war er Spion? Jagten nicht Goldtransporte auf nächtlichen Straßen quer durchs Reich von Frankeich nach Russland oder umgekehrt? Hatten nicht französische Flieger Nürnberg bombardiert oder zumindest Flugblätter auf Freiburg abgeworfen? »Mensch, Tadeusz«, klagte Vojciech dumpf, »un wo steckt Maria?« Sie sei bei Genossen in der Ostvorstadt untergekrochen; Tadeusz wollte sie herausholen, sobald er ein Quartier für sie beide wüsste. Und dann fort nach Schweden oder in die Schweiz.

Erna kam vom Einkaufen heim, sie erschrak nur wenig, als sie erfuhr, wer der struppige Gast war. »Aha, der Löwenkutscher!« Sie kochte Kartoffeln und Kohl mit Kümmel, Schmalz und Liebigs Fleischextrakt, dickte mit Mehl an. »Ä scheener Mampf«, lobte Vojciech und aß mit großem Löffel. Unter den vielen Ideen, die sie an diesem Abend durchkauten und verwarfen, war auch die, Maria und Tadeusz sollten sich unters Personal des russischen Pavillons auf der Weltausstellung mischen, deren Immunität nutzen und mit ihnen über ein neutrales Land ausreisen, Rumänien empfahl sich dafür. Doch wenn sie mit ihnen interniert würden? Wenn ihnen die Agenten des Zaren auf die Spur kämen? Alles Kappes, entschieden sie. Oder sollten sie den Popen der russischen Kirche bitten, sie zu verbergen?

Tadeusz schlief auf dem Küchensofa, eingehüllt vom heimatnahen Kohlduft. Am Morgen machten sich die beiden Männer zur Weltausstellung auf – vielleicht erhellte sich das Dunkel an Ort und Stelle? Vor den Toren ballte sich nationalistischer Pöbel, die Fäuste gereckt, Verwünschungen ausstoßend. Das Pack schleppte Leitern herbei, kletterte hinauf und schlug mit Beilen auf die Doppeladler ein. Vojciech und Tadeusz machten sich davon, um auf einer Bank vorm Völkerschlachtdenkmal Zu beraten. An der Kasse hing ein Schild: »Aus technischen Gründen geschlossen.« Vojciech schaute zu den Kriegerfiguren hinauf, wenigstens grölten sie nicht: »Siegreich wolln wir Frankreich schlagen!«, fuchtelten nicht mit ihren Schwertern, wollten nicht dem perfiden Albion an den Kragen und schworen niemandem Nibelungentreue. Sie hatten ein für alle Mal genug Tote gesehen. Die Kriegsfurien neben dem heiligen Michael fauchten wie eh und je.

Auch die Türen der russischen Kirche blieben geschlossen. Arbeiter verschalten die gemeißelten Angaben, so viele Österreicher, Preußen, Schweden und eben auch Russen wären in der großen Schlacht gefallen. Auf dem Neuen Johannisfriedhof berieten die beiden ein letztes Mal. Vor dem Grab der französischen Verwundeten, die siebzigeinundsiebzig – beinahe hätte ich diese Albernheit losgelassen, aber Sie warnen mich mit erhobener Braue – in Leipziger Lazaretten gestorben waren, verabschiedeten sie sich. Eine Woche später gab der Briefträger den Einberufungsbescheid für Viktor Machul ab. Von Maria und Tadeusz hat keiner wieder etwas gehört.

Viktors Gruppenführer war der Unteroffizier Felix Linden. Alte Arbeitervertraulichkeit war obsolet. Einmal standen sie auf dem schweißgetränkten Bienitz, hinter allen Türmen und Schornsteinen fern und rußverhangen ahnten sie das Völkerschlachtdenkmal. »Wird das nu abgerissen, Herr Unteroffizier?«, fragte Vojciech scheinheilig. »Is doch wechn dr Waffenbriederschaft mitm Iwan gebaut.«

»MG-Feuer von rechts!«, argumentierte mein Vater schlagfertig, »volle Deckung!«

Die Waggons, in die sie stiegen, waren gerade erst von der belgischen Grenze zurückgekom-men, an ihnen stand mit Kreide geschrieben: »Vier Wochen bis Paris!« und »Russischer Kaviar, französischer Sekt, deutsche Hiebe – das schmeckt!«

Zum Rhein, zum Rhein zum deutschen Rhein rollten sie und begutachteten fachmännisch den Dom zu Köln. Da dachten sie wieder als Steinbruch- und Bauarbeiter, nicht mehr als Unteroffizier und Gemeiner und duzten sich, als sie die Fugen beäugten. Zuckerbäckerei das Ganze, urteilten sie, das wird immerzu Ärger geben, guck dir bloß den Stein an, die müssen alle hundert Jahre beinahe den ganzen Dom auswechseln. Mann, dagegen unser Granit! Sie stiegen hinauf, bis es weiter nicht ging und erkannten durchaus an: Bisschen höher ist das Ding hier immerhin. Gern hätten sie in Tonnen und Kubikmetern berechnet, welches Bauwerk vorn lag, aber dazu fehlten ihnen die Kölner Zahlen. Hoch oben trieben Cumuluswolken – wie lange war es her, dass Vojciech sie in Leinensäcken hatte bändigen und mit Gondeln behängen wollen? Mit ihnen in friedvoller Drift über deutsche Lande nach Hause schweben, über flachem Feld die

Reißleine ziehen, hin zu Erna und Klärchen – ein Traum, der die Augen feucht werden ließ.

An einem ruhigen Frontabschnitt in den Vogesen bauten sie Feldbahnen, Unterstände, Entlausungsbaracken und Drahtverhaue, wieder striegelte Vojciech geduldigen Pferden seine Initialen ins Fell. Die Feldpostbriefe aus der Heimat lasen sie einander vor und teilten redlich, was ihre Frauen schickten: Tee, Pfefferkuchen, Tabak. Vojciech kutschierte ins Hinterland, meist fiel etwas ab, eine Büchse Wurst, Brot, eine Tüte mit Äpfeln. Im Februar 1915 feierten sie gemeinsam die Geburt meines Schwesterchens Hildrun und im Herbst darauf meinen zweiten Geburtstag. Dieser 20. Oktober 1915 war in den Vogesen wie auch am Völkerschlachtdenkmal ein milder, ruhiger Tag. Meine Mutter fuhr Hildrun und mich auf knirschenden Kieswegen am Becken entlang und wies hinauf: »De Schteene dort hat alle dr Baba gemacht, Fredi!« Dr Baba – ich hatte eine Vorstellung von einem bitter riechenden Bart; Vater war vor kurzem auf Urlaub gewesen. In dieser Zeit sagte mir meine Mutter ein Kindergedicht auf:

> Uffn Rathaus sei Därmchn,
> da sitzt ä Wärmchn
> mitm Schärmchn.
> Da gam ä Schtärmchn,
> der warf's Wärmchn
> vun Rathaus sei Därmchn.

An langen Abenden schnitzte mein Vater wie manche seiner Kameraden. Doch nicht an Pfeifenständern, Schlüsselbrettchen und anderem Krimskram versuchte er sich, sondern an Motiven aus dem Steinbruch: Männer mit Hammer, Meißel und Steinsäge. An einen Fußballtorwart auf einem Bein in beidfäustiger Abwehr wagte er sich; als die Figur weit gediehen war, brach der stützende Knöchel. Aus Lindenholz gelang ein Wappen des dreimaligen deutschen Fußballmeisters VfB Leipzig. Felix nagelte es an die Wand des Unterstands.

Das sächsische Bataillon zog weiter nach Süden und wurde einer württembergischen Division unterstellt, die hoch oben in den Vogesen einen Felsvorsprung, den Lingekopf, zur Festung ausbauen sollte. Ausgeborgt zu werden galt als schlechtes Geschäft, man hatte die Kastanien aus dem Feuer zu holen, die Orden ernteten andere. Wald deckte gegen Sicht, die Arbeit verlief ungestört: Gräben wurden ausgesprengt, Nischen für Munition und Handgranaten gebrochen, MG-Stände aus Beton gegossen. Einen Bunker auf dem Gipfel sicherten sechs Schichten Eisenbahnschienen, Steintrümmer darüber. »Fort Lingekopf« stand großmäulig über dem Eingang. Wer Phantasie mitbringt, entdeckt heute noch seitlich davon, verwittert und moosbewachsen, das unvermeidliche VM.

Der Lingekopf ragt fast tausend Meter über den Meeresspiegel hinauf, oft verhüllen ihn Nebel und Wolken. Bald würden die Franzosen angreifen, das lag in der Luft. Die Offiziere mussten niemanden antreiben, immer neue Gräben, Beobachterstände und Maschinengewehrnester anzulegen, breiteren und dichteren Drahtverhau zu ziehen. Ihnen gegenüber lagen Alpenjäger, französische Elite. Die Württemberger hängten ein Schild an den Rand des Verhaus: »Der Lingekopf wird euer Grab werden!«

Vojciech mauerte auf dem westlichsten Punkt des Felsens, wo er steil in eine Schlucht abfällt, den letzten MG-Stand auf, stampfte eine Lehmform und goss in ihr zwölf Kriegerchen, das Schwert zwischen den Beinen, die Köpfe gesenkt, jedes dreißig Zentimeter hoch. Er setzte sie rings um die Kuppel und schloss mit einer quadratischen Platte ab, dem Gipfelstein. Durch kurzwinklige Gräben zog er Felix Linden dorthin, der staunte: »Unser Denkmal!« Unter der Schießscharte las er:

Hier werden sterben: 10 000 Deutsche – 10 000 Franzosen.

»Biste wahnsinnig«, raunzte der Unteroffizier, »das machste sofort weg!«

»Denkste, ich hab nicht recht?«

»Wenn das ′n Offizier sieht, is dr Teufel los!«

Tags darauf zerhackten französische Maschinengewehrgarben und Mörsergranaten die Inschrift Alpenjäger kletterten, schossen, warfen, töteten und starben. Vojciech wehrte sich aus dem Denkmal heraus, bis der Kühlmantel seines MG zerfetzt wurde, er tat es aus Angst und ohne Hass. Die Deutschen mussten zurückweichen, über dem Fort wehte die Trikolore. Trommelfeuer hieb zwischen die Angreifer, die meisten waren erst zwanzig. Das war wie bei Murats Reiterattacke hundertzwei Jahre zuvor, damals wären Napoleons beste Kämpfer um ein Haar durchgebrochen, jetzt traten Württemberger und Sachsen zum Gegenstoß an. Damals wechselten sie mitten in der Schlacht die Seite, diesmal…

Gutgut, Herr Doktor, wenn Sie einen Bericht durchsehen wollen, machen wir eine Pause. Den jungen Mann, der Ihnen eben die Mappe übergeben hat, kenne ich aus jenem ernsthaften Haus im Stadtzentrum, er ist Mitarbeiter dieser nicht gern genannten Organisation. Entschuldigung, natürlich lasse ich Sie in Ruhe lesen.

Bitte, ein Punkt, in dem wir uns einig sind: Die Existenz einer Flakgranate vom legendären Kaliber acht-acht wird nicht bestritten. Jeder andere wäre erleichtert, nicht mit einem so kompromittierenden Delikti ertappt zu werden, ich hingegen…

Bei mir daheim – nein, in meiner Wohnung finden Sie nichts, was mit Sprengen zu tun haben könnte, doch nicht in einem

Haus, in dem ich Frauen und Kinder gefährden würde. Diese Flakgranate ist im Denkmal gefunden worden, von da an ist es nur ein Schritt zu den Männern in den gelben Overalls.

Aha, eine Liste bei mir beschlagnahmter Gegenstände. Als U-Boot-As Günther Prien von Oberbürgermeister Dr. Freyberg empfangen wurde, als seine ehemaligen Mitschüler der Friedrich-Nietzsche-Schule im Waidstraßenviertel Spalier standen, als Frau Prien das Ehrenkreuz der deutschen Mutter erhielt – ich habe Fotos aufgehoben. Zu Hitlers fünfzigstem Geburtstag schmückten die Leipziger ihre Stadt wie zur Einweihung des Reichsgerichts oder des Völkerschlachtdenkmals, Massen strömten auf die Flächen an der Elsterbrücke, das abendliche Feuerwerk – ach, da sind Postkarten mit dem Sonderstempel zur Weihe des Richard-Wagner-Denkmals vom März 1934, eine philatelistische Besonderheit, denn das Denkmal wurde nie gebaut. Was wollen Sie mit dem Nazikrempel gegen mich ausrichten? Was beweist er?

Also zurück zu den noch immer unversehrten Frontkämpfern Machul und Linden. Erneut drangen die Deutschen bis an den Westrand des Lingekopfs vor. Das letzte Baumgerippe war geborsten, Steinbrocken flachten die Gräben ab, zweitausend tote Franzosen hingen in den Verhauen. Nachts schlichen Kommandos durch die Mondlandschaft und übergossen die Lei-chen mit Phenol, um sie am Verwesen zu hindern. Fliegenschwärme fielen ein. Während einer Feuerpause sickerten die sächsischen Pioniere heraus, in der Rheinebene bei Colmar erholten sie sich, aßen, schliefen und flickten ihre Uniformen. Wenn Erna einen Brief von Vojciech, wenn Klärchen einen von Felix erhielt, wanderte die Überglückliche am selben Tag durch die halbe Stadt. Augen strahlten, Köpfe beugten sich über den Küchentisch: Du, 's geht unsern Männern gut! Umarmung, Tränen auch. Ich saß auf dem Schoß meiner Mutter, griff nach dem Papier, nach meiner Spielzeugente, vom Baba geschnitzt.

Uffn Rathaus sei Därmchn,
da sitzt ä Wärmchn.

Ich gedieh, obwohl Milch und Butter knapp waren und knapper wurden. Mutter wusch bei Herrschaften, Frühstück und Mittagessen gehörten in den ersten Kriegsjahren noch zum Lohn. Unterdessen blieb ich bei einer Nachbarin, später nahm mich Mutter in Bürgergärten mit, dort saß ich unter der Wäsche und atmete ihren Duft mit dem blühender Bäume und reifender Pflaumen ein. Viele Kinder waren ärmer dran.

Im Reservelager von Colmar griff mein Vater wieder zum Schnitzmesser. Vojciech zeichnete ihm einen der Soldaten vor, die in der Denkmalskuppel im Kreis ziehen. Einen friedvollen Reiter schuf mein Vater, heimkehrend endlich, nicht mehr tötend, nicht plündernd, er wird den Schild auf Kammer abgeben, sich neben seine Frau legen, sich satt essen. Gewiss plagt ihn die Krätze. Diese Reiter da oben haben vom Soldatenleben die Schnauze voll, das war beim Bau und bei der Einweihung natürlich nicht so formuliert worden. Als mein Vater auf Urlaub kam, brachte er seine Figur mit und schenkte sie mir, aber gleich nahm er sie wieder weg und stellte sie auf unsere Kommode, denn zum Zerspielen war sie zu schade. Wenn ich auf seinem Schoß saß, gab er sie mir behutsam in die Hand, ich streichelte sie und flüsterte: »Ferd, Ferd.« Vater spielte mit mir Hoppehoppereiter, ich krietschte, wenn er so tat, als fiele ich gleich in den Graben. Ein Vater, der mit seinem Jungen während des Urlaubs spielt – natürlich steckten in seinem Lachen auch Schmerz und der Wunsch, weder Schmerz noch Angst spüren zu lassen.

Als er wieder an die Front fuhr, trug er mich bis zum Bahnsteig des Hauptbahnhofs. Als die Mama zu weinen begann, heulte auch ich und schrie: »Ferd! Ferd!« Damit meinte ich meinen Vater, ich hatte vergessen, dass er Baba hieß. Er erreichte seine Einheit, als sie ausgeruht und aufgefüllt in Marsch gesetzt wurde. Sie rollte durch Metz und weiter nach Westen, da sprang ein heißes Wort auf: Verdun! Das Fort Douaumont war erobert worden, größere Mühe machte es, das gleichnamige Dorf zu nehmen. Sachsen an die Front!

Schnee krümelte, während das Bataillon durch die Orneschlucht nach vom geführt wurde. In gleichmäßigen Abständen schlugen Granaten ein, geländekundige Führer trieben an: Vor-wärts, schneller! Die Pioniere waren bepackt mit Gewehr, Schanzzeug, Brettern und Kisten, zwischen sich trugen sie Stacheldrahtrollen und Wasserkanister, sie waren behängt mit Säcken voller Handgranaten und Fleischbüchsen. Die Stahlhelme – eine Neuheit – rutschten ihnen in die Stirn, keine Hand war frei, sie hochzuschieben. Im Morgengrauen sollten sie eine Reihe von Deckungslöchern und Granattrichtern zur durchgehenden Stellung ausbauen. Schwitzend und frierend gruben sie sich durch eisigen Schlamm. Schon gegen Mittag mussten die ersten Verwundeten nach hinten gebracht werden. Am nächsten Tag orgelten vier Stunden lang eigene Granaten über sie auf das Dorf Douaumont hinweg, sogar ein 42-cm-Riesengeschütz von Krupp, genannt »Dicke Berta«, beteiligte sich. Als die Kompanien rechts und links aus den Löchern stiegen, stapften auch die sächsischen Sturmpioniere vorwärts, schnitten sich durch Reste von Drahtverhauen, traten auf Leichen und rutschten in Wasserlöcher, nichts ähnelte den schneidigen Angriffen auf dem Bienitz daheim. Nach dreihundert Metern brach der Angriff im Flankenfeuer zusammen. Das kannten sie: Auf dem Lingekopf hatten sie selber die Alpenjäger niedergemäht, Vojciech aus der Schießscharte seines hübschen Denkmals heraus.

Felix erspähte weiße Leuchtkugeln über dem Dorf, das sollte bedeuten, dass es genommen war. In Wirklichkeit gleißten grüne Kugeln im Mittagslicht. Da befahlen die Offiziere, gleich noch gegen das Fort Thiaumont vorzurücken, und lösten damit eine Katastrophe aus. Nun wurde das Dorf nicht mehr beschossen, die Franzosen kletterten aus ihren Unterständen, lehnten sich an die Brustwehren und eröffneten ein flottes Scheibenschießen auf die stürmenden Sachsen. Schneesturm rettete sie vor gänzlicher Vernichtung. Die Nacht darauf konnte nicht zermürbender sein. Hastig wurde ein halb verschütteter Chausseegraben ausgeräumt. Es war wie auf den Feldern am letzten Tag der Völkerschlacht, Vojciech Machulski, der Pionier Viktor Machul erlitt Qualen wie einst Carl Friedrich Lindner. Vojciech war durchgefroren und hungrig, konnte kaum noch den Feldspaten halten, kratzte gerade mal zwei Handbreit für Brust und Bauch aus, nicht für die Beine, die lagen frei auf kalter französischer Ebene. Beobachter in den feindlichen Fesselballons jenseits der Maas erkannten Gesprenkel von frisch aufgeworfener Erde und lenkten das Feuer dorthin, die Kanonen von Schneider-Creuzot konnten es durchaus mit denen von Krupp aufnehmen und deckten den Graben ein, deckten ihn zu mit Streu- und Lagenfeuer und anderen artilleristischen Raffinessen. Vojciech rief meinem Vater zu, es sei ein Fehler gewesen, am Völkerschlachtdenkmal nicht auch an die gefallenen Franzosen und Rheinbündler zu erinnern, von den Ärmsten der Armen, den hingemachten Sachsen, ganz zu schweigen. Während die Erde bebte, schoss es Vojciech durch den Kopf, dass der Fehler hätte abgemildert werden können, wenn auch der französische Präsident zur Weihe geladen worden wäre und mit dem deutschen Kaiser, dem Zar und dem österreichischen Thronfolger ehrende Kränze hätte niederlegen dürfen. Da fühlte er einen Schlag auf die Beine wie einen Löwenbiss, er dachte noch: Dann hätten wir die Löwen nicht freizulassen brauchen.

Felix Linden wickelte fünf Verbände um Vojcechs Beine. Ein handlanger Splitter, seitlich heranfegend, hatte die Unterschenkel aufgerissen und Schien- und Wadenbein zertrümmert. Vojciech war zeitweise ohnmächtig, als mein Vater ihn nach hinten trug. Felix verlor zwi-schen Trichtern und zerschossenen Gräben die Richtung, rutschte mit seiner Last in eine Schlucht und fand sich einem Mauerloch, einem der Eingänge des Forts Douaumont gegenüber. Sanitäter nahmen ihm den Verwundeten ab, trugen ihn durch verstopfte Gänge, so geriet Vojciech auf einen Operationstisch. Seine Stiefel wurden heruntergeschnitten, Ärzte blickten auf den Brei aus Blut, Knochensplittern und Muskelfetzen. Sie nickten sich zu und kappten das rechte Bein unter dem Knie. Amputieren war ihre Spezialität, sie taten kaum anderes als ihre Kollegen in den Leipziger Kirchen hundertdrei Jahre vorher.

Ein Leutnant schickte den Unteroffizier Linden, nachdem er einen Becher Tee trinken, einen Kochgeschirrdeckel Linsensuppe auslöffeln und eine Zigarette rauchen durfte, wieder hinaus. Vojciech Machulski erwachte aus der Narkose, Bretter über sich, im gelblichen Schein von Ölfunzeln. Carl Friedrich Lindner wäre auf dem blanken Acker bei Otterwisch krepiert, keinen Mantel unter dem Rücken, keinen Tornister unter dem Kopf, gefangen gehalten von Preußen. Wer krepierte, brauchte nicht verpflegt zu werden, es war eine simple Rechnung. Er wäre an Schwäche oder Typhus eingegangen, wenn sie ihn nicht kurzerhand erschlagen hätten. Ich dagegen, Vojciech Machulski, lag warm im Mief, spürte Druck in den Beinen, aber keinen

Schmerz. Ich hob probierend die Arme unter der Decke an, fühlte die Nase, den Mund, zählte mit den Lippen die Finger ab, sie waren alle noch da. Beim Zurücksinken fühlte ich die Wand: Beton. Da war also die Krypta des Völkerschlachtdenkmals als Lazarett eingerichtet worden, ich war daheim, gerettet. Erna würde mich besuchen, gewiss mein Freund Felix, ihm würde ich sagen: Nun erfüllt das Denkmal doch einen Zweck. Ich sah die Abdrücke der Schalbretter an der Wand und überlegte, ob ich tief unten neben einem Hauptpfeiler lag, in dem ich ein Erinnerungsstück eingegossen hatte, eine Wahlsiegmeldung von 1910, eine Postkarte, darstellend führende Genossen. An meiner Hand klebte noch der Dreck des Schlachtfeldes, mit ihm malte ich meine Initialen an die Wand. Ich dämmerte ein, wurde wach durch Stimmen, die riefen: »Hallo, Kamerad, willste nichts essen? Nichts trinken?« Eine Zeitlang meinte ich, Besucher strömten herein, ihnen wurde erklärt: Vor uns sehen Sie die Statue der Opferwilligkeit, sie wiegt, misst, allein die Hand, die Länge der Zehen. Meine Zehen waren wohlig warm, draußen auf den Dämmen und am Wasserbecken war es bitterkalt gewesen, aber ich war sozusagen nach Hause gekrochen, warm war es in der Ruhmeshalle, oben kehrten die Reiter heim aus der Schlacht. Ich spürte einen Becher an den Lippen, ein Reiter war heruntergestiegen und hob meinen Kopf an. Viele Reiter füllten die Krypta, ihre Pferde wei-deten draußen. Die Reiter saßen auf Bänken an der Seite, schliefen im Sitzen, redeten leise, Namen wurden aufgerufen. Hier!, riefen die Reiter, hier! Jawohl, Herr Leutnant! Franzosen in blauen Mänteln kamen herein. Durch die Scharte am Lingekopf hatte ich auf Franzosen geschossen und sie getroffen, aus dem Dorf Douaumont hatten sie sich gerächt, wir waren quitt. Ich hätte ihnen gern erklärt, dass alles anders gekommen wäre, wären sie dabei gewesen: russische und österreichische und französische und württembergische Maurer nebeneinander, nicht nur Sachsen, die das Denkmal für alle anderen, bloß nicht für Sachsen bauten. Es war ein großartiger Gedanke, ich war aber zu müde, ihn auszusprechen. Zwei Franzosen nahmen die Bahre auf und trugen mich durch Gänge, über mir sah ich Leitungen, Glühbirnen, von den Steinen tropfte Wasser. Sie trugen mich ins Freie, eine Böschung hinauf, hasteten, keuchten, rannten um ihr und um mein Leben, und es muss anerkannt werden, dass sie, wenn eine Granate heranheulte, erst die Trage absetzten, ehe sie sich in den Schlamm warfen.

Als die Gefangenen die Last vor einem Sanitätsunterstand weit hinten ablieferten, war der Pionier Viktor Machul tot. Ob er durch Kälte oder Blutverlust gestorben ist, ob ihn noch ein Granatsplitter getroffen hat, untersuchte keiner. Die Erkennungsmarke wurde durchgebrochen und eine Hälfte mit dem Soldbuch auf dem Verwaltungsweg weitergereicht. Viktor Machul endete in einem Massengrab – ich suche nach dem richtigen Wort: Wurde er beigesetzt, begraben, bestattet, das alles klingt hochtrabend; verscharrt wurde er nicht. Er ruhte in Reih und Glied neben anderen Leichen, Kalk drüber, die nächste Schicht. Das Verfahren hatte sich seit der Völkerschlacht nicht geändert, nur war damals Kalk knapper als vor Verdun.

Wichtige Lebensdaten

1926 Geboren in Mittweida/ Sachsen
1936 Oberrealschule, Deutsches Jungvolk
1944 Infanteristische Ausbildung
1945 Dreiwöchiger Kriegseinsatz als Werwolf
1946 Volontär der *Leipziger Volkszeitung*
1947 Eintritt in die SED
1948 Redakteur der *Leipziger Volkszeitung*
1950 Erster Roman, Entlassung aus der *Leipziger Volkszeitung*, freischaffender Schriftsteller
1953 Nach dem 17. Juni SED-Parteiverfahren
1955 Studium am Literaturinstitut Johannes R. Becher in Leipzig
1957 Verhaftet und verurteilt zu 7 ½ Jahren Zuchthaus, die er in Bautzen II verbüßte
1964 Entlassung. Veröffentlicht in Folge eine Reihe von Erzählungen und Romanen (darunter sehr populäre Kriminalromane unter dem Pseudonym *Hans Walldorf*)
1978 Streitigkeiten und politische Auseinandersetzungen nach Erscheinen des Romans *Es geht seinen Gang oder Mühen in unserer Ebene*
1981 Ausreise in die Bundesrepublik. Wohnsitz in Osna brück, später Bonn/Bad Godesberg. Hans-Fallada-Preis der Stadt Neumünster
1984 Marburger Literaturpreis
1989 Nach Fall der Mauer erste Lesung in Leipzig am 15.Dezember
1990 Bürger von Leipzig, voll rehabilitiert, zweiter Wohnsitz Bonn

1992 Ehrenbürger von Mittweida

1994 Wahl zum Bundesvorsitzenden des Verbands deutscher Schriftsteller (VS) mit dreijähriger Amtszeit

1996 Ehrenbürger von Leipzig

1997 Kommandeurskreuz des Verdienstordens der Republik Polen

1999 Großes Bundesverdienstkreuz

2001 Ehrendoktorwürde der Technischen Universität Chemnitz

2009 Deutscher Nationalpreis, Ehrendoktorwürde der Philosophie der Justus-Liebig-Universität Gießen

2010 Kulturgroschen des Deutschen Kulturrats

Bibliographie der Hauptwerke von Erich Loest

Jungen, die übrig blieben
Leipzig (Volk und Buch) 1950
Halle (Mitteldeutscher Verlag) 1954

Die Westmark fällt weiter
Halle (Mitteldeutscher Verlag) 1952

Ich war Dr. Ley
Veröffentlicht unter dem Pseudonym Waldemar Naß
Berlin (Eulenspiegel) 1966
Erweiterte Ausgaben 1971 und 1976

Der Mörder sass im Wembley-Stadion
Halle (Mitteldeutscher Verlag) 1967
(Pseudonym Hans Walldorf)

Der elfte Mann
Halle (Mitteldeutscher Verlag) 1969
Erweiterte Fassung 1979

Es geht seinen Gang oder Mühen der Ebene
Halle, Leipzig (Mitteldeutscher Verlag) 1977

Swallow, mein wackerer Mustang
Karl-May Roman / Berlin (Das Neue Berlin) 1980

Durch die Erde ein Riss
Ein Lebenslauf
Hamburg (Hoffmann und Campe) 1981

Völkerschlachtdenkmal
Hamburg (Hoffmann und Campe) 1984

Der vierte Zensor
Köln (Wissenschaft und Politik) 1984

Zwiebelmuster

Hamburg (Hoffmann und Campe) 1985

Froschkonzert

München, Hamburg (Knaus) 1987

Der Zorn das Schafes

Aus meinem Tagewerk / Leipzig (Linden) 1990

Bauchschüsse

Zehn Erzählungen / Künzelsau (Linden) 1990

Die Stasi war mein Eckermann

Göttingen (Steidl) / Leipzig (Linden) 1991

Heute kommt Westbesuch

Zwei Monologe

Göttingen (Steidl) / Leipzig (Linden) 1992

Katerfrühstück

Leipzig (Linden) 1992

Nikolaikriche

Leipzig (Linden) 1995 und 2004

Gute Genossen

Erzählung, naturtrüb.

Leipzig (Linden) 1999

Reichsgericht

Leipzig (Linden) 2001

Sommergewitter

Göttingen (Steidl) 2005

Prozesskosten

Göttingen (Steidl) 2007

Einmal Exil und zurück

Göttingen (Steidl) 2008

Löwenstadt

Göttingen (Steidl) 2009

Wäschekorb

Erzählung / Göttingen (Steidl) 2009

Man ist ja keine achtzig mehr

Tagebuch / Göttingen (Steidl) 2011

Auszüge der Bibliograhpie:

Carsten Gansel/Joachim Jacob (Hg.)

Geschichte, die noch qualmt

Erich Loest und sein Werk

Steidl Verlag Göttingen 2011